计算机基础与实训教材系列

中文版 Project 2007 实用教程

张胜强　王文霞　高勇　编著

清华大学出版社

北　京

内 容 简 介

本书由浅入深、循序渐进地介绍了 Microsoft 公司推出的 Microsoft Office System 所集成的项目规划和管理软件——中文版 Microsoft Project 2007 的使用方法和操作技巧。全书共分 13 章，分别讲述了项目管理的基本概念，Microsoft Project 2007 基础操作，管理项目任务，管理项目资源，管理项目成本，管理项目进度，美化项目信息，优化项目，管理项目报表，管理多重项目，Project Server 2007 的安装，Project Server 2007 的管理，项目沟通协作管理等内容。

本书内容丰富，结构清晰，语言简练，图文并茂，具有很强的实用性和可操作性，是一本适合于大中专院校、职业学校及各类社会培训学校的优秀教材，也是广大初、中级电脑用户的自学参考书。

本书对应的电子教案、实例源文件和习题答案可以到 http://www.tupwk.com.cn/edu 网站下载。

图书在版编目(CIP)数据

中文版 Project 2007 实用教程/张胜强，王文霞，高勇 编著. —北京：清华大学出版社，2011.5（2019.1重印）
(计算机基础与实训教材系列)

ISBN 978-7-302-25265-8

Ⅰ. ①中… Ⅱ. ①张… ②王…③高… Ⅲ. ①企业管理：项目管理—应用软件，Project 2007—教材
Ⅳ. ①F270②TP317

中国版本图书馆 CIP 数据核字(2011)第 057012 号

责任编辑：胡辰浩　袁建华
装帧设计：孔祥丰
责任校对：蔡　娟
责任印制：李红英

出版发行：清华大学出版社　　　　　　　　　地　　　址：北京清华大学学研大厦 A 座
　　　　　http://www.tup.com.cn　　　　　　　邮　　　编：100084
　　　　　社　总　机：010-62770175　　　　邮　　购：010-62786544
　　　　　投稿与读者服务：010-62776969，c-service@tup.tsinghua.edu.cn
　　　　　质　量　反　馈：010-62772015，zhiliang@tup.tsinghua.edu.cn
印　装　者：北京九州迅驰传媒文化有限公司
经　　销：全国新华书店
开　　本：190mm×260mm　　　　印　张：19.25　　　　字　数：502 千字
版　　次：2011 年 4 月第 1 版　　　　　　　　　印　次：2019 年 1 月第 9 次印刷
定　　价：48.00 元

产品编号：031644-02

编审委员会

丛书序

计算机已经广泛应用于现代社会的各个领域，熟练使用计算机已经成为人们必备的技能之一。因此，如何快速地掌握计算机知识和使用技术，并应用于现实生活和实际工作中，已成为新世纪人才迫切需要解决的问题。

为适应这种需求，各类高等院校、高职高专、中职中专、培训学校都开设了计算机专业的课程，同时也将非计算机专业学生的计算机知识和技能教育纳入教学计划，并陆续出台了相应的教学大纲。基于以上因素，清华大学出版社组织一线教学精英编写了这套"计算机基础与实训教材系列"丛书，以满足大中专院校、职业院校及各类社会培训学校的教学需要。

一、丛书书目

本套教材涵盖了计算机各个应用领域，包括计算机硬件知识、操作系统、数据库、编程语言、文字录入和排版、办公软件、计算机网络、图形图像、三维动画、网页制作以及多媒体制作等。众多的图书品种可以满足各类院校相关课程设置的需要。

⊙ 已出版的图书书目

《计算机基础实用教程》	《中文版 Excel 2003 电子表格实用教程》
《计算机组装与维护实用教程》	《中文版 Access 2003 数据库应用实用教程》
《五笔打字与文档处理实用教程》	《中文版 Project 2003 实用教程》
《电脑办公自动化实用教程》	《中文版 Office 2003 实用教程》
《中文版 Photoshop CS3 图像处理实用教程》	《JSP 动态网站开发实用教程》
《Authorware 7 多媒体制作实用教程》	《Mastercam X3 实用教程》
《中文版 AutoCAD 2009 实用教程》	《Director 11 多媒体开发实用教程》
《AutoCAD 机械制图实用教程(2009 版)》	《中文版 Indesign CS3 实用教程》
《中文版 Flash CS3 动画制作实用教程》	《中文版 CorelDRAW X3 平面设计实用教程》
《中文版 Dreamweaver CS3 网页制作实用教程》	《中文版 Windows Vista 实用教程》
《中文版 3ds Max 9 三维动画创作实用教程》	《电脑入门实用教程》
《中文版 SQL Server 2005 数据库应用实用教程》	《中文版 3ds Max 2009 三维动画创作实用教程》
《中文版 Word 2003 文档处理实用教程》	《Excel 财务会计实战应用》
《中文版 PowerPoint 2003 幻灯片制作实用教程》	《中文版 AutoCAD 2010 实用教程》
《中文版 Premiere Pro CS3 多媒体制作实用教程》	《AutoCAD 机械制图实用教程(2010 版)》
《Visual C#程序设计实用教程》	《Java 程序设计实用教程》

《Mastercam X4 实用教程》	《SQL Server 2008 数据库应用实用教程》
《网络组建与管理实用教程》	《中文版 3ds Max 2010 三维动画创作实用教程》
《中文版 Flash CS3 动画制作实训教程》	

⊙　即将出版的图书书目

《Oracle Database 11g 实用教程》	《中文版 Pro/ENGINEER Wildfire 5.0 实用教程》
《ASP.NET 3.5 动态网站开发实用教程》	《中文版 Office 2007 实用教程》
《AutoCAD 建筑制图实用教程（2009 版）》	《中文版 Word 2007 文档处理实用教程》
《中文版 Photoshop CS4 图像处理实用教程》	《中文版 Excel 2007 电子表格实用教程》
《中文版 Illustrator CS4 平面设计实用教程》	《中文版 PowerPoint 2007 幻灯片制作实用教程》
《中文版 Flash CS4 动画制作实用教程》	《中文版 Access 2007 数据库应用实例教程》
《中文版 Dreamweaver CS4 网页制作实用教程》	《中文版 Project 2007 实用教程》
《中文版 Indesign CS4 实用教程》	《中文版 CorelDRAW X4 平面设计实用教程》
《中文版 Premiere Pro CS4 多媒体制作实用教程》	《中文版 After Effects CS4 视频特效实用教程》

二、丛书特色

1、选题新颖，策划周全——为计算机教学量身打造

本套丛书注重理论知识与实践操作的紧密结合，同时突出上机操作环节。丛书作者均为各大院校的教学专家和业界精英，他们熟悉教学内容的编排，深谙学生的需求和接受能力，并将这种教学理念充分融入本套教材的编写中。

本套丛书全面贯彻"理论→实例→上机→习题"4 阶段教学模式，在内容选择、结构安排上更加符合读者的认知习惯，从而达到老师易教、学生易学的目的。

2、教学结构科学合理，循序渐进——完全掌握"教学"与"自学"两种模式

本套丛书完全以大中专院校、职业院校及各类社会培训学校的教学需要为出发点，紧密结合学科的教学特点，由浅入深地安排章节内容，循序渐进地完成各种复杂知识的讲解，使学生能够一学就会、即学即用。

对教师而言，本套丛书根据实际教学情况安排好课时，提前组织好课前备课内容，使课堂教学过程更加条理化，同时方便学生学习，让学生在学习完后有例可学、有题可练；对自学者而言，可以按照本书的章节安排逐步学习。

3、内容丰富、学习目标明确——全面提升"知识"与"能力"

本套丛书内容丰富，信息量大，章节结构完全按照教学大纲的要求来安排，并细化了每一章内容，符合教学需要和计算机用户的学习习惯。在每章的开始，列出了学习目标和本章重点，便于教师和学生提纲挈领地掌握本章知识点，每章的最后还附带有上机练习和习题两部分内容，教师可以参照上机练习，实时指导学生进行上机操作，使学生及时巩固所学的知识。自学者也可以按照上机练习内容进行自我训练，快速掌握相关知识。

4、实例精彩实用，讲解细致透彻——全方位解决实际遇到的问题

本套丛书精心安排了大量实例讲解，每个实例解决一个问题或是介绍一项技巧，以便读者在最短的时间内掌握计算机应用的操作方法，从而能够顺利解决实践工作中的问题。

范例讲解语言通俗易懂，通过添加大量的"提示"和"知识点"的方式突出重要知识点，以便加深读者对关键技术和理论知识的印象，使读者轻松领悟每一个范例的精髓所在，提高读者的思考能力和分析能力，同时也加强了读者的综合应用能力。

5、版式简洁大方，排版紧凑，标注清晰明确——打造一个轻松阅读的环境

本套丛书的版式简洁、大方，合理安排图与文字的占用空间，对于标题、正文、提示和知识点等都设计了醒目的字体符号，读者阅读起来会感到轻松愉快。

三、读者定位

本丛书为所有从事计算机教学的老师和自学人员而编写，是一套适合于大中专院校、职业院校及各类社会培训学校的优秀教材，也可作为计算机初、中级用户和计算机爱好者学习计算机知识的自学参考书。

四、周到体贴的售后服务

为了方便教学，本套丛书提供精心制作的 PowerPoint 教学课件(即电子教案)、素材、源文件、习题答案等相关内容，可在网站上免费下载，也可发送电子邮件至 wkservice@vip.163.com 索取。

此外，如果读者在使用本系列图书的过程中遇到疑惑或困难，可以在丛书支持网站(http://www.tupwk.com.cn/edu)的互动论坛上留言，本丛书的作者或技术编辑会及时提供相应的技术支持。咨询电话：010-62796045。

前　言

Microsoft Project 2007 是 Microsoft 公司发布的集使用性、功能性和灵活性于一身的强大项目管理工具。对于任何行业的项目管理人员来说，依靠 Microsoft Project 2007 来计划和管理项目，可以有效地组织和跟踪任务与资源，使项目符合工期和预算，缩短投入生产的周期，降低成本，提高项目产品的竞争力。与以往版本相比，Microsoft Project 2007 具有了更多的新增功能，这些新功能可以帮助用户在项目中提高进行日程安排、资源协作、跟踪进度和信息交流的能力。同时，Project 2007 在设计上可与 Microsoft Office 系统中的产品协同工作，使管理者更为有效地共享项目信息，并将信息传递给更多的人。

本书从教学实际需求出发，合理安排知识结构，从零开始、由浅入深、循序渐进地讲解 Project 2007 的基本知识和使用方法，本书共分 13 章，主要内容如下。

第 1 章和第 2 章介绍了项目管理的基本概念，Microsoft Project 2007 的工作界面以及基本操作等基础知识.。

第 3 章到第 6 章介绍了项目任务、项目资源、项目成本和项目进度的创建和管理。

第 7 章介绍了美化项目文档的方法，包括设置项目组件格式和整体格式，插入绘图和对象等操作。

第 8 章介绍了项目在实施过程中的优化操作。

第 9 章和第 10 章介绍了项目报表的使用，以及多重项目的管理方法。

第 11 章到第 13 章介绍了 Project Server 2007 的安装和管理方法，以及项目的沟通协作管理。

本书图文并茂，条理清晰，通俗易懂，内容丰富，在讲解每个知识点时都配有相应的实例，方便读者上机实践。并在难于理解和掌握的部分内容上给出相关提示，让读者能够快速地提高操作技能。此外，本书配有大量综合实例和练习，让读者在不断的实际操作中更加牢固地掌握书中讲解的内容。

除封面署名的作者外，参加本书编写的人员还有徐帆、王岚、洪妍、方峻、何亚军、王通、高娟妮、严晓雯、杜思民、孔祥娜、张立浩、孔祥亮、陈笑、陈晓霞、王维、牛静敏、牛艳敏、何俊杰等人。由于作者水平有限，本书难免有不足之处，欢迎广大读者批评指正。我们的邮箱是 huchenhao@263.net，电话 010-62796045。

作　者
2010 年 12 月

推荐课时安排

章 名	重点掌握内容	教学课时
第1章 项目管理与Project	1. 项目管理的发展概述 2. 项目及其特性 3. 项目管理及其特点 4. 初识 Project 2007 5. Project 2007 的安装	2学时
第2章 Project 2007 基础操作	1. 启动和退出 Project 2007 2. 初识 Project 2007 操作界面 3. 项目文档的基本操作 4. Project 2007 常用视图 5. 选择数据域	2学时
第3章 管理项目任务	1. 新建项目计划 2. 创建与编辑任务 3. 任务分级 4. 设置任务工期 5. 添加任务链接和其他信息	3学时
第4章 管理项目资源	1. 项目资源概述 2. 建立资源库 3. 设置资源信息 4. 分配资源 5. 管理资源库	3学时
第5章 管理项目成本	1. 创建项目成本 2. 查看项目成本信息 3. 调整成本 4. 查看盈余分析表	2学时
第6章 管理项目进度	1. 比较基准 2. 跟踪项目进度 3. 查看项目进度	2学时
第7章 美化项目信息	1. 设置项目文档各组件格式 2. 设置项目文档整体格式 3. 插入绘图和对象	2学时

(续表)

章　　名	重点掌握内容	教学课时
第 8 章　优化项目	1. 优化任务 2. 优化日程 3. 调配资源	2 学时
第 9 章　管理项目报表	1. 认识常用的报表 2. 生成项目报表 3. 生成可视报表 4. 打印报表和视图	2 学时
第 10 章　管理多重项目	1. 合并项目文档 2. 建立项目间的相关性 3. 在项目间共享资源 4. 多项目信息管理	2 学时
第 11 章　Project Server 2007 的安装	1. 安装 Project Server 2007 的准备工作 2. 安装和配置 Project Server 2007 3. 安装后的设置	2 学时
第 12 章　Project Server 2007 的管理	1. 管理用户和安全性 2. 设置外观 3. 管理企业数据 4. 管理多维数据集 5. 数据库管理 6. 时间和任务管理 7. 管理队列 8. 操作策略	3 学时
第 13 章　项目沟通协作管理	1. 发布项目信息 2. 查看和响应任务 3. 管理项目	2 学时

注：1. 教学课时安排仅供参考，授课教师可根据情况作调整。

　　2. 建议每章安排与教学课时相同时间的上机练习。

目录 CONTENTS

计算机基础与实训教材系列

第1章

项目管理与 Project

学习目标

近年来，项目管理思想得到了空前的应用，项目管理已成为全球管理的新热点。越来越多的企业引入了项目管理，一些跨国企业也把项目管理作为自己主要的运作模式和提高企业运作效率的解决方案，由此可见，项目管理在当今经济社会中起着重要作用。本章主要介绍项目管理基础知识以及 Project 2007 的功能、组成和安装操作。

本章重点

- ◉ 项目及其特性
- ◉ 项目管理及其热点
- ◉ 初识 Project 2007
- ◉ Project 2007 的安装

1.1 项目管理的发展概述

项目管理是第二次世界大战以后发展起来的一门综合性管理学科。这是一种能够将多种知识、技能、工具和技术应用于项目活动以满足项目需求的新兴管理技术，它设定了系统化管理的渠道，沿着这一渠道就可通向成功之路。近年来，项目管理得到了迅猛的发展和不断的完善。

1.1.1 项目管理的发展阶段

项目管理通常被认为是第二次世界大战的产物(如美国研制原子弹的曼哈顿计划)，事实上，项目管理历史源远流长，其发展大致经历了以下阶段。

- 2000 多年前：其代表作如我国的长城、埃及的金字塔、古罗马的供水渠这样不朽的伟大工程。我国汴梁古城的复建也可称为成功项目管理的典型例子。

- 20 世纪 40 年代(近代项目管理的萌芽)：主要应用于国防和军工项目。美国把研制第一颗原子弹的任务作为一个项目来管理，命名"曼哈顿计划"。美国退伍将军莱斯利·R·格罗夫斯(L.R.GROVES)后来写了一本会议录《现在可以说了》(Now it can be told: The story of the Manhattan Project)，详细记载了这个项目的经过。

- 20 世纪 50 年代后期(近代项目管理的成熟)：美国出现了关键路线法(CPM)和计划评审技术(PERT)。项目管理的突破性成就出现在 20 世纪 50 年代。就在这一方法发明一年后，美国海军开始研制北极星导弹。这是一个军用项目，技术新，项目巨大，据说当时美国有 1/3 的科学家都参与了这项工作。20 世纪 60 年代这类方法在由 42 万人参加，耗资 400 亿美元的"阿波罗"载人登月计划中应用，取得巨大成功。此时，项目管理有了科学的系统方法。现在，CPM 和 PERT 常被称为项目管理的常规"武器"和经典手段。当时主要运用在军事工业和建筑业，项目管理的任务主要是项目的执行。

- 20 世纪 70 年代到 20 世纪 80 年代(项目管理的传播和推广)：1969 年，美国成立了一个国际性组织 PMI (Project Management Institute)，即美国项目管理学会，它是一个有着近 5 万名会员的国际性学会，是项目管理专业领域中最大的由研究人员、学者、顾问和经理组成的全球性专业组织。这个组织的出现极大地推动了项目管理的发展。尔后 PMI 一直致力于项目管理领域的研究工作，1976 年，PMI 提出了制定项目管理标准的设想。经过近十年的努力，于 1987 年推出了项目管理知识体系指南(Project Management Body of Knowledge，简称 PMBOK)。这是项目管理领域又一个里程碑。因此，项目管理专家们把 20 世纪 80 年代以前称为"传统的项目管理"阶段，把 20 世纪 80 年代以后称为"新的项目管理"阶段。这个知识体系把项目管理归纳为范围管理、时间管理、费用管理、质量管理、人力资源管理、风险管理、采购管理、沟通管理和整合管理 9 大知识领域。PMBOK 又分别在 1996 年和 2000 年进行了两次修订，使该体系更加成熟和完整。20 世纪 70 年代到 20 世纪 80 年代，项目管理迅速传遍世界其他各国，当时，我国 CPM 为统筹法(这是华罗庚教授首先将其介绍到国内时，根据其核心思想为它取的名称)。项目管理从美国最初的军事项目和宇航项目很快扩展到各种类型的民用项目。其特点是面向市场迎接竞争，项目管理除了计划和协调外，对采购、合同、进度、费用、质量、风险等给予了更多重视，初步形成了现代项目管理的框架。

- 20 世纪 90 年代至今(现代项目管理的新发展)：进入 20 世纪 90 年代，又跨越了世纪之交，项目管理有了新的进展。为了在迅猛变化、急剧竞争的市场中迎接经济全球化、一体化的挑战，项目管理更加注重人的因素、注重顾客，注重柔性管理，力求在变革中生存和发展。在这个阶段，应用领域进一步扩大，尤其在新兴产业中得到了迅速的发展，如通信、软件、信息、金融、医药等现代项目管理的任务已不仅仅是执行任务，而且还要开发项目、经营项目，以及为经营项目完成后形成的设施、产品和其他成果准备必要的条件。

通过上述项目管理经历的 5 个阶段的阐述，通常项目管理专家把项目管理划分为以下两个阶段：

- 20 世纪 80 年代之前为传统的项目管理阶段。
- 20 世纪 80 年代之后为现代项目管理阶段。

1.1.2　项目管理的发展趋势

随着经济全球化，区域一体化的发展，项目管理已成为经济发展的重要构成因素。它对项目的发展与成功起着至关重要的作用，它的灵活性也适应了企业产品多变的要求。因此，深入而广泛地开展项目管理实践活动，提高项目管理水平，是时代发展的需要，是经济发展的客观要求。

从总体上看，当代项目管理的发展呈现出以下趋势。

1. 项目管理的应用范围扩大

20 世纪 90 年代以来，项目管理的应用迅速扩展到所有的工业领域(行业)，如 IT、通信、交通、能源、环保、航空航天、国防、建筑、制造、金融投资、医学和行政管理等行业，应用范围从单一项目环境扩展到整个组织环境，有些项目管理从单一的项目管理转变为多个项目管理，或者一种项目的组合管理。

2. 从偏重技术管理到注重人的管理

项目管理重点开始转移，从偏重技术管理转移到注重人的管理，从简单的考虑工期和成本控制到全面综合的管理控制，包括项目质量、项目范围、风险、团队建设等各方面的综合管理。

过去，项目管理片面强调技术。例如建筑业，过去有技术方面的经验就可以胜任项目经理的工作，现在要求项目管理者和项目成员不再仅仅是项目的执行者，他们要能胜任更为广泛的工作，要求掌握更加广泛的专业技术、经营管理知识和技能。

知识点

近年来，随着项目管理的重要性为越来越多的组织(包括各类企业，社会团体，甚至政府机关)所认识，组织的决策者开始认识到项目管理知识、工具和技术可以为他们提供帮助，以减少项目的盲目性。于是这些组织开始要求他们的雇员系统地学习项目管理知识，以减少项目过程的偶发性。在多种需求的促进下，项目管理迅速得到推广普及。在多数高等学院中陆续开设了项目管理硕士、博士学位教育，其毕业生常常比 MBA 毕业生更受到各大公司的欢迎。

3. 信息技术平台为项目管理解决更复杂的现实问题提供了可能

目前，越来越多的项目管理人员使用 Internet 等现代化的通信技术，对项目全过程中产生的信息进行收集、储存、检索、分析和分发，以改善项目生命周期内的决策和信息的沟通。各种类型的项目管理软件功能也在不断地改善和加强。

20 世纪 90 年代以后，国家之间、企业之间的竞争越来越激烈，一个组织、一个企业管理效率的高低直接影响这个组织的生存或者企业的经营效益。在这种情况下，项目管理被看作是一个可以用来应对激烈竞争环境的解决方案。

1.2 项目及其特性

项目是指在既定的资源和时间约束条件下(主要是限定资金、限定时间等)，项目成员为完成某一独特的产品或服务具有特定目标的一次性任务，即为了达到目的而努力展开一系列事件的过程。例如三峡工程、建造一座大水坝、研制一种新药等都是项目。

1.2.1 项目的特性

各种不同的项目，其内容是千差万别的。但它们都具有相似的特性。

1. 目标性

任何项目都必须具有特定明确的目标。这是项目的一个重要特征。项目目标往往取决于项目法人所要达到的最终目的。例如，工业建设项目的最终目标是要增加或提供一定的生产能力，形成具有一定使用价值的固定资产；而科学研究项目则以突破原有理论、取得研究成果为其特定目标。

每个项目所追求的目标必须服从总体运作体系的要求，项目完成的结果应该是可以依据目标说明书进行判断的，实现了项目的目标，也就意味着项目的结束。

2. 独特的性质

每个项目都是唯一的。一个项目所涉及的人员、资源、地点、时间等均是不可能完全相同的，项目的执行过程也是独一无二的。

3. 一次性和单件性

项目的活动过程具有明显的一次性，其活动的结果(或成果)具有单件性。这是项目区别于非项目活动的重要特性。项目的活动过程既不同于一般工业生产的那种大批量重复性生产过程，也不同于企事业单位或政府机关的那种周而复始的行政管理过程。它不仅不可逆，而且不重复。因此项目一般都具有特定的开头、展开和结尾的过程，其结果(或成果)也只有一个，即单件性。

一次性是项目与其他重复性运行或操作工作最大的区别。项目有明确的起点和终点，不能完全照搬，也不会完全相同，它不能重复。每个项目都有确定的开始和结束，当项目的目标已经实现，或已清楚地预测到项目的目标无法实现则放弃，或项目的必要性不存在并已终止时，该项目就到达了它的终点。

4. 可限制性

项目是受时间限制的。项目的开始日期和结束日期必须符合时间要求，总的时间和单个任务的时间应该与项目的目标说明相符合。项目还受到资源和成本的限制，例如完成项目的人员和资金都是有限的。

5. 不确定性

在项目的实施过程中，外部和内部因素总是会发生一些变化，因此项目也会出现不确定性。项目持续的时间短则几天或几小时，长则可达十几年。项目所处的环境总是不断变化的，因此，项目管理人员应该做出及时反应，根据变化对项目做出调整，否则将不能实现预期的目标。

6. 不可挽回性

项目活动过程的一次性和活动成果的单件性，决定了项目实施的风险性和项目管理的特殊性，一旦失败就失去了重新进行原项目的机会。为了降低项目实施的风险，尽可能好地实现项目目标，就要求项目成员去研究和掌握项目的实质和规律性，用科学的管理方法保证项目的一次成功。

1.2.2 项目的三要素

项目的要素是指影响项目成败或发展方向的根本原因或条件。影响项目管理的因素比较多，而时间、范围和费用是项目管理的三要素(有时也称项目三角形)，是不可少的条件，然而其中任何一个发生变化时就会影响其他两个，如图 1-1 所示。

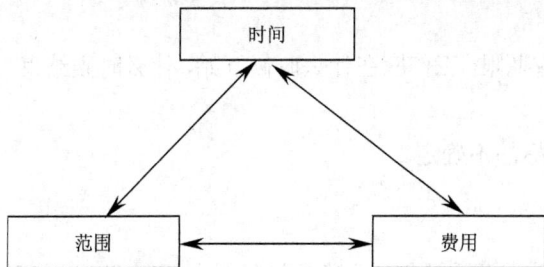

图 1-1 相互作用的项目管理三要素

> **知识点**
>
> 项目的三要素是相互影响的，在项目开始时需要明确项目范围，防止不确定性以免造成成本或时间的增加。同时当项目发生变化时，需要根据实际情况平衡三者之间的关系。

项目管理三要素的定义如下所示。

◉ 范围：也称工作访问，指项目的目标和任务，以及完成这些目标和任务所需的工作。通常通过定义交付物和交付物标准来定义工作范围。

◉ 时间：反映在项目日程中的完成项目所需的时间。在项目中表现为任务的进度和工期。

◉ 费用：即项目的预算，它取决于资源的成本。这些资源包括完成任务所需的人员、设备、空间和材料。

虽然这 3 个要素都很重要，但通常有一个要素会对项目起决定性的影响。这 3 个要素之间的关系根据每个项目而异，它们决定了用户会遇到的问题种类，以及可以实现的解决方案。了解项目中的限制及可灵活掌握的部分，将有助于计划和管理项目。

例如，建造一幢房子，范围就是按要求交付房子，若需要交付的内容增加，则有如下两种情况：第一种，交付时间变长，这样务必产生资源等成本的开支；第二种，增加资源的投入，这样也会增加成本的开支。

1.2.3 项目周期

除了项目的三要素，项目周期(亦称项目生命周期)也是项目的重要过程。项目周期就是指定义项目目标、制定项目计划直到最终完成整个项目的过程。项目周期包括下述阶段，如图1-2所示。

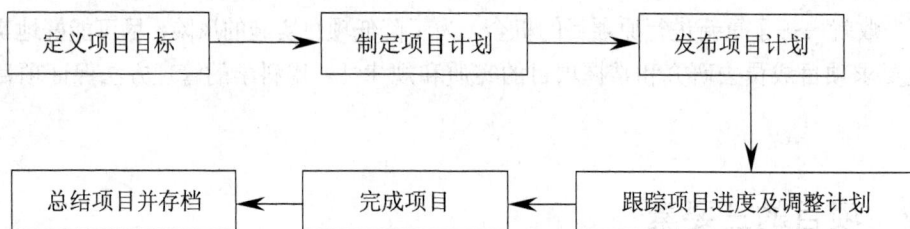

图 1-2 项目周期的几个阶段

1. 定义项目目标

在制定项目计划前，用户必须明确该项目要完成什么或提交什么，不但要对完成的工作了如指掌，还要明确能够使项目委托人满意的质量标准。

此外，用户还必须清楚该项目是否有最后完成期限，工作应在什么时候开始，什么时候结束，以及明确是否需要考虑项目的成本要求等。

因此，定义项目目标是关键一环，要防止目标的不确定。

2. 制定项目计划

制定项目计划，就是为了完成目标展开的一系列活动计划。明确项目目标之后，就可以着手制定项目计划了。在制定计划之前，首先要与小组成员进行讨论，明确工作的主要阶段和每个主要阶段的具体任务，然后估计出每项任务的大致完成时间。其次，为了使任务按一定的先后顺序进行，还需要对任务进行链接。

此外，还需要为任务分配资源和工时，输入资源的标准费率和加班费率，以及输入固定的任务成本等。

制定好项目计划后，需要对所做的计划进行检查，对项目执行过程中可能出现的问题给予解决。

3. 发布项目计划

项目计划完成后，如果需要使计划得到上级的批准，或者将任务分配给下属，或者需要与他人(如项目风险承担者)交流项目信息，就需要发布项目计划。用户可以通过多种方式来发布计划，如把计划打印出来、通过 E-mail 邮件或者利用 Web 页面等。

4. 跟踪项目进度及调整计划

项目开始实施后，用户需要不停地记录各项任务开始和完成的实际时间，即对项目计划的实施进行跟踪。由于用户需要知道项目的实施过程与所创建的计划有什么出入，因此需要创建一个基准，便于与实际情况进行比较。在某一任务的实际完成日期与原始计划有偏差时，应重新确定下一个任务的开始日期和完成日期。如果在预定的期限内有完不成计划的危险，则需要提前在日程中对资源进行必要的调整，尽可能地使项目保持在日程内并且不超出预算，以保证任务顺利实施，防止任务出现问题影响整体项目。

5. 完成项目

完成项目目标，是展开活动的最终目标，任何项目都不能够无限期延续。

6. 总结项目并存档

完成项目后，需要提交一份总结报告来描述项目的成功完成或其存在的错误之处，并对该项目进行详尽的描述与分析，以便将来为其他项目计划提供有价值的参考信息、经验或教训。

①.3 项目管理及其特点

项目管理是项目管理者在有限的资源约束下，运用系统的观点、方法和理论，对项目涉及的全部工作进行有效的管理，即对项目的投资决策开始到项目结束的全过程进行计划、组织、指挥、协调、控制和评价，以达到项目的目标。

①.3.1 项目管理的知识领域

项目管理的知识领域是指作为项目经理必须具备与掌握的重要知识与能力，这些知识领域涉及很多的管理工具和技术，用来帮助项目经理与项目组成员完成项目的管理。

1. 项目范围管理

范围管理是为了实现项目的目标，对项目的工作内容进行控制的管理过程。这个过程用于确保项目组和项目成员对作为项目结果的项目产品以及生产这些产品所用到的过程有一个共同的理解。它包括确定项目的需求、定义规划项目的范围、范围管理的实施、范围的变更控制管理以及范围核实等。

2. 项目时间管理

时间管理是为了确保项目最终按时完成所实施的一系列管理过程。它包括具体活动界定、活动排序、时间估计、进度安排及时间控制等工作。

"按时、保质地完成项目"大概是每一位项目经理最希望做到的。但工期拖延的情况却时常发生。因而合理地安排项目时间是项目管理中一项关键内容，它的目的是保证按时完成项目、合理分配资源、发挥最佳工作效率。

3. 项目成本管理

成本管理是为了保证完成项目的实际成本，使费用不超过预算成本所实施的管理过程。它包括资源的配置，成本和费用的预算和费用的控制等工作。项目成本管理是在整个项目的实施过程中，为确保项目在已批准的成本预算内尽可能好地完成而对所需的各个过程进行管理。

4. 项目质量管理

质量管理是为了确保项目达到客户所规定的质量要求所实施的一系列管理过程。它包括质量规划、控制和保证等工作。

5. 项目人力资源管理

人力资源管理是为了保证所有项目关系人的能力和积极性都得到最有效地发挥和利用所实施的一系列管理措施。它包括组织的规划、团队的建设、人员的选聘和项目的班子建设等工作。项目人力资源管理包括项目团队组建和管理的各个过程。项目团队包括为完成项目而分派有角色和职责的人员。项目管理团队是项目团队的子集，负责项目管理活动。

6. 项目沟通管理

在项目管理中，专门将沟通管理作为一个知识领域。PMBOK 中也建议项目经理要花 75% 以上的时间在沟通上，可见沟通在项目中的重要性。多数人理解的沟通，就是善于表达，能说、会说，项目管理中的沟通，并不等同于人际交往的沟通技巧，更多是对沟通的管理。

沟通管理是为了确保项目信息的合理收集和传输所实施的一系列措施，它包括沟通规划、信息传输和进度报告等工作。

7. 项目风险管理

项目风险管理是指对项目风险从识别到分析乃至采取应对措施等一系列过程，它包括将积极因素所产生的项目风险管理流程影响最大化和使消极因素产生的影响最小化两方面内容。

风险管理涉及项目可能遇到的各种不确定因素。它包括风险的识别、量化、控制和制定对策等工作。

8. 项目采购管理

采购管理是为了从项目实施组织之外获得所需资源或服务所实施的一系列管理措施。它包括采购计划、采购与征购、资源的选择和合同的管理等工作。

9. 项目综合管理

综合管理是指为确保项目的各项工作能够有机地协调和配合所展开的综合性和全局性的项目管理工作和过程。它包括项目集成计划的制定，项目集成计划的实施和项目变动的总体控制等工作。

在项目管理过程中，首先要严格控制项目的进度，保证项目在规定的时间内完成；其次要合理利用资源，并将项目的费用尽量控制在计划的预算之内；同时，要跟踪项目执行的情况，保证项目按照规定的质量标准执行。

> **知识点**
>
> 在项目管理的 9 大知识领域中，核心领域是范围管理、时间管理、成本管理与质量管理。

1.3.2　现代项目管理的特点

随着知识经济的飞速发展，项目管理模式将在企业竞争及经济发展中扮演着日益重要的角色。现代项目管理作为一套科学的管理方法体系、一种已被公认的管理模式，是在长期实践和研究的基础上总结而成的，有其独特之处。概括起来，现代项目管理具有如下几方面的特点。

- 项目管理的对象是项目或被当作项目来处理的事务。
- 项目管理的全过程都贯穿着系统工程的思想。依据"整体—分解—综合"的原理，把项目分解成多个责任单元。
- 项目管理的组织具有特殊性，其管理的组织是临时性、开放性的，组织结构为矩阵结构。
- 项目管理的方式为目标管理，是一种多层次的目标管理方式。项目管理者以综合协调者的身份向各方面的专家讲明应承担的责任，协商确定时间、经费、工作标准的限定条件。
- 项目管理的体制是一种基于团队管理的个人负责制。项目经理对项目结果全面负责。
- 项目管理的要点为创造和保持使项目顺利进行的环境。项目管理师管理过程不是技术过程。
- 项目管理的方法、工具和手段具有先进性和开放性。

1.4　初识 Project 2007

项目管理离不开管理工具的支持，这是所有项目管理工作者的共识。Project 2007 是 Microsoft 发布的中文版 Office 2007 软件包中基于 Windows 操作系统的项目管理软件，它以其强大的功能、友好的界面吸引了众多的用户，成为目前最受欢迎的项目管理软件之一。

1.4.1 Project 2007 概述

通过使用 Project 2007 可以不断了解最新信息，控制项目日常工作、有效利用资源以及跟踪项目进度，同时能与项目团队更好地协调工作。

Project 2007 的特点如图 1-3 所示。

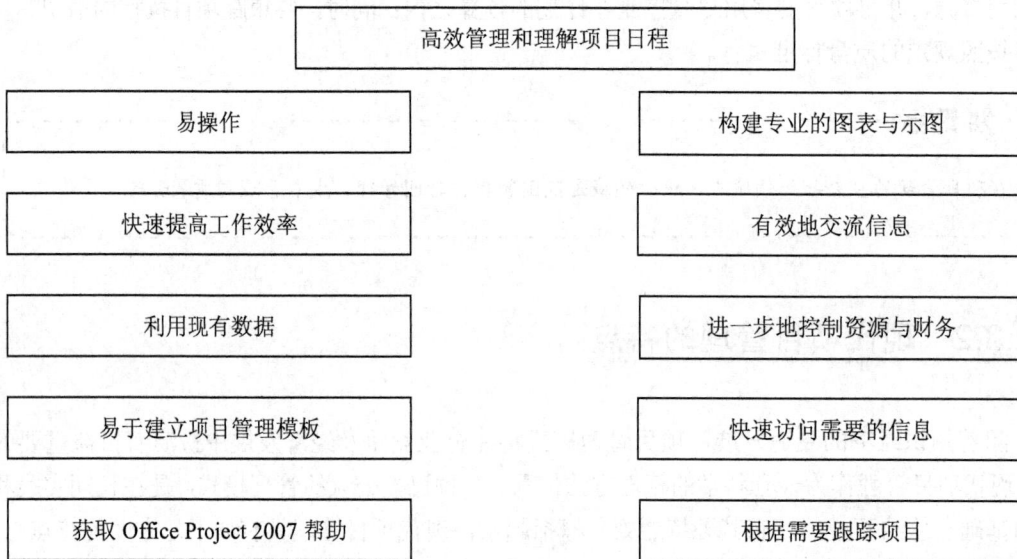

高效管理和理解项目日程

易操作	构建专业的图表与示图
快速提高工作效率	有效地交流信息
利用现有数据	进一步地控制资源与财务
易于建立项目管理模板	快速访问需要的信息
获取 Office Project 2007 帮助	根据需要跟踪项目

图 1-3　Project 2007 的特点

在对项目进行管理时，常常需要制定项目范围；确保项目时间；节省项目成本；应对项目风险；与项目干系人及工作组成员沟通；对人力资源进行管理合理利用；确定项目质量；管理项目采购招标以及为了确保各项工作有机协调配合进行综合管理等。Project 2007 作为一个功能强大、使用灵活的项目管理软件，可以帮助用户完成如下的工作。

- ◉ 共享项目信息：Project 向需要了解项目信息的人员提供了传递项目信息的多种方法，如打印视图和报表，在 Internet 上传递项目信息等。
- ◉ 编制和组织信息：用户将项目所需的各种参数、信息和条件输入 Project 的工作表后，Project 可以将这些信息按照一定的规则进一步地条理化和组织化，使用户更加方便地查看项目的详细信息和全局状态。
- ◉ 跟踪项目：在项目执行过程中，用户可将已得到的实际数据提供给 Project，Project 会根据这些数据计算其他信息,然后将这些变动对项目的其他任务及整个项目产生的影响反馈给用户。
- ◉ 方案的优化度分析：Project 可将用户提供的不同项目计划方案进行比较，选出最优的计划方案提供给用户。
- ◉ 信息计算：Project 使用用户所提供的各种信息，为项目计算和规划日程，为每一个任务的执行设置一个可行的时间框架，并设置何时将特定的资源指派给特定的任务。

◉ 检测和维护：Project 能够随时对计划进行检测，并给出对所查到的问题的解决方法，如资源过度分配，成本超出预算等。

1.4.2　Project 2007 的组成

从使用者的角度，Project 2007 可分为 Microsoft Project Professional 2007、Microsoft Project Server 2007 和 Microsoft Office Project Web Access 2007 这 3 部分。

1. Microsoft Project Professional 2007

Project Professional 2007 是一个客户端程序。项目经理、业务经理及项目规划人员可以使用该程序完成工作分配、进度日程、成本等初始项目信息的输入和管理。它将附属的 Project 数据库中存储的计划和资源保存到 Project Server 2007 数据库中，从而向工作组成员分配任务、跟踪已完成的工作、自动或手动接受来自工作组成员的任务更新，并将更新信息合并到自己的项目中。

2. Microsoft Project Server 2007

Project Server 2007 是一个服务器程序。它允许客户、合作伙伴和解决方案供应商扩展其企业项目管理解决方案。它将 Project Professional 提供的项目计划转化为数据库信息提供给 Project Web Access 使用。Project Server 中存储着所有和项目相关的信息，包括安全性设置、管理设置等。

3. Microsoft Office Project Web Access 2007

Project Web Access 2007 是一个基于浏览器的客户端程序。工作组成员使用浏览器访问 Project Web Access 页，可以查看 Project Server 中存储的项目信息；可以对项目经理发出的工作分配进行响应；并可以在工作的同时通过 Project Web Access 发送进度更新和状态报告。

📖 **知识点**
- -

Microsoft Office Project Professional 2007(专业版)提供 Microsoft Office Project Standard 2007(标准版)中的所有功能。与 Microsoft Project Server 2007 一起使用，提供强大的 EPM 功能。

1.5　Project 2007 的安装

使用 Project 2007 进行项目管理，需要安装 Project 2007 到本地计算机上。安装 Project 2007 就是指将程序文件添加到操作系统中，添加过程是由 Project 2007 安装向导完成。本节主要介绍安装 Project 2007 的基本要求和方法。

①.5.1 配置要求

安装 Microsoft Project 之前，还需要考虑系统配置要求，是否能将其成功安装到本地计算机上。Project 2007 安装时，至少需要的系统配置要求如表 1-1 所示

表 1-1 安装 Project 2007 的系统配置要求

组　　件	要　　求
处理器	不少于 Pentium 1GHz
内存	不少于 512MB
硬盘空间	1GB 的可用空间
操作系统	Windows XP Service Pack1-2；Windows 2000 Service Pack3-4；Windows 2003 Service Pack1-2；Windows Vista Home、Windows Vista Professional；Windows 7

①.5.2 安装 Project 2007

检查当前操作系统满足安装 Project 2007 条件后，将 Project 2007 软件光盘放入光驱，或者从官方网站下载 Project 2007 软件后，在安装文件所在的目录下都有一个名为 Setup.exe 的可执行文件，运行该可执行文件，然后按照屏幕上的提示逐步操作，即可完成软件的安装。

【例 1-1】在 Windows XP 操作系统中第一次安装 Project 2007 软件。

(1) Project 2007 的安装光盘放入光驱中，找到光盘的安装文件 setup.exe，并双击该安装图标，系统将自动运行安装配置向导并复制安装文件，如图 1-4 所示。

(2) 打开【输入您的产品密钥】对话框，在文本框中输入产品密钥，单击【继续】按钮，如图 1-5 所示。

图 1-4 运行安装配置向导　　　　　　　　　图 1-5 输入产品密钥

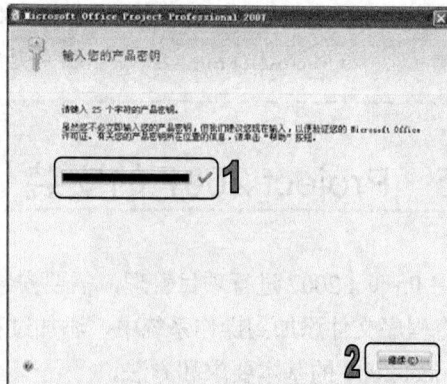

(3) 此时自动打开【阅读 Microsoft 软件许可证条款】对话框，认真阅读软件许可条款后，选中【我接受此协议的条款】复选框，单击【继续】按钮，如图 1-6 所示。

(4) 打开【选择所需的安装】对话框，单击【自定义】按钮，如图 1-7 所示。

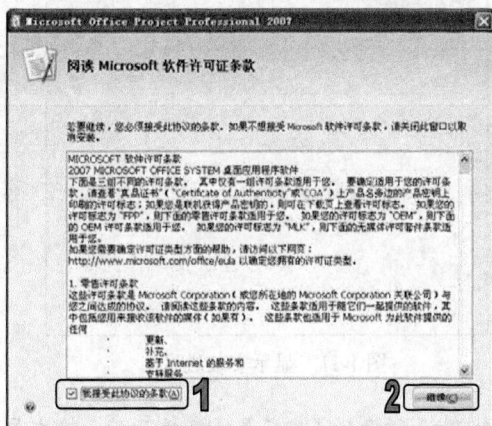

图 1-6　运行安装配置向导　　　　　　图 1-7　选择安装方式

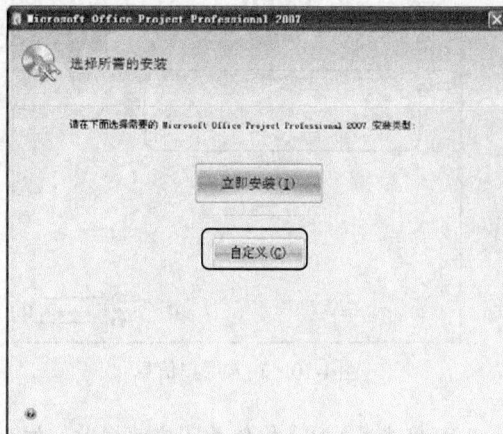

知识点

在【选择所需的安装】对话框中单击【立即安装】按钮，默认将 Project 2007 的所有组件都安装到系统盘 Program Files\Microsoft Office 中，该种安装方法适合多数用户使用。

(5) 打开【安装选项】选项卡，选择需要安装的组件，如图 1-8 所示。
(6) 打开【文件位置】选项卡，单击【浏览】按钮，选择软件的安装位置，如图 1-9 所示。

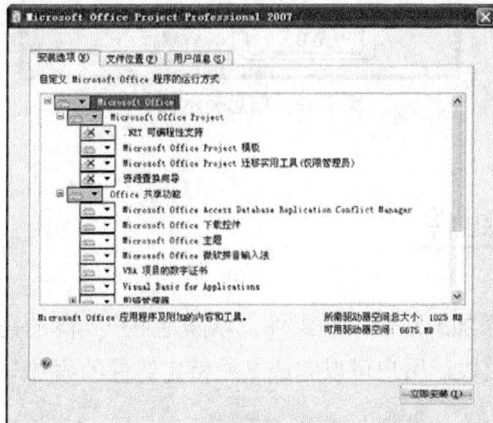

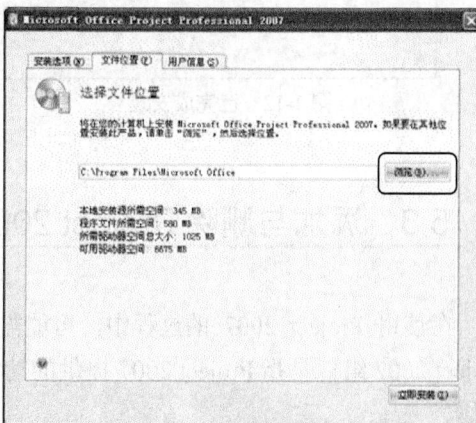

图 1-8　安装选项　　　　　　图 1-9　选择文件位置

(7) 打开【用户信息】选项卡，输入当前用户信息，如图 1-10 所示。
(8) 单击【立即安装】按钮，进入【安装进度】界面，显示安装进度，如图 1-11 所示。
(9) 待安装完毕后，提示【已成功安装】信息，如图 1-12 所示。如果需要查阅升级和帮组信息，则可以单击【转到 Office Online】按钮。

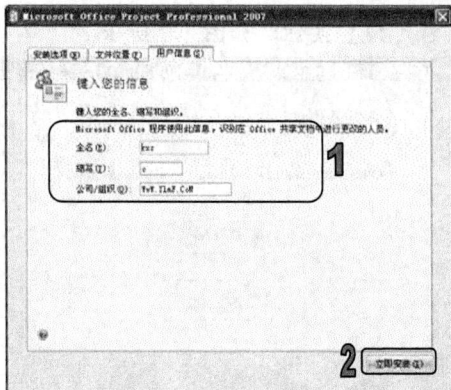

图 1-10　输入用户信息

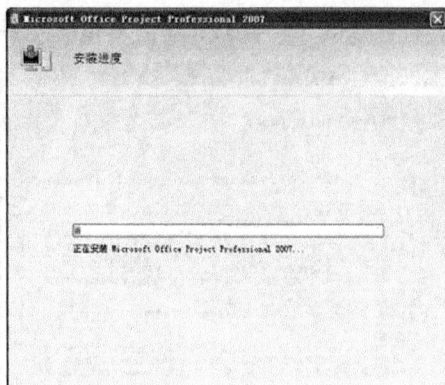

图 1-11　显示安装进度

(10) 单击【关闭】按钮关闭安装向导，打开如图 1-13 所示的【安装】信息提示框，单击【是】按钮，重新启动计算机，即完成软件安装。

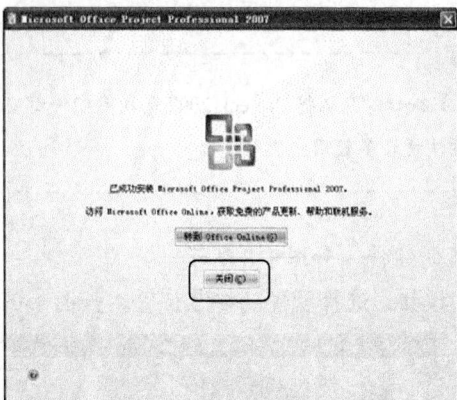

图 1-12　已完成安装

图 1-13　信息提示框

1.5.3　添加与删除 Project 2007 组件

在使用 Project 2007 的过程中，可能需要添加或删除一些组件，以满足用户实际的需求。Project 2007 组件是指 Project 2007 提供的功能模块，用户可以完成某些特定组件的添加与删除操作。

【例 1-2】在 Windows XP 操作系统中第一次安装 Project 2007 软件。

(1) Project 2007 的安装光盘放入光驱中，找到光盘的安装文件 Setup.exe，系统将自动运行安装配置向导并复制安装文件，并进入【Project 安装程序】向导，如图 1-14 所示。

(2) 选中【添加或删除功能】单选按钮，单击【继续】按钮，打开【安装选项】选项卡，单击【+】号，展开组件列表，单击【组件】下的三角按钮，在弹出的下拉菜单中选择【从本机运行】命令，如图 1-15 所示。

(3) 此时之前的"红色打叉"形状消失，单击【继续】按钮，如图 1-16 所示。

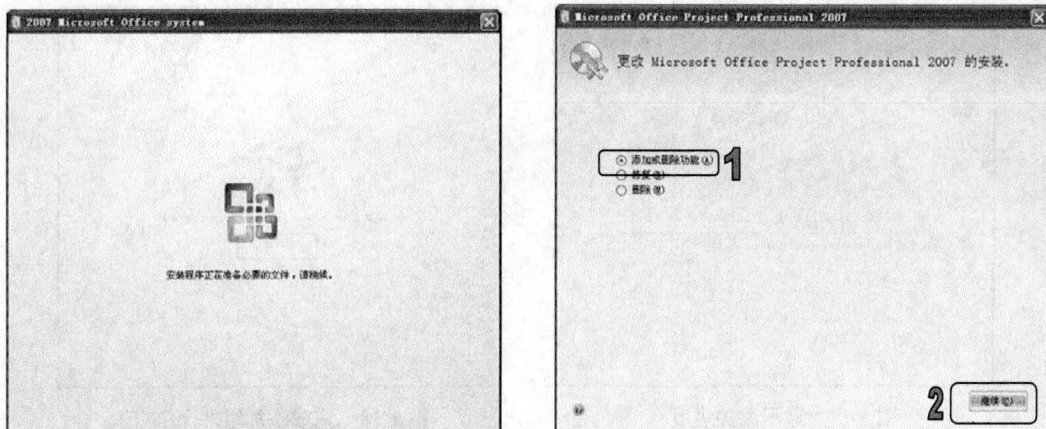

图 1-14 启动【Project 安装程序】向导

知识点

在【Project 安装程序】向导中，选中【修复】单选按钮，可以检测 Project 2007 所有已安装的组件，并修补已损坏或丢失的文件；选中【删除】单选按钮，可以删除 Project 2007 所有安装的组件，即删除 Project 2007 软件。

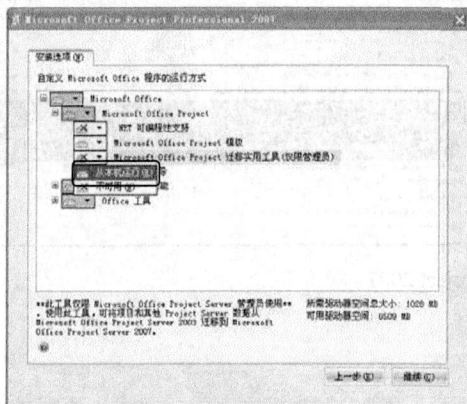

图 1-15 选择【从本机运行】命令

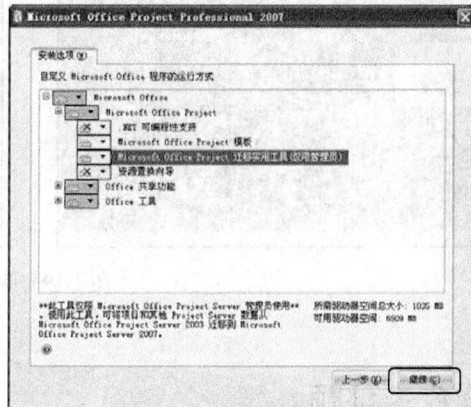

图 1-16 安装组件

提示

删除组件的方法很简单，在打开的【安装选项】选项卡的组件列表中，单击需要删除的组件左侧的【组件】下拉按钮，从弹出的下拉菜单中选择【不可用】命令，单击【继续】按钮，执行删除组件操作。

(4) 系统自动打开【配置进度】对话框，显示组件添加进度，如图 1-17 所示。

(5) 完成了添加组件操作，将打开如图 1-18 所示的对话框，单击【关闭】按钮，即可完成添加组件。

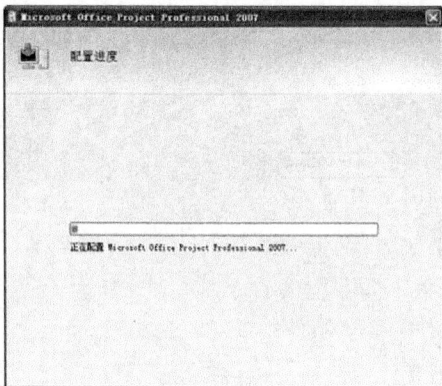

图 1-17　显示添加进度　　　　　　　　图 1-18　完成添加组件操作

📖 **知识点**

要完全卸载 Project 2007 软件，可以选择【开始】|【控制面板】命令，打开【控制面板】窗口，单击【添加/删除程序】链接，打开【添加或删除程序】对话框，在程序列表框中选择【Microsoft Office Project Professional 2007】选项，单击【删除】按钮即可，如图 1-19 所示。

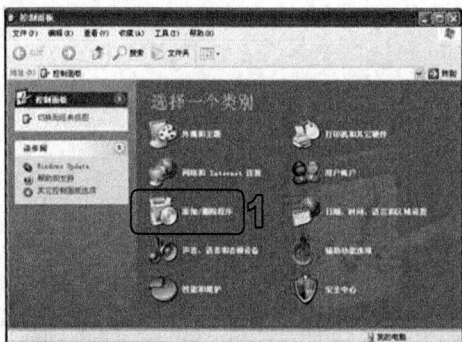

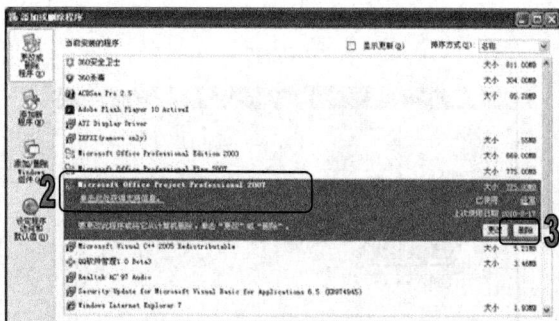

图 1-19　卸载 Project 2007

1.6　习题

1. 什么是项目？如果公司很小，是不是就没有项目可以管理？
2. 项目周期包括哪几个阶段？
3. 什么是项目管理？任何一个项目都将受到哪些方面的约束？
4. 现代项目管理具有哪几个方面的特点？
5. Project 2007 包括哪几个部分？每个部分的作用如何？
6. 练习安装 Project 2007 软件，并添加和删除相关的组件。

第2章

Project 2007 基础操作

学习目标

Project 2007 是美国 Microsoft 公司推出的项目规划和管理软件，是 Microsoft Office 系统产品中的一员。项目管理人员、业务管理人员和计划人员可以使用它独立地管理和规划项目。用户只有充分掌握和了解 Microsoft Project 的工作界面、常用视图、项目文档的基本操作和选择数据域等基本操作后，才能更好地学习 Project 的应用。

本章重点

- ⊙ 启动和退出 Project 2007
- ⊙ 初识 Project 2007 操作界面
- ⊙ 项目文档的基本操作
- ⊙ Project 2007 常用视图
- ⊙ 选择数据域

2.1 启动和退出 Project 2007

软件的启动和退出是学习使用软件时的基本操作。当用户安装完 Microsoft Office Project Professional 2007 之后，用户就可以正常启动和退出 Project 2007 了。

2.1.1 启动 Project 2007

当用户要使用 Project 2007 管理项目时，首先要启动 Project 2007。可以通过以下方法来启动 Project 2007。

- ⊙ 启动 Windows 后，选择【开始】|【所有程序】| Microsoft Office | Microsoft Office Project

2007 命令，启动 Project 2007，如图 2-1 所示。

- 单击【开始】按钮，从弹出的【开始】菜单中的【高频】栏中选择 Microsoft Office Project 2007 命令，即可启动 Project 2007，如图 2-2 所示。
- 在桌面上创建 Project 2007 快捷图标后，双击桌面上的快捷图标，启动 Project 2007。
- 在桌面或者文件夹内的空白区域右击，从弹出的快捷菜单中选择【新建】|【Microsoft Office Project 文档】命令，即可在桌面或者当前文件夹中创建一个名为"新建 Microsoft Office Project 文档"的文件。双击文件图标，即可打开新建的 Project 2007 文件。

图 2-1　开始菜单　　　　　　　　图 2-2　从【高频】栏启动

2.1.2　退出 Project 2007

当用户不需要使用 Project 2007 时，即可退出 Project 2007。退出 Project 2007 有很多方法，常用的主要有以下几种。

- 单击 Project 2007 窗口右上角的【关闭】按钮 。
- 右击标题栏，在弹出的快捷菜单中选择【关闭】命令，或者按 Alt+F4 组合键。
- 双击标题栏上的 Project 程序图标 。
- 右击 Project 程序图标 ，从弹出的快捷菜单中选择【关闭】命令。
- 选择【文件】|【退出】命令。

2.2　初识 Project 2007 操作界面

启动 Project Professional 2007，其工作界面如图 2-3 所示，包括标题栏、菜单栏、工具栏、数据编辑栏和工作区等组成。

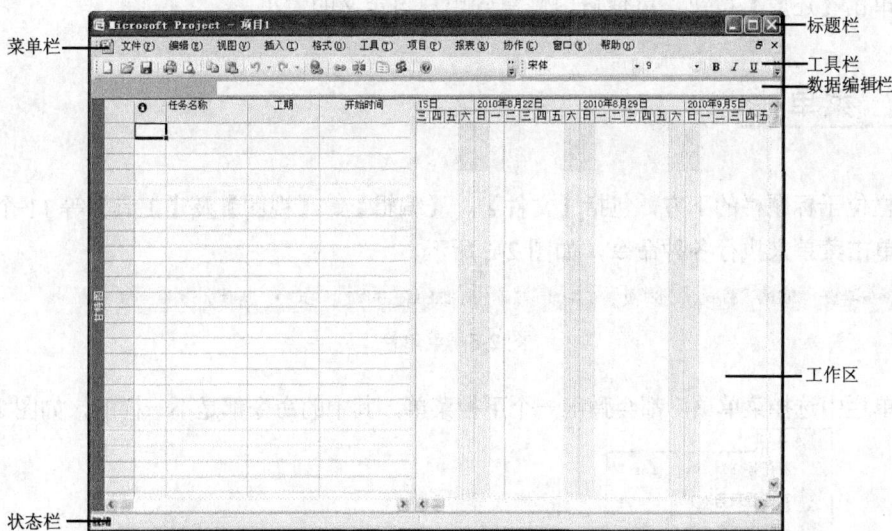

图 2-3　Project 2007 的工作界面

2.2.1　标题栏

标题栏位于窗口的顶端，用于显示当前正在运行的程序名及文件名等信息，如图 2-4 所示。标题栏最右端有 3 个按钮，分别用来控制窗口的最小化、最大化和关闭应用程序。

图 2-4　标题栏

◉　单击程序图标，将弹出一个控制菜单，可以进行还原、移动和调整窗口大小等操作，如图 2-5 所示。

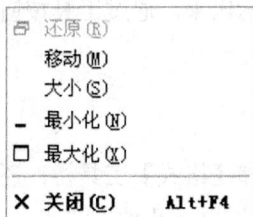

图 2-5　控制菜单

提示

当窗口最小化后，单击任务栏中的图标按钮，可将该窗口恢复到最小化前的状态。

◉　单击【最小化】按钮，可将窗口最小化为任务栏中的一个图标按钮。

◉　单击【最大化】按钮，可将窗口显示大小布满整个屏幕。

◉ 单击【还原】按钮，可使窗口恢复到用户自定义的大小。

②.2.2 菜单栏

菜单栏位于标题栏的下方，包括【文件】、【编辑】、【视图】及【工具】等11个菜单项，用户可以单击菜单来执行各种命令，如图2-6所示。

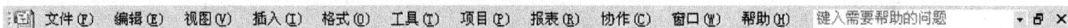

文件(F) 编辑(E) 视图(V) 插入(I) 格式(O) 工具(T) 项目(P) 报表(R) 协作(C) 窗口(W) 帮助(H) 键入需要帮助的问题

图 2-6　菜单栏

在菜单栏中选择菜单项，都会弹出一个下拉菜单，其中的命令都是不一样的，如图2-7所示。

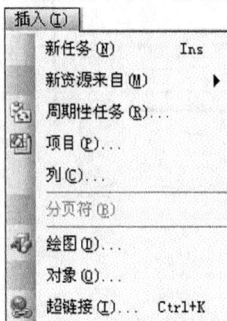

插入(I)
新任务(N)　　　Ins
新资源来自(M)　▶
周期性任务(R)...
项目(P)...
列(C)...
分页符(B)
绘图(D)...
对象(O)...
超链接(I)... Ctrl+K

图 2-7　【插入】菜单

提示

在菜单命令旁边有一个带下划线的字母。按下 Alt 键不放，再按相应的字母键就可以执行该命令。

◉ 命令名称右侧带有三角符号：该命令下面还包含子命令。
◉ 命令名称右侧带有省略号：执行该命令，将打开一个对话框，在其中设置多项参数。
◉ 命令名称显示为灰色：该命令不可用。
◉ 命令名称右侧带有字母：该命令的快捷键。
◉ 命令名称左侧带有图标：该命令已设置为工具按钮。

②.2.3 工具栏

在 Project 2007 中，将常用命令以工具按钮的形式表示出来。通过工具按钮的操作，可以快速执行使用频率最高的菜单命令，从而提高工作效率。

1. 显示或隐藏工具栏

默认情况下，Project 2007 的工作界面显示【常用】和【格式】工具栏，还可以根据需要显示或隐藏某个工具栏。要显示或隐藏某个工具栏，可以通过以下几种方法来实现。

◉ 通过菜单命令来实现。选择【视图】|【工具栏】命令下的相应子命令就可以显示或隐藏相应的工具栏。
◉ 通过右键菜单实现。在任意工具栏上右击，在弹出的快捷菜单中选择相应的命令就可以显示或隐藏相应的工具栏。

⦿ 通过对话框实现。选择【工具】|【自定义】|【工具栏】命令，打开【自定义】对话框，打开【工具栏】选项卡，在【工具栏】列表框中选中或取消选中工具栏前面的名称复选框，就可以显示或隐藏相应的工具栏，如图 2-8 所示。

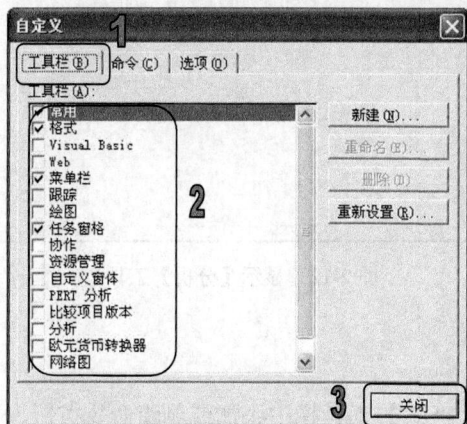

图 2-8　【工具栏】选项卡

提示

默认状态下，【常用】和【格式】工具栏在一列中显示，有些按钮不能被查看，可将鼠标指针移至两个工具栏连接处，当鼠标指针变成←→时，向左(右)拖动即可显示出来。

【例 2-1】启动 Project 2007，通过菜单命令显示【协作】工具栏，再通过右键菜单将其隐藏，然后通过【自定义】对话框显示【跟踪】工具栏。

(1) 启动 Project 2007，选择【视图】|【工具栏】|【协作】命令(如图 2-9 所示)，在窗口中就会出现【协作】工具栏。

(2) 在工具栏上右击，在弹出的菜单中取消选中【绘图】命令(如图 2-10 所示)，此时【协作】工具栏被隐藏。

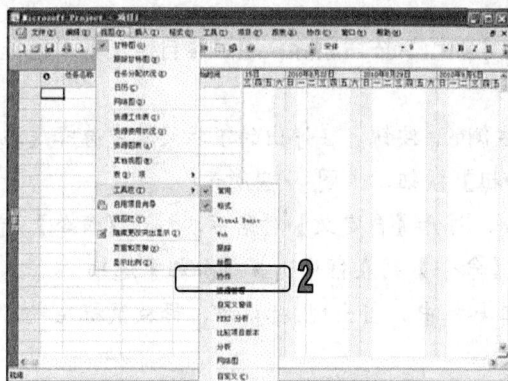

图 2-9　选择命令显示工具栏

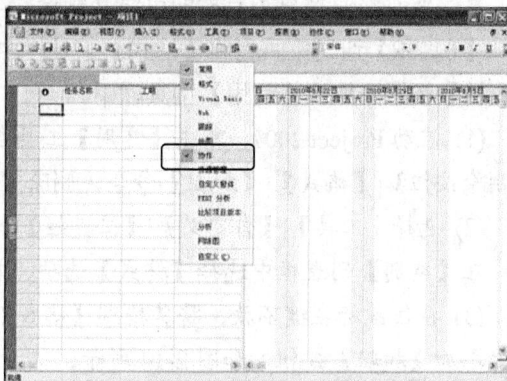

图 2-10　取消选择命令隐藏工具栏

(3) 选择【工具】|【自定义】|【工具栏】命令，打开【自定义】对话框，打开【工具栏】选项卡，在【工具栏】列表框中选中【跟踪】复选框，如图 2-11 所示。

(4) 单击【关闭】按钮，【跟踪】工具栏将出现在窗口中，如图 2-12 所示。

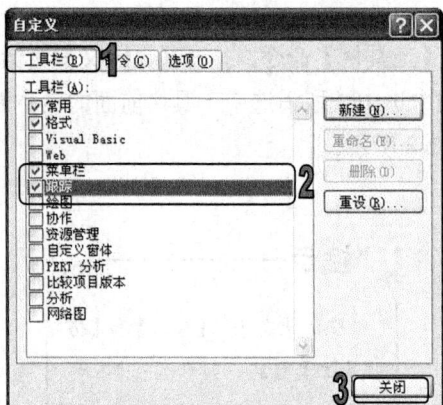

| 图 2-11　【自定义】对话框 | 图 2-12　显示【分析】工具栏 |

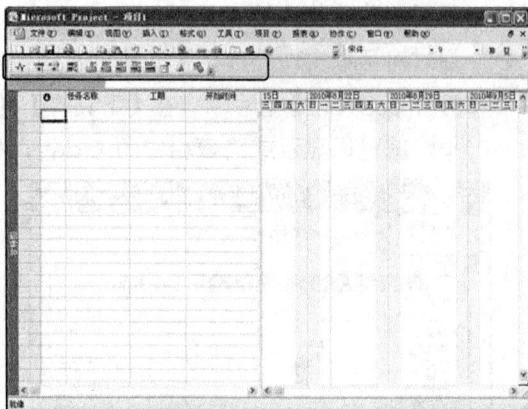

2. 添加或删除工具栏按钮

Project 2007 允许用户在【常用】工具栏和【格式】工具栏中添加或删除命令按钮，以方便操作。添加和删除工具栏按钮可以通过以下两种方法来实现。

◉　通过工具栏来实现。单击【常用】工具栏或【格式】工具栏右侧的⁻按钮，弹出一个下拉菜单，选择【添加或删除按钮】|【常用(或格式)】命令的子命令，就可以添加或删除相应的按钮。

◉　通过对话框实现。在【自定义】对话框中打开【命令】选项卡，在【类别】列表框中选择要添加的按钮所属的类别，在【命令】列表框中选择要添加的选项，再按住鼠标左键不放，将该选项拖放到工具栏中需要的位置即可添加按钮；在工具栏中按住不需要的按钮，将其拖离工具栏即可将其删除。

　　【例 2-2】 通过工具栏将【格式】工具栏中的【加粗】按钮删除；通过【自定义】对话框将【加粗】按钮添加到【常用】工具栏中。

　　(1) 启动 Project 2007，单击【常用】工具栏右侧的⁻按钮，在弹出的下拉菜单中选择【添加或删除按钮】|【格式】|【加粗】命令，删除【加粗】按钮，如图 2-13 所示。

　　(2) 选择【工具】|【自定义】|【工具栏】命令，打开【自定义】对话框，打开【命令】选项卡，在【类别】列表框中选择【格式】选项，在【命令】列表框中选择【加粗】选项。

　　(3) 按住鼠标左键不放，将其拖到【格式】工具栏中，当出现Ι标记时，释放鼠标左键，就可以添加【加粗】按钮，如图 2-14 所示。

> ### 知识点
>
> 　　Project 2007 中的工具栏是可以移动的，单击工具栏右侧标记，鼠标指针将变为✛形状，此时，就可以拖动工具栏把它放在工作界面的其他位置。如图 2-13 所示就是把【格式】工具栏拖到其他位置的效果。

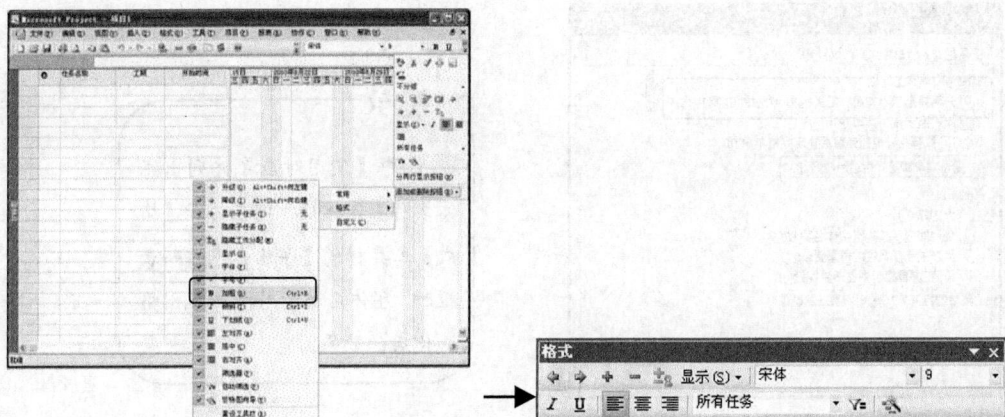

图 2-13　删除【超链接】按钮

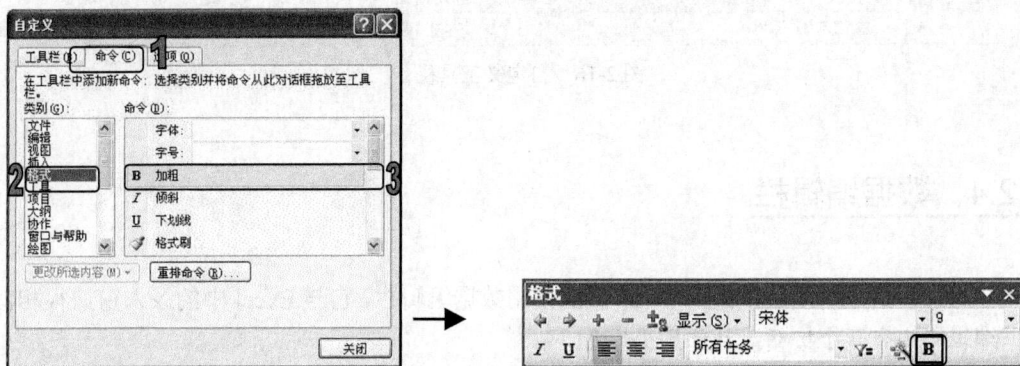

图 2-14　添加【加粗】按钮

知识点

　　在【常用】工具栏中单击右侧的▾按钮，在弹出的下拉菜单中选择【添加或删除按钮】|【自定义】命令，也将打开【自定义】对话框。

3. 自定义工具栏

　　如果对工具栏和菜单命令的显示有特殊的喜好，还可以自定义工具栏。

　　【例 2-3】使用【自定义】对话框将【常用】和【格式】工具栏分两行显示。

　　(1) 启动 Project 2007，选择【工具】【自定义】|【工具栏】命令，打开【自定义】对话框。

　　(2) 打开【选项】选项卡，选择【分两排显示"常用"工具栏和"格式"工具栏】复选框，如图 2-15 所示。

　　(3) 单击【关闭】按钮，此时工具栏分两行显示，如图 2-16 所示。

知识点

　　在【常用】工具栏中单击右侧的▾按钮，在弹出的下拉菜单中选择【分两行显示按钮】命令，同样可以将【常用】和【格式】工具栏分两行显示。

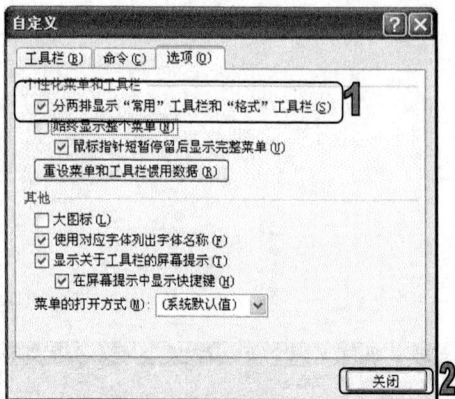

图 2-15 【选项】选项卡

提示

选中【使用对应字体列出字体名称】复选框，则在打开【格式】工具栏的【字体】下拉列表框时，字体名称的外观呈现出格式化后的效果。

图 2-16 自定义工具栏

2.2.4 数据编辑栏

在项目文档要编辑某些数据信息时，可以使用数据编辑栏。它与 Excel 中的录入窗口很相似。在数据编辑栏中有两个按钮，其作用分别如下。

● 【确认】按钮 ✓：单击该按钮将会确认当前编辑的数据。
● 【取消】按钮 ✕：单击该按钮将会撤销当前编辑的数据。

2.2.5 工作区

Project 2007 操作界面中最大的区域是工作区，用来显示项目的所有信息。当文档在工作区内只能显示部分时，通过其下方(或右方)的水平滚动条(或垂直滚动条)滚动可以显示没有在文档编辑区中显示出来的文本内容。

知识点

在工作区右上角显示有时间刻度，它是显示在视图顶部的时间段标记。可对其进行自定义，使其只显示顶层、中层和底层 3 层，以表示不同的时间单位或时间段。

2.2.6 状态栏

状态栏位于窗口的底部，用于显示程序的当前状态。当 Project 进行操作时，会显示"就绪"

或"已连接(与 Project 2007 联机)"等字样；当开始输入数据时，会显示"输入"字样。

②.3　项目文档的基本操作

使用 Project 2007 管理项目的第一步就是要创建项目文档。用户可以通过多种方法来创建项目，并对其进行日常的管理操作，为迅速迈入项目管理的专业殿堂打下基础。

②.3.1　新建项目文档

新建项目文档有 3 种方法：新建空白项目文档、新建基于模板的项目文档和新建基于现有项目的项目文档。

1．新建空白项目文档

空白文档是用户最常使用的传统文档。要创建空白文档，可在【常用】工具栏中，单击【新建空白文档】按钮 ，或选择【文件】|【新建】命令，打开【新建项目】任务窗格，在【新建】选项区域中单击【空白项目】链接即可，如图 2-17 所示。

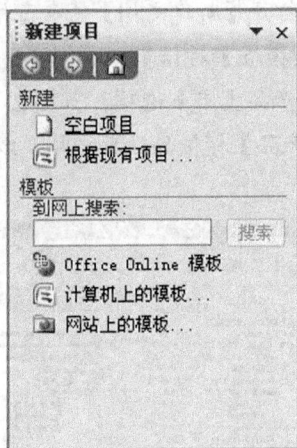

知识点

按 Ctrt+N 组合键，同样也可以新建空白项目文档。

图 2-17　【新建项目】任务窗格

提示

启动 Project 2007 后，系统将自动新建一个名为【项目 1】的文档，如果还需要新的空白文档，可以继续新建，并且自动以【项目 2】、【项目 3】等命名。

2．新建基于模板的项目文档

Project 2007 自带了一些常用的文档模板，使用这些模板可以帮助用户快速创建基于某种类型的文档。

要创建基于模板的项目文档，可以选择【文件】|【新建】命令，打开【新建项目】任务窗格，在【模板】选项区域中单击【计算机上的模板】链接，打开【模板】对话框，打开【项目模板】选项卡，从中选择需要的模板即可，如图 2-18 所示。

图 2-18 【模板】对话框

知识点

模板中给定的文档结构和格式并不是固定不变的，用户可以根据特殊需要进行更改和删除。

提示

在 Project 2007 中，模板文件的扩展名为.mpt，项目文档的扩展名为.mpp，工作环境文件的扩展名为.mpw。

【例 2-4】新建一个基于【新产品上市】模板的项目文档。

(1) 启动 Project 2007，选择【文件】|【新建】命令，打开【新建文档】任务窗格，并在【模板】选项区域中，单击【计算机上的模板】链接，打开【模板】对话框。

(2) 打开【项目模板】选项卡，在列表框中选择【新产品上市】选项，如图 2-19 所示。

(3) 单击【确定】按钮，系统自动新建一个基于【新产品】模板的项目文档，效果如图 2-20 所示。

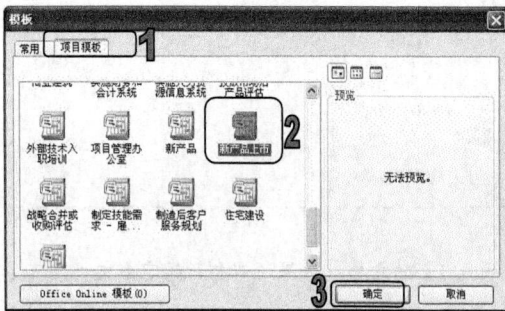

图 2-19 【项目模板】选项卡

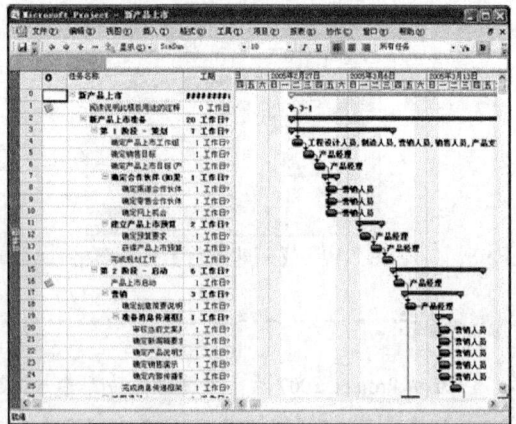

图 2-20 新建基于【新产品】模板的项目文档

提示

在【新建文档】任务窗格的【模板】选项区域中，也可以通过单击【网站上的模板】链接，启动浏览器打开模板网站，方便用户下载更多的模板。

3. 新建基于现有项目的项目文档

根据现有项目创建新的项目文档，可将选择的项目以副本方式在一个新的文档中打开，这时用户就可以在新的文档中编辑文档的副本，而不会影响到原有的文档。

【例 2-5】新建一个基于现有的【安装电梯监视系统】项目的项目文档。

(1) 启动 Project 2007，选择【文件】|【新建】命令，打开【新建文档】任务窗格，并在【新建】选项区域中，单击【根据现有项目】链接，打开【根据现有项目新建】对话框。

(2) 在【查找范围】下拉列表框中选择目标位置，在文件列表中选择【安装电梯监视系统】项目文档，如图 2-21 所示。

(3) 单击【新建】按钮，就可以新建一个基于现有项目的项目文档，如图 2-22 所示。

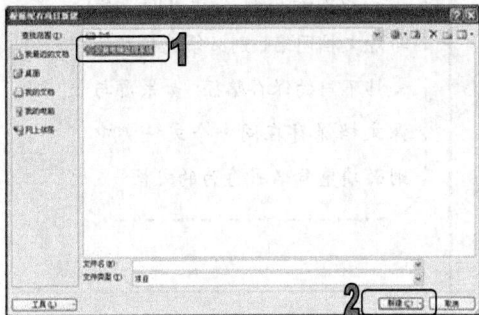

图 2-21　【根据现有项目新建】对话框　　　　图 2-22　创建基于现有项目的项目文档

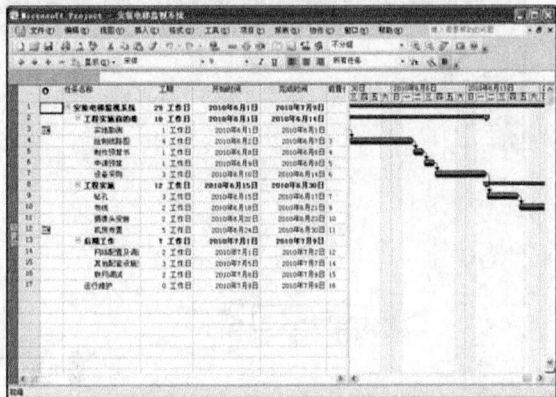

2.3.2　保存项目文档

对于新建的 Project 文档或正在编辑的某个文档，如果出现了计算机突然死机、停电等非正常关闭的情况，文档中的信息就会丢失，因此为了保护劳动成果，保存文档是十分重要的。

1. 保存新创建的文档

如果要对新创建的文档进行保存，可选择【文件】|【保存】命令或单击【常用】工具栏上的【保存】按钮，在打开的【另存为】对话框中，设置保存路径、名称及保存格式。

2. 保存已保存过的文档

要对已保存过的文档进行保存时，可选择【文件】|【保存】命令或单击【常用】工具栏上的【保存】按钮，就可以按照原有的路径、名称以及格式进行保存。

3. 另存为其他文档

如果文档已保存过，但在进行了一些编辑操作后，需要将其保存下来，并且希望仍能保存以前的文档，这时就需要对文档进行另存为操作。

要另存为其他文档，可选择【文件】|【另存为】命令，在打开的【另存为】对话框中，设置保存路径、名称及保存格式。

【例2-6】将【例2-5】新建的项目文档，以文件【安装并维护电梯监视系统】保存在 E 盘的 2-5 文件夹中。

(1) 在【例2-5】新建的项目文档【安装电梯监视系统】中，选择【文件】|【保存】命令，打开【另存为】对话框。

(2) 在【保存位置】下拉列表框中选择 E 盘的【2-5】文件夹，在【文件名】下拉列表框中输入文件名【安装并维护电梯监视系统】，在【保存类型】下拉列表框中选择【项目】选项，如图 2-23 所示。

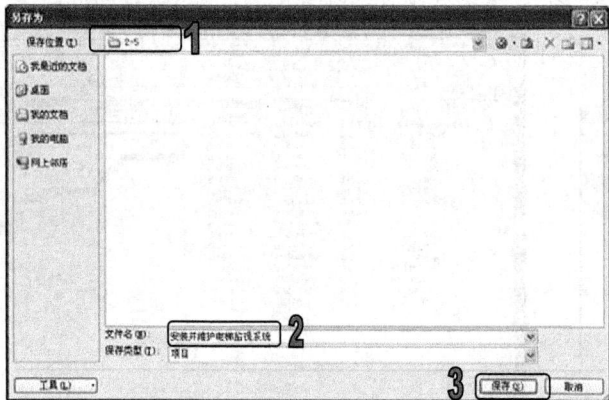

图 2-23　【另存为】对话框

提示

如果要保持另存为的文档与源文档同名，则必须选择与源文档不同的保存路径；如果要与源文档保存在同一个文件夹中则必须重命名另存为的文档。

(3) 单击【保存】按钮，此时文档将以文件名【安装并维护电梯监视系统】保存在 E 盘的【2-5】文件夹中。

知识点

还可以将项目文档保存为模板，方便以后套用。方法很简单，在【另存为】对话框中，在【保存类型】下拉菜单中选择【模板】选项，单击【保存】按钮，打开【另存为模板】对话框，选择希望保存在模板中的数据类型。然后单击【保存】按钮，就可以将该文档保存为模板。此后打开【模板】对话框，就可以看到保存的模板。

②.3.3　打开项目文档

打开文档是 Project 的一项最基本的操作，对于任何文档来说都需要先将其打开，然后才能对其进行编辑。

打开项目文档，可以选择【文件】|【打开】命令，或在【常用】工具栏上单击【打开】按钮，打开【打开】对话框，如图 2-24 所示，在【查找范围】下列表框中选择文件的路径，在列表框中选择要打开的文件。

在【打开】对话框中单击【打开】按钮右侧的小三角按钮，在弹出的菜单(如图 2-25 所示)中选择命令，就可以使用不同的方式打开文档。

- ◉ 【打开】命令：以该方式打开文档，对文档的编辑修改将直接保存到原文档上。
- ◉ 【以只读方式打开】命令：以该方式打开文档，对文档的编辑修改将无法直接保存到原文档上，而需要将编辑修改后的文档另存为一个新的文档。
- ◉ 【以副本方式打开】命令：以该方式打开的是文档的副本，而不打开原文档，对该副本文档所作的编辑修改将直接保存到副本文档中，而对原文档没有影响。

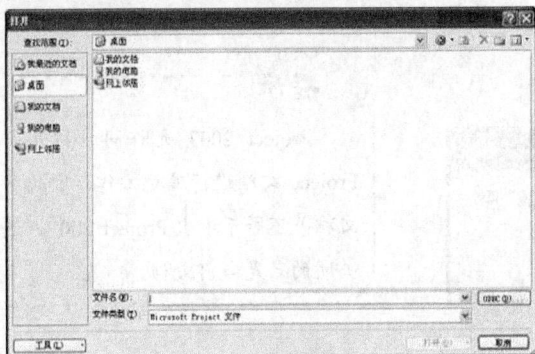

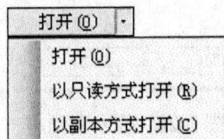

图 2-24　【打开】对话框　　　　　图 2-25　选择文档的打开方式

【例 2-7】以只读的方式打开保存在 E 盘【2-5】文件夹中的项目文档【安装并维护电梯监视系统】。

(1) 启动 Project 2007，选择【文件】|【打开】命令，打开【打开】对话框。

(2) 在【查找范围】下列表框中选择【2-5】文件夹，然后在列表框中选择文档【安装并维护电梯监视系统】选项，单击【打开】按钮右侧的小三角按钮，在弹出的菜单中选择【以只读方式打开】命令，如图 2-26 所示。

(3) 此时就可以以只读方式打开项目文档，标题栏显示【只读】字样，如图 2-27 所示。

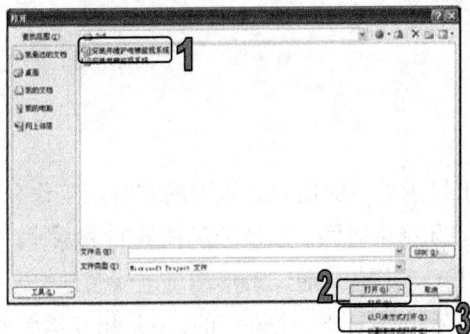

图 2-26　选择【只读】选项　　　　　图 2-27　以打开方式打开项目文档

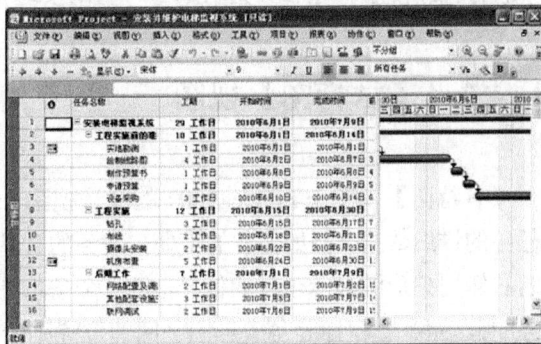

知识点

在打开文档时，如果要一次打开多个连续的文档，可按住 Shift 键进行选择；如果要一次打开多个不连续的文档，可按住 Ctrl 键进行选择。

2.3.4 关闭项目文档

对文档完成所有的操作后，要关闭时，可选择【文件】|【关闭】命令，或单击窗口右上角的【关闭】按钮 ⊠。在关闭文档时，如果没有对文档进行编辑、修改，可直接关闭；如果对文档做了修改，但还没有保存，系统将会打开一个如图 2-28 所示的提示框，询问是否保存对文档所做的修改。单击【是】按钮即可保存并关闭该文档。

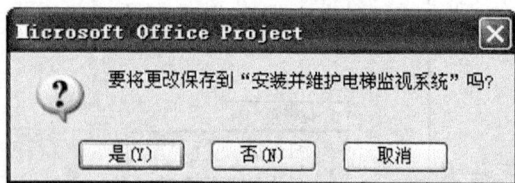

图 2-28　提示对话框

提示

Project 2007 允许同时打开多个 Project 文档进行编辑操作，因此关闭文档并不等于退出 Project 2007，这里关闭的只是当前文档。

2.4　Project 2007 常用视图

视图以特定的格式显示 Project 2007 中输入信息的子集，该信息子集存储在 Project 中，并且能够在任何调用该信息子集的视图中显示，通过视图可以展现项目信息的各个维度。视图主要分为任务类视图和资源类视图，常用的任务类视图有【甘特图】视图、【网络图】视图、【日历】视图、【任务分配状况】视图等；常用的资源视图有【资源工作表】视图、【资源图表】视图、【资源使用状况】视图等。本节将逐一介绍这些常用视图。

2.4.1　【甘特图】视图

【甘特图】视图是 Project 2007 的默认视图，用于显示项目的信息。视图的左侧用工作表显示任务的详细数据，例如任务的工期，任务的开始时间和结束时间，以及分配任务的资源等。视图的右侧用条形图显示任务的信息，每一个条形图代表一项任务，通过条形图可以清楚地表示出任务的开始和结束时间，各条形图之间的位置则表明任务是一个接一个进行的，还是相互重叠的。如图 2-29 所示就是一个典型的【甘特图】视图。

使用【甘特图】视图可以完成以下工作。

◎　通过输入任务和完成每项任务所用的时间来创建一个项目。

◎　通过链接任务，在任务之间建立顺序的相关性。在链接任务时，可以看到任务工期的更改是如何影响其他任务的开始日期和完成日期，以及整个项目的完成周期的。

◎　将人员和其他资源分配给任务。

- 查看任务的进度。可以对计划的和实际的开始日期、完成日期进行比较，以及检查每项任务完成的百分比，从而跟踪任务的进度。
- 在图形化任务的同时仍然可以访问任务的详细信息。
- 拆分任务以中断任务，以后再恢复该任务拆分。

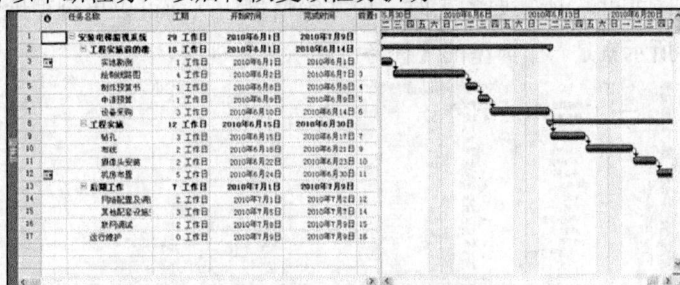

图 2-29　【甘特图】视图

2.4.2　【跟踪甘特图】视图

对于每项任务，【跟踪甘特图】视图显示两种任务条形图，一个条形图形在另一个条形图形的上方。下方的条形图显示任务的比较基准，另一个条形图形显示任务的当前计划。当计划发生变化时，就可以通过比较基准任务与实际任务来分析项目偏移原始估计的程度，如图 2-30 所示。

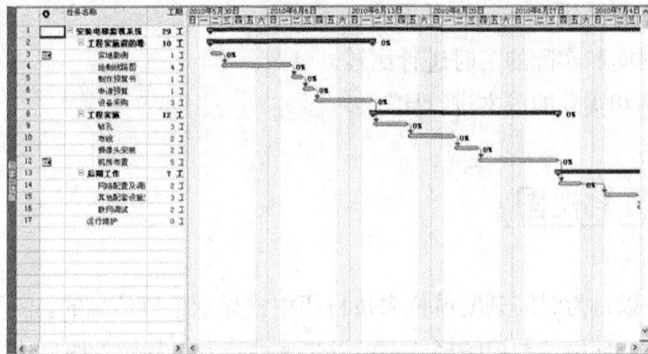

图 2-30　【跟踪甘特图】视图

使用【跟踪甘特图】视图可以完成以下工作。

- 查看任务的进度及估算任务的进度延迟。通过对比较基准和日程排定与实际的开始日期和完成日期进行比较，以及检查每项任务完成的百分比，可以跟踪任务的进度。
- 以图形化方式查看任务的同时仍然可以访问有关任务的详细信息。
- 通过输入任务和输入每项任务所有的时间来创建一个项目。
- 通过链接任务，在任务之间建立顺序的相关性。在链接任务时，可以看到对某个任务工期的更改是如何影响其他任务的开始日期和完成日期，以及整个项目的完成日期的。
- 将人员和其他信息分配给任务。

2.4.3 【任务分配状况】视图

【任务分配状况】视图给出了每项任务所分配的资源以及每项资源在各个时间段内(每天、每周、每月或其他时间间隔)所需要的工时、成本等信息，从而可以更合理地调整资源在任务上的分配。如图 2-31 所示就是一个典型的【任务分配状况】视图。

图 2-31 【任务分配状况】视图

使用【任务分配状况】视图可完成以下工作：
- 根据任务组织资源。
- 估算每项任务的工作量。
- 估算每项任务的成本。
- 对计划的时间和实际的工时进行比较。
- 计划的成本和实际的成本进行比较。

2.4.4 【日历】视图

【日历】视图是以月为时间刻度单位来按日历格式显示项目信息的。任务条形图将跨越任务日程排定的天或星期。使用这种视图格式，可以快速地查看在特定的时间内排定了哪些任务。如图 2-32 所示就是一个典型的【日历】视图。

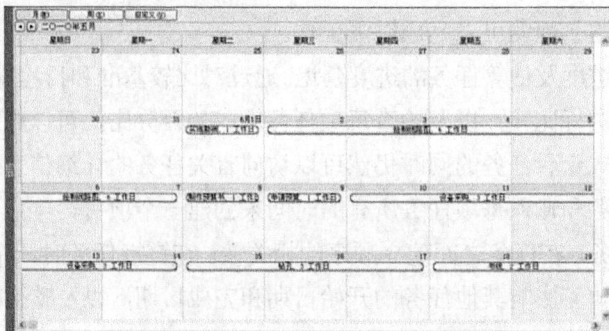

图 2-32 【日历】视图

使用【日历】视图可以完成以下工作：

- ⊙ 显示其日程排定在某个或某几个星期中的任务。
- ⊙ 检查其日程排定在特定的某天、某星期或某月的任务。
- ⊙ 通过输入任务和完成每项任务所用的时间来创建一个项目。
- ⊙ 通过链接任务，在任务之间建立顺序的相关性。
- ⊙ 将人员和其他资源分配给任务。

②.4.5　【网络图】视图

　　【网络图】视图以流程图的方式来显示任务及其相关性。一个框代表一个任务，框与框之间的连线代表任务间的相关性。默认情况下，进行中的任务显示为一条斜线，已完成的任务框中显示为两条交叉斜线。如图 2-33 所示就是一个典型的【网络图】视图。

　　使用【网络图】视图可完成以下工作：

- ⊙ 创建及调整日程。
- ⊙ 链接任务以指定任务的执行顺序，并确定任务的开始日期和完成日期。
- ⊙ 以图形化的方式显示已完成任务、进行中的任务以及未开始的任务。
- ⊙ 给指定任务分配人员或其他资源。

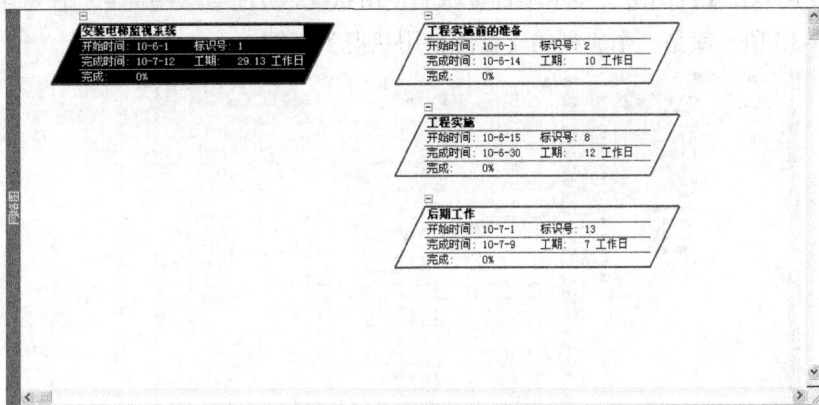

图 2-33　【网格图】视图

②.4.6　【资源工作表】视图

　　【资源工作表】视图以电子表格的形式显示每种资源的相关信息，如支付工资率、分配工作小时数、比较基准和实际成本等。如图 2-34 所示就是一个典型的【资源工作表】视图。

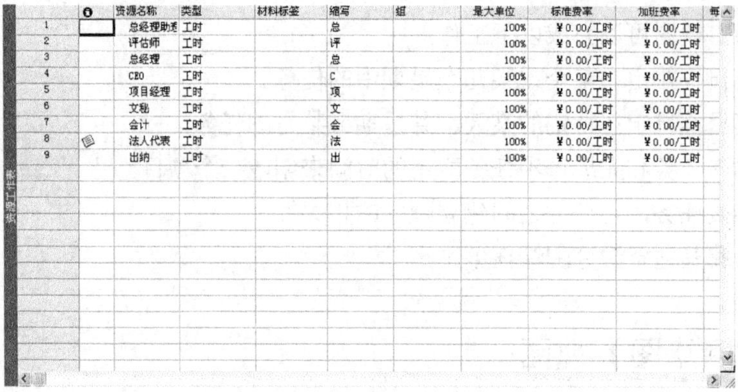

图 2-34   【资源工作表】视图

使用【资源工作表】视图可完成以下工作：

- 输入和编辑资源信息。
- 审查每种资源的分配工作小时数。
- 审查资源成本。

2.4.7   【资源使用状况】视图

【资源使用状况】视图用于显示项目资源的使用状况，分配给这些资源的任务组合在资源的下方。如图 2-35 所示就是一个典型的【资源使用状况】视图。

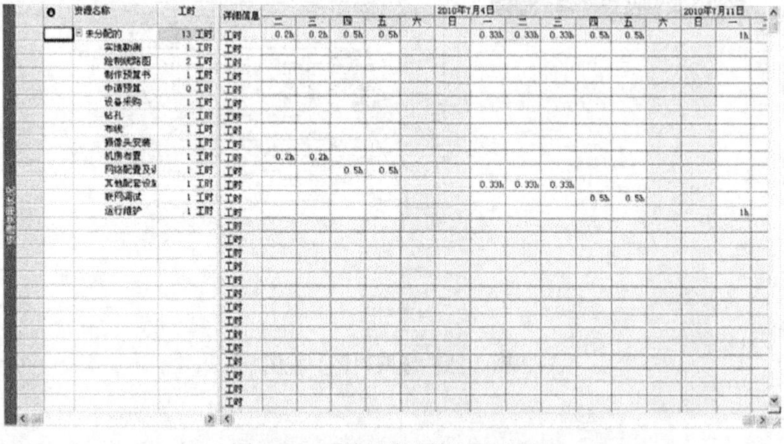

图 2-35   【资源使用状况】视图

使用【资源使用状况】视图可完成以下工作：

- 输入和编辑资源的任务分配，如成本、工时分配和工时可用性。
- 查看过度分配资源及过度分配量。
- 在资源之间更均衡地进行工作分配。
- 计算出每种资源的预算工作小时数。

◉　查看每种资源的预算工时容量百分比。

◉　确定每种资源可用于附加工作分配的时间。

◉　计算出每种资源在特定任务上的预算工作小时数。

◉　审查特定任务的资源成本。

◉　通过设置工作分布，改变资源投入到某项任务上的工时量。

②.4.8　【资源图表】视图

【资源图表】视图以图表方式按时间显示分配、工时或资源成本的有关信息。每次可以审阅一个资源的有关信息，或选定资源的有关信息，也可以同时审阅单个资源和选定资源的有关信息。如果同时显示会出现两幅图表：一幅显示单个资源，一幅显示选定资源，以便对二者进行比较。如图 2-36 所示就是一个典型的【资源图表】视图。

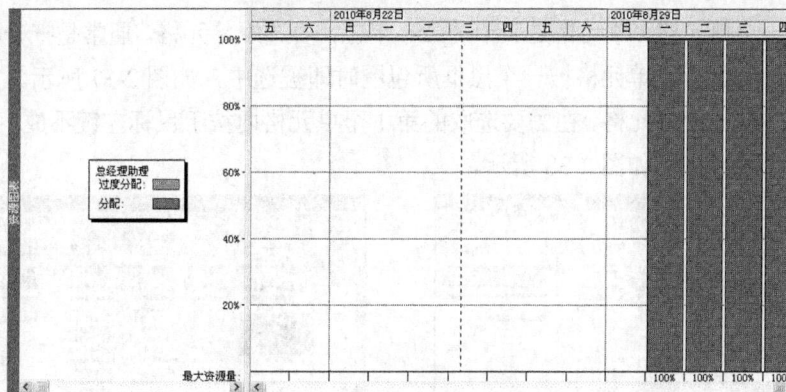

图 2-36　【资源图表】视图

使用【资源图表】视图可完成以下工作：

◉　查看过度分配资源和过度分配量。

◉　计算出每种资源的预算工作小时数。

◉　查看每种资源预算工时量百分比。

◉　确定每种资源可用于附加工作的时间。

◉　审阅资源成本。

> **提示**
>
> 选择【视图】|【视图栏】命令来显示视图栏，在其中单击视图按钮，选择【视图】菜单中的子命令，都可以方便地切换各个视图。

2.5 选择数据线

在 Project 2007 中，进行操作首先要选择操作的对象，用户通过不同的方法可以选择不同的位置。

2.5.1 选中表中的元素

在对表格进行格式化设置之前，都必须选取编辑对象。

1. 选取单元格

选取单元格的方法可分为 3 种：选取一个单元格、选取多个连续的单元格和选取多个不连续的单元格。

- 选取一个单元格。单元格是表中的最小单位，要选中单元格，通常是把光标置于单元格内，单击鼠标，单元格被一个黑框所包围时即被选中，如图 2-37 所示。
- 选取多个连续单元格。在需要选取的第 1 个单元格内按下鼠标左键不放，拖动鼠标到最后一个单元格，如图 2-38 所示。

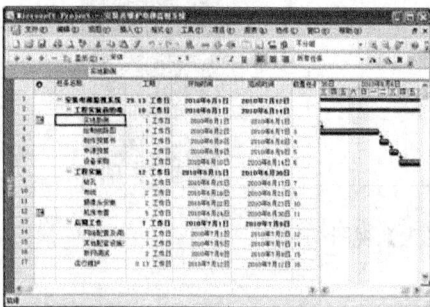

图 2-37 选取一个单元格　　　　图 2-38 选取多个连续单元格

- 选取多个不连续的单元格。选取第 1 个单元格后，按住 Ctrl 键不放，再分别选取其他单元格，如图 2-39 所示。

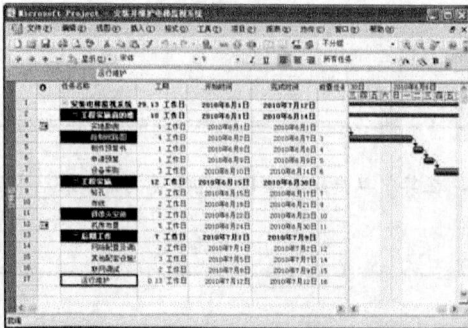

图 2-39 选取多个不连续的单元格

提示

在表格中，将鼠标指针定位在任一单元格中，然后按下 Shift 键，在另一个单元格内单击，则以两个单元格为对角顶点的矩形区域内的所有单元格都被选中。

-36-

知识点

在编辑任务日程时，熟练掌握键盘操作同样可以快速完成单元格操作，使用快捷键【↑】、【↓】、【←】、【→】可以实现上移一个单元格、下移一个单元格、左移一个单元格和右移一个单元格操作。

2. 选取整行

有时需要对一个整行进行操作，例如，需要复制一个任务的信息到其他位置，就可以先选中一个整行再进行复制操作。选中整行的方法是在标识号单元格中单击，如图 2-40 所示。

3. 选取整列

有时需要对一个整列进行操作，例如，需要改变某列的排序方式等，就需要选中一个整列再进行操作。选中整列的方法是单击列标题，如图 2-41 所示。

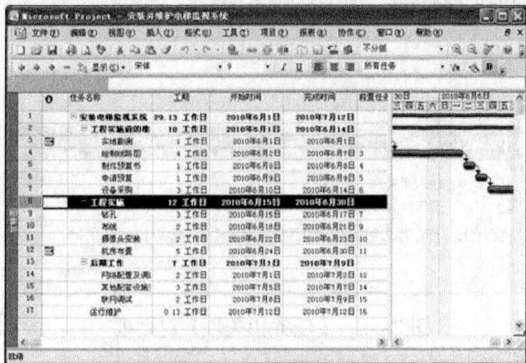

图 2-40　选取整行

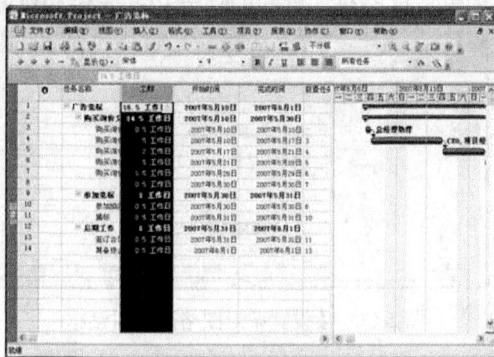

图 2-41　选取整列

4. 选取全部

有时需要对全部任务或资源进行操作，例如，需要计算所有任务的成本，只要选中全部任务，然后右击，从弹出的快捷菜单中选择【成本】命令，就可以显示全部任务的成本。选中全部的方法是单击列标题行和标识号的交点处，如图 2-42 所示。

图 2-42　选中全部

提示

如果已知某任务或资源的名称或其中的部分文字而难以找到它的话，可以选择【编辑】|【查找】命令，利用打开的【查找】对话框来查找内容。

②.5.2 选中图中的元素

选择图中的元素不像在表中操作那么明显，在视图中操作时鼠标指针的指向就是要进行操作的部分。例如，在【甘特图】视图中，光标指在不同的位置显示不同的选项。

1. 光标指向任务信息

当光标指在任务信息的条形图上时，此时只针对该任务与当前类别有关的操作。双击鼠标，打开【设置条形图格式】对话框，可以修改任务条形图的形状、图案、颜色以及条形图文本的相关信息，如图 2-43 所示。

2. 光标指向任务链接

当光标指任务链接线条时，此时进行与此链接相关的操作。双击鼠标，打开【任务相关性】对话框，可以对任务间的任务相关类型和延隔时间进行修改，如图 2-44 所示。

图 2-43　【设置条形图格式】对话框　　　　图 2-44　【任务相关性】对话框

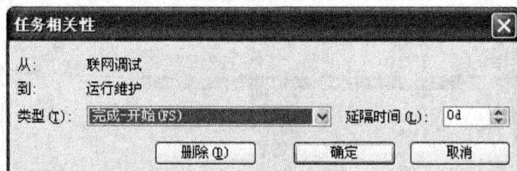

3. 光标指向空白区域

双击【甘特图】视图的空白区域，打开【条形图样式】对话框，可以修改各类任务的条形图外观、种类等，如图 2-45 所示。

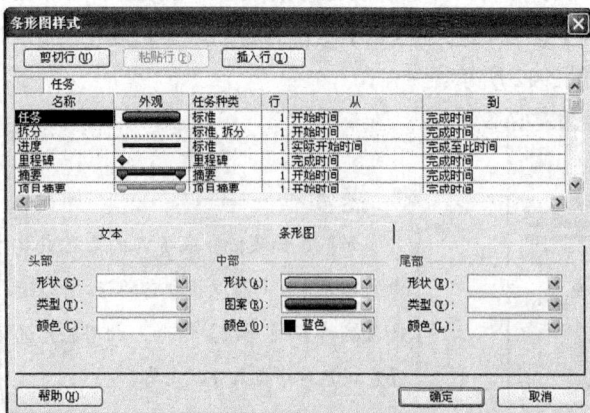

图 2-45　【条形图样式】对话框

提示

　　在【甘特图】视图中，按 Alt+→组合键，可以将右侧任务的条形图右移一个单位；按 Alt+←组合键，可以将右侧任务的条形图左移一个单位。

②.6　上机练习

本章上机练习主要通过为项目文档设置属性和设置 Project 2007 的工作环境，来练习属性设置、自定义菜单栏和菜单等操作。

②.6.1　设置 Project 2007 的工作环境

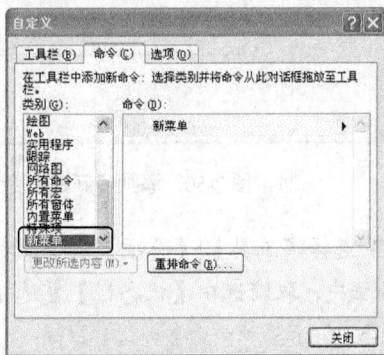

在 Project 2007 中，重新定义一个菜单【我的菜单】，其中包括【新建】、【复制】、【粘贴】、【字体】等命令，并且在 Project 的工作界面中不显示状态栏，以增大工作区。

(1) 启动 Project 2007，程序自动新建一个名为【项目1】的空白文档，如图 2-46 所示。

(2) 选择【工具】|【自定义】|【工具栏】命令，打开【自定义】对话框，选择【命令】选项卡，在【类别】列表框中选择【新菜单】选项，如图 2-47 所示。

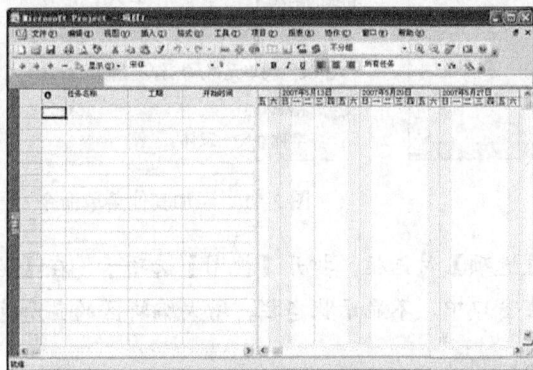

图 2-46　启动 Project 2007　　　　图 2-47　【自定义】对话框

(3) 在【命令】列表框中选中【新菜单】选项，将其拖动到菜单栏中，如图 2-48 所示。

(4) 在菜单栏的【新菜单】上右击，在弹出菜单的【命名】文本框中输入"我的菜单"，如图 2-49 所示，然后按 Enter 键，就可以重新命名菜单。

图 2-48　拖动【新菜单】到菜单栏　　　　图 2-49　重命名菜单

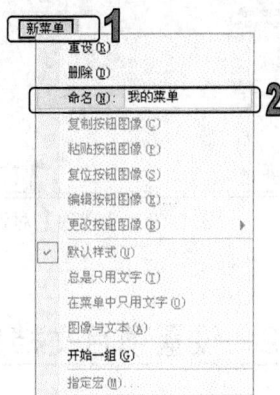

(5) 在【命令】选项卡的【类别】选项区域中选择【文件】命令，在【命令】选项区域中选择【新建】命令，并将其拖动到【我的菜单】中，添加命令【新建】，如图 2-50 所示。

(6) 使用同样的方法，添加其他命令，效果如图 2-51 所示。

提示

如果要删除自定义的菜单栏，只需要选择【工具】【自定义】|【工具栏】命令，打开【自定义】对话框，打开【命令】选项卡，在菜单中将菜单拖离菜单栏即可。

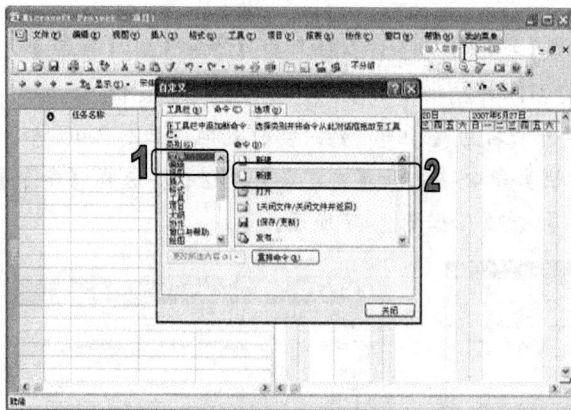

图 2-50　添加【新建】命令

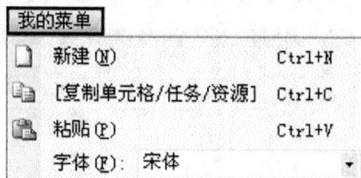

图 2-51　添加其他菜单命令

(7) 选择【工具】|【选项】命令，打开【选项】对话框，打开【视图】选项卡，在【显示】选项区域中，取消选中【状态栏】复选框，在窗口中，不显示状态栏，增大编辑区的显示范围，如图 2-52 所示。

(8) 单击【确定】按钮，完成设置，此时，工作环境效果如图 2-53 所示。

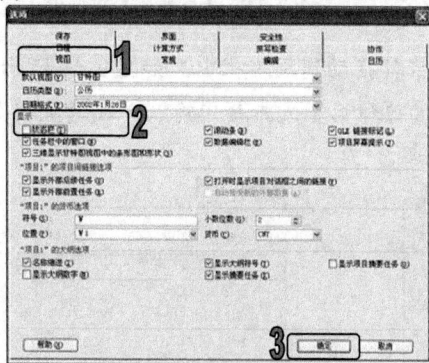

图 2-52　【选项】对话框

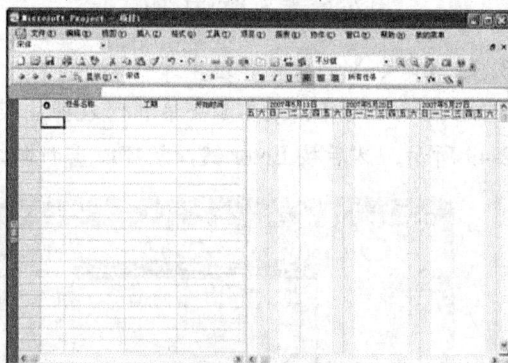

图 2-53　设置工作环境

2.6.2　设置项目文档属性

在 Project 2007 中，可以给项目文档设置密码，防止其他用户查看或更改，并且可以设置自动保存，以防止突然停电或死机等带来损失。

(1) 启动 Project 2007，打开要设置密码的文档，然后选择【文件】|【另存为】命令，打开【另存为】对话框。

(2) 单击【工具】按钮，在弹出的下拉菜单中选择【常规选项】命令，打开【保存选项】对话框。

(3) 在【保护密码】文本框中输入密码，在【修改权密码】文本框中也输入密码，如图 2-54 所示，此后其他用户想要打开或修改该项目文档时就需要输入密码，提高了文件的安全性。

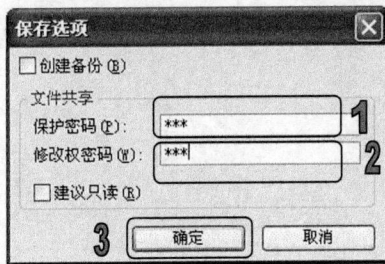

图 2-54　【保存选项】对话框

> **提示**
>
> 在【保存选项】对话框中，选择【创建备份】复选框，就可以在保存文件后建立备份文件，此文件以同样的文件名在磁盘上保存修改前的文件内容，并以.BAK为扩展名。

(4) 单击【确定】按钮，打开【确认密码】对话框，再次输入密码，如图 2-55 所示。

(5) 单击【确定】按钮，打开【确认密码】对话框，再次输入修改权密码，如图 2-56 所示。

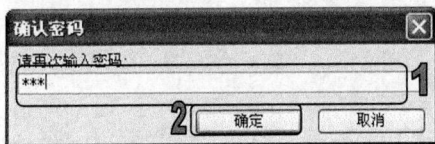

图 2-55　输入密码

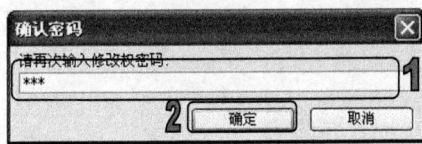

图 2-56　输入修改权密码

(6) 选择【工具】|【选项】命令，打开【选项】对话框，打开【保存】选项卡，在【自动保存】选项区域中，选中【每隔】复选框，并在其后的微调框中输入 5，如图 2-57 所示。

(7) 单击【确定】按钮，完成设置，此时文档就可以每隔 5 分钟自动保存一次。

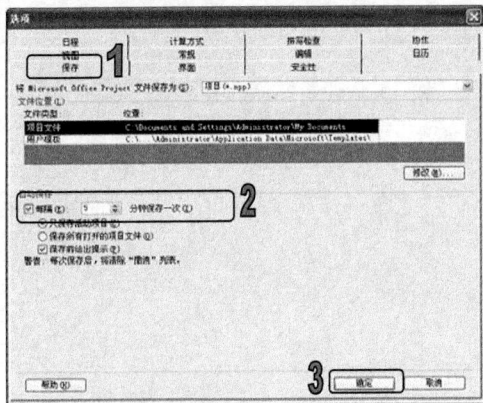

图 2-57　设置自动保存

> **知识点**
>
> 自动保存项目时间间隔不能过长，太长起不到降低损失的作用，也不能太短，太短将使系统运行缓慢，建议时间为 5~10 分钟。

②.7 习题

1. 在 Project 2007 中，各个视图有什么特点？能否同时显示两种视图？

2. 在 Project 2007 中，使用【自定义】对话框将【格式】工具栏中的【加粗】按钮删除，将【拼写检查】按钮添加到工具栏中。

3. 为项目文件设置密码，并设置每隔 8 分钟自动保存一次。

第3章

管理项目任务

项目计划是为完成项目目标而进行的系统任务安排。为了确保项目能够成功，在创建项目的具体任务时，合理安排项目中的每一项子任务是非常重要的。

本章重点

- ◉ 新建项目计划
- ◉ 创建与编辑任务
- ◉ 任务分级
- ◉ 设置任务工期
- ◉ 添加任务链接和其他信息

③.1 制定项目计划

创建项目后，就需要制定项目计划。一个详尽的项目计划首先必须明确定义项目的一些基本属性信息，例如项目内容、名称、开始时间、结果时间，并收集项目的基本规划信息，然后再确定任务细节，制定一个科学的计划，从而实现项目的目标。新建项目文档后，还需要定义项目有关的多项活动的链接，包括定义项目的开始时间、工作时间及其属性等。

知识点

项目计划的制定一般要经历 4 个步骤：明确项目目标、制定项目工作范围、在项目组内分配任务职责和统筹规划项目间活动的关联。项目计划的确定可以采用目标管理法，强调上下交互来制定项目的目标和任务，首先由项目经理根据项目的章程把项目整体计划制定出来，然后项目成员根据项目的整体计划书来指导个人任务的制定，通过协商式、小规模的群体讨论来确定个人任务。

③.1.1 定义项目

定义项目最重要一步就是定义项目的开始时间。如果未设置项目开始的时间，Project 自动使用现在的时间为开始时间。要定义项目，可选择【视图】|【启用项目向导】命令，打开【任务】向导窗格，单击【定义项目】链接，根据向导提示输入项目的开始时间、定义项目工作组是否协作，并保存项目。

【例 3-1】新建一个项目文档【迁移工作室】，定义项目开始时间为 2010 年 9 月 1 日，需要工作组协作，保存项目。

(1) 启动 Project 2007，新建一个名为【迁移工作室】的文档，选择【视图】|【启用项目向导】命令，打开【任务】向导窗格，单击【定义项目】链接，如图 3-1 所示。

(2) 打开【输入项目信息】窗格，单击【输入项目的估计开始日期】下拉按钮，在弹出的列表中选择日期，如图 3-2 所示。

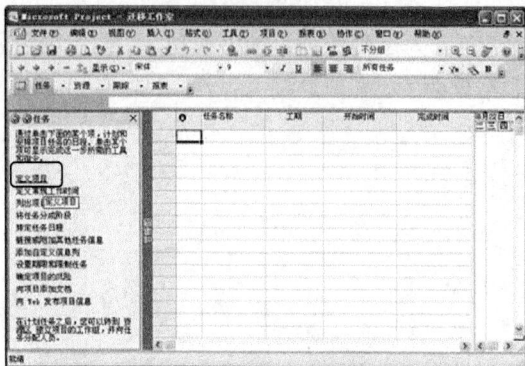

图 3-1　【任务】向导窗格　　　　　　　　　　图 3-2　输入项目开始时间

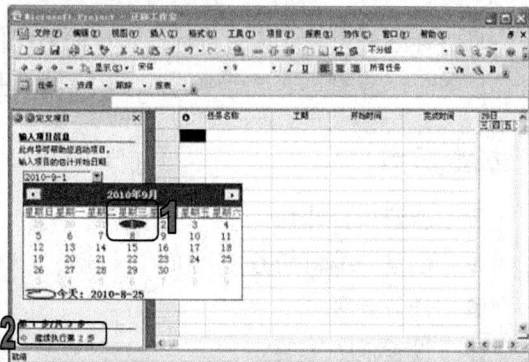

(3) 单击【继续执行第 2 步】链接，打开【项目工作组】窗格，单击【是】按钮，设置工作组协作，如图 3-3 所示。

(4) 单击【继续执行第 3 步】链接，打开【输入附加信息】窗格，如图 3-4 所示。

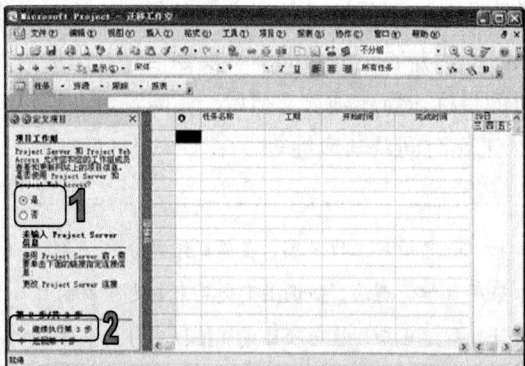

图 3-3　【项目工作组】窗格　　　　　　　　　图 3-4　【输入附加信息】窗格

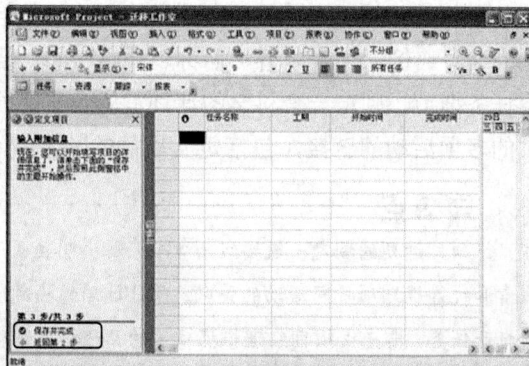

(5) 单击【保存并完成】链接，返回【任务】向导窗格。

知识点

选择【项目】|【项目信息】命令，打开【项目信息】对话框，同样可以设置项目的开始时间及日历类型。

③.1.2 定义项目工作时间

对于一个项目，每个单位根据实际情况，工作时间的安排是不相同的。在定义项目后，就需要定义项目工作时间。Project 2007 提供了如下 3 种基准日历模板。

- ⊙ 标准：具有标准工作日和工作周(即从星期一~星期五，每天从上午 8:00~下午 5:00，其中中午 12:00~下午 1:00 是用于午休的非工作时间)的基准日历。
- ⊙ 24 小时：没有非工作时间的基准日历，也就是每天 24 小时均为工作时间。
- ⊙ 夜班：为夜班而设置的基准日历。工作时间为星期一晚上~星期六早上，每天从晚上 11：00~第二天上午 8：00，其中 3：00~4：00 为用于休息的非工作时间。

要定义项目工作时间，可在【任务】向导窗格中，单击【定义项目常规工作时间】链接，根据向导提示，定义每日工时，以及每周和每月的工作日。

【例3-2】在项目文档【迁移工作室】中设置项目工作时间为每周一至周六，工作时间为9：00~ 11：30 和14：00~17：30，10 月 1 日~3 日为假期，并保存项目。

(1) 启动 Project 2007，打开项目文档【迁移工作室】，在【任务】向导窗格中单击【定义项目常规工作时间】链接，打开【定义项目的常规工作时间】窗格。

(2) 在【选择一个日历模板】下拉列表框中选择【标准】选项，如图 3-5 所示。

(3) 单击【继续执行第 2 步】链接，打开【定义工作周】窗格，选中【星期一】~【星期六】复选框，如图 3-6 所示。

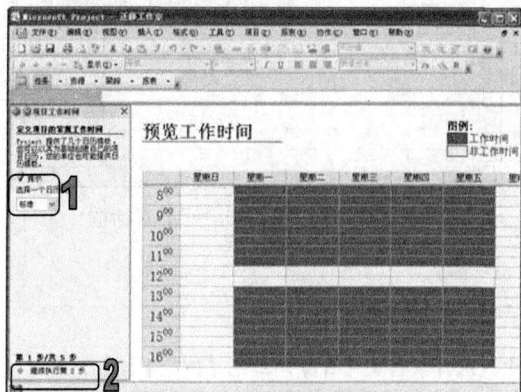

图3-5 设置日历模板架	图3-6 定义工作周

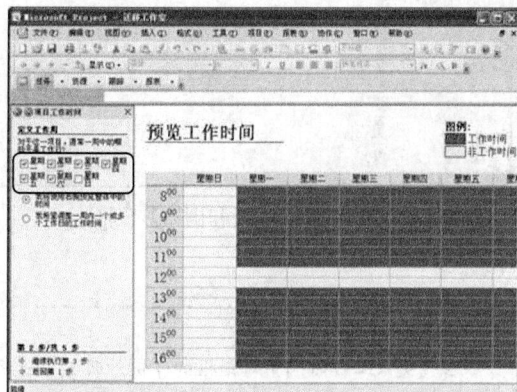

(4) 选中【我希望调整一周内一个或多个工作日的工作时间】单选按钮，在该窗格的【从】

和【到】下拉列表框中设置工作时间为 9: 00~ 11: 30 和 14: 00~17: 30, 然后再单击【应用于所有工作日】按钮, 如图 3-7 所示。

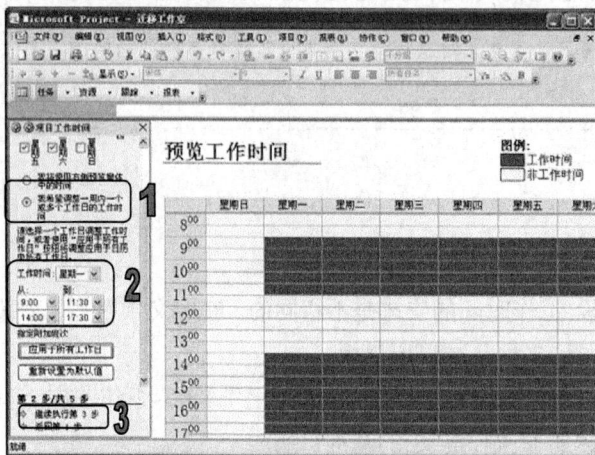

图 3-7　定义每天工作时间

提示

在图 3-7 的【工作时间】下拉列表框中设置星期几, 在其后的时间下拉列表框中设置时间, 可以设置每天不同的工作时间。

(5) 单击【继续执行第 3 步】链接, 打开【设置假日和倒休】窗格, 如图 3-8 所示。

(6) 单击【更改工作时间】链接, 打开【更改工作时间】对话框, 在【例外日期】选项卡的【名称】列的第一行中输入"休假", 在【开始时间】和【完成时间】列中选择日期 2010-10-1 和 2010-10-3, 如图 3-9 所示。

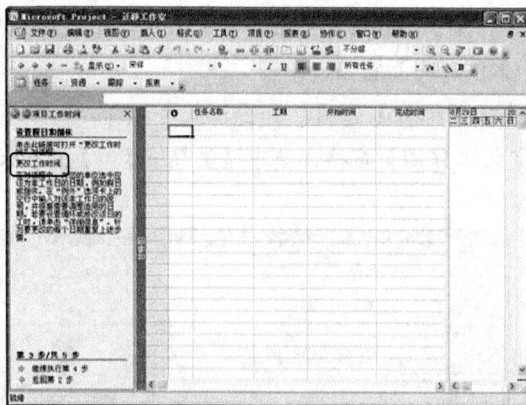

图 3-8　【设置假日和倒休】窗格

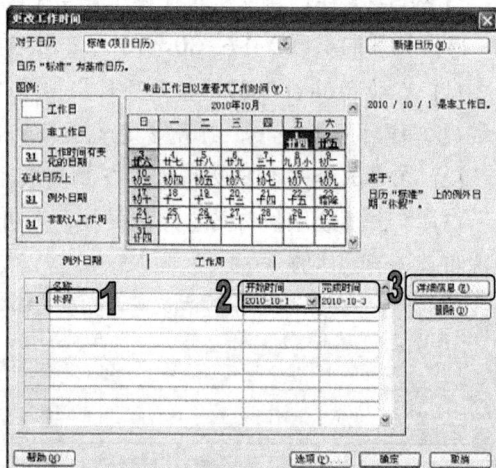

图 3-9　【更改工作时间】对话框

知识点

在【更改工作时间】对话框的【例外日期】选项卡中, 选择某行例外日期, 单击【删除】按钮, 就可以删除所选行的例外日期。

(7) 单击【详细信息】按钮，打开【"休假"的详细信息】对话框，选中【非工作日】单选按钮，如图 3-10 所示。

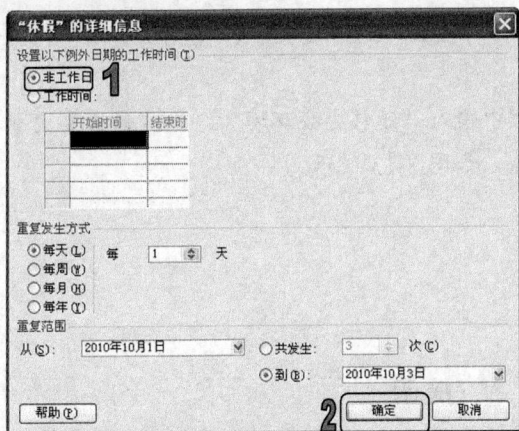

图 3-10 【"休假"的详细信息】对话框

知识点

在【"休假"的详细信息】对话框中，选中【工作时间】单选按钮，可以为选定的日期设置不同的工作时间。

(8) 单击【确定】按钮，返回【设置假日和倒休】任务窗格，单击【继续执行第 4 步】链接，打开【定义时间单位】任务窗格，在【每日工时】、【每周工时】和【每月工作日】文本框中输入时间，如图 3-11 所示。

(9) 单击【继续执行第 5 步】链接，打开【项目日历已设置】任务窗格，如图 3-12 所示。

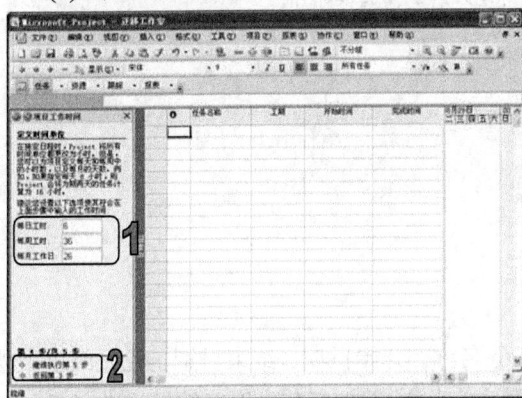
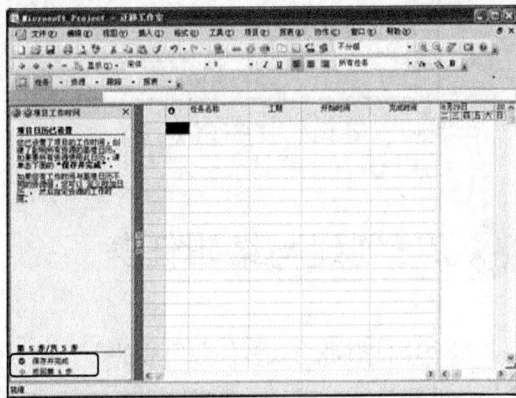

图 3-11 定义时间单位   图 3-12 【项目日历已设置】任务窗格

(10) 单击【保存并完成】链接，返回【任务】向导窗格。

3.1.3 设置项目的属性

每个项目都包含一组特有的组件：项目目标、特定的任务以及工作人员等。在 Project 2007 中可以记录这些重要的详细信息，以便于与他交流或在需要时查阅这些信息。

要设置项目属性，可以选择【文件】|【属性】命令，打开【属性】对话框的【摘要】选项卡，在其中可以设置项目的标题、主题、作者、经理和单位等内容。

【例3-3】设置项目文档【迁移工作室】主题为【迁移办公环境】，作者为蓝齐儿，单位为wk。

(1) 启动 Project 2007，打开项目文档【迁移工作室】，选择【文件】|【属性】命令，打开【属性】对话框。

(2) 打开【摘要】选项卡，在【主题】文本框中输入"迁移办公环境"，在【作者】文本框中输入"蓝齐儿"，在【单位】文本框中输入 wk，如图 3-13 所示。

(3) 设置完成后，单击【确定】按钮即可。

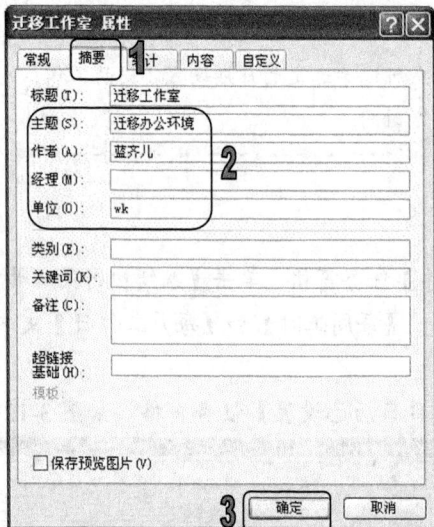

图 3-13 【属性】对话框

提示

如果要将项目文档设置【只读】，可右击该项目文档，在弹出的快捷菜单中选择【属性】命令，在打开的项目文档属性对话框中，打开【常规】选项卡，在【属性】选项区域中选中【只读】复选框即可。

3.2 创建与编辑任务

每个项目都是由众多任务组成的，而任务由任务名称、开始日期、结束日期、优先级以及执行任务的资源等组成。下面将介绍在 Project 2007 中如何创建添加任务，以及编辑设置任务的相关信息。

3.2.1 创建任务

创建一个新项目计划后，就需要为项目创建任务。任务是项目中最基础的元素，任何项目的实施都是通过完成一系列的任务来实现的。

1. 输入任务

在 Project 2007 的多种视图中都可以输入任务，其操作方式大致相同。例如，如果要在【甘特图】视图中输入任务，只需要选中工作区的【任务名称】栏下的单元格，然后输入任务名称，按 Enter 键或单击其他单元格输入即可。

【例3-4】为项目文档【迁移工作室】输入任务。

(1) 启动 Project 2007，打开项目文档【迁移工作室】，选择【任务名称】栏下的第一个单元格，输入文本"迁移办公室"，如图 3-14 所示。

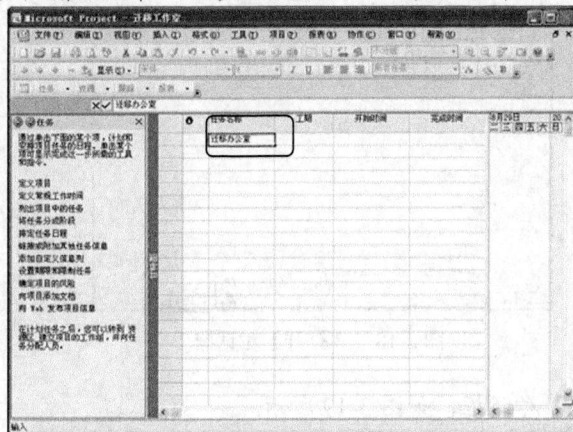

图 3-14　输入文本

提示

选中单元格后，将鼠标指针定位在数据编辑栏中，输入文本，然后单击按钮✔，也可以完成任务的输入。

(2) 按 Enter 键，系统自动选中下一行的【任务名称】栏下的单元格，并为第一个任务添加信息，如图 3-15 所示。

(3) 使用同样的方法，完成所有其他任务的输入，效果如图 3-16 所示。

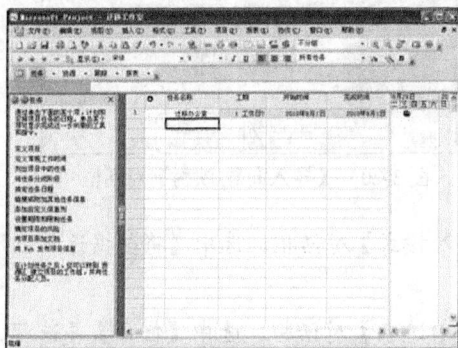

图 3-15　完成第一个任务的输入

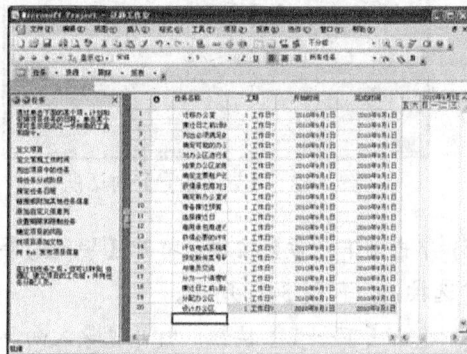

图 3-16　输入其他任务

2. 从 Excel 工作表中导入任务

手动输入任务的过程比较烦琐，若已有使用 Excel 制作的任务表格，可将其直接导入到 Project 2007 中。

知识点

使用 Excel 工作表不但可以将任务导入到 Project 中，还可以将其他信息导入到 Project 中，但需要注意的是导入的数据应与 Project 的列标题对应。

【例3-5】为项目文档【迁移工作室】导入任务。

(1) 启动 Project 2007，打开项目文档【迁移工作室】，打开【任务】向导窗格，单击【列出项目中的任务】链接，打开【列出任务】窗格，如图 3-17 所示。

(2) 单击【导入向导】链接，打开【打开】对话框，在其中选择 Excel 工作表，如图 3-18 所示。

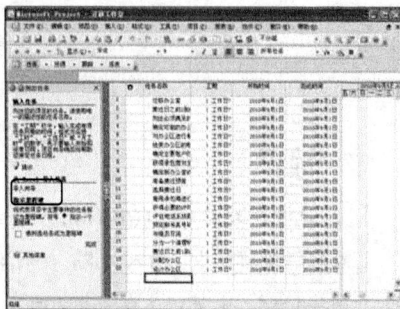

图 3-17　【列出任务】窗格　　　　图 3-18　【打开】对话框

(3) 单击【打开】按钮，打开【导入向导】对话框，如图 3-19 所示。

(4) 单击【下一步】按钮，打开【导入向导-映射】对话框，保持默认设置，如图 3-20 所示。

图 3-19　【导入向导】对话框　　　　图 3-20　【导入向导-映射】对话框

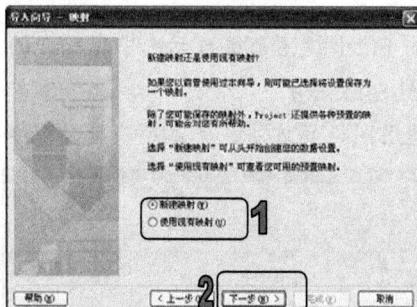

(5) 单击【下一步】按钮，打开【导入向导-导入模式】对话框，选中【将数据追加到活动项目】单选按钮，如图 3-21 所示。

(6) 单击【下一步】按钮，打开【导入向导-映射选项】对话框，选中【任务】复选框，如图 3-22 所示。

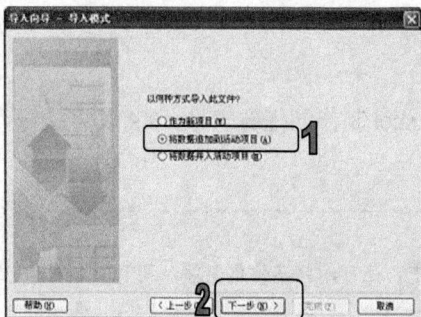

图 3-21　【导入向导-导入模式】对话框　　　　图 3-22　【导入向导-映射选项】对话框

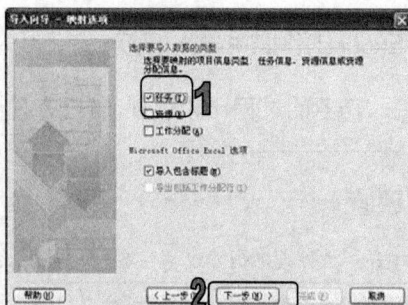

(7) 单击【下一步】按钮，打开【导入向导-任务映射】对话框，在【源工作表名称】下拉列表框中选择 sheet1 选项，如图 3-23 所示。

(8) 单击【完成】按钮，就可以自动将任务信息导入到项目文档中，如图 3-24 所示。

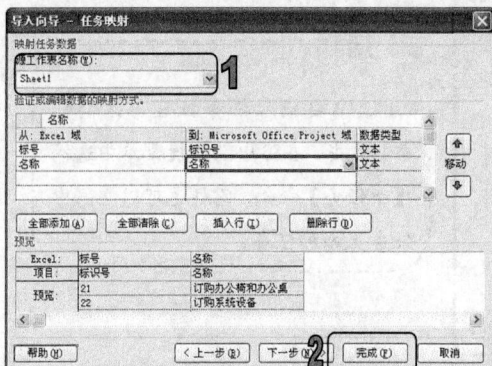

图 3-23　【导入向导-任务映射】对话框　　　　　图 3-24　导入任务

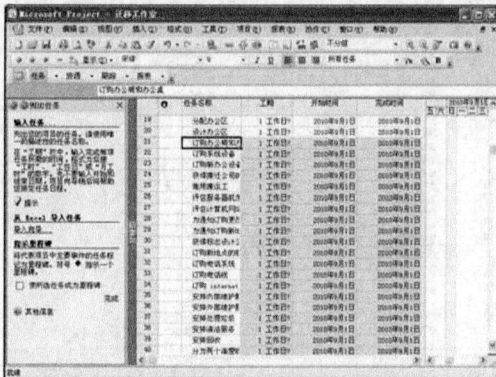

3.2.2　插入任务

在输入任务时，经常会遇到要在已输入任务的项目中添加新任务的情况。在 Project 2007 中可以很方便地插入任务。首先选中要插入任务位置下方的任务，然后选择【插入】|【新任务】命令，系统将在选中任务上添加空白行，在该空白行中输入要插入的任务即可。

【例3-6】在项目文档【迁移工作室】的【预定新传真号码】任务上插入一个【预定新电话号码】的新任务。

(1) 启动 Project 2007，打开项目文档【迁移工作室】，选择【预定新传真号码】任务，如图 3-25 所示。

(2) 选择【插入】|【新任务】命令，将在选择的任务上插入一个空白行，如图 3-26 所示。

图 3-25　选择任务　　　　　　　　　　图 3-26　插入任务

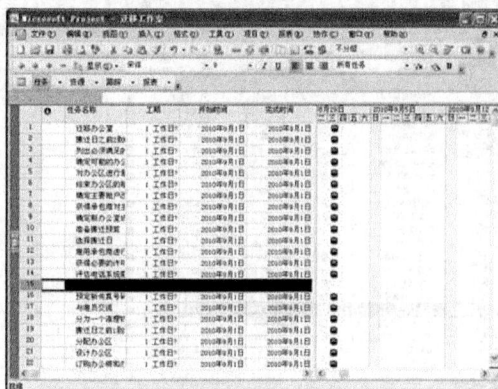

(3) 在出现的空白行中对应的【任务名称】栏输入文本"预定新电话号码"，并按 Enter 键，

系统自动选中下一行中的【任务名称】栏下的单元格，并为其添加信息，如图 3-27 所示。

图 3-27　输入任务

3.2.3　删除任务

在 Project 2007 的项目文档中，还可以很方便地删除多余或重复的任务。要删除任务，只需要在项目文档中选中要删除的任务，选择【编辑】|【删除任务】命令，或右击要删除的任务，在弹出的快捷菜单中选择【删除任务】命令。

【例 3-7】在项目文档【迁移工作室】中，删除【与雇员交流】任务和【安排处理垃圾】任务。

(1) 启动 Project 2007，打开项目文档【迁移工作室】，选择【与雇员交流】任务，如图 3-28 所示。

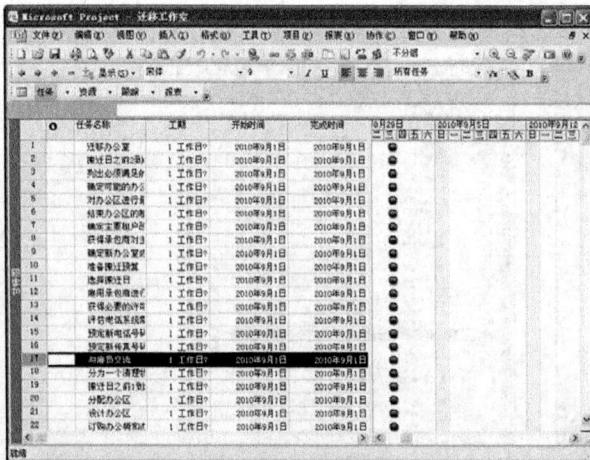

图 3-28　选择要删除的任务

提示
选中要删除的任务，右击，在弹出的快捷菜单中选择【删除任务】命令，同样也可以将选中的任务删除。

提示
选中要插入任务位置下方的任务，右击，在弹出的快捷菜单中选择【新任务】命令，同样也可以在选中任务上添加任务。

(2) 选择【编辑】|【删除任务】命令，就可以将选中的任务删除，并选中下一个任务，如图 3-29 所示。

(3) 使用同样的方法，删除【安排处理垃圾】任务，如图 3-30 所示。

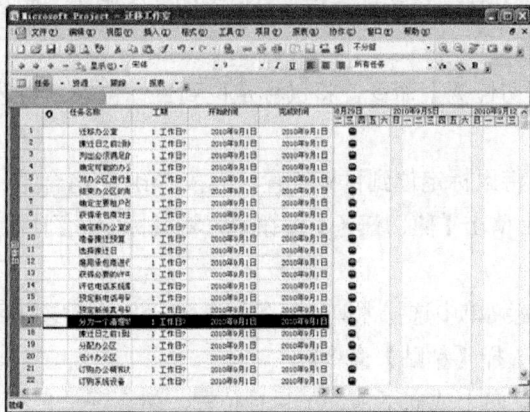

图 3-29　删除任务

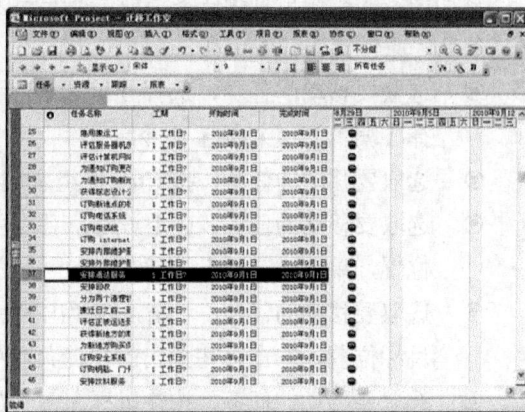

图 3-30　删除其他任务

知识点

如果只需删除任务名称，可选择该任务名称所在的单元格，右击，在弹出的快捷菜单中选择【清除内容】命令即可。

③.2.4　复制任务

在编辑任务时，对于需要多次重复出现的任务可以使用复制操作来节省时间，加快输入和编辑的速度。

- ◉　选取需要复制的任务，选择【编辑】|【复制任务】命令，将鼠标定位到目标位置，再选择【编辑】|【粘贴】命令。
- ◉　选取需要复制的任务，按 Ctrl+C 组合键，将鼠标定位到目标位置，按 Ctrl+V 组合键。
- ◉　选取需要复制的任务，在【常用】工具栏上单击【复制任务】按钮，将鼠标定位到目标位置，单击【粘贴】按钮。
- ◉　选取需要复制的任务，右击，在弹出的快捷菜单中选择【复制任务】命令，将鼠标定位到目标位置，右击，在弹出的快捷菜单中选择【粘贴】命令。

提示

如果在粘贴所复制的任务时选择【选择性粘贴】命令，将打开【选择性粘贴】对话框，在该对话框中可选择粘贴项目中的数据、文本数据或图片。

③.2.5 移动任务

移动任务的操作与复制任务类似，唯一的区别在于，移动任务后，原位置的任务消失，而复制任务后，原位置的任务仍在。

- 选取要移动的任务，选择【编辑】|【剪切任务】命令，将鼠标定位到目标位置，再选择【编辑】|【粘贴】命令。
- 选取要移动的任务，按 Ctrl+X 组合键，将鼠标定位到目标位置，再按 Ctrl+V 组合键。
- 选取要移动的任务，在【常用】工具栏上单击【剪切任务】按钮，将鼠标定位到目标位置，单击【粘贴】按钮。
- 选取要移动的任务，右击，在弹出的快捷菜单中选择【剪切任务】命令，将鼠标定位到目标位置，右击，在弹出的快捷菜单中选择【粘贴】命令。
- 选取要移动的任务，按住鼠标左键不放，向上或向下拖动至目标位置，然后释放鼠标。

【例 3-8】在项目文档【迁移工作室】中的【分配办公区】任务从标号为 19 处移至标号为 20 处。

(1) 启动 Project 2007，打开项目文档【迁移工作室】，选择【分配办公区】任务，此时任务标识号为 19 处。

(2) 按住鼠标左键不放，向下拖动至标识号为 20 处。释放鼠标，即可将任务移至标识号为 20 处，如图 3-31 所示。

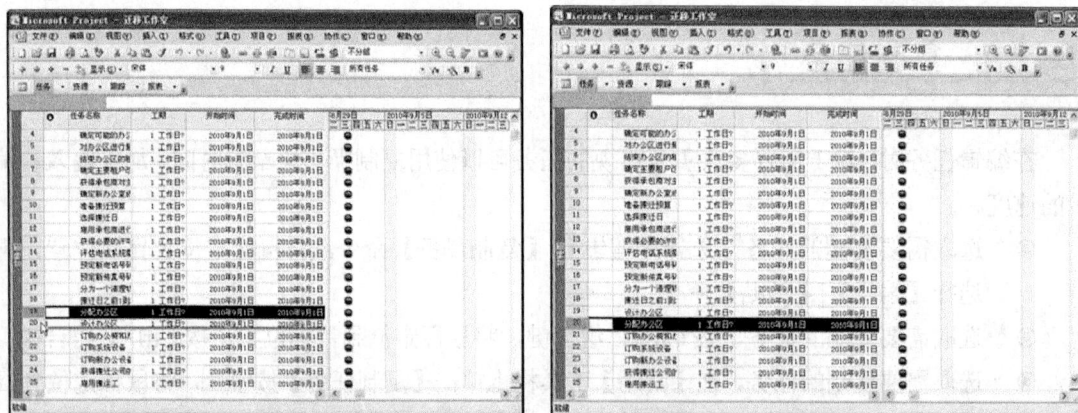

图 3-31 移动任务

③.3 任务分级

创建任务后，默认状态下所有的任务都处于同一级别，没有差异。当项目任务的数量较多时，项目计划的结构越来越不明显，为了方便查询和管理项目任务，可以对其进行分级。其作用可以精确反映任务的层次结构即大纲结构。

③.3.1 创建大纲结构

在 Project 中，大纲结构指项目的分层结构。创建大纲结构可以有效组织项目任务结构并易于阅读分析。在创建任务时，可以将任务分为摘要任务和子任务。摘要任务是由多个子任务组成，并对这些子任务进行汇总的任务。

要创建大纲结构，只需要选中要作为子任务的多个任务，然后选择【项目】|【大纲】|【降级】命令，将其降级，使之成为子任务即可。

【例 3-9】在项目文档【迁移工作室】中，给各个项目阶段建立大纲结构。

(1) 启动 Project 2007，打开项目文档【迁移工作室】。

(2) 选择标识号为 2~112 的任务，在【格式】工具栏中单击【降级】按钮，将它们都设置为【迁移办公室】的子任务，如图 3-32 所示。

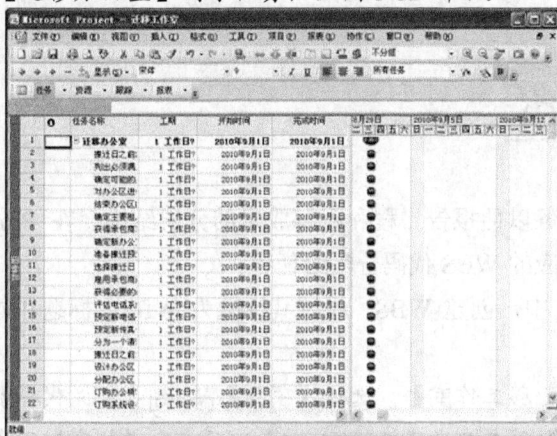

图 3-32　设置子任务 1

知识点

默认状态下，任务都处于最高级别，无法再升级。

(3) 选择标识号为 3~17 的任务，在【格式】工具栏中单击【降级】按钮，将它们都设置为【搬迁日之前 2 到 6 个月】的子任务，如图 3-33 所示。

图 3-33　设置子任务 2

知识点

使用鼠标也可以快速地升级或降级任务。将鼠标指针定位在任务名称的第一个字符上，待鼠标指针变为双向箭头时，向左拖动鼠标以升级任务，向右拖动鼠标以降级任务。

(4) 使用相同的方法，设置其他任务的子任务，效果如图 3-34 所示。

图 3-34　设置其他子任务

提示

设置完任务的大纲结构后，可以通过选择【项目】|【大纲】|【显示】命令的子命令来显示或隐藏子任务。

3.3.2　创建工作分解结构(WBS)

工作分解结构(WBS)是一种用于组织任务以便报告日程和跟踪成本的分层结构。在 Project 中，可以根据任务在项目大纲中的层次将相应的 WBS 代码分配给任务。

【例 3-10】在项目文档【迁移工作室】中，创建 WBS，设置其标题为 WBS，标题和数据均左对齐。

(1) 启动 Project 2007，打开项目文档【迁移工作室】。选择【项目】|WBS|【定义代码】命令，打开 WBS 代码定义对话框，在【序列】列中选择【数字(序数)】选项，在【长度】列中选择 1，在【分隔符】列中选择.号，如图 3-35 所示。

(2) 单击【确定】按钮，完成 WBS 代码定义。

(3) 选择第一列，右击，在弹出的菜单中选择【插入列】命令，打开【列定义】对话框。

(4) 在【域名称】列表框中选择 WBS 选项，在【标题】文本框中输入 WBS，在【对齐标题】和【对齐数据】下拉列表框中均选择【居中】选项，如图 3-36 所示。

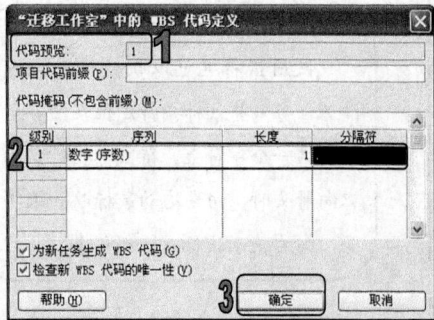

图 3-35　WBS 代码定义

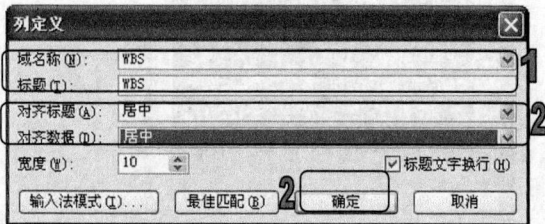

图 3-36　【列定义】对话框

(5) 单击【确定】按钮，系统将为项目文档创建工作分解结构(WBS)，如图 3-37 所示。

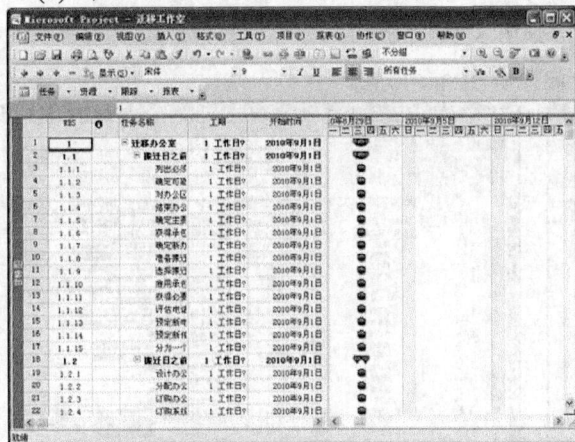

图 3-37　创建 WBS

提示

如果安装了 Microsoft Visio 2007，还可以在 Project 的【分析】工具栏中单击【Visio WBS 图表向导】按钮，在弹出的菜单中选择【启动向导】命令，使用打开的【Visio WBS 图表向导】对话框，来绘制 WBS 图表。

为任务设置好 WBS 代码后，如果需要增加或修改任务，编号可能会变乱，这时可以使用 Project 提供的重新编号功能为项目重新编号。选择【项目】|WBS|【重新编号】命令，打开【WBS 重新编号】对话框，如图 3-38 所示。如果选择了要重新编号的任务，就针对选定任务重新编号；如果没有选择任务，就针对整个项目重新编号。

图 3-38　【WBS 重新编号】对话框

提示

插入 WBS 域后，单击该域的列标题，选择【编辑】|【隐藏列】命令，就可以隐藏 WBS 域。

3.4　设置任务工期

创建和编辑完任务后，还需要对任务的工期进行设置。工期是指计划每一个任务需要花费的时间，以及整个项目花费的时间。合理安排和利用时间，可以提高工作效率，以获取更高的利润。

3.4.1　输入任务工期

Project 中允许输入的工期单位有月、星期、工作日、小时或分钟，不包括非工作时间。在输入任务名称后，Project 会对该任务设置一个默认的工期：1 个工作日。用户可根据实际情况估计并具体设定任务的工期，输入任务工期时，若不能准确确定该任务的工期，可在工期后加一个【？】号。

【例 3-11】在项目文档【迁移工作室】中，为任务安排时间。

(1) 启动 Project 2007，打开项目文档【迁移工作室】。

(2) 选择【列出必须满足的新办公区关键需求】任务的【工期】单元格，单击微调框的按钮，激活该单元格，并在单元格中输入 6 工作日，如图 3-39 所示。

(3) 按 Enter 键，依次为其他任务安排时间，如图 3-40 所示。

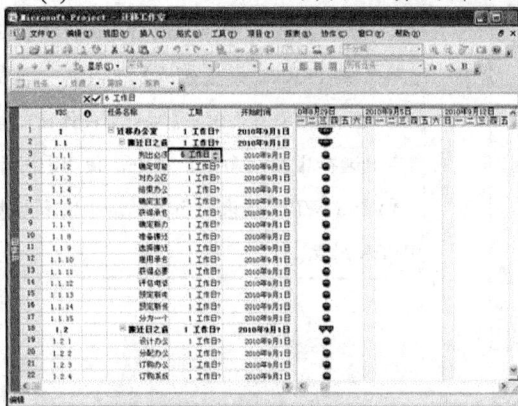

图 3-39　输入工期

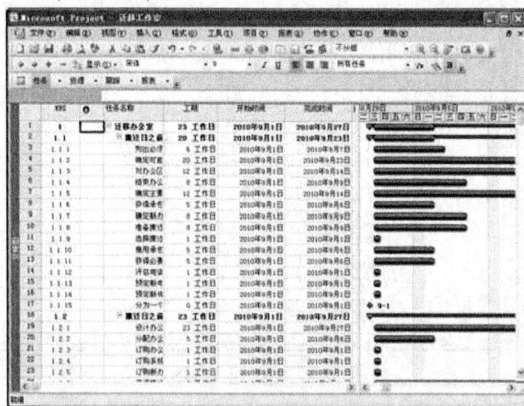

图 3-40　输入其他任务的工期

③.4.2　添加里程碑

里程碑用于标识日程中的重要事项，其工期为零。可以将里程碑作为一个参考点，以监视项目的进行。要将某任务设置为里程碑，只需将该任务的工期设置为 0 即可。此时，在甘特图中该任务的开始日期处将显示菱形的里程碑符号，如图 3-41 所示。

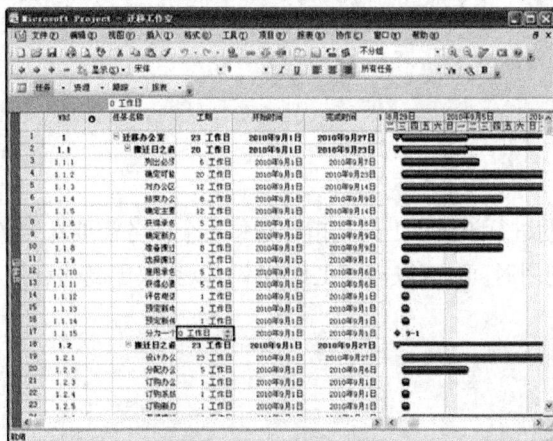

图 3-41　设置里程碑

提示

选择需要设置为里程碑的任务，在【列出任务】向导窗格中选中【使所选任务成为里程式碑】复选框，也可以将该任务创建为里程碑任务。

③.4.3　添加周期性任务

周期性任务是在项目进行过程中重复发生的任务，如每月的例会就可以定义为一个周期性任务。

在 Project 2007 中，选择【插入】|【周期性任务】命令，打开【周期性任务】对话框，如图 3-42 所示。在该对话框中各选项的功能如下所示。

⊙ 【任务名称】文本框：可以设置周期性任务的名称。

⊙ 【工期】微调框：可以设置周期性任务所需要的时间。

⊙ 【重复发生方式】选项区域：可以设置周期性发生的频率，如每天、每周、每月或每年。

⊙ 【重复范围】选项区域：设置重复次数或结束的日期。当设置【从】和【到】的日期时，会自动在【共发生】微调框中显示发生次数。也可以设置共发生的次数，系统会自动计算时间的截止日期。

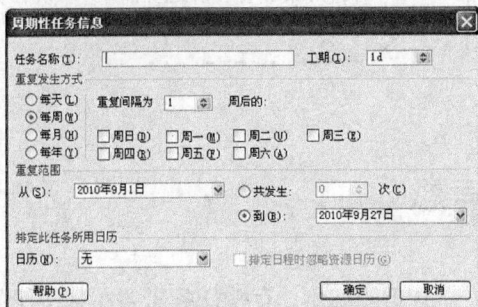

图 3-42　【周期性任务】对话框

提示

周期性任务的工期是以第一次任务发生到最后一次任务结束的时间段来计算的。

【例 3-12】在项目文档【迁移工作室】中，插入周期性任务【每月例会】，其中，工期为半天，每月的最后一个星期二进行，共进行 5 次。

(1) 启动 Project 2007，打开项目文档【迁移工作室】。选择【插入】|【周期性任务】命令，打开【周期性任务】对话框。

(2) 在【任务名称】文本框中输入 "每月例会"，在【工期】微调框中输入 0.5d，选择【每月】单选按钮和【周二】复选框，选中【共发生】单选按钮，在其后的微调框中输入 5，如图 3-43 所示。

(3) 单击【确定】按钮，打开如图 3-44 所示的信息提示框。

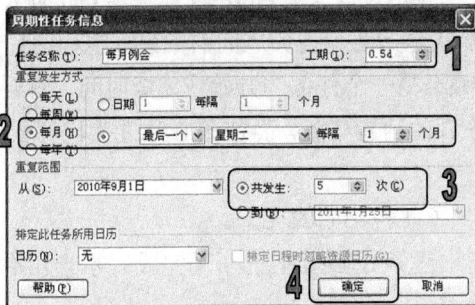

图 3-43　【周期性任务】对话框

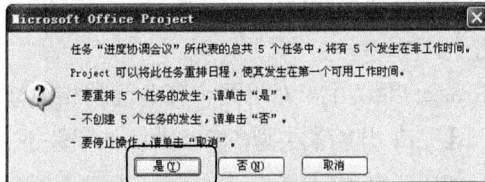

图 3-44　信息提示框

(4) 单击【是】按钮，系统将自动添加周期性的每月报告会，在【格式】工具栏中单击【升级】按钮 ，展开周期性例会，效果如图 3-45 所示。

计算机 基础与实训教材系列

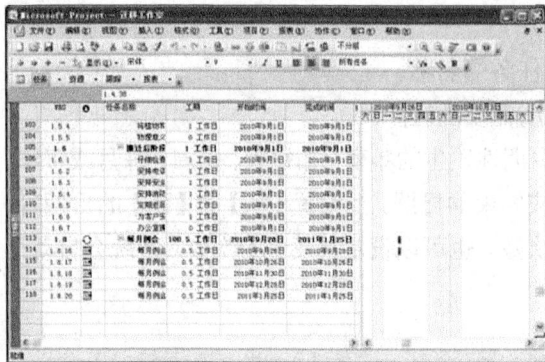

图 3-45　输入周期性任务

③.5　添加任务链接和其他信息

在默认情况下，任务工期的开始时间是同一天，但事实上，有些任务需要在某些任务完成之后进行，为了表示任务之间这种时间先后的关系，需要用任务链接将任务串起来。当然为了能更好地说明任务的状况，还可以为任务添加备注信息或超级链接等其他信息。

③.5.1　添加任务链接

链接任务可以节省管理项目的时间，在定义了项目的任务并估计了各任务所需的时间后，就可以链接这些任务了。

1. 任务间相关性

在项目管理实践中，任务必须以特定的顺序完成。例如只有登录 QQ，才能使用 QQ 聊天。这两个任务的关系就是完成-开始的关系。任务相关性就是指两个任务之间的关系，也称为任务间的链接或依赖性，即一个任务的开始或完成时间依赖于另一个任务的开始或完成时间。如果任务 B 的日程安排要依赖任务 A，则任务 A 称之为任务 B 的前置任务，而任务 B 称之为任务 A 的后续任务。

在 Project 2007 中，对于两个任务间的相关性提供了 4 种不同的类型。

- ⊙ 【完成-开始】类型(FS)。默认的相关性类型，任务 B 必须在任务 A 完成后才能开始，如图 3-46 所示。
- ⊙ 【开始-开始】类型(SS)。任务 B 必须在任务 A 开始后才能开始，如图 3-47 所示。

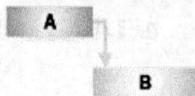

图 3-46　【完成-开始】类型

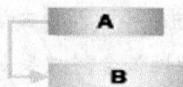

图 3-47　【开始-开始】类型(SS)

- ⊙ 【开始-完成】类型(SF)。任务 B 必须在任务 A 开始后才能完成，如图 3-48 所示。
- ⊙ 【完成-完成】类型(FF)。任务 B 必须在任务 A 完成后才能完成，如图 3-49 所示

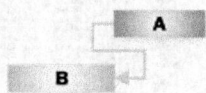

图 3-48　【开始-完成】类型

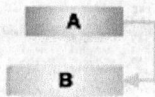

图 3-49　【完成-完成】类型(SS)

2. 建立任务链接

确定了任务的执行顺序后，就可以为任务建立相关性链接。在 Project 中可以很灵活地表示任务间的链接。

【例 3-13】在项目文档【迁移工作室】中建立相关性链接。

(1) 启动 Project 2007，打开项目文档【迁移工作室】。选择【视图】|【启用项目向导】命令，打开【任务】向导窗格，单击【排定任务日程】链接，打开【排定任务日程】窗格。

(2) 选择标识号为 3 和 4 的任务，在【排定任务日程】窗格中单击 按钮，建立 FS 关系，如图 3-50 所示。

(3) 选择标识号为 4~10 的任务，在【常用】工具栏上单击【链接任务】按钮 ，建立多个任务之间的 FS 关系，如图 3-51 所示。

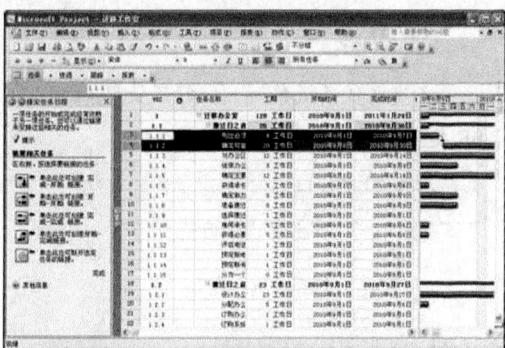

图 3-50　建立两个任务之间的 FS 关系

图 3-51　建立多个任务之间的 FS 关系

> **提示**
>
> Project 2007 新增了【更改突出】功能，使用该功能可以确定在项目计划中做出的每项更改所产生的影响，如图 3-50 和图 3-51 所示。

(4) 将鼠标移至标识号为 3 的任务的条形图附近，当鼠标指针变为 形状时，按住鼠标左键不放，向后续标识号为 17 的任务移动，此时光标变为 形状，且出现一条链接线，当移到标识号为任务 17 的任务的条形图上后释放鼠标，建立 FS 关系，如图 3-52 所示。

(5) 使用同样的方法，建立其他任务之间的链接关系，如图 3-53 所示。

图 3-52　使用鼠标建立 FS 关系

图 3-53　建立其他链接关系

3. 删除任务链接

在 Project 中，删除任务链接的操作比较简单，只需要选择要删除链接的任务，单击【常用】工具栏中的【取消任务链接】按钮 ，可选择【编辑】|【取消任务链接】命令即可。

4. 修改任务链接

在创建任务时，如果设置了错误的时间关系，需要对任务链接进行修改。在图表区双击需要调整的任务链接线，打开【任务相关性】对话框，在【类型】下拉列表框中选择两任务之间的链接关系即可，如图 3-54 所示。

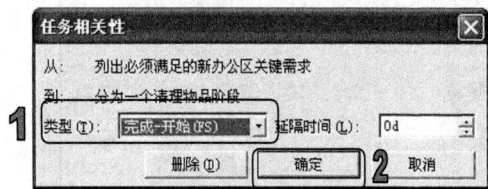

图 3-54　【类型】下拉列表框

知识点

在建立任务链接时，一般不使用 SF 关系，可反向选择任务用 FS 关系，其结果与 SF 相同。

③.5.2　添加任务其他信息

在创建任务时，为了能更详细地将该任务的信息表达出来，可以向任务添加备注、超级链接等信息。

1. 添加备注

任务备注信息用来说明任务情况。添加备注信息后，在该任务栏的标记栏 ❶ 中出现一个 标记，当光标移到该处时，将显示备注信息。

【例 3-14】在项目文档【迁移工作室】中为任务【结束办公区的租赁】添加备注信息。

(1) 启动 Project 2007，打开项目文档【迁移工作室】。

(2) 双击任务【结束办公区的租赁】所在标记栏 ❶，打开【任务信息】对话框，在【备注】选项卡的【备注】列表框中输入信息，如图 3-55 所示。

(3) 单击【确定】按钮，在项目文档中出现一个 标记，将光标移到该处，显示备注信息，如图 3-56 所示。

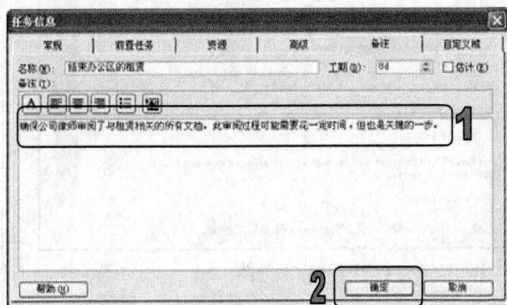

图 3-55 【任务信息】对话框

图 3-56 添加备注信息

2. 添加超级链接

在项目文档中可以添加超级链接，以便与外部文件联系起来，使其他工作成员更加清楚明了任务的实施方法。

【例 3-15】在项目文档【迁移工作室】中为标识号为 1 任务添加 Word 文档【迁移条款】链接。

(1) 启动 Project 2007，打开项目文档【迁移工作室】。

(2) 选中标识号为 1 的任务所在标记栏 ，在【常用】工具栏中单击【插入超链接】按钮 ，打开【插入超链接】对话框，在【查找范围】下拉列表框中选择目标文件所在的位置，如图 3-57 所示。

(3) 单击【确定】按钮，此时在单元格中出现 标志，如图 3-58 所示。

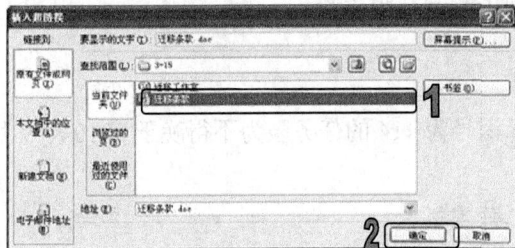

图 3-57 【插入超链接】对话框

图 3-58 插入超链接

(4) 将鼠标指针移动到该单元格，当它变为 形状时，单击，系统弹出如图 3-59 所示的信息提示框。

(5) 单击【是】按钮，稍后就可以打开如图 3-60 所示的文件。

图 3-59　信息提示框

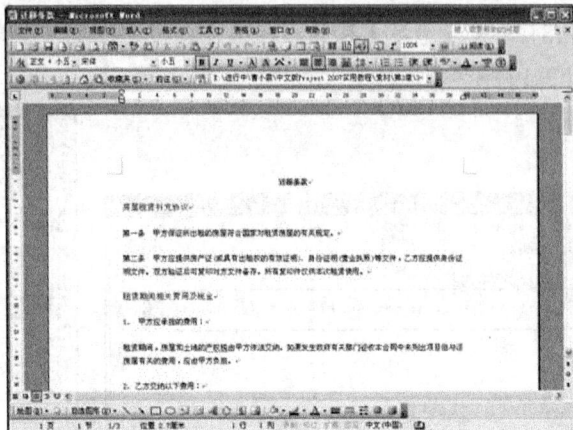

图 3-60　打开超链接文件

3. 添加任务限制

　　任务限制是指在任务的开始日期或完成日期上设置的限制。例如，指定任务必须在某一特定日期开始，或不得晚于某一特定日期完成。默认情况下，在以开始日期排定的项目中添加任务时，Project 将自动指定一个【越早越好】限制。相反，在以完成日期排定的项目中添加任务时，Project 将自动指定一个【越晚越好】限制。

　　Project 中的任务限制可以是弹性的(未指定特定日期)，也可以是非弹性的(指定了特定日期)。总的来说，Project 中的任务限制有以下几种。

- ⊙　越早越好：该任务尽可能早地开始实施。从项目开始日期建立日程时，大多数任务都使用该限制类型。它是按开始日期进行日程排定的默认限制类型。
- ⊙　越晚越好：该任务尽可能晚地开始任务。按项目完成日期建立日程时，大多数任务都使用该限制类型。它是按完成日期进行日程排定的默认限制类型。
- ⊙　不得早于…完成：该任务不能早于某个固定时间完成。
- ⊙　不得晚于…完成：该任务不能晚于某个固定时间完成。
- ⊙　不得早于…开始：该任务不能早于某个固定时间开始实施。
- ⊙　不得晚于…开始：该任务不能晚于某个固定时间开始实施。
- ⊙　必须完成于：任务必须在特定日期完成。
- ⊙　必须开始于：任务必须在特定日期开始。

　　【例 3-16】在项目文档【迁移工作室】中为标识号为 114 的任务限为不得晚于 2010 年 9 月 28 日开始。

　　(1) 启动 Project 2007，打开项目文档【迁移工作室】。

　　(2) 双击标识号为 114 的任务中的【任务名称】所在的单元格，打开【任务信息】对话框。

　　(3) 打开【高级】选项卡，在【期限类型】下拉列表框中选择【不得晚于…开始】选项，在【限制日期】下拉列表框中输入"2010 年 9 月 28 日"，如图 3-61 所示。

　　(4) 单击【确定】按钮，打开【规划向导】对话框，选中【继续，设定不得晚于…开始限制。】单选按钮，如图 3-62 所示。

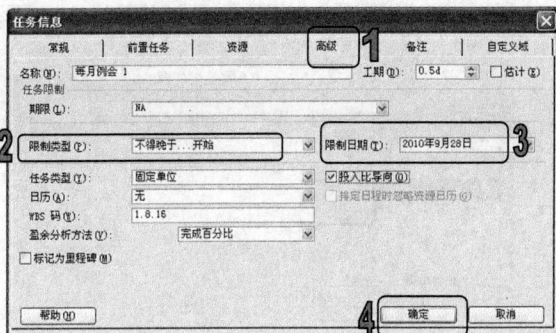

图 3-61　【任务信息】对话框

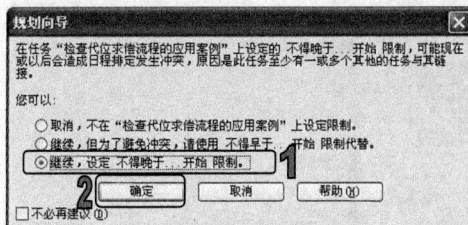

图 3-62　【规划向导】对话框

(5) 单击【确定】按钮，完成任务限制的设置，此时在该任务的标记栏❶处将出现一个任务限制标记 ，将光标移动到该处还可以查看任务限制的内容，如图 3-63 所示。

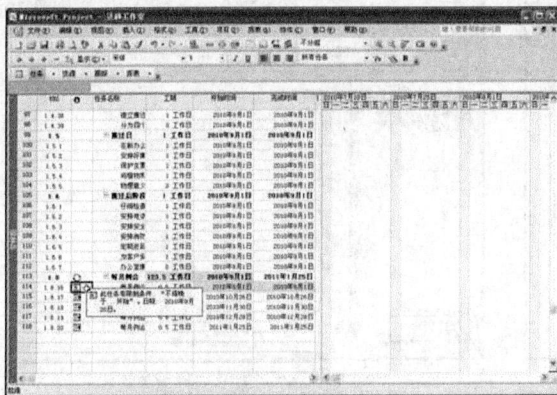

图 3-63　添加任务限制

知识点

对任务设置限制后，还可以根据实际情况撤销限制。在甘特图中选择要撤销限制的任务，双击打开【任务信息】对话框的【高级】选项卡，将限制类型设置为该任务的默认限制类型即可。

③.6　上机练习

本章上机练习主要通过创建【房屋保险索赔处理】项目文档，来练习输入任务、创建大纲结构、安排任务工期、设置周期性任务、建立任务链接等操作。

(1) 启动 Project 2007，新建【房屋保险索赔处理】项目文档，如图 3-64 所示。

(2) 在【任务】窗格中单击【定义项目】链接，打开【定义项目】窗格，在【输入项目的估计开始日期】下拉列表框中选择 2010-10-1 选项，如图 3-65 所示。

(3) 单击【继续执行第 2 步】链接，打开【项目工作组】窗格，选中【否】单选按钮，如图 3-66 所示。

(4) 单击【继续执行第 3 步】链接，打开【输入附加信息】窗格，如图 3-67 所示。

(5) 单击【保存并完成】链接，返回【任务】向导窗格。(在该项目中使用默认的项目工作时间，如果需要修改时间，可以通过单击任务向导窗格中的【定义项目工作时间】链接来进行修改)。

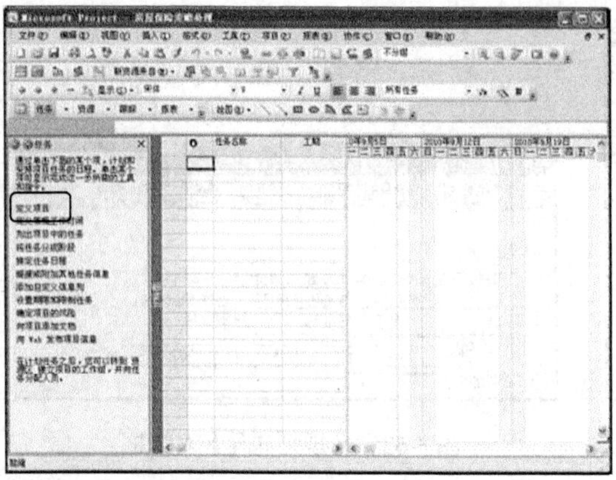

图 3-64　新建【房屋保险索赔处理】项目文档

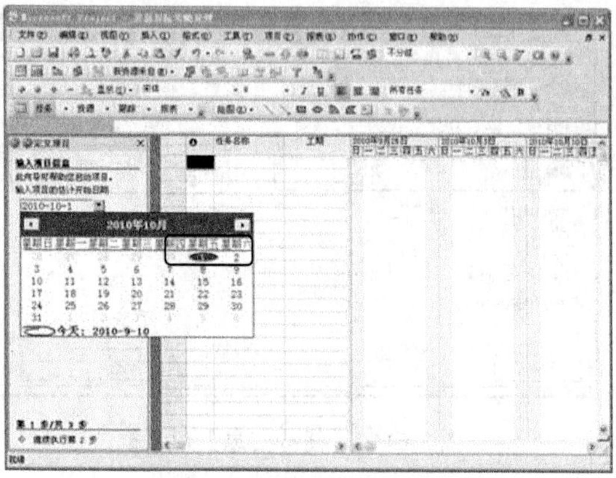

图 3-65　设置项目开始日期

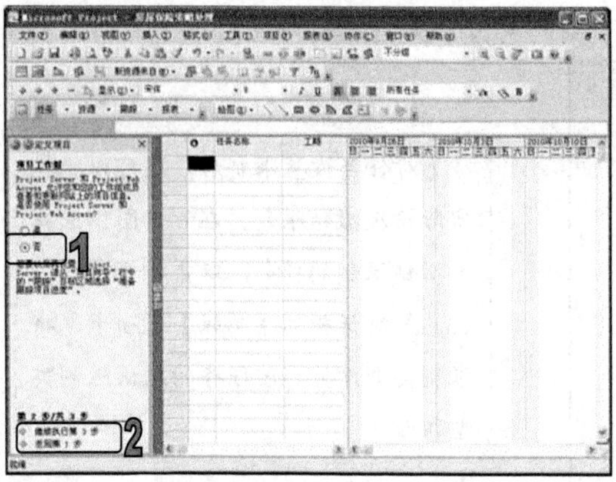

图 3-66　设置项目工作组

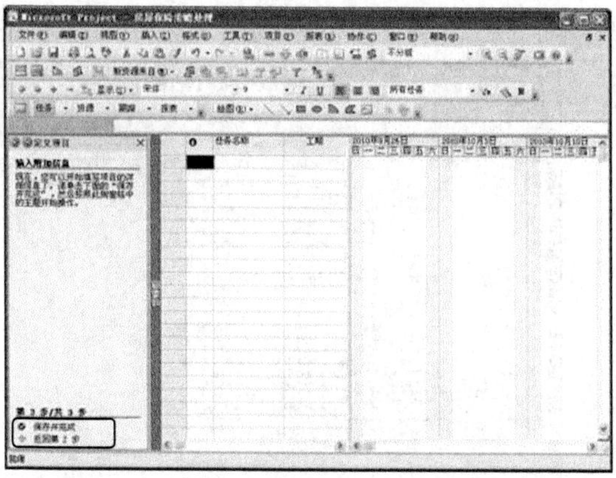

图 3-67　输入附加信息

(6) 在【甘特图】视图中的【任务名称】栏的第一个单元格中输入"房屋保险索赔处理"，然后按 Enter 键，系统自动选中下一行的【任务名称】栏下的单元格，并为第一个任务添加信息，如图 3-68 所示。

(7) 使用同样的方法，输入其他任务，如图 3-69 所示。

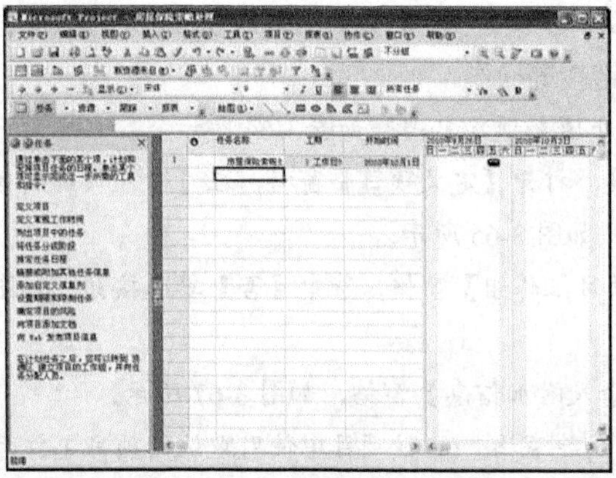

图 3-68　输入第一个任务

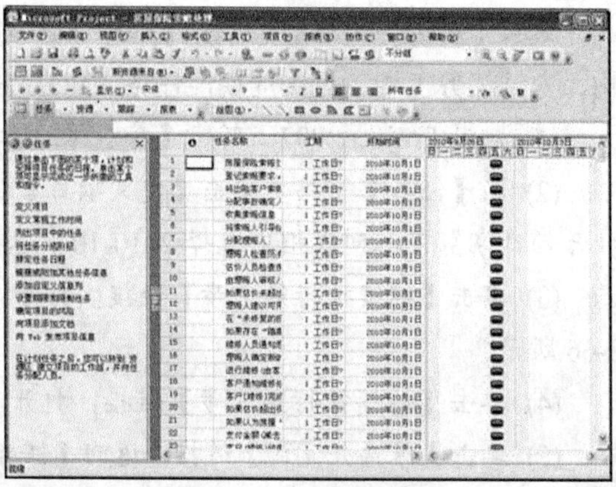

图 3-69　输入其他任务

(8) 选中标识号为 2 的任务，在【格式】工具栏中单击【降级】按钮 ，将它们都设置为【房屋保险索赔处理】的子任务，如图 3-70 所示。

(9) 使用同样的方法，设置任务更详细的大纲结构，如图 3-71 所示。

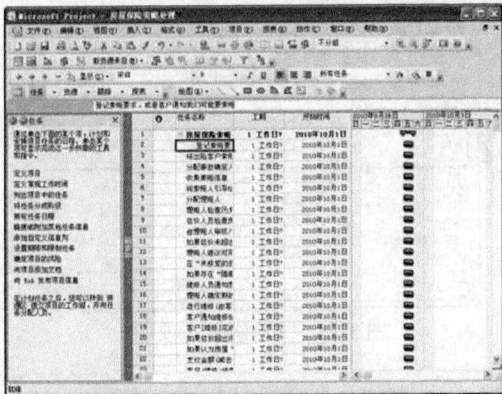

图 3-70　设置任务的大纲结构

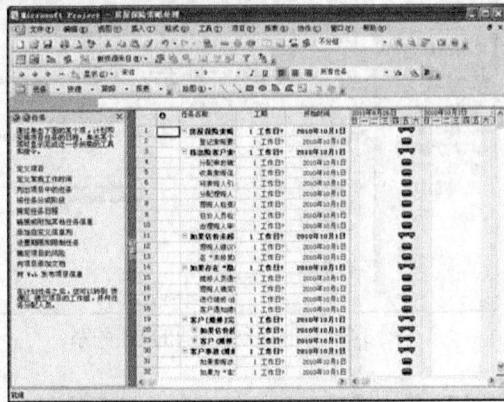

图 3-71　设置任务详细的大纲结构

(10) 选择【登记索赔要求，或者客户通知我们可能要索赔】任务的【工期】单元格，单击微调框的按钮，激活该单元格，并在单元格中输入 1 工作日，如图 3-72 所示。

(11) 使用同样的方法设置其他任务的工期，并且将【事故/肇事索赔结束】任务设置为里程碑，如图 3-73 所示。

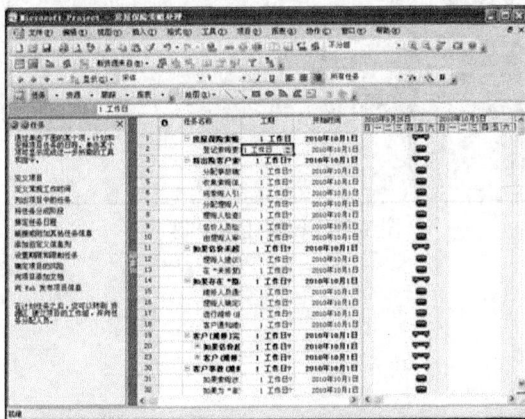

图 3-72　输入工期

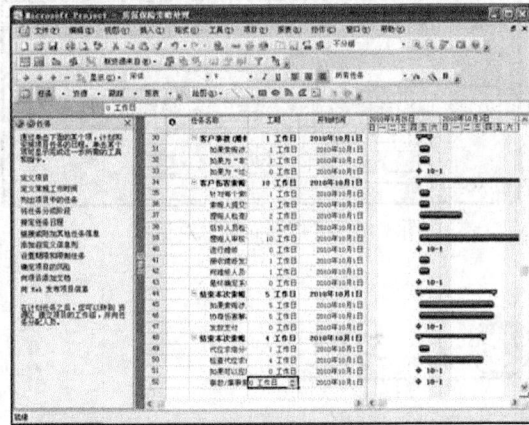

图 3-73　输入其他任务的工期

(12) 在【任务】向导窗格中单击【排定任务日程】链接，打开【排定任务日程】窗格。

(13) 选择标识号为 2 和 4 的任务，在【排定任务日程】窗格中单击 按钮，建立 FS 关系。

(14) 使用同样的方法，为其他任务建立链接关系，如图 3-74 所示。

(15) 双击【检查代位求偿流程的应用案例】任务中的【任务名称】所在的单元格，打开【任务信息】对话框的【高级】选项卡，在【期限类型】下拉列表框中选择【必须完成于】选项，在【限制日期】下拉列表框中输入"2010 年 6 月 26 日"，如图 3-75 所示。

(16) 单击【确定】按钮，打开【规划向导】对话框，选中【继续，但为了避免冲突，请使用不得早于…完成限制代替。】单选按钮，如图 3-76 所示。

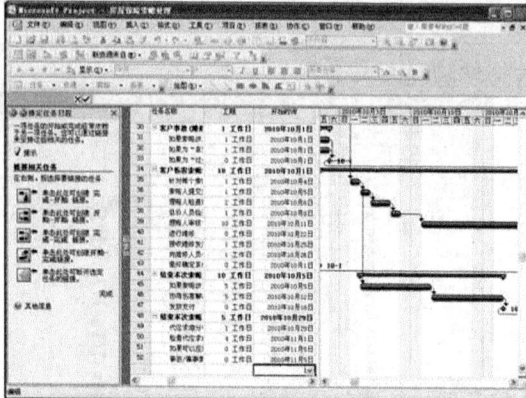

图 3-74　建立任务之间的 FS 关系

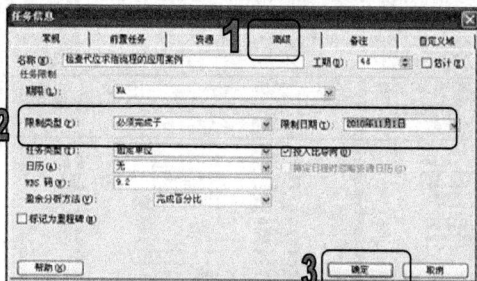

图 3-75　【高级】选项卡

(17) 单击【确定】按钮，完成任务限制的设置，此时在该任务的标记栏❶处将出现一个任务限制标记▦，将光标移动到该处还可以查看任务限制的内容，如图 3-77 所示。

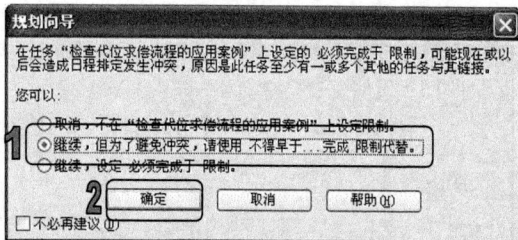

图 3-76　【规划向导】对话框

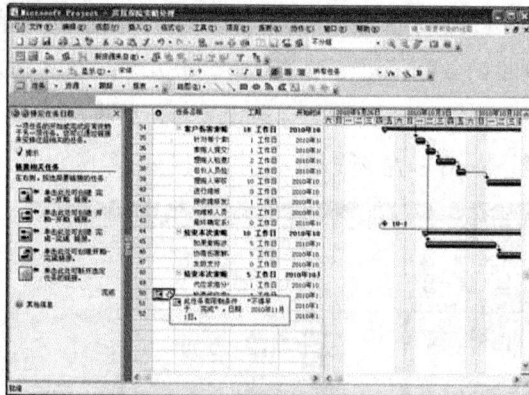

图 3-77　设置任务限制

③.7　习题

1. 创建【学校机房建设方案】项目文档，输入项目任务和工期，并设置里程碑。
2. 在习题 1 创建的项目文档中创建任务的大纲结构，并建立任务之间的相关性。

第4章

管理项目资源

4.1 项目资源概述

项目中的任务需要以分配方式由多个人共同来完成。一个好的项目负责人不仅要将项目中的任务规划得十分详细周到,而且还要善于分配工作并掌握小组成员的工作进度。在进行项目规划时,规划资源也是一个非常重要的工作。

4.1.1 资源的规划

资源就是完成项目所需要的人力、物资、设备、资金等,它是推动项目的原动力。没有资源,一切有关项目活动都无法进行。因此在规划项目之前,首先要考虑如何获得资源,并且要善于规划,有效运用,充分发挥资源的效能。在进行资源规划时,应该考虑如下一些因素。

- ◉ 项目所需的资源种类:为了执行项目中的各项任务,实现既定目标,需要的资源种类包括人类、技术、支持或行政管理人员，设备以及原材料和经费等。

- ◉ 资源来源：项目所需的资源可以从机构内部或外部采购，也可以从其他单位借调，也可以从其他机构中获得。
- ◉ 资源测量单位：资源-时间。资源是指人、机器或设备等，时间是指小时、天、周、月或年等，例如"人-天"是一个人做一天的工，或做这些工作所需要的成本。
- ◉ 资源效率和影响因素：资源效率是用来估量每项资源在单位时间内所完成工作的质和量的。例如影响人工作效率的主要因素有教育程度、个人特性、工作经验和年龄等。
- ◉ 分析项目工作内容：分析项目的工作组、工作小组和各项工作等各级所需的资源种类，并估计各类资源使用时间，作为估算项目总资源需求的依据。

4.1.2　资源的分配意义

项目中的任务都必须在一定的条件下人为地操纵并完成，因此给任务分配资源是项目成功的一个重要部分。资源分配的合理与否是项目成功的一个重要因素。

资源分配会给项目带来如下影响。

- ◉ 任务工期的长短。如果一个任务在一个资源的条件下需要 5 天，如果增加资源分配，任务工期就会缩短。
- ◉ 项目的成本。资源的分配可能会对项目的成本产生影响，因为使用了更多的资源，用户可以会发现因为完成项目所需的时间减少，腾出了时间完成更多其他的工作，同时也能节省资金。

通过定义资源及分配资源，可以实现以下几个目标。

- ◉ 跟踪资源的去向，即查看资源究竟分配给了哪些任务。
- ◉ 识别出潜在的资源短缺，防止因为资源短缺而延长项目周期。
- ◉ 找出未充分利用的资源，避免资源浪费。
- ◉ 明确责任划分，减少因为失误造成的风险。

4.1.3　资源的种类

在 Project 中资源分为两类，一类是工时资源，指的是执行工时以完成任务的人员和设备资源，工时资源要消耗时间(工时或工作日)来完成任务，通常需要按照工作时间来支付报酬；一类是材料资源，指可消耗的材料或供应品等物质，例如水泥、钢管、沙子或木材等。

在使用时，材料资源与工时资源有很多不同之处，如下所示。

- ◉ 材料资源不能使用资源日历和加班费率。
- ◉ 材料资源不具有电子邮件、工作组等属性。
- ◉ 材料资源要给出度量单位。

- ⊙ 材料资源无法指定最大可用数量和调配资源。
- ⊙ 材料资源每次使用成本的计入方式与工时资源不同。

4.2 建立资源库

任何一个项目都会使用到资源，项目中有些资源是现成的，有些需要临时调用，有些资源是全职或专用的，有些资源是兼职或与别的项目共用的。资源的可用性和规划将会影响整个项目的工期，因此，在进行资源管理之前，首先应创建一个可供使用的资源库，把需要基本的资源信息输入进去，然后再分配给每个任务。

4.2.1 输入资源

在 Project 2007 中通常在【资源工作表】视图中输入资源。输入的方法与输入任务的方法相似，只需要在【资源工作表】视图的【资源名称】栏对应的单元格输入资源的名称，在【类型】栏对应的下拉列表框中选择资源的类型，并输入其他信息即可。

【资源工作表】视图中各字段域的说明如表 4-1 所示。

表 4-1 字段域说明

字 段	用 途
资源编号域	用于表示某个资源相对于其他资源的位置。Project 自动对输入的资源进行编号，用户不能对该编号进行设置
【标记】域	通过图形符号来表示资源的备注信息或存在过度分配问题
资源名称	用于输入资源的名称。资源名称可以是一个个体，也可以是一个资源组。资源名称不能包含括号 ([ ])、逗号 (,) 或分号 (;)
类型	标识资源类型，有工时和材料两种类型
材料标签	材料类资源的度量单位
缩写	资源名称的第一个汉字或英文字母。在甘特图和网络图中，可以使用资源名称的缩写代替合名
组	标识资源所隶属的群体名称，可用来筛选或排序资源
最大单位	用百分数或十进制数表示的资源可用总量，例如 40% 或 0.4
标准费率	用于输入单位时间内使用某资源所需的费用，例如 60/h 表示每小时 60 元
加班费率	用于输入资源加班时的费率。当资源加班后，用实际加班工时乘以加费率来计算资源加班的费用
每次使用成本	用于输入每次资源的固定费用。对于工时资源来说，每次使用成本在每次使用资源时都进行累算；对于材料资源来说，无论单位是多少，都只是在分配时对每次使用成本累算一次

(续表)

字　　段	用　　途
成本累算	用于确定资源标准工资率和加班工资率计入或累算到任务成本的方式和时间。不同的成本累算方式决定实际成本何时累算到项目中去。用户可以在任务开始时累算成本，也可以在任务结束时累算成本，还可以在任务工作中按任务完成的比例来累算成本
基准日历	为资源指定基准日历，该资源按照日历中的作息安排进行工作
代码	由用户定义，给资源指定代码，以便显示、筛选或排序这些带有特殊代码的资源

【例 4-1】在【迁移工作室】项目文档中输入资源信息。

(1) 启动 Project 2007，打开项目文档【迁移工作室】，其【甘特图】视图如图 4-1 所示。

(2) 选择【视图】|【资源工作表】命令，切换到【资源工作表】视图，如图 4-2 所示。

图 4-1　【迁移工作室】项目文档

图 4-2　切换到【资源工作表】视图

(3) 选择【资源名称】栏所在的第一个单元格，输入"首席迁移官"，然后按方向键→，选择【类型】栏下的单元格，选择【工时】选项，如图 4-3 所示。

(4) 使用同样的方法，输入其他资源，如图 4-4 所示。

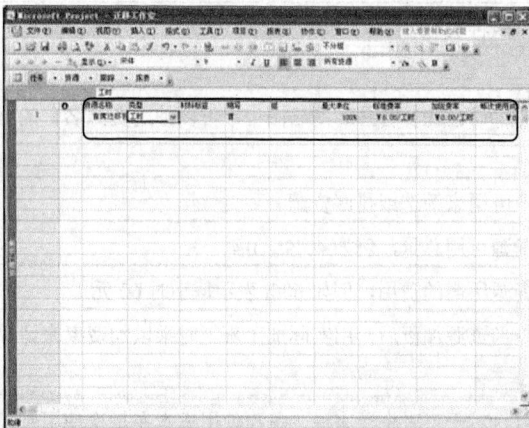

图 4-3　输入工时资源

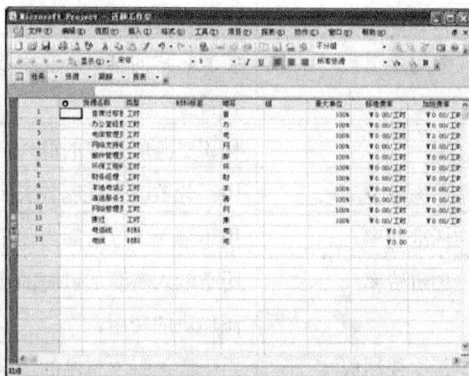

图 4-4　输入其他资源

④.2.2 从外部程序中导入资源

Project 还可以从外部程序，例如 Outlook 和 Excel 表格中直接导入资源名称。

1. 从 Outlook 中导入资源

使用【Outlook 通讯簿】可以快速地将其电子邮件地址添加到项目文档中，也可以一次添加通讯组列表中的所有资源。

【例4-2】在【迁移工作室】项目文档中从 Outlook 中导入资源。

(1) 启动 Project 2007，打开项目文档【迁移工作室】，切换到【资源工作表】视图。

(2) 在【项目向导】工具栏中单击【资源】按钮，在弹出的菜单中选择【为项目指定人员和设备】命令，打开【指定资源】窗格，单击【从公司"通讯簿"中添加资源】单选按钮，如图4-5 所示。

(3) 单击【通讯簿】链接，打开【选定资源】对话框，在列表框中选择所要添加的资源，然后单击【添加】按钮，添加所选择的资源，如图4-6 所示。

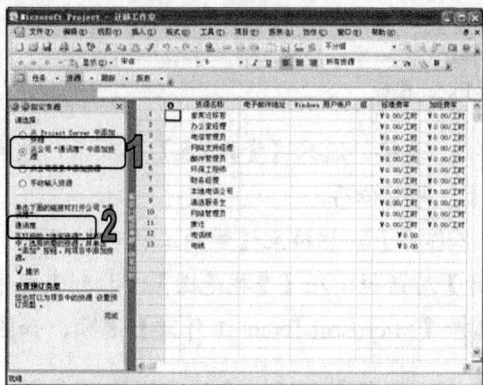

图4-5 【指定资源】窗格　　　　图4-6 【指定资源】对话框

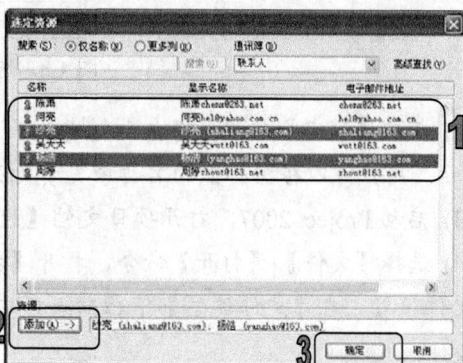

(4) 单击【确定】按钮，系统自动将联系人的资源添加导入到项目文档中，如图4-7 所示。

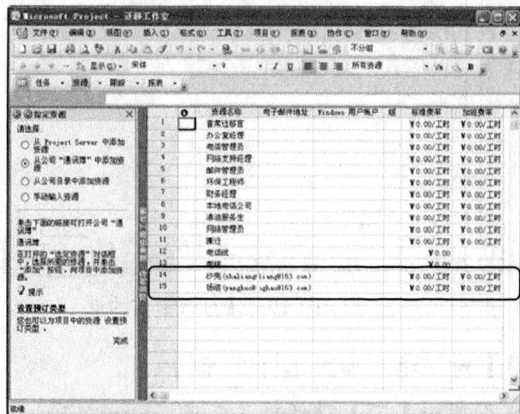

图4-7 导入联系人

提示

选择【插入】|【新资源来自】|【通讯簿】命令，也可以打开【选定资源】对话框。

2. 从 Excel 中导入资源

在项目实施的过程中，常常会使用 Excel 来编辑团队的通讯录。在 Project 2007 中可以使用项目计划导入向导来导入资源。

【例 4-3】在【迁移工作室】项目文档中从 Excel 中导入资源。

(1) 启动 Excel 2007，在【新建工作簿】任务窗格中单击【本机上的模板】链接，在打开的【模板】对话框中选择 Microsoft Project Plan Import Export Template 选项，如图 4-8 所示。

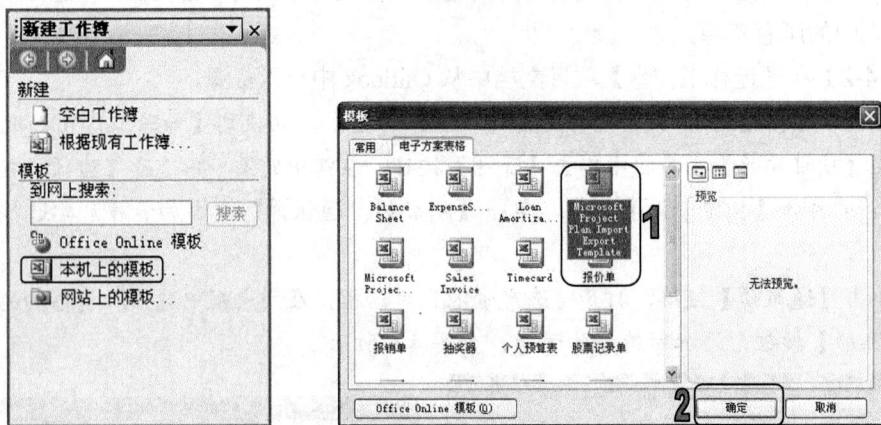

图 4-8 选择 Excel 模板

(2) 单击【确定】按钮，将自动创建一张 Excel 表格，选择【资源_表】选项卡，效果如图 4-9 所示。用户可以根据标识的名称填充资源列表，并且保存。

(3) 启动 Project 2007，打开项目文档【迁移工作室】，切换至【资源工作表】视图。

(4) 选择【文件】|【打开】命令，打开【打开】对话框，在【查找范围】下拉列表框中选择目标文件位置，在【文件类型】下拉列表框中选择【Microsoft Excel 工作簿】选项，如图 4-10 所示。

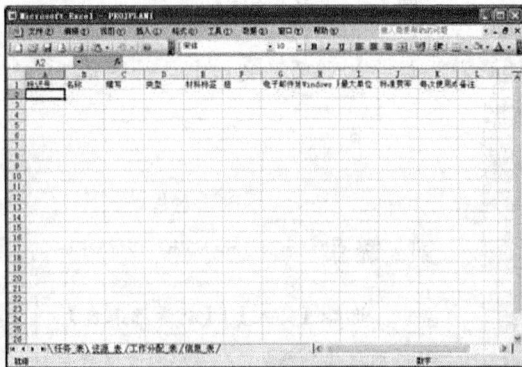

图 4-9 资源_表

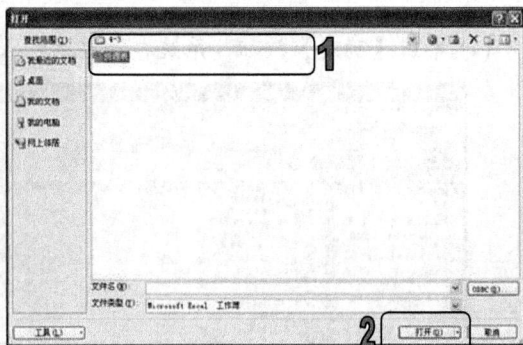

图 4-10 【打开】对话框

(5) 单击【打开】按钮，打开【导入向导】对话框，如图 4-11 所示。

(6) 单击【下一步】按钮，打开【导入向导-数据类型】对话框，选中【Project Excel 模板】

单选按钮，如图 4-12 所示。

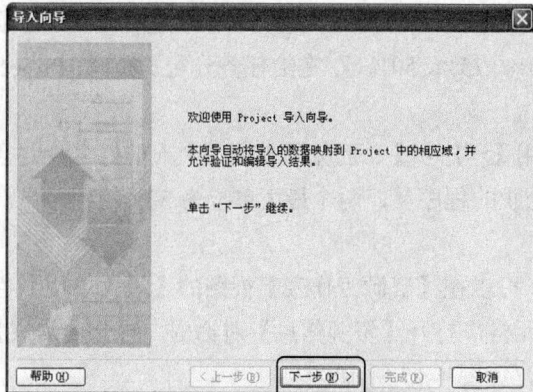

图 4-11　【导入向导】对话框

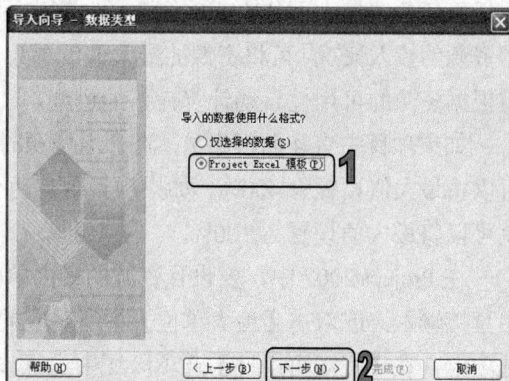

图 4-12　【导入向导-数据类型】对话框

(7) 单击【下一步】按钮，打开【导入向导-导入模式】对话框，选中【将数据并入活动项目】单选按钮，如图 4-13 所示。

(8) 单击【完成】按钮，就可以将 Excel 工作表中的数据导入到 Project 项目文档中，如图 4-14 所示。

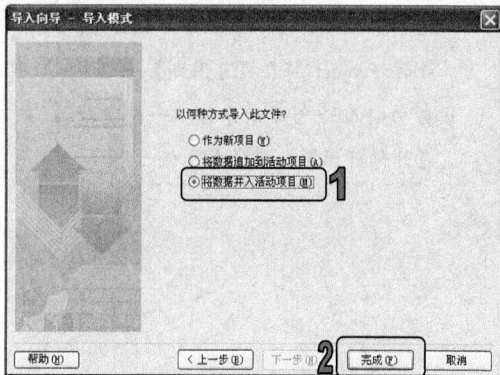

图 4-13　【导入向导-导入模式】对话框

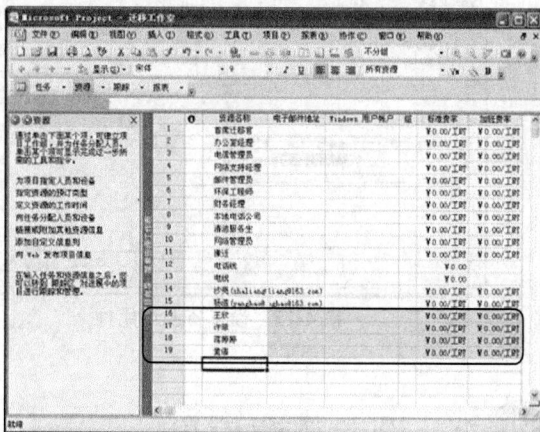

图 4-14　从 Excel 中导入数据

提示

打开 Excel 工作表，使用【复制】和【粘贴】命令，也可以将资源信息导入到 Project 项目文档中。

4.2.3　设置资源可用性

在 Project 中资源可用性表示资源何时以及有多少时间可安排给所分配的工作。可用性由下列因素决定：项目日历和资源日历、资源的开始日期和完成日期，或资源可用于工作的程度。在

Project 2007 中使用资源的【最大单位】来标识资源的可用性。【最大单位】是指一个资源可用于任何任务的最大百分比或单位数量。它表示资源可用于工作的最大能力，默认值是 100%。根据资源的投入情况，可将资源的最大值设置为 100%、75%、50%等，在给任务分配资源时，Project将根据资源的可用性自动计算任务的进度。

如果项目中有 4 名程序员，在命名资源时可用【程序员】，而无须使用每个人的姓名，并且可以将最大值设置为 400%。如果项目中有两个全职的程序员，两个最大单位为 50%的程序员，就可以将最大值设置为 300%。

在 Project 2007 中，要设置资源的最大单位，可以在【资源工作表】视图的【最大单位】栏中直接输入，或双击【最大单位】栏所对应的单元格，打开【资源信息】对话框。打开【常规】选项卡，在【资源可用性】选项区域中进行设置，如图 4-15 所示。

⦿ 【开始可用】域：用于为资源输入可用该项目的开始日期。

⦿ 【可用到】域：用于为资源输入可用该项目的完成日期。

⦿ 【单位】域：用于输入该资源在【开始可用】和【可用到】域中指定的时间段上可用的最大单位数量，可以用百分比或十进制数来表示。

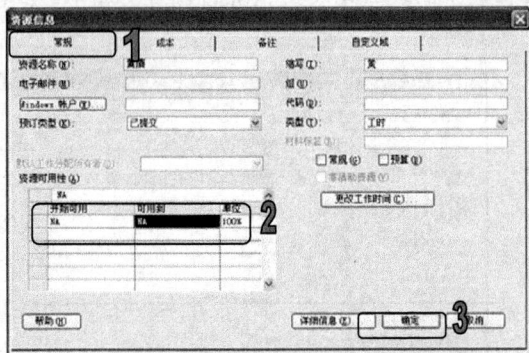

图 4-15 设置资源可用性

提示

如果在【开始可用】中使用默认值 NA，这实际上代表项目开始日期。此时 Project 将在【可用到】一栏中自动输入一个日期作为下一个阶段【开始可用】日期的初始值。

4.3 设置资源信息

为项目设置资源后，还可以对资源信息进行更详细的设置，例如设置资源日历和备注信息，添加超级链接等。

4.3.1 设置资源日历

为项目设置资源后，在项目日历中定义的工作时间和休息日是每个资源的默认工作时间和休息日。当个别的资源需要按完全不同的日程工作时，或者需要说明假期或设备停工期时，可以修改个别的资源日历。此外，如果几个资源具有相同的工作时间和非工作时间，可为他们创建一个共同的日历以提高工作效率。

【例4-4】在【迁移工作室】项目文档中设置网络支持经理2010年9月22日~10月10日请假，安排沙亮在这段时间工作时间从9：00~21：00，其中12：00~1：00休息一个小时。

(1) 启动 Project 2007，打开项目文档【迁移工作室】，切换到【资源工作表】视图。

(2) 在【资源名称】栏中，双击【网络支持经理】，打开【资源信息】对话框。在【常规】选项卡中单击【更改工作时间】按钮，打开【更改工作时间】对话框。

(3) 在【例外日期】选项区域的【开始时间】和【完成时间】列中分别选择2010年9月22日和10月10日，如图4-16所示。

(4) 单击【详细信息】按钮，打开【详细信息】对话框，选中【非工作日】单选按钮，如图4-17所示。

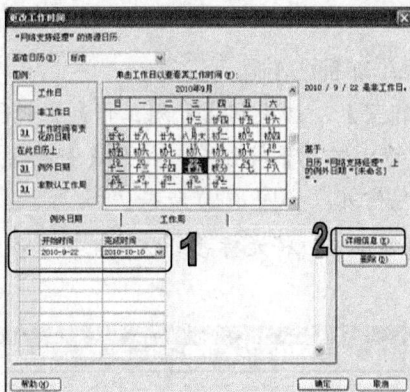

图 4-16　【更改工作时间】对话框　　　图 4-17　【详细信息】对话框

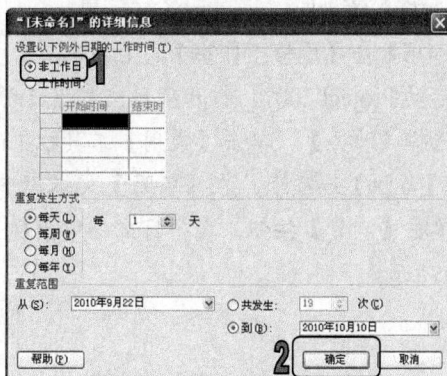

(5) 单击【确定】按钮，完成设置。

(6) 在【资源名称】栏中，双击【沙亮】，打开【资源信息】对话框。在【常规】选项卡中单击【更改工作时间】按钮，打开【更改工作时间】对话框。在【例外日期】选项区域的【开始时间】和【完成时间】列中分别选择2010年9月22日和10月10日。

(7) 单击【详细信息】按钮，打开【详细信息】对话框，选中【工作时间】单选按钮，在【开始时间】和【结束时间】列中输入时间，如图4-18所示。

(8) 单击【确定】按钮，完成设置。

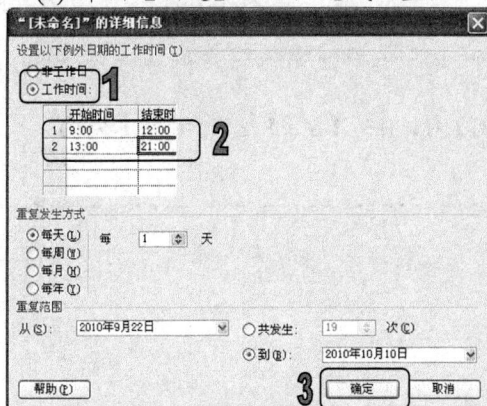

图 4-18　设置工作时间

知识点

在为资源设置工作日历时，还可以先选择某个资源，再单击【常用】工具栏上的【资源信息】按钮，也打开【资源信息】对话框，打开【工作时间】选项卡，进行设置即可。

知识点

如果要对几个资源的工作时间进行修改，还可以选择【工具】|【更改工作时间】命令，打开【更改工作时间】对话框，在【范围】下拉列表框中选择要设置的资源名称，再进行设置。

4.3.2 设置资源备注信息

资源备注信息用来说明资源情况。添加备注信息后，在该资源栏的标记栏❶中出现一个🗐标记，当光标移到该处时，将显示备注信息。

【例 4-5】在【迁移工作室】项目文档中给沙亮添加备注消息。

(1) 启动 Project 2007，打开项目文档【迁移工作室】，切换到【资源工作表】视图。

(2) 选择【沙亮】，单击【常用】工具栏上的【资源信息】按钮🗐，打开【资源信息】对话框，打开【备注】选项卡，在【备注】文本框中输入信息，如图 4-19 所示。

(3) 单击【确定】按钮，在项目文档中出现一个🗐标记，将光标移到该处，显示备注信息，如图 4-20 所示。

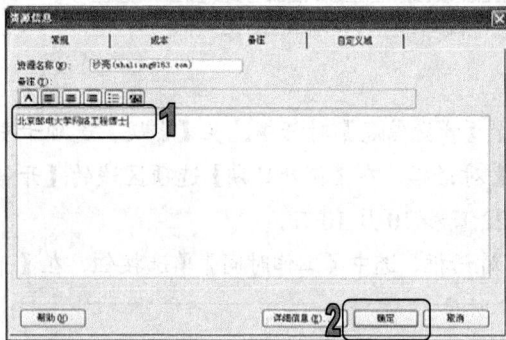

图 4-19　【备注】选项卡　　　　　　　　图 4-20　添加备注信息

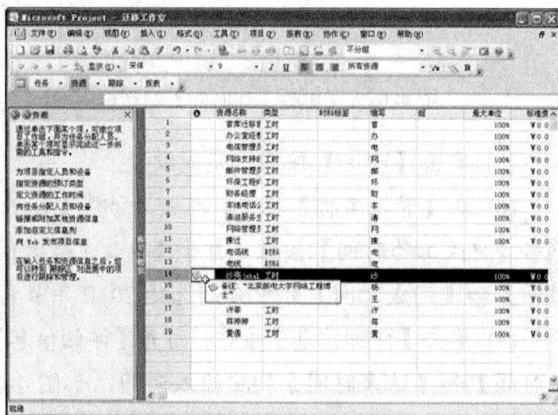

提示

如果要修改备注信息，可双击🗐标记，打开【资源信息】对话框的【备注】选项卡，在【备注】文本框中修改内容即可。

4.3.3 添加超级链接

在创建项目资源时，也可以添加超级链接，例如将个人简历与资源建立链接，使其他工作成员更加清楚明了资源的相关信息。

【例 4-6】在【迁移工作室】项目文档中为杨浩添加超级链接。

(1) 启动 Project 2007，打开项目文档【迁移工作室】，切换到【资源工作表】视图。

(2) 选择【杨浩】，在【常用】工具栏中单击【插入超链接】按钮 🔗，打开【插入超链接】对话框，在【查找范围】下拉列表框中选择目标文件所在的位置，如图 4-21 所示。

(3) 单击【确定】按钮，此时在单元格中出现 🔗 标志，如图 4-22 所示。

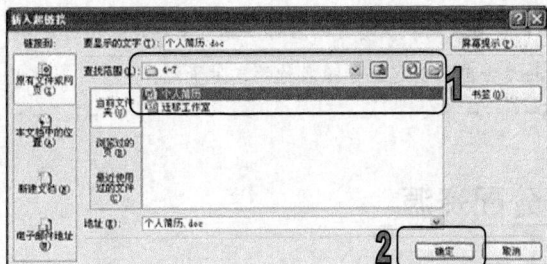

图 4-21　【插入超链接】对话框　　　　　　　图 4-22　插入超链接

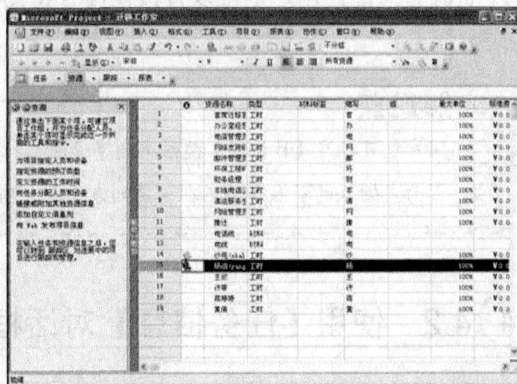

(4) 将鼠标指针移动到该单元格，当它变为 🖑 形状时，单击，系统弹出如图 4-23 所示的信息提示框。

(5) 单击【是】按钮，稍后就可以打开如图 4-24 所示的文件。

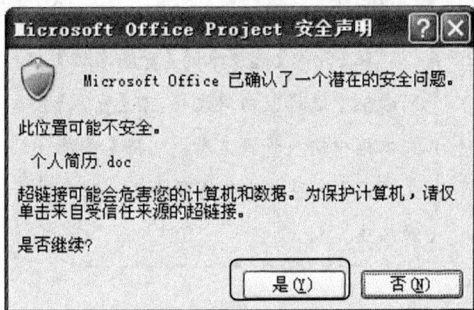

图 4-23　信息提示框　　　　　　　　　　　图 4-24　打开超链接文件

4.4　分配资源

定义资源信息后，就可以为项目中的任务分配资源了。合理地分配资源是顺利完成任务的重要因素之一。一种资源可以同时在多个任务上工作，而一个任务也可以由多种资源共同完成。

4.4.1 使用【甘特图】视图分配资源

如果项目中使用到的资源较少，可使用【甘特图】视图来分配资源。打开项目文档，在【甘特图】视图的【资源名称】栏中单击对应的单元格，使其变为下拉列表框，在该下拉列表框中选择相应的选项即可。若需要对该任务分配多个资源，可选择一个资源后，输入逗号(,)，再选择下一个资源。当然，用户也可以直接在【甘特图】视图的【资源名称】栏输入资源(多个资源之间用逗号隔开)。

知识点

用户也可以在【甘特图】视图中的【资源名称】栏中直接输入该资源的名称，但一般不建议使用该方法。因为当输入的资源名称不在资源列表中时，Project会自动创建该资源名称的工时资源。

4.4.2 使用【任务信息】对话框分配资源

如果项目中的使用资源较多，可以使用【任务信息】对话框来分配资源。双击需要分配资源的任务所在行的任意单元格，打开【任务信息】对话框，打开【资源】选项卡(如图4-25所示)，单击【资源名称】列表框中的空白单元格，使其变为下拉列表框，从中选择所需的资源即可。如果是【工时】资源，在【单位】微调框中设置投入到选定任务中的工时单位，否则输入请求资源的数量。

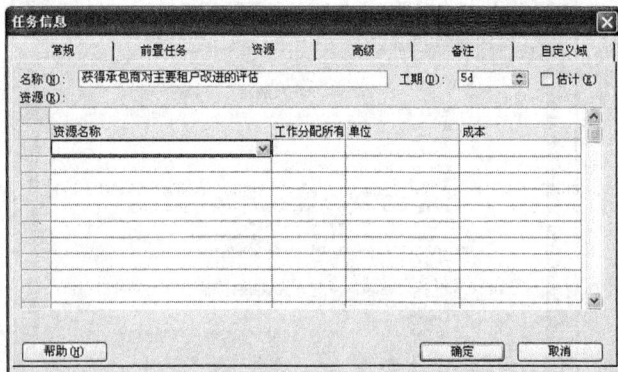

图4-25 【资源】选项卡

提示

在【资源】选项卡的【资源名称】列表框中选择空白单元格，在【资源】文本框中输入资源名称，可将【资源工作表】视图中没有的资源添加到资源库中。

4.4.3 使用【分配资源】对话框分配资源

如果在资源库中列出了所有的资源，可以使用【分配资源】对话框同时对若干任务进行多个资源的分配。选择某个任务，然后选择【工具】|【分配资源】命令，打开【分配资源】对话框，

在【资源名称】列表框中选择需要分配的资源即可，如图 4-26 所示。

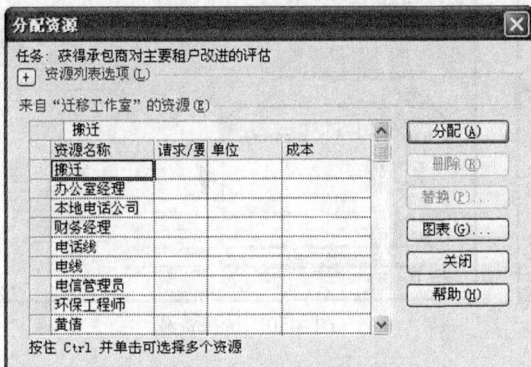

图 4-26　【分配资源】对话框

提示

资源的【最大单位】和资源分配中的【单位】是不同的。新建一个资源时，指定的资源最大单位，是指该资源在整个项目中的可用性；而将资源分配给任务时，【单位】指定了资源在某项任务中的可用性。

在分配【工时】资源时，在【单位】微调框中输入该资源投入该项目的程度，例如，一个资源在该项目中投入全部精力，可以在【单位】微调框中输入 100%；在分配【材料】资源时，在【请求/要求】文本框中输入要求该资源的数量，例如，要求电线 100m。

【例 4-7】 在【迁移工作室】项目文档中使用各种方法给各个任务分配资源。

(1) 启动 Project 2007，打开项目文档【迁移工作室】，切换到【甘特图】视图。

(2) 单击标识号为 3 的任务对应的【资源名称】单元格，使其变为下拉列表框，并从中选择【首席迁移官】选项，如图 4-27 所示。

(3) 在【项目向导】工具栏中单击【资源】按钮，从弹出的快捷菜单中选择【向任务分配人员和设备】选项，如图 4-28 所示。

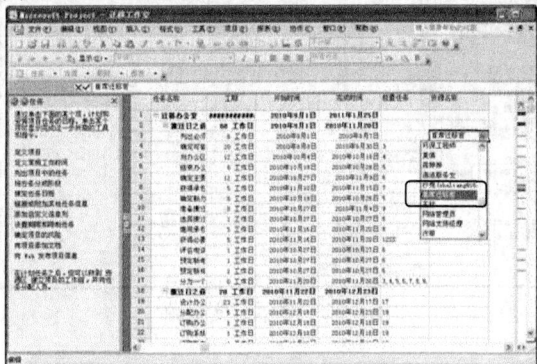

图 4-27　选择资源

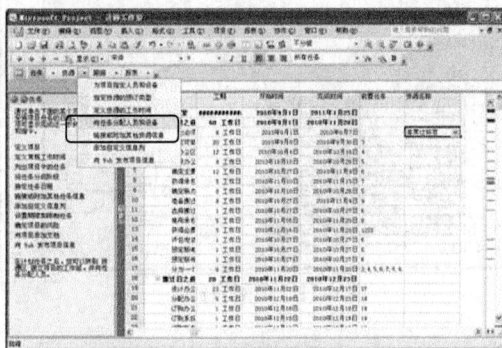

图 4-28　【资源】向导窗格

(4) 打开【分配资源】窗格，在工作区选择标识号为 60 的任务，如图 4-29 所示。

(5) 单击【分配资源】链接，打开【分配资源】对话框，按住 Ctrl 键，选择多个资源，如图 4-30 所示。

提示

项目中多数的任务都是需要分配多个资源，共同完成任务。一个任务分配给多个资源指为一个任务分配多个人员或相关设备材料等，步骤(5)介绍的就是在 Project 中为一个任务分配多个资源。

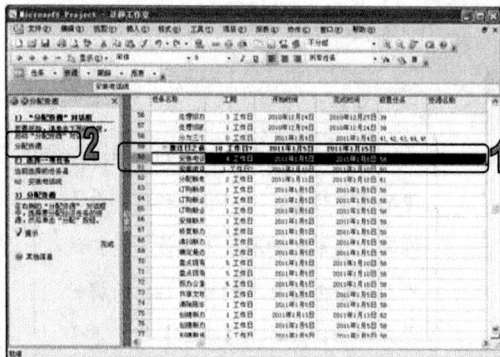

图 4-29 选择任务

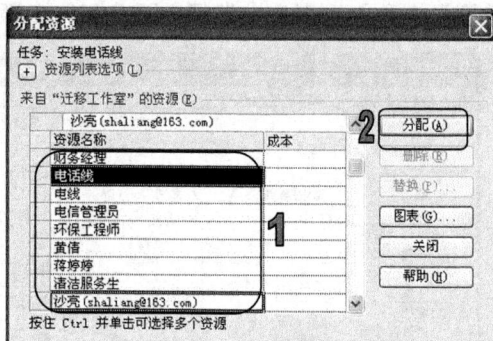

图 4-30 选择资源

提示

在【分配资源】对话框的【资源名称】列表框中选择已分配的资源，单击【删除】按钮，可以取消对任务分配该资源。

(6) 单击【分配】按钮，将所选择的资源分配给标识号为 60 的任务，如图 4-31 所示。

(7) 单击【关闭】按钮，系统将把分配的资源显示在【资源名称】对应的单元格中，如图 4-32 所示。

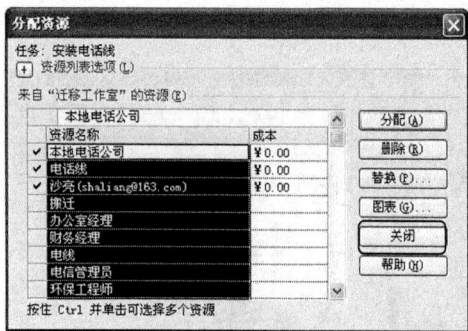

图 4-31 分配资源

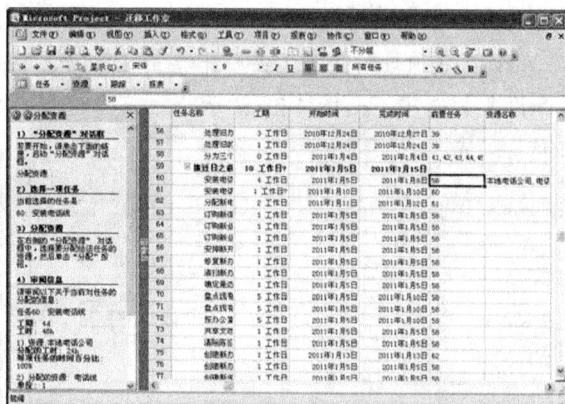

图 4-32 显示分配资源

知识点

如果某个任务分配的资源过多时，【资源名称】列对应的单元格将不能显示完整的资源名称，这时，可选择该单元格，在【数据编辑】栏中查看显示的资源名称。

(8) 双击标识号为 92 的任务所在行的任意单元格，打开【任务信息】对话框，选择【资源】选项卡，选择【资源名称】列表框中的第一个空白单元格，使其变为下拉列表框，从中选择【网络支持经理】选项。

(9) 继续选择下一行空白单元格，使其变为下拉列表框，从中选择【何欣】选项，如图 4-33

所示。

(10) 单击【确定】按钮，系统将把分配的资源显示在【资源名称】对应的单元格中，如图 4-34 所示。

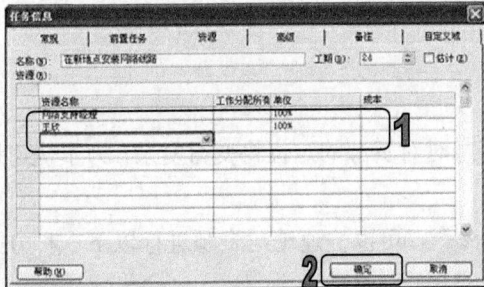

图 4-33 添加多个资源

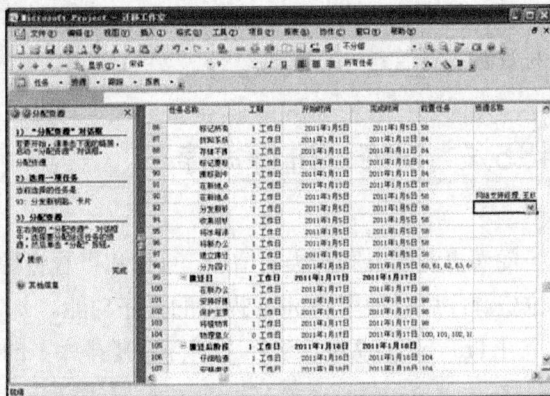

图 4-34 分配两个资源

> **提示**
>
> 除了使用【分配资源】对话框分配多个资源外，还可以通过【任务信息】对话框来添加多个资源。若要使用该方法进行分配，可以参照步骤(8)~步骤(11)。

(11) 使用上述方法，给其他任务分配资源，效果如图 4-35 所示。

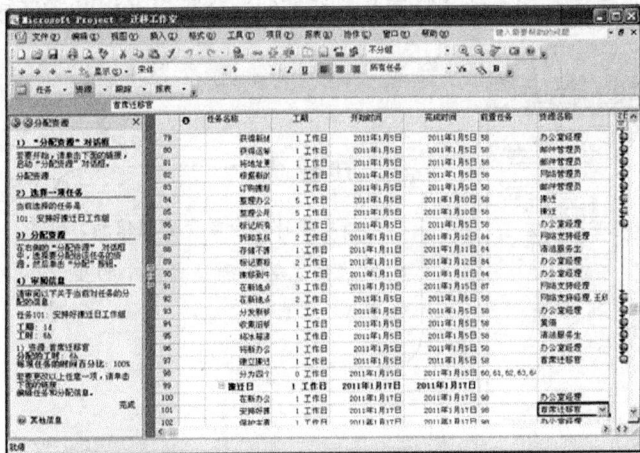

图 4-35 分配资源

> **提示**
>
> 如果要删除已分配的资源，可在【任务消息】对话框中选择资源名称，在【编辑】栏中将其删除，单击【确认】按钮即可。

> **知识点**
>
> 在任务日程排定时，很多适合多个任务使用相同的资源，如果还要分别为每个任务进行分配，就显得极其繁琐。具体方法为：在【甘特图】视图中，按住 Ctrl 键，选中多个任务，在工具栏中单击【分配资源】按钮，打开【分配资源】对话框，按住 Ctrl 键，选择多个资源，单击【分配】按钮即可为多个任务添加相同的多个资源。若要继续为其他任务分配资源，不需要关闭【分配资源】对话框，只需移动光标选中多个任务单元后，再按照同样的方法分配资源即可。

4.5 管理资源库

项目的规模越大，任务越多，资源也就会越多，为了能方便有效地对资源信息进行查询，需要对资源进行管理。

4.5.1 对资源进行排序

随着资源数目和种类的增加，查找和查看资源信息时对资源的定位将变得复杂，为了快速地定位资源，可以使用 Project 提供的排序功能。

在 Project 2007 中，选择【项目】|【排序】的子命令，可以快速地对资源进行以下 3 种方式的排序。

- ◉ 按成本：按照资源成本的降序对资源排序。
- ◉ 按名称：默认方式，按照资源名称的第一个字拼音字字母顺序对资源排序。
- ◉ 按标识号：按照资源的标识号对资源排序。

在默认情况下，Project 是按第一个字的拼音字母顺序对资源进行排序的，工时资源与材料资源混在一起，为了更方便地调用资源，可对其自定义资源排序的条件，选择【项目】|【排序】|【排序依据】命令，打开【排序】对话框，在【主要关键字】、【次要关键字】和【第三关键字】下拉列表框中选择关键字，并在其右侧选中【升序】或【降序】单选按钮，就可以对资源重新排序，如图 4-36 所示。

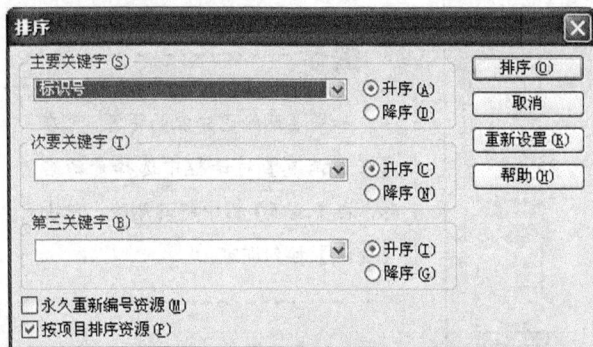

图 4-36 【排序】对话框

知识点

排序操作不会改变资源信息，仅仅改变了其在项目文档中的显示方式。

知识点

在【排序】对话框中，如果选中【永久重新编号资源】复选框，则资源原来的标识将被更改，并不会保存。

【例 4-8】在【迁移工作室】项目文档中，将资源按主要关键字为【类型】、次要关键字为【拼音】的降序排序方式进行排序。

(1) 启动 Project 2007，打开项目文档【迁移工作室】，选择【视图】|【资源工作表】命令，切换到【资源工作表】视图，如图 4-37 所示。

(2) 选择【项目】|【排序】|【排序依据】命令，打开【排序】对话框，在【主要关键字】下拉列表框中选择【类型】选项，单击其后的【降序】单选按钮，在【次要关键字】下拉列表框中选择【拼音】选项，单击其后的【降序】单选按钮，如图 4-38 所示。

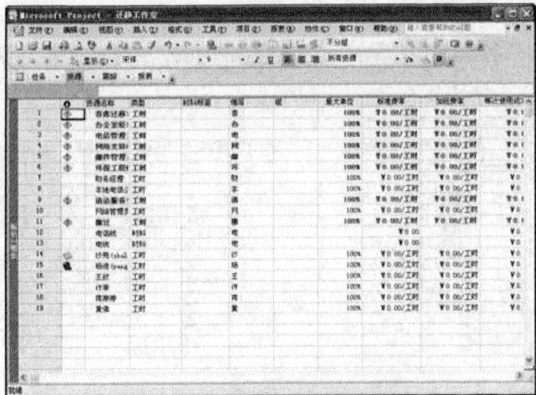

图 4-37　【资源工作表】视图

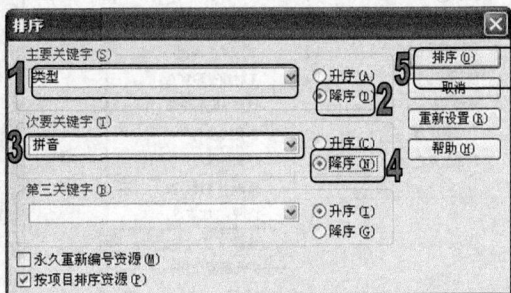

图 4-38　排序设置

(3) 单击【排序】按钮，对资源进行重新排序，如图 4-39 所示。

图 4-39　对资源进行排序

提示

在【甘特图】视图中选择【项目】|【排序】|【排序依据】命令进行排序操作是对当前项目文件中的任务进行排序的。

知识点

如果要删除某项资源，可在【资源工作表】视图中，右击该资源，在弹出的快捷菜单中选择【删除资源】命令即可。

4.5.2　对资源进行筛选

如果显示的资源过多，在操作时不方便，用户可以使用筛选操作，只显示一部分资源。在【资

源工作表】视图中，选择【项目】|【筛选】命令的子命令，就可以按需要进行筛选。

【例4-9】在【迁移工作室】项目文档中，只显示工时资源。

(1) 启动 Project 2007，打开项目文档【迁移工作室】，选择【视图】|【资源工作表】命令，切换到【资源工作表】视图。

(2) 选择【项目】|【筛选】|【资源-工时】命令，系统自动对已有的资源进行筛选，且只显示工时资源，如图 4-40 所示。

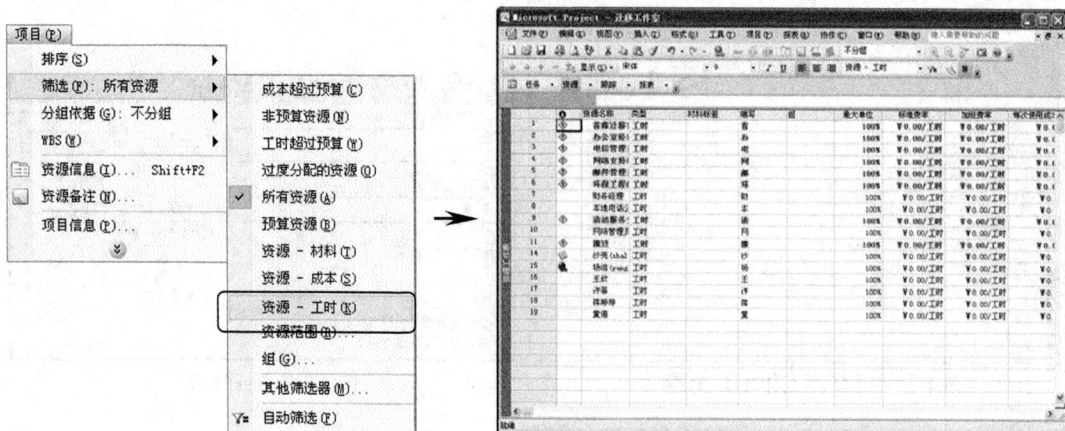

图 4-40　对资源进行筛选操作

✎ **知识点**

若要返回资源默认视图，在菜单栏中选择【项目】|【筛选】|【所有资源】命令，即可返回默认的资源工作表视图。

④.5.3　对资源进行替换

在项目实施过程中，由于人员调动，或某种资源不足需要使用其他资源对该资源进行替换。在【分配资源】对话框中，选择需要替换的资源，单击【替换】按钮，打开【替换资源】对话框，在列表框中选择需要替换为的资源，如图 4-41 所示，就可以完成资源的替换操作。

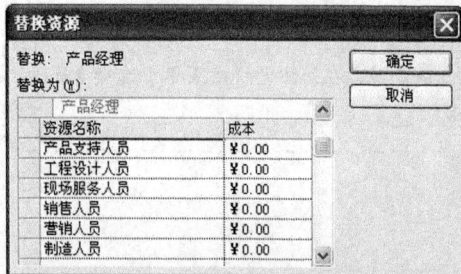

图 4-41　【替换资源】对话框

📢 **提示**

使用【替换资源】对话框只是对某项任务进行替换，若选择【编辑】|【替换】命令，打开【替换】对话框，则是对整个项目的替换。

【例4-10】在【迁移工作室】项目文档中，将标识号为 92 的【在新地点安装网络线路】任务中的王欣替换为许菲。

(1) 启动 Project 2007，打开项目文档【迁移工作室】，切换到【甘特图】视图。

(2) 在【项目向导】工具栏中单击【资源】按钮，打开【资源】向导窗格，如图 4-42 所示。

(3) 单击【向任务分配人员和设备】链接，打开【分配资源】窗格，在工作区选择标识号为 92 的【在新地点安装网络线路】任务，如图 4-43 所示。

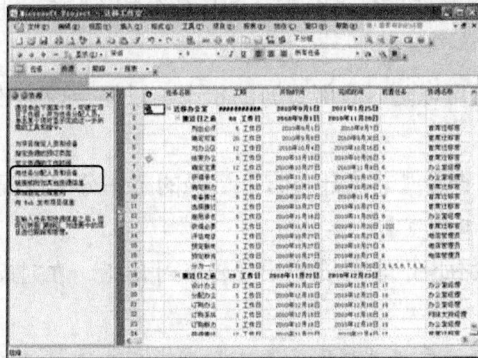

图 4-42　【资源】向导窗格　　　　　　　　图 4-43　【分配资源】窗格

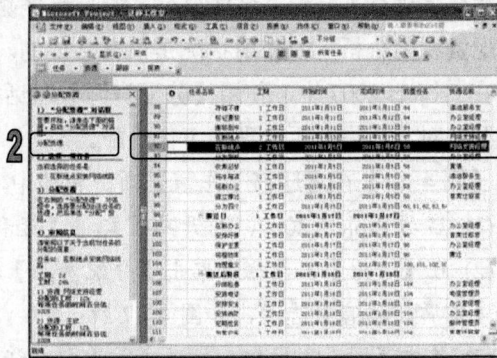

(4) 单击【分配资源】链接，打开【分配资源】对话框，选择【王欣】选项，单击【替换】按钮，如图 4-44 所示。

(5) 打开【替换资源】对话框，选择【许菲】选项，单击【确定】按钮，如图 4-45 所示。

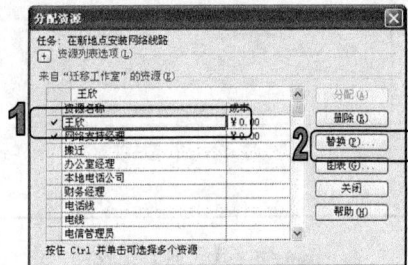

图 4-44　【分配资源】对话框　　　　　　　图 4-45　【替换资源】对话框

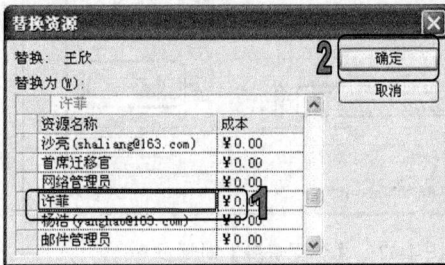

(6) 返回到【分配资源】对话框，单击【关闭】按钮，返回到项目文档中，可看到资源【王欣】已经变为【许菲】，如图 4-46 所示。

图 4-46　替换资源

知识点

在分配资源时，应避免将资源分配给摘要任务，虽然不会出错，但是会造成审查项目的成本、实际工时等的混淆。

计算机基础与实训教材系列

④.6 查阅项目资源分配状况

在为任务分配资源后，还需要检查资源的分配情况，防止资源过度分配。检查资源的分配状况指检查资源是否得到合适的安排或过度分配了任务。若为任务分配资源时，没有考虑资源当前使用状况就进行了分配。这样很有可能没有平衡各资源的任务分配，即任务分配不均匀。所以，在分配资源前分析当前使用状况是很有必要的。

在 Project 2007 中，使用【分配资源】对话框可以随时查阅资源的状态，以便合理有效地使用资源，对人员进行更合理的工作分配。

【例4-11】在【迁移工作室】项目文档中，查看【首席迁移官】资源的工作分配情况。

(1) 启动 Project 2007，打开项目文档【迁移工作室】。

(2) 在【常用】工具栏中单击【分配资源】按钮，打开【分配资源】对话框，在列表框中选择【首席迁移官】选项，如图4-47所示。

(3) 单击【图表】按钮，打开【图表】对话框，在【选择图表】下拉列表框中选择【工时】选项，效果如图4-48所示。

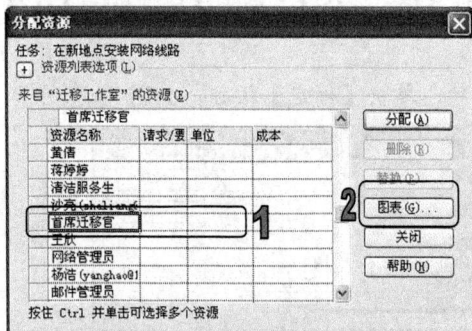

图4-47 【分配资源】对话框   图4-48 【工时】图表

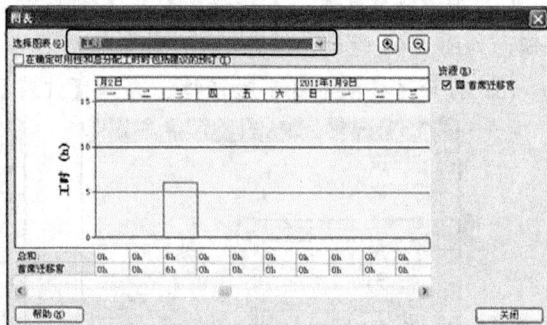

知识点

如果要一次性查看多个资源的可用性图标，可以在【分配资源】对话框中选择这些资源，再单击【图表】按钮，Project 将把多个资源的可用性显示在图表中，不同的资源使用不同的颜色。

(4) 在【选择图表】下拉列表框中选择【剩余可用性】选项，效果如图4-49所示。

(5) 在【选择图表】下拉列表框中选择【工作分配工时】选项，效果如图4-50所示。

提示

通过这些分析就可以了解当前资源是否可使用，再决定是否分配该资源到任务。这样的分配减少了出现资源过度分配(资源可用性以外的时间也分配了任务或分配了过多的任务)，可以平衡每个资源的工作量以及提高资源的使用率。

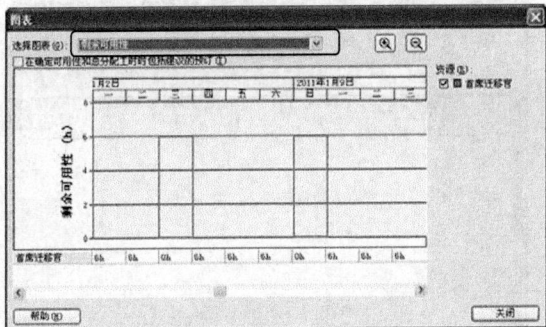

图 4-49　【剩余可用性】图表

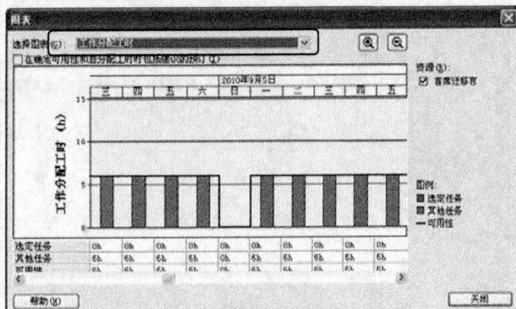

图 4-50　【工作分配工时】图表

4.7　上机练习

本章上机练习主要通过创建【工程项目】项目文档，练习创建资源、分配资源及查看资源分配等操作。

(1) 启动 Project 2007，新建【工程项目】项目文档，如图 4-51 所示。

(2) 根据第 3 章的内容，创建任务，效果如图 4-52 所示。

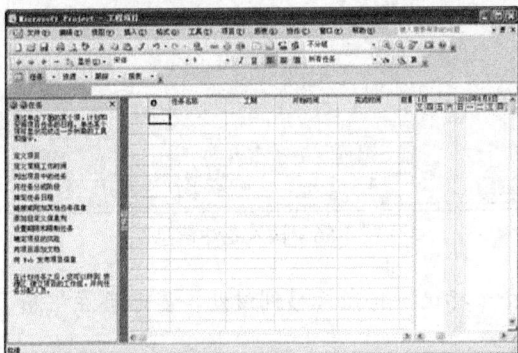

图 4-51　新建【工程项目】项目文档

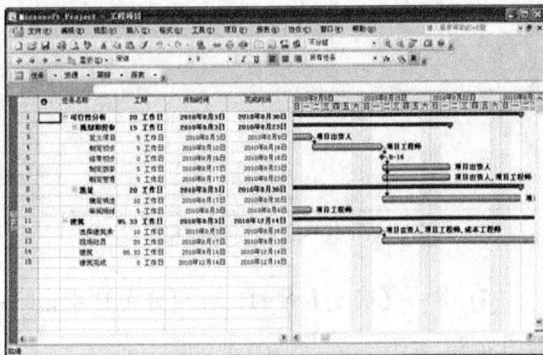

图 4-52　创建任务

(3) 选择【视图】|【资源工作表】命令，切换到【资源工作表】视图，如图 4-53 所示。

(4) 选择【资源名称】栏所在的第一个单元格，输入"设计师"，然后按方向键→，选择【类型】栏下的单元格，选择【工时】选项，如图 4-54 所示。

(5) 使用同样的方法，输入其他资源，如图 4-55 所示。

知识点

在【资源工作表】视图中，【材料标签】列用于为材料资源输入度量的单位名称，例如只、个和吨等。【组】列用于将同一类型或性质相近的资源作为一个资源组。例如，将所有的管理组合在一起成为管理级，将所有的设备指定到设备组。

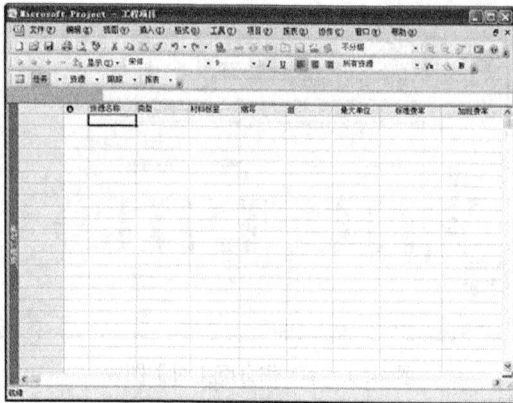

图 4-53　【资源工作表】视图

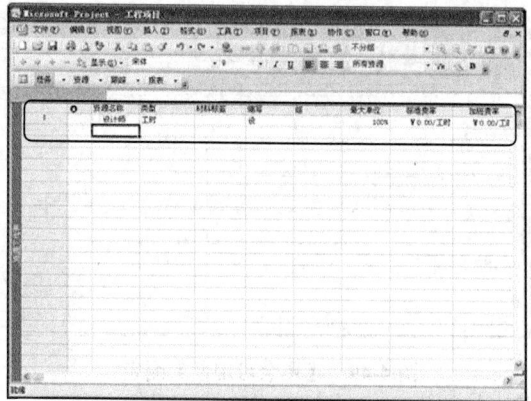

图 4-54　输入资源信息

(6) 选择【专业工程师】，单击【常用】工具栏上的【资源信息】按钮，打开【资源信息】对话框，打开【备注】选项卡，在【备注】文本框中输入信息，如图 4-56 所示。

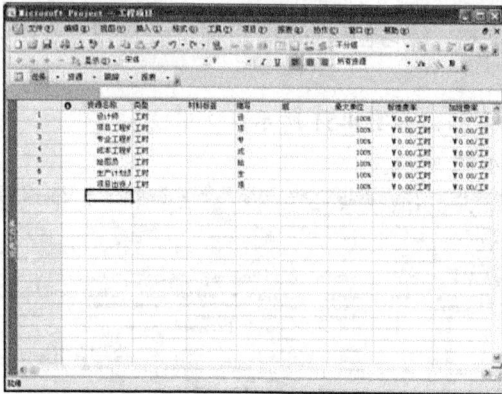

图 4-55　输入其他资源信息

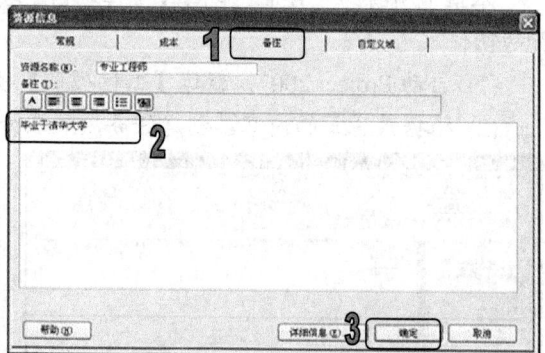

图 4-56　输入备注信息

(7) 单击【确定】按钮，在项目文档中出现一个标记，将光标移到该处，显示备注信息，如图 4-57 所示。

(8) 切换到【甘特图】视图，选择标识号为 3 的任务，然后在【项目向导】工具栏中单击【资源】按钮，打开【资源】向导窗格，如图 4-58 所示。

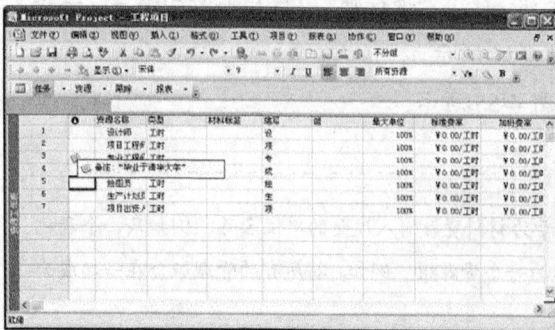

图 4-57　添加备注信息

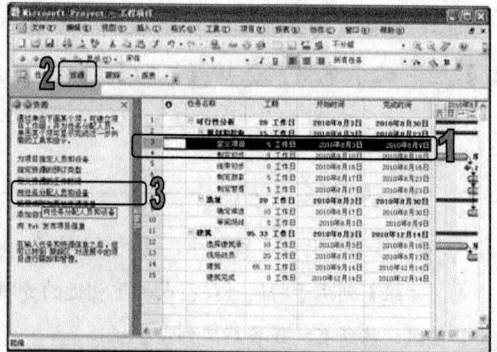

图 4-58　【资源】向导窗格

(9) 单击【向任务分配人员和设备】链接，打开【分配资源】窗格，如图 4-59 所示。

(10) 单击【分配资源】链接，打开【分配资源】对话框，选择【项目出资人】选项，如图 4-60 所示。

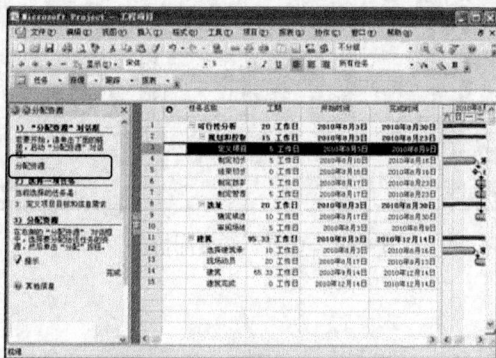

图 4-59　【分配资源】窗格

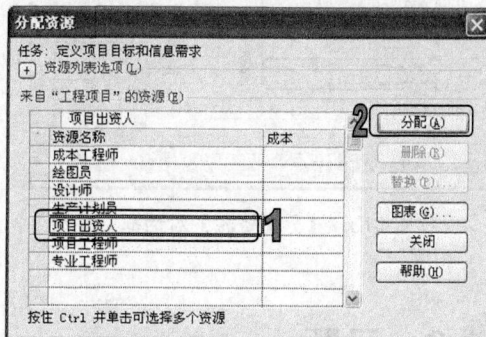

图 4-60　【分配资源】对话框

(11) 单击【分配】按钮，将所选择的资源分配给标识号为 3 的任务。然后单击【关闭】按钮，系统将把分配的资源显示在【资源名称】对应的单元格中，如图 4-61 所示。

(12) 继续使用同样的方法，为其他任务分配资源，效果如图 4-62 所示。

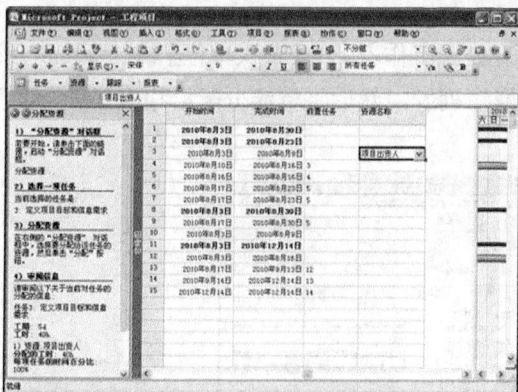

图 4-61　给任务分配资源

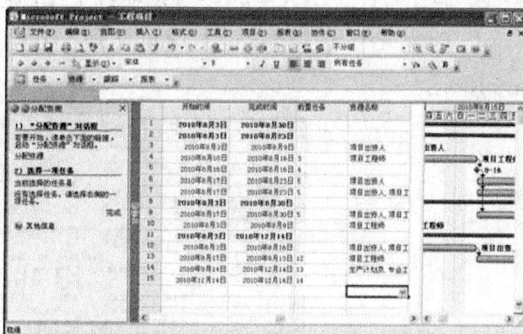

图 4-62　给其他任务分配资源

(13) 在【常用】工具栏中单击【分配资源】按钮，打开【分配资源】对话框，在列表框中选择【项目出资人】选项，如图 4-63 所示。

(14) 单击【图表】按钮，打开【图表】对话框，在【选择图表】下拉列表框中选择【工作分配工时】选项，效果如图 4-64 所示。

知识点

　　【工作分配工时】图表清晰地显示了资源状况，除此之外，用户还可以在【资源使用状况】列表中分析资源已经分配的总工时状况。通过查看各资源的总工时情况，了解资源的工时分配是否合理。选择【视图】|【资源使用状况】命令，打开【资源使用状况】视图，在图中可以显示分配到每个资源下的任务以及工时情况等。

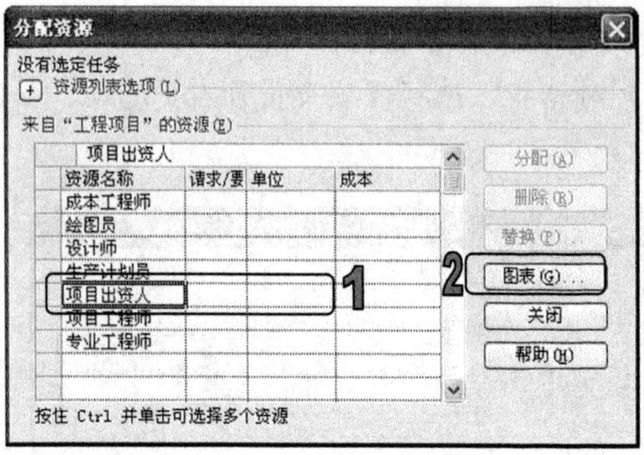

图 4-63　【分配资源】对话框

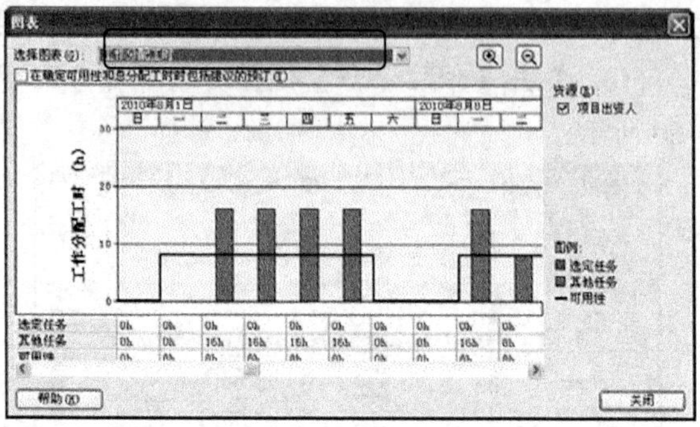

图 4-64　查看资源分配情况

4.8　习题

1. 在工程师、混凝土、项目实施组和项目经理中，哪些属于工时资源，哪些属于材料资源？

2. 假设有两名工人为一项任务工作了 4 个工作日，每个工作日的投入为 12 小时，则此任务的总工时为多少？

3. 假使有 5 个工人全职参与某项目工作，则可在资源工作表中的【最大单位】域中输入多少？

4. 创建一个【住宅建设】项目文档，并创建资源列表，然后将资源分配给相应任务，如图 4-65 所示。

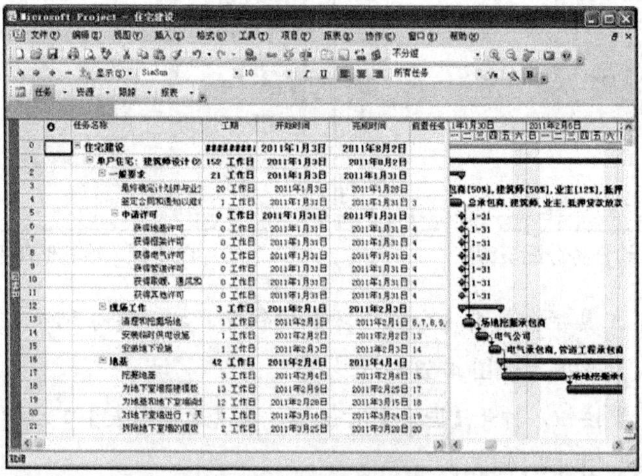

图 4-65　住宅建设

5. 在【住宅建设】项目文档中，查看项目资源分配情况。

第5章

管理项目成本

学习目标

成本管理是项目实施过程中一个极其重要的环节。它不仅在排定项目日程上决定着完成任务所需要的时间，而且在控制方式上掌握着资源使用的方法。对于许多项目管理者来说，一个项目的成功与否就在于完成项目的最终成本是否和预算或相比较的基准计划成本相符。

本章重点

- ⊙ 创建项目成本
- ⊙ 查看项目成本信息
- ⊙ 调整成本
- ⊙ 查看盈余分析表

5.1 创建项目成本

项目成本是项目实施过程中产生的费用。在项目计划提出之前，常常需要对项目成本进行估算，以确保产业利益。在项目实施过程中，还需要对项目成本进行管理，以确保项目的实际成本限定在预算范围内。因此，为了方便在项目实施过程中控制成本，在对项目成本管理之前，需要建立成本管理体系。

5.1.1 项目成本结构

一个项目的成本包括了资源、任务或任务分配输入的所有基于资源费率的资源成本、每次使用的资源成本和固定成本。它分为两大类：各摘要任务成本和固定成本，二者相加为总成本，项目成本体系结构如图 5-1 所示。

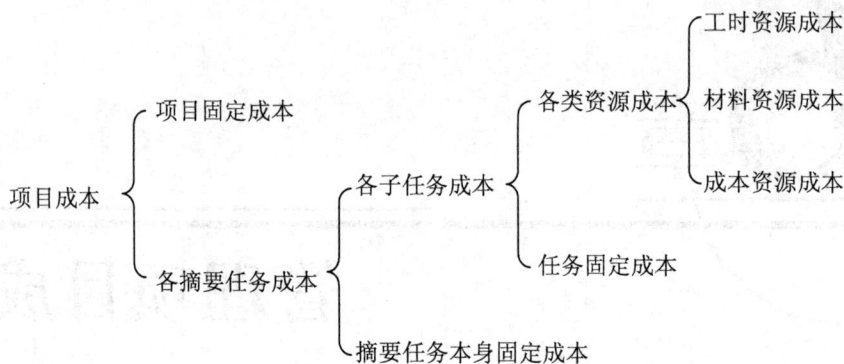

图 5-1 项目成本结构

各摘要任务成本由摘要任务本身固定成本和各子任务成本构成。各子任务成本由子任务的固定成本和各类资源成本构成。各类资源成本又由工时资源成本、材料资源成本和成本资源成本构成。而项目固定成本、摘要任务成本和子任务成本都可以归结为任务的固定成本。项目成本的公式如下所示：

项目总成本=项目固定成本+摘要任务本身固定成本+任务固定成本+资源成本
　　　　=实际成本+剩余成本

在上述公式中各项含义如下所示。

◉ 固定成本：是一种不因任务工期或资源完成工时的变化而变化的成本。它始终保持为常量的一组任务成本。例如，公司职员的每月固定工资、必须一次付清的设备购进及安装费等，这些都与各活动的工期或完成情况无关，是已经固定的成本。

◉ 资源成本：不是资源类型的成本资源，这里是指使用资源所要的总花费。

◉ 实际成本：是项目资源关于任务的已完成工时的成本，以及任何其他与任务相关的已记录成本。实际成本有多种，资源实际成本、任务实际成本和工作分配实际成本。

◉ 剩余成本：是任务、资源或工作分配将要发生的估计成本。

知识点

估计成本是估计完成项目所需的资源和(或)任务成本。例如估算项目的一次性投资额，人工费用中包括直接人员和管理人员的费用，管理费中包括办公设施的折旧和消耗，财务费中包括贷款的利息等。

5.1.2 设置资源费率

资源的费率是资源的一个重要信息，因为每个资源的使用都有一定的费用。通过设置资源的标准费率和加班费率，可以更加准确地管理项目成本。

1. 在资源中设置费率

要为资源设置费率，可以选择【视图】|【资源工作表】命令，切换到【资源工作表】视图。然后选择某个资源，在【常用】工具栏中单击【资源信息】按钮，打开【资源信息】对话框的【成本】选项卡，在其【标准费率】和【加班费率】栏中，输入所需的费率，如图 5-2 所示。

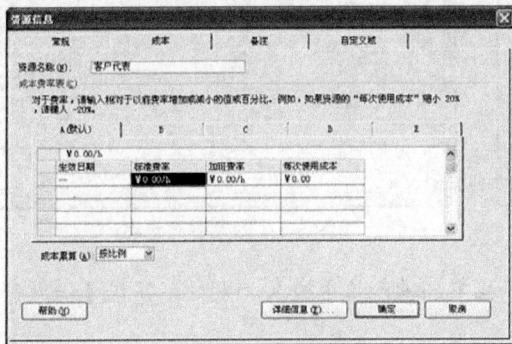

图 5-2 【成本】选项卡

> **提示**
>
> 只要将基于费率的资源和具有每次使用成本的资源分配给任务，Project 就可以立即计算出总成本。

在该对话框中各选项含义如下所示。

- 成本费率表：有关资源费率的信息集合，包括标准费率、加班费率、任何每次使用成本和支付费率生效的日期。可最多为每个资源建立 5 个(A、B、C、D、E)不同的成本费用率表。每个表可以创建 25 行费率。
- 生效日期：表示该行中指定的标准费率、加班费率和每次使用成本要生效的日期，第一行为默认费率行，日期为【--】是不可以设置的，表示该资源时，默认就使用该行的费率。
- 标准费率：即资源的每小时费用。工时资源和材料资源都可以设置标准费率。
- 加班费率：用于累计该资源的加班工时费用的每小时费率。
- 每次使用成本：每次使用成本是使用资源的一次性费用，与资源的工时无关。
- 成本累算：指定资源的标准成本和加班成本何时发生，以及何时才累算成本总数。其中，【开始】选项表示成本在分配的任务开始时累算；【按比例】选项表示成本按时间比例累算；【结束】选项表示在分配的任务结束时累算。

2. 在资源中设置多种费率

在实际工作中，根据任务的不同，还需要给资源分配多个费率。

【例 5-1】在【迁移工作室】项目文档中输入各个资源的费率，其中，将电话线设置按费率为 1 元/米计算成本，设置首席迁移官从 10 月 1 日开始标准费率为￥40.00。

(1) 启动 Project 2007，打开项目文档【迁移工作室】，选择【视图】|【资源工作表】命令，切换到【资源工作表】视图，如图 5-3 所示。

(2) 在【办公室经理】资源对应的【标准费率】栏下的单元格中输入 10，其自动显示为【￥10.00/工时】，并在【加班费率】栏下的单元格中输入 20，其自动显示为【￥20.00/工时】，如图 5-4所示。

图 5-3 【资源工作表】视图

图 5-4 输入资源费率

(3) 在【电话线】资源对应的【材料标签】栏下的单元格中输入"米"，并在【标准费率】栏下的单元格中输入 1，如图 5-5 所示。

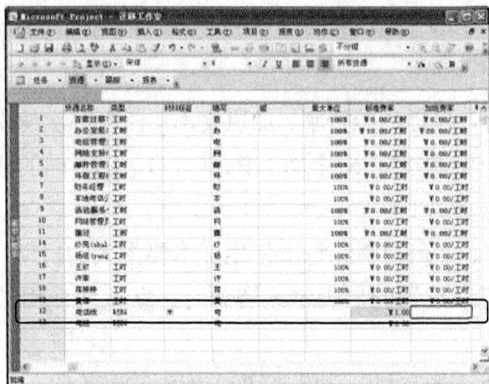

计算机基础与实训教材系列

图 5-5 设置材料资源的费率

提示

如果材料资源是按费率计算成本的，则在【标准费率】栏下对应的单元格中输入费率；如果是按次数计算成本，在【每次使用费用】栏下的单元格中输入每次使用的费用即可。

(4) 双击【首席迁移官】资源对应的【标准费率】栏下单元格，打开【资源信息】对话框。

(5) 打开【成本】选项卡，在【标准费率】单元格中输入"￥30.00/h"，在【加班费率】单元格中输入"￥55.00/h"，并且在【成本费率表】的第二行中的【生效日期】栏中设置生效日期为【2010 年 10 月 1 日】，在【标准费率】单元格中输入"￥40.00/h"，在【加班费率】单元格中输入"￥65.00/h"，如图 5-6 所示。

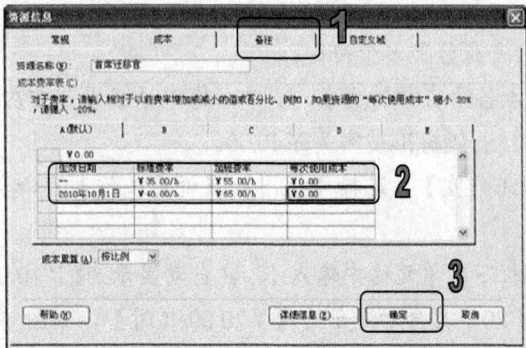

提示

在设置资源多个费率时，可输入百分比来表示增加或减少的费率。

图 5-6 设置多个费率

> **知识点**
>
> 用户可以为材料资源设置单一的费率或费用，也可以设置成多种的费率或费用。

(6) 单击【确定】按钮，返回到项目文档中，效果如图 5-7 所示。

(7) 双击【电线管理员】资源对应的【标准费率】栏下的单元格，打开【资源信息】对话框的【成本】选项卡，在【成本费率表】列表框中选择【标准费率】栏下的单元格，在其中输入"￥10.00/h"，在【加班费率】栏下的单元格中输入"￥20.00/h"，如图 5-8 所示。

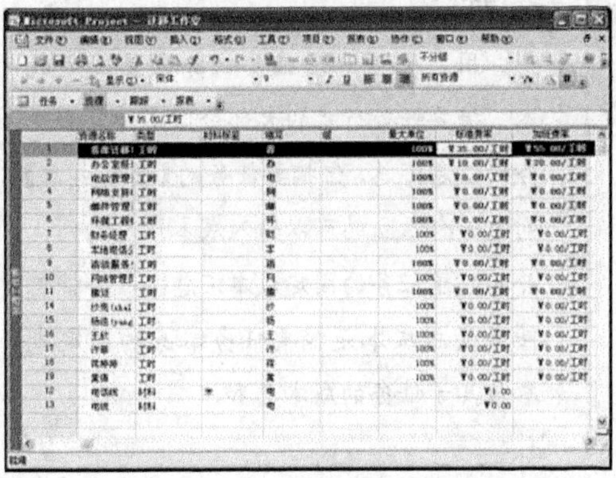

图 5-7 【首席迁移官】资源的费率

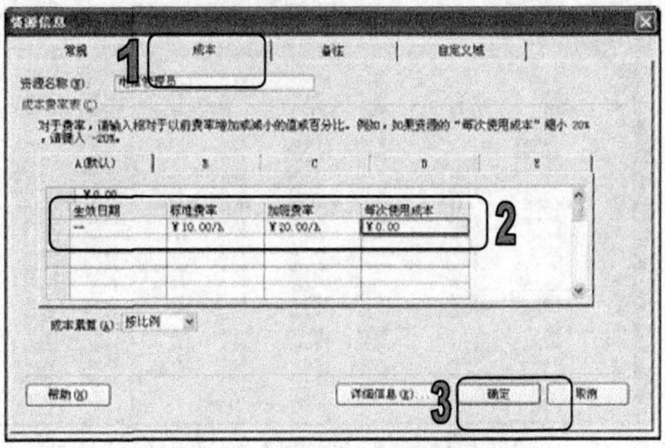

图 5-8 输入其他资源费率

(8) 单击【确定】按钮，返回到项目文档中。使用上述相同的方法，设置其他资源的费率，效果如图 5-9 所示。

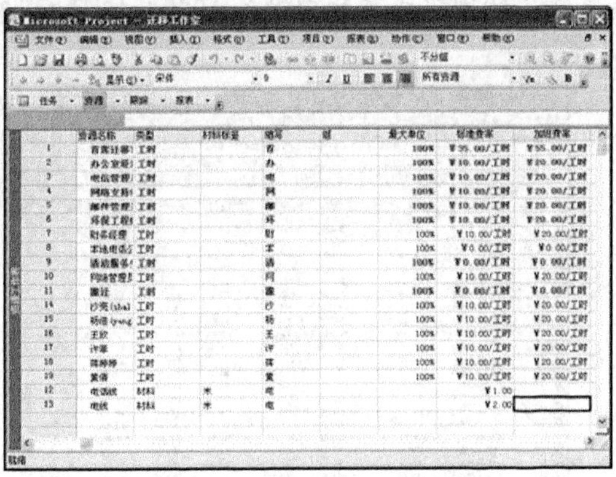

图 5-9 设置材料资源的费率

> **提示**
>
> Project 中，标准费率和加班费率的默认值都是 0。如果需要更改默认设置应用以后的费率中，可以选择【工具】|【选项】命令，打开【选项】对话框，选择【常规】选项卡，在【默认标准费率】和【默认加班费率】文本框中输入新的值即可。

5.1.3 为任务设置固定成本

设置任务的固定成本后，无论任务工期或资源完成任务的工时如何改变，任务的成本都保持不变。例如，承包商的合同费或某种管理费在一些情况下都可以设置为固定成本。在任务中分配

固定成本，需要切换到【甘特图】视图，选择【视图】|【表】|【成本】命令，在甘特图中的【固定成本】栏中输入相应任务的固定成本即可。

【例 5-2】在【迁移工作室】项目文档中，任务【为客户安排家庭招待会】需要 5000 元的招待费，这部分成本与资源和工期无关，将该任务的固定成本设置为 5000 元，并且该任务的摘要任务需要固定成本 1000 元。

(1) 启动 Project 2007，打开项目文档【迁移工作室】，切换到【甘特图】视图。

(2) 选择【视图】|【表】|【成本】命令，打开如图 5-10 所示的窗口，此时，可以看到任务【为客户安排家庭招待会】的总成本为 240 元。

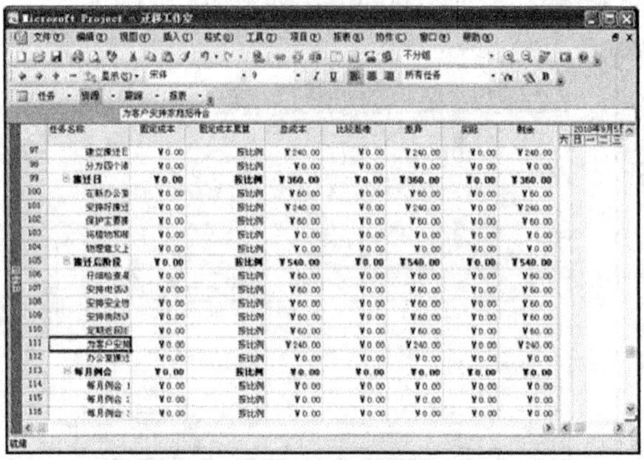

图 5-10　【甘特图】视图中的成本表

> **提示**
> 用户也可以给摘要任务设置固定成本。摘要任务行上的大部分信息是其子任务的信息汇总，但摘要任务的【固定成本】列是一个独立的可以输入成本信息的列，并非其子任务的固定成本汇总。一个摘要任务的总成本是摘要任务本身的固定成本与其子任务的成本总和。

(3) 在任务【为客户安排家庭招待会】的固定成本栏中输入 5000，按 Enter 键，此时总成本变为 50240 元，并且摘要任务的固定成本为 0，总成本为 5540 元，如图 5-11 所示。

(4) 在任务【为客户安排家庭招待会】的摘要任务的固定成本栏中输入 1000，按 Enter 键，此时摘要任务的总成本为 6540 元，如图 5-12 所示。

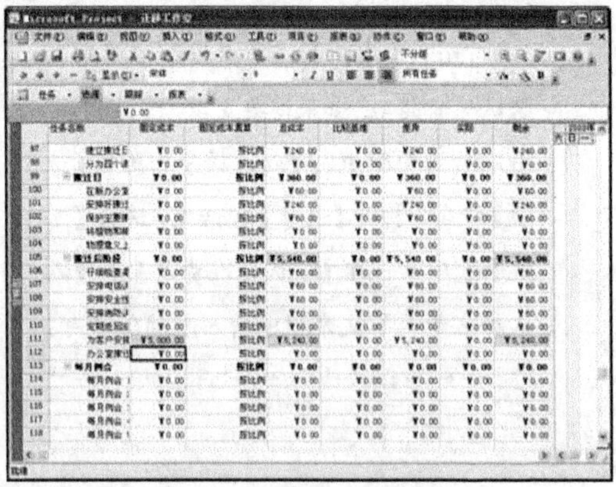

图 5-11　设置固定成本

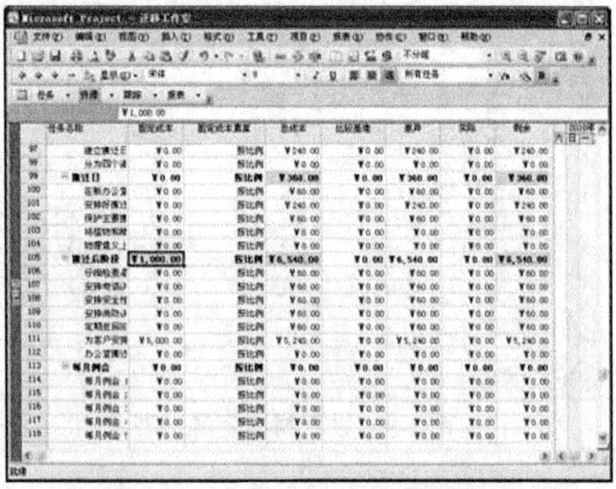

图 5-12　设置摘要任务的固定成本

> **知识点**
> 在计算任务的总成本时，固定的资源成本将被添加到其他资源成本中进行计算，但它与资源投入到此项任务中的时间多少无关。

⑤.1.4　计算任务实际成本

在任务的执行过程中，Project 将基于任务的成本累算方式来更新实际成本，并提供两种计算实际成本的方式：自动和人工。

1. 自动更新实际成本

如果已在项目计划中输入成本，Project 将根据默认的累算方法随着任务的进行更新实际成本。例如，一个需要三个标准工作日来完成的任务，且该任务的资源的标准费率为 50 元/工时，则当该资源完成工作时，Project 会自动计算出该任务的成本为 50×3=150 元。

> **知识点**
>
> 在自动更新实际成本时，如果项目还没有开始，在【按比例】成本累算方式下，各个任务的实际成本都为 0，于是剩余成本就等于任务成本。

2. 人工输入实际成本

在实际工作中，项目实际成本并不一定会直接与资源工作执行进度有关，因此，在完成某项任务时，必须让用户自行输入成本。要输入实际成本，可以在【甘特图】视图中选择【表】|【跟踪】命令，在已经完成的任务对应的单元格中设置实际完成任务实际开始时间、实际完成时间、实际完成百分比为 100% 后，即可在该任务的【实际成本】列中单元格中输入实际成本。

【例 5-3】 在【迁移工作室】项目文档中输入标志号为 3 的任务的实际成本为 1200 元，标志号为 4 的任务的实际成本为 3500 元。

(1) 启动 Project 2007，打开项目文档【迁移工作室】，切换到【甘特图】视图。

(2) 选择【视图】|【表】|【跟踪】命令，把标识号为 3 的任务的 【完成百分比】和【实际完成百分比】设置为 100%，然后在【实际成本】栏中输入实际成本 1200，如图 5-13 所示。

> **提示**
>
> 在默认状态下，只有任务全部完成，才能输入实际成本，否则选中该单元格，数据编辑栏为灰色，不能输入。

图 5-13　输入实际成本

(3) 使用同样的方法，输入标识号 4 任务的实际成本，如图 5-14 所示。

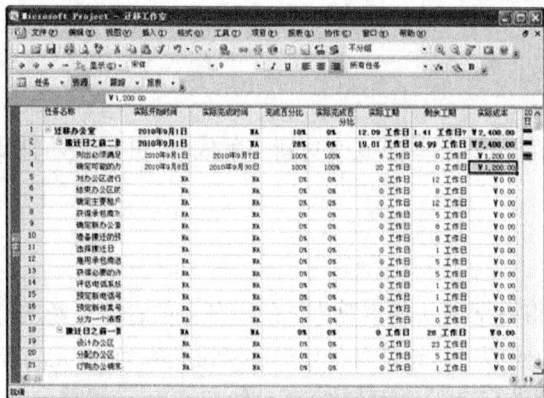

图 5-14　输入其他任务的实际成本

提示

默认状态下，Project 按照累积的实际工时或任务消耗的材料自动计算实际成本。如果希望编辑实际成本信息，则需要关闭实际成本的自动计算功能。选择【工具】|【选项】命令，打开【选项】对话框的【计算方式】选项卡，取消选择【Microsoft Office Project 自动计算实际成本】复选框即可。

⑤.2　查看项目成本信息

项目建立的过程中，为了及时准确地了解每项任务的成本，估计单个以及多个资源的成本，以便用更加接近实际情况的方式来管理项目，对项目成本信息的查看是必不可少的。

⑤.2.1　查看任务成本信息

为了能清楚地了解完成每一项任务消耗的成本，可以按任务来查看成本。要查看任务成本信息，首先需要切换到任务类视图，例如【任务分配状况】视图，然后再选择【视图】|【表】|【成本】命令，就可以查看每项任务的详细成本信息。

【例 5-4】在【迁移工作室】项目文档中，查看任务成本信息。

(1) 启动 Project 2007，打开项目文档【迁移工作室】。

(2) 选择【视图】|【其他视图】命令，打开【其他视图】命令，在【视图】列表框中选择【任务工作表】选项，如图 5-15 所示。

(3) 单击【应用】按钮，切换到【任务工作表】视图，如图 5-16 所示。

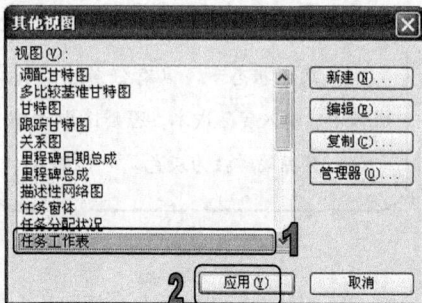

图 5-15　【其他视图】对话框

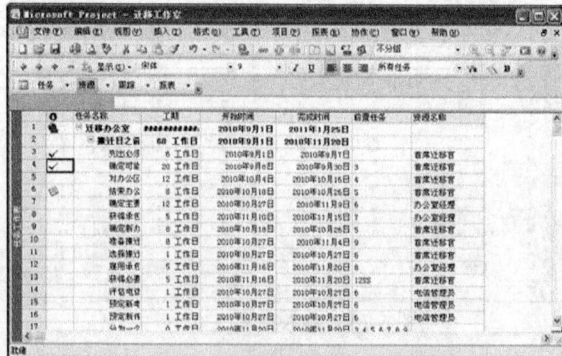

图 5-16　【任务工作表】视图

(4) 选择【视图】|【表】|【成本】命令，此时将显示出每一项任务的成本信息及每一级摘要任务的成本信息，如图 5-17 所示。

(5) 若想在查看成本信息的同时，能进一步了解成本在任务工期的分布状况，还可以选择【视图】|【任务分配状况】命令，切换到【任务分配状况】视图，如图 5-18 所示。

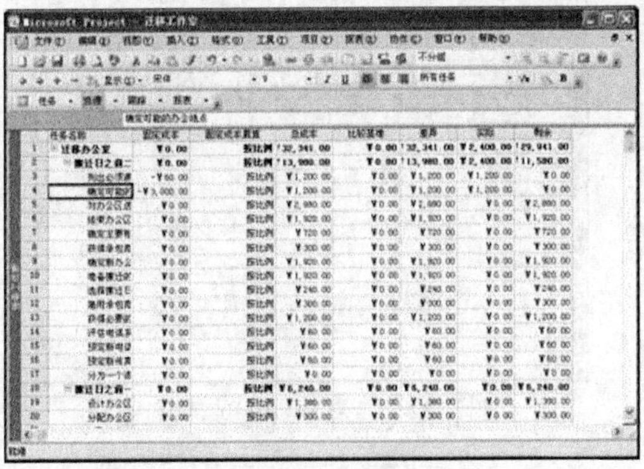

图 5-17　查看任务成本信息 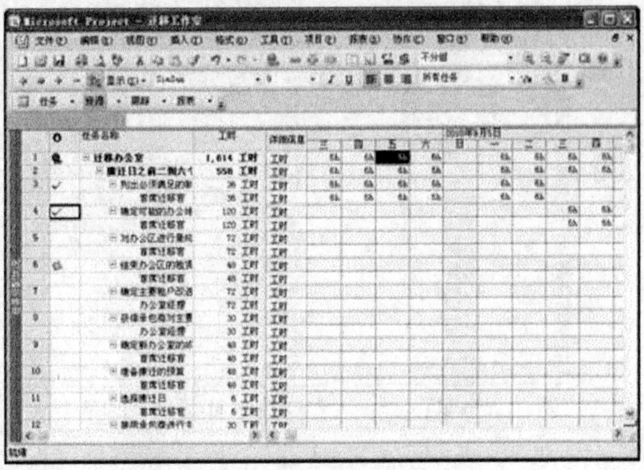　　　　图 5-18　【任务分配状况】视图

(6) 选择【视图】|【表】|【成本】命令，在视图的左侧将显示出每一项任务的及每一项任务中各资源的成本信息，如图 5-19 所示。

(7) 选择【格式】|【详细信息】|【成本】命令，在视图的右侧，可以按时间段查看成本数据，如图 5-20 所示。

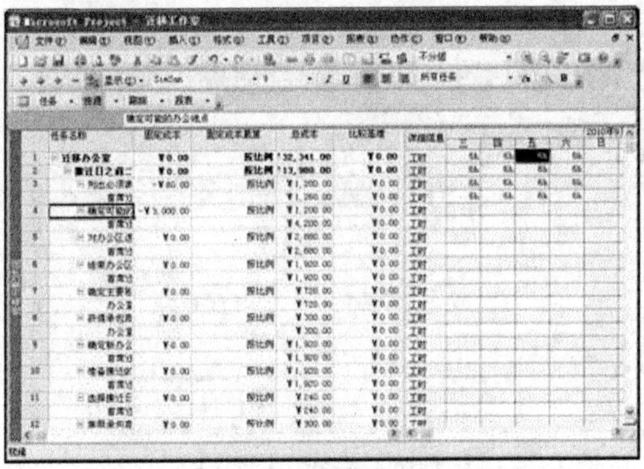

图 5-19　查看任务及资源的成本信息 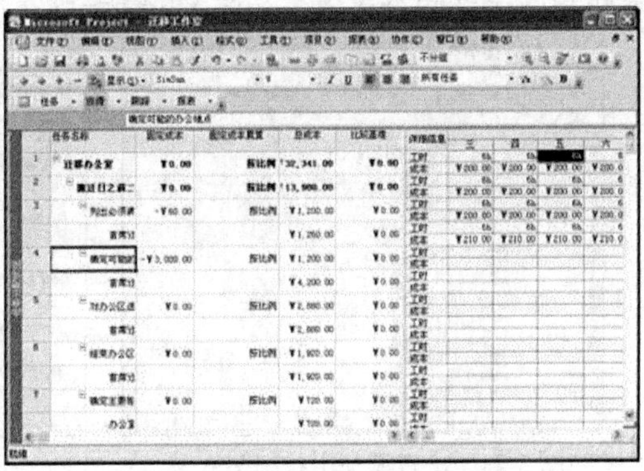　　　　图 5-20　按时间段查看成本信息

5.2.2　查看资源成本信息

为了能够了解成本是否超出预算，可以按照资源来查看人员工资、材料消耗量。要查看资源成本信息，首先需要切换到资源类视图，例如【资源使用状况】视图，然后再选择【视图】|【表】|【成本】命令，就可以查看每种资源的详细成本信息。

【例 5-5】在【迁移工作室】项目文档中，查看资源成本信息。

(1) 启动 Project 2007，打开项目文档【迁移工作室】。

(2) 选择【视图】|【资源工作表】命令，切换到【资源工作表】视图，如图 5-21 所示。

(3) 选择【视图】|【表】|【成本】命令，系统将自动将资源与成本、比较基准成本、差异和实际成本等各项数据显示出来，如图 5-22 所示。

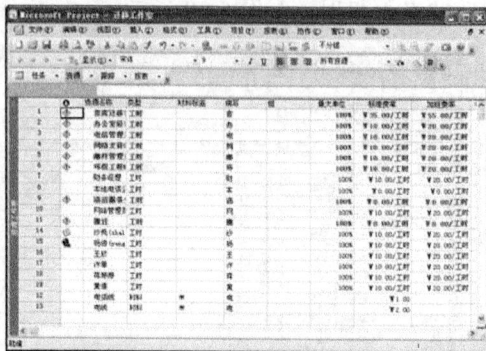

图 5-21　【资源工作表】视图

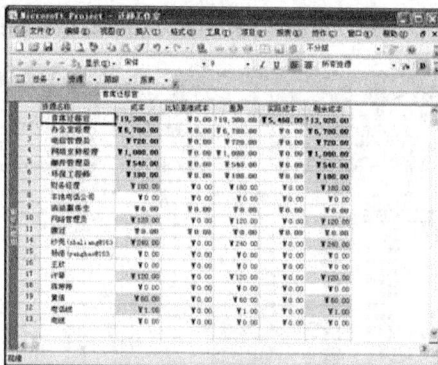

图 5-22　查看资源的成本信息

(4) 如果要查看项目中各项资源在每一特定周期所产生的成本，以及每种资源在各项任务上的详细成本数据，可以选择【视图】|【资源使用状况】命令，切换到【资源使用状况】视图，如图 5-23 所示。

(5) 选择【格式】|【详细样式】命令，打开【详细样式】对话框的【使用状况细节】选项卡，在【可用域】列表框中选择【成本】和【实际成本】选项，单击【显示】按钮，在【显示这些域】列表框中显示这两个选项，如图 5-24 所示。

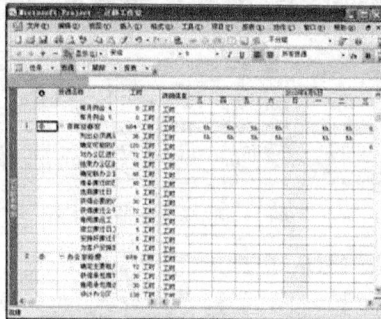

图 5-23　【资源使用状况】视图

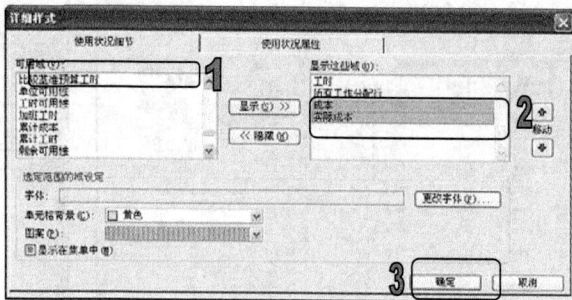

图 5-24　【使用状况细节】选项卡

(6) 单击【确定】按钮，返回到【资源使用状况】视图，如图 5-25 所示。

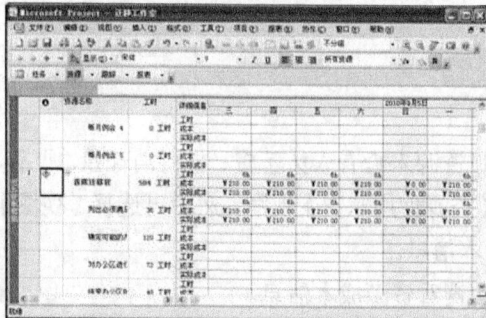

图 5-25　显示详细信息

提示

如果要显示摘要的资源总成本，可以选择【项目】|【分组依据】|【工时与材料资源】命令来显示资源的成本信息。

(7) 选择【格式】|【时间刻度】命令，打开【时间刻度】对话框，在【单位】下拉列表框中选择【旬】选项，如图 5-26 所示。

(8) 单击【确定】按钮，就可以按照周期【旬】来查看资源成本信息，如图 5-27 所示。

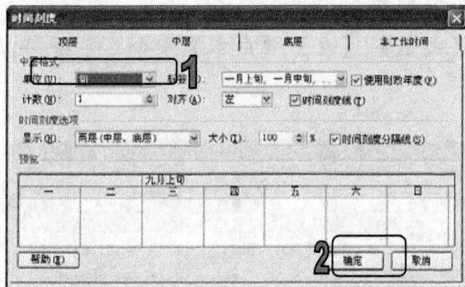

图 5-26 【时间刻度】对话框

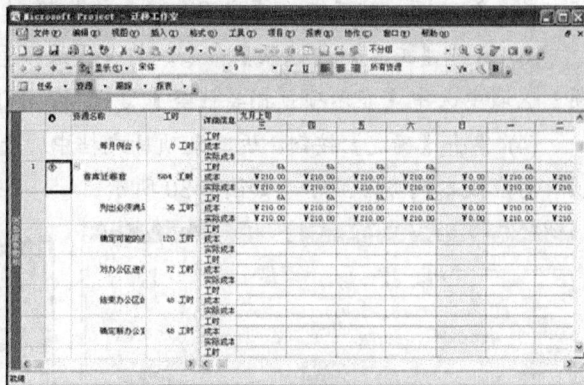

图 5-27 按周期查看资源成本信息

5.2.3 查看项目成本信息

在项目实施的过程中，要随时查看项目的成本，以防止成本超出预算。要查看项目成本信息可以使用两种快捷的方法：一种是使用【项目统计】对话框，另一种是使用【项目摘要任务】报表。

1. 使用【项目统计】对话框查看成本信息

选择【项目】|【项目信息】命令，打开【项目信息】对话框，单击【统计信息】按钮，就可以打开【项目统计】对话框，如图 5-28 所示。使用该对话框不仅可以查看项目当前成本，还可以查看项目的【比较基准成本】和【实际成本】等信息，以便了解成本是否超出预算。

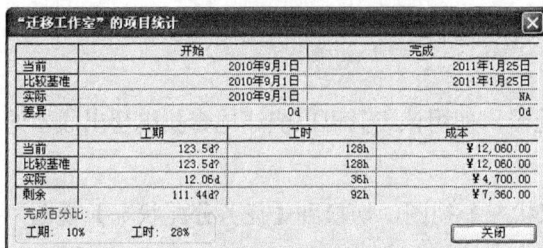

图 5-28 【项目统计】对话框

知识点

实际成本=(实际工时 × 标准工资率)+(实际加班工时 × 加班工资率)+资源每次使用成本

剩余成本=(剩余工时 × 标准工资率)+剩余加班成本

2. 使用【项目摘要任务】报表查看成本信息

使用【项目摘要任务】报表查看成本信息与按任务查看成本类似。

【例5-6】在【迁移工作室】项目文档中，查看项目成本信息。

(1) 启动 Project 2007，打开项目文档【迁移工作室】。

(2) 选择【视图】|【其他视图】命令，打开【其他视图】命令，在【视图】列表框中选择【任务工作表】选项。然后单击【应用】按钮，切换到【任务工作表】视图。

(3) 选择【工具】|【选项】命令，打开【选项】对话框，打开【视图】选项卡，在【大纲选项】区域中选中【显示项目摘要任务】复选框，如图5-29所示。

(4) 单击【确定】按钮，返回到项目文档中。选择【视图】|【表】|【成本】命令，系统将以项目对应成本的方法显示，如图5-30所示。

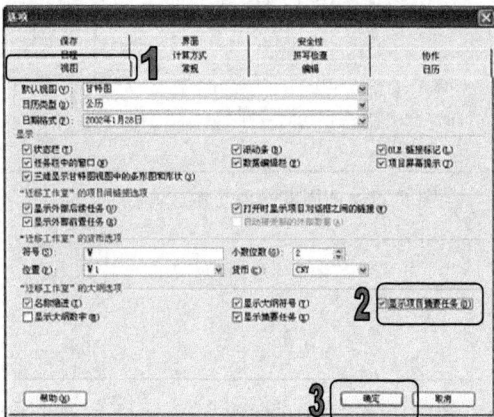

图 5-29　【选项】对话框

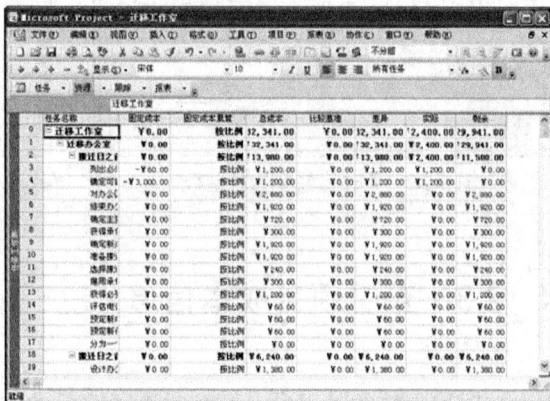

图 5-30　通过【项目摘要任务】报表查看成本

⑤.3　调整成本

在资源分配过程中，时常会出现资源过度分配或使用效率不足等情况，使得成本超过了预算的范围。为了有效地控制成本，就必须对资源进行调整。

⑤.3.1　查找超出预算的成本

Project 2007 提供了【成本超过预算】筛选器，使用该工具可以快速地查找出超出成本的任务或工作分配。

在项目文档中，选择【视图】|【任务分配状况】视图，切换到【任务分配状况】视图，并且选择【视图】|【表】|【成本】命令，显示项目的成本，再选择【项目】|【筛选】|【其他筛选器】命令，打开【其他筛选器】对话框，在列表中选择【成本超过预算】选项，如图5-31所示，然后单击【应用】按钮，系统将自动显示超过预算的成本及对应的任务，如图5-32所示在【迁移工作室】项目文档中显示超出预算的成本。

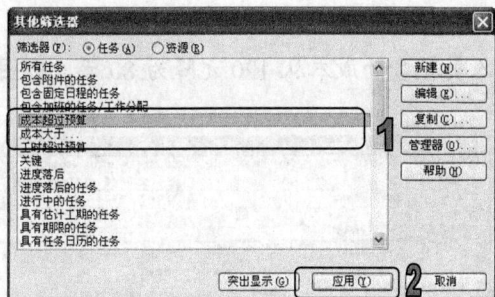

图 5-31　【其他筛选器】对话框

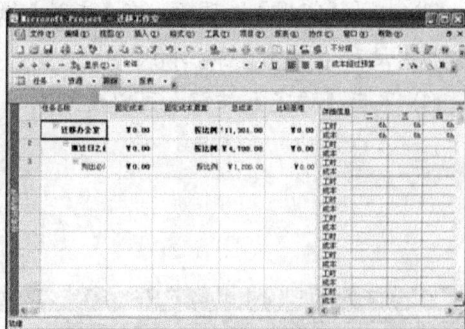

图 5-32　筛选结果

> **提示**
>
> 在【其他筛选器】对话框中，选择某个筛选器，然后单击【突出显示】按钮，可以高亮显示该筛选器。

⑤.3.2　调整工时资源的工时

工时分布表明了项目计划的工时如何按时间分布。在 Project 中可以使用工时分布来调整资源在任务中花费的时间。在项目文档中，切换到【任务分配状况】视图，在【任务名称】栏中，双击要调整的资源，打开【工作分配信息】对话框，打开【常规】选项卡，在【工时】微调框中调整工时，在【单位】数值框中确定资源投入的百分比，在【工时分布】下拉列表框中选择一种分布模式，如图 5-33 所示。

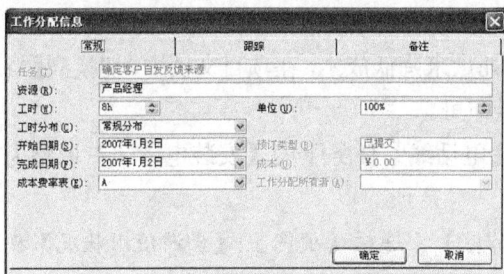

图 5-33　【工作分配信息】对话框

> **提示**
>
> 在【任务分配状况】视图中，选择要调整的资源，然后在【常用】工具栏中单击【工作分配信息】按钮，也可以打开【工作分配信息】对话框。

【例 5-7】在【迁移工作室】项目文档中，将【在新地点安装网络线路】任务下的【网络支持经理】工时调整为 8h，工时分布为【双峰峰分布】。

(1) 启动 Project 2007，打开项目文档【迁移工作室】。选择【视图】|【任务分配状况】视图，切换到【任务分配状况】视图。

(2) 选择【在新地点安装网络线路】任务下的【网络支持经理】资源，在【常用】工具栏中单击【工作分配信息】按钮，打开【工作分配信息】对话框。

(3) 打开【常规】选项卡，在【工时】微调框中输入 8h，在【工时分布】下拉表框中选择【双峰分布】选项，如图 5-34 所示。

(4) 单击【确定】按钮，可以看到项目管理人员花费的成本从 120 元降为 80 元，如图 5-35 所示。

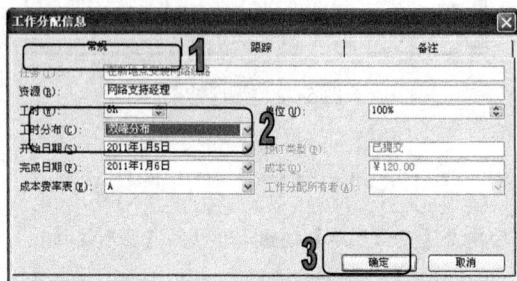

图 5-34 【常规】选项卡

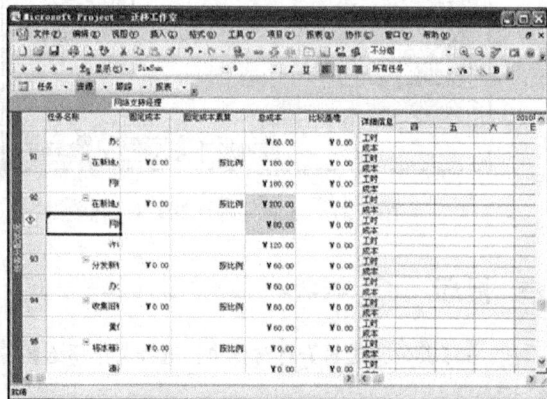

图 5-35 调整工时

知识点

一般情况下，工时资源的费率是不变的，降低员工工资会直接影响员工的积极性。对工时资源的调整首先考虑工时，也可以使用替换资源的方式来降低成本。

⑤.3.3 调整材料资源的消耗量

在项目实施过程中，可以通过调整材料资源的消耗量来降低成本。在项目文档中，切换到【资源使用状况】视图，在任务的材料资源中调整消耗量即可。

【例 5-8】在【迁移工作室】项目文档中，将【电话线】任务下的【安装电话线】调整为 800 米。

(1) 启动 Project 2007，打开项目文档【迁移工作室】，选择【视图】|【资源使用状况】视图，切换到【资源使用状况】视图。

(2) 选中【电话线】任务下的【安装电话线】单元格，该单元格变为微调框，将数量调整到 800 米，如图 5-36 所示。

(3) 选择【视图】|【任务分配状况】视图，切换到【任务分配状况】视图，可以看到电话线的花费从 1000 元降为 800 元，如图 5-37 所示。

知识点

一般情况下，降低材料资源的消耗量，同样间接地降低成本。

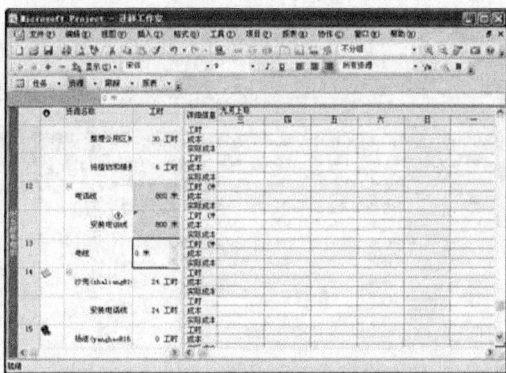

图 5-36　调整资源消耗量

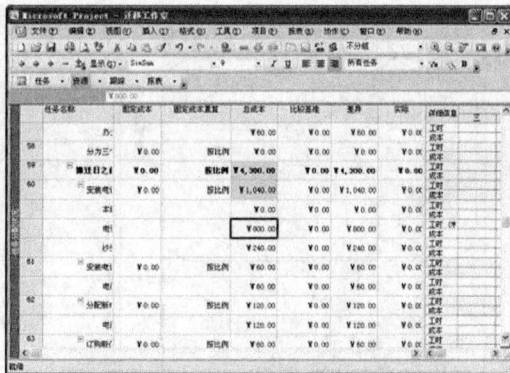

图 5-37　查看调整后的成本

⑤.4　查看盈余分析表

盈余分析表可以帮助项目管理人员对项目的原始成本预算与当前日期的实际工时进行比较，项目管理人员可以设定项目状态日期，可以当前日期为基准计算盈余分析的各项参数。通过查看盈余分析数据可以分析从启动日期到状态日期这一时间段内项目的实际情况与计划情况之间的差异。

在进行盈余分析之前，必须先保存比较基准计划，从而使 Project 能够在开始跟踪实际工作之前计算工作的预算成本。

【例 5-9】在【迁移工作室】项目文档中，进行盈余分析。

(1) 启动 Project 2007，打开项目文档【迁移工作室】，选择【视图】|【表】|【其他表】命令，打开【其他表】对话框，在列表中选择【盈余分析】选项，如图 5-38 所示。

(2) 单击【应用】按钮，打开盈余分析表格，如图 5-39 所示。

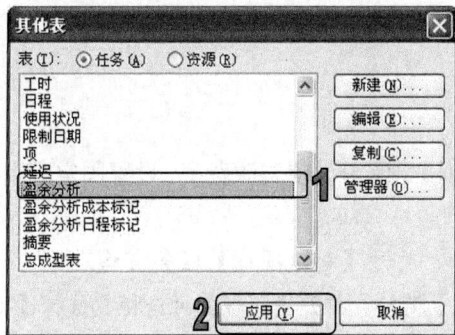

图 5-38　【其他表】对话框

图 5-39　打开盈余分析表格

(3) 选择【工具】|【跟踪】|【设置比较基准】命令，打开【设置比较基准】对话框，保持默认的设置，如图 5-40 所示。

(4) 单击【确定】按钮，系统自动为各列提取数据，如图 5-41 所示。

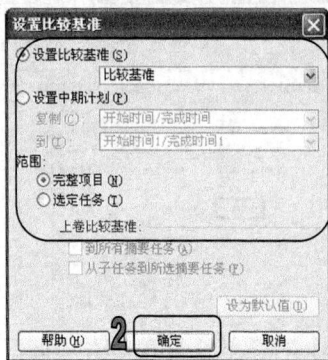

图 5-40 【保存比较基准】对话框

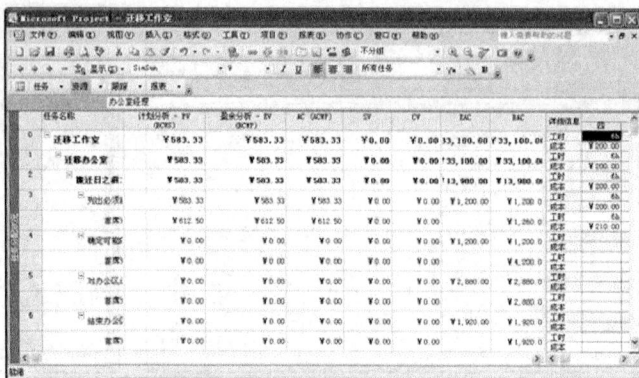

图 5-41 盈余分析

盈余分析表中各参数含义如下。

- BCWS(计划工作量的预算成本)：从任务的比较基准开始日期到状态日期计划花费在该任务的比较基准成本。
- BCWP(已完成工作量的预算成本)：任务的比较基准成本与任务、资源或工作分配完成百分比的乘积的值。
- ACWP(已完成工作量的实际成本)：在任务开始日期和状态日期之间完成工作量的实际成本。
- SV(执行预算与按进度预算成本差)：以成本计算的一项任务实际完成的进度与日程排定的进度之间的差异。
- CV(预算与实际成本差)：一项任务实际完成的预算与实际发生的成本之间的差异。
- BAC(比较基准成本)：所有已分配资源的计划成本与所有与任务关联的固定成本之和。
- EAC(估计完成成本)：根据已完成的工作效率估算到最终完成时的预测成本。
- VAC(完成差异)：某项任务、资源或工作分配的 BAC 或比较基准成本与 EAC 之间的差异。

⑤.5 上机练习

本章上机练习主要通过修改模板【外部技术入职培训】来练习设置资源费率、设置固定成本、查看项目成本信息等操作。

(1) 启动 Project 2007，选择【文件】|【新建】命令，打开【新建项目】任务窗格。

(2) 在【模板】选项区域中，单击【计算机上的模板】链接，打开【模板】对话框，选择【项目模板】选项卡，在列表框中选择【外部技术入职培训】选项，如图 5-42 所示。

(3) 单击【确定】按钮，新建文档【外部技术入职培训】，如图 5-43 所示。

(4) 选择【视图】|【资源工作表】命令，切换到【资源工作表】视图，如图 5-44 所示。

(5) 双击【培训负责人】资源所在行的任意单元格，打开【资源信息】对话框的【成本】选项卡，设置【标准费率】和【加班费率】分别为 20 和 50，如图 5-45 所示。

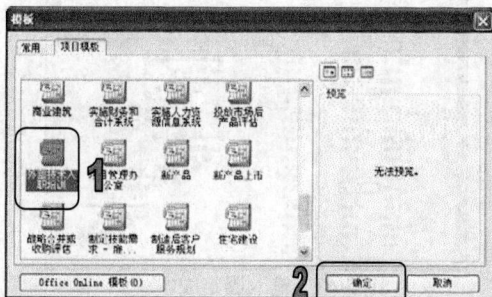

图 5-42　【模板】对话框

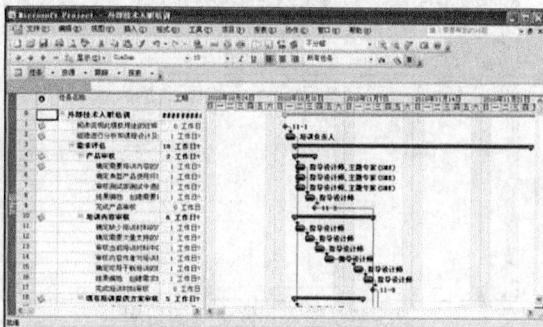

图 5-43　新建项目文档

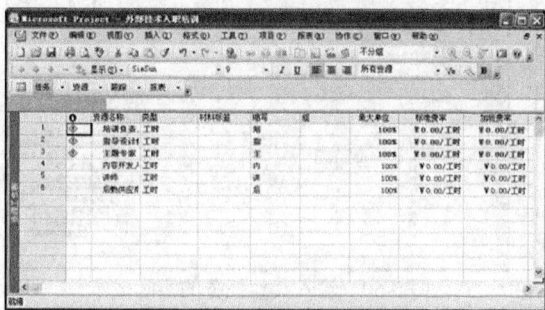

图 5-44　【资源工作表】视图

提示

在使用模板创建文档时，在【任务】向导窗格中单击【定义项目】链接，打开【定义项目】窗格，可以重新定义项目的信息，例如项目的开始时间等，在本上机练习中将开始日期改为 2010 年 11 月 1 日。

(6) 选择【生效日期】栏下的第二个单元格，设置日期 2010 年 12 月 1 日，并在【加班费率】单元格中输入 10%，然后按 Enter 键，系统将自动计算出结果，如图 5-46 所示。

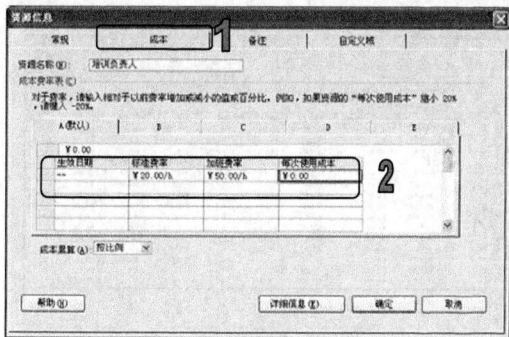

图 5-45　设置资源的一个费率

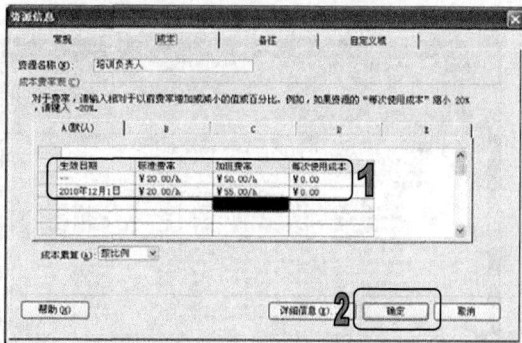

图 5-46　设置资源的其他费率

(7) 单击【确定】按钮，完成【培训负责人】资源费率的设置，并且使用同样的方法，设置其他资源的费率，如图 5-47 所示。

(8) 选择【视图】|【甘特图】命令，切换到【甘特图】视图，选择【视图】|【表】|【成本】命令，在打开的窗口的【固定成本】栏中输入各项任务的固定成本，如图 5-48 所示。

(9) 选择【视图】|【表】|【跟踪】命令，把标识号为 2 的任务的【完成百分比】和【实际完成百分比】设置为 100%，然后在【实际成本】栏中输入实际成本，如图 5-49 所示。

(10) 使用同样的方法，输入其他任务的实际成本，如图 5-50 所示。

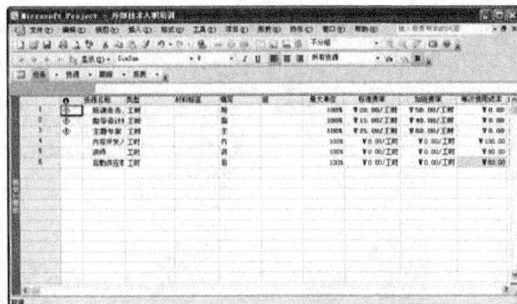
图 5-47　输入其他资源的费率

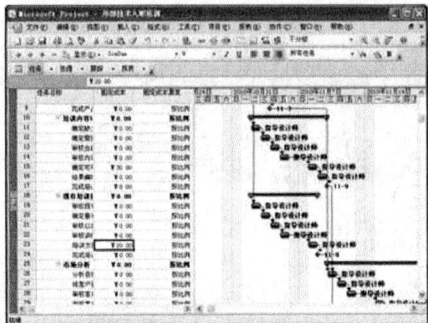
图 5-48　输入固定成本

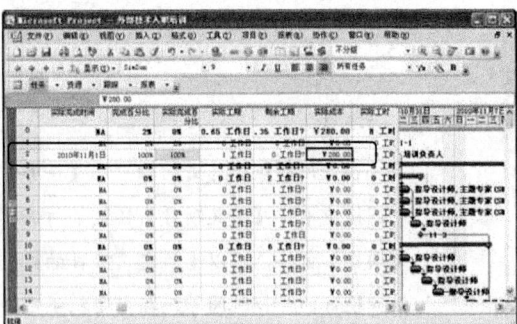
图 5-49　输入实际成本

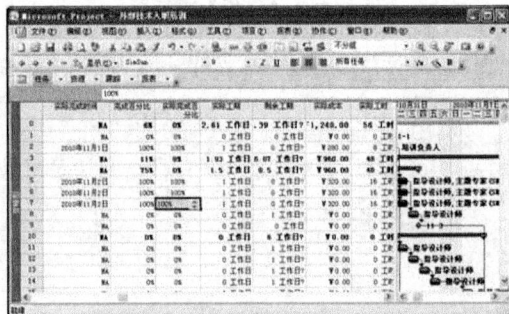
图 5-50　输入其他任务的实际成本

（11）选择【视图】|【其他视图】命令，打开【其他视图】命令，在【视图】列表框中选择【任务工作表】选项，然后单击【应用】按钮，打开【任务工作表】视图，如图 5-51 所示。

（12）选择【视图】|【表】|【成本】命令，此时就可以查看每项任务的成本信息，如图 5-52 所示。

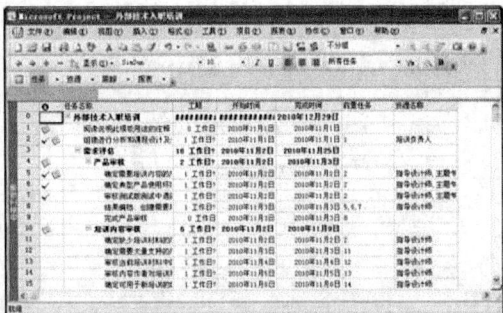
图 5-51　【任务工作表】视图

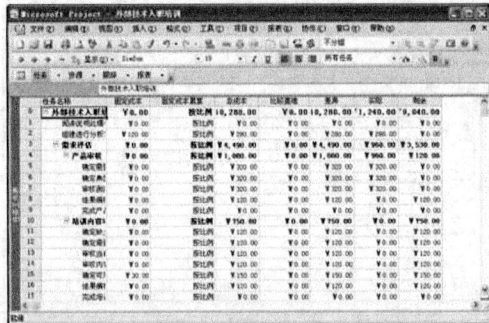
图 5-52　查看任务的成本信息

⑤.6　习题

1. 创建一个项目计划，为其中的任务分配资源并为资源分配费率和成本，然后查看项目成本信息。

2. 在习题 1 创建的项目计划中，使用盈余分析表控制成本。

第6章

管理项目进度

学习目标

项目进度管理是整个项目管理中最重要的一个组成部分。在项目实施过程中，会有不同的因素影响任务完成的结果，这就需要跟踪项目的实际运行状态，包括设置比较基准、更新进度、显示进度线和查看项目进度等。

本章重点

- 设置比较基准
- 使用中期计划
- 跟踪项目进度
- 查看项目进度

6.1 比较基准

所谓【基准】是指在计划结束时，或者是在其他关键阶段结束时保存的一组原始数据或项目图。基准实质上是一组数据，并与跟踪时输入的实际数据保存在同一个文件中。因此，比较基准就是在项目中输入任务、资源、工作分配和成本信息后，所保存的初始计划的参照点。这样，在项目进行过程中，可以随时与实际中输入的任务、资源、工作分配和成本的更新信息进行详细的比较。

比较基准计划包含以下相关的信息。

- 任务信息：任务的开始和完成日期、任务工期、工时、成本、任务拆分、时间分段工时和时间分段成本。
- 资源信息：资源的工时、成本、时间分段工时以及时间分段成本。
- 工作分配信息：开始和完成日期、工时、成本、时间分段工时及时间分段成本。

> **知识点**
>
> 项目跟踪指的是在项目运行过程中，把遇到的实际情况和原先的计划情况进行一系列的相关比较。在进行跟踪前需要把原先的计划情况制定成基准计划并保存下来。

6.1.1 设置比较基准

在开始跟踪进度之前，需要设置比较基准计划，这样可以将该信息与项目中最新的信息进行比较。要设置比较基准，只需要选择【工具】|【跟踪】|【设置比较基准】命令，打开【设置比较基准】对话框，进行设置即可，如图 6-1 所示。

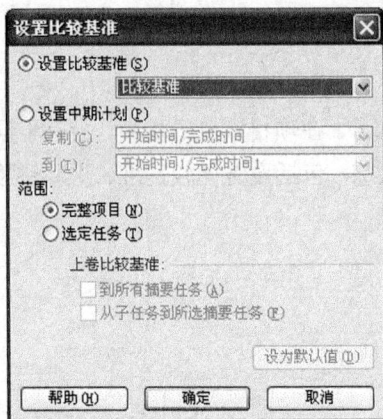

> **知识点**
>
> 在 Project 2007 中，每个项目最多保存 11 个比较基准。

图 6-1 【设置比较基准】对话框

在该对话框中可以设置整个项目或选定任务的比较基准或中期计划。如果要保存所有项目的信息，可以选中【设置比较基准】单选按钮；如果只是保存诸如开始、完成时间，则选中【设置为中期计划】单选按钮。在保存中期计划时，在【复制】和【到】列表框中选择相应选项，可以将数据从任何现在的比较基准或中期计划复制到其他中期计划。在【上卷比较基准】选项区域中，可以确定比较基准的上卷方式。

- 选中【到所有摘要任务】复制框，可以使所选任务(以及共享同一摘要任务的其他所有子任务)的已更新比较基准数据上卷到这些任务的摘要任务；否则，摘要任务的比较基准数据可能无法准确地反映子任务的比较基准数据。
- 选中【从子任务到所选摘要任务】复制框，可使所选摘要任务的比较基准数据得到更新，从而反映子任务的删除情况或以前保存过其比较基准值的已添加任务。
- 如果同时选中子任务和摘要任务，可以同时选中这两个复选框。

【例 6-1】在【迁移工作室】项目文档中，设置比较基准，并将比较基准数据的列显示出来。

(1) 启动 Project 2007，打开项目文档【迁移工作室】，选择【工具】|【跟踪】|【设置比较基准】命令，打开【设置比较基准】对话框，保持默认设置。

(2) 单击【确定】按钮，设置比较基准。

(3) 选中【任务名称】栏，右击，在弹出的快捷菜单中选择【插入列】命令，打开【列定义】对话框，在【域名称】下拉列表框中选择【比较基准成本】选项，如图6-2所示。

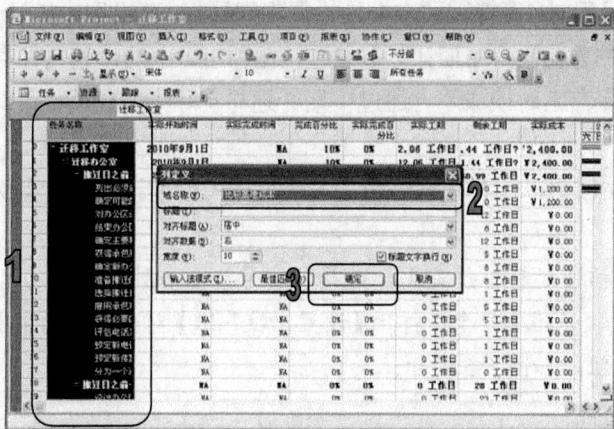

图6-2 【列定义】对话框

> **提示**
>
> 如果要将插入列的宽度设置为列中最长项的宽度，可在【列定义】对话框中单击【最佳匹配】按钮。

> **提示**
>
> 在【保存比较基准】对话框的【保存基准】下拉列表框中，如果选择【比较基准1】选项，则在显示该数据时应选择比较基准1成本等列。

(4) 单击【确定】按钮，在【甘特图】视图中显示比较基准成本，如图6-3所示。

(5) 使用同样的方法，显示【比较基准工期】、【比较基准开始时间】和【比较基准完成时间】，如图6-4所示。

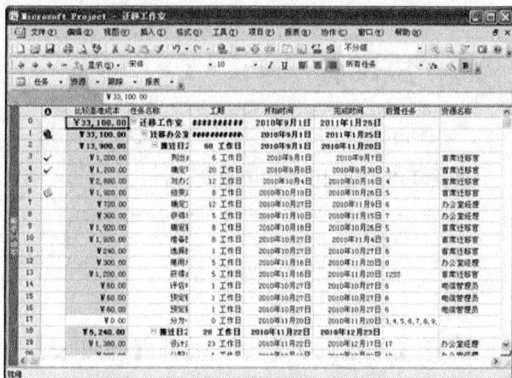

图6-3 显示比较基准成本

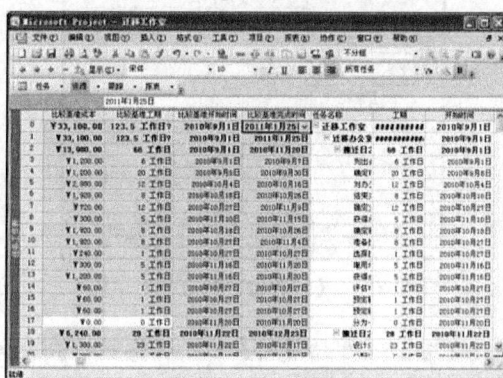

图6-4 显示比较基准的数据

> **提示**
>
> 如果要设置所选任务的比较基准，首先在【甘特图】视图中，选择要包括在比较基准计划中的任务，然后再选择【工具】|【跟踪】|【设置比较基准】命令，打开【设置比较基准】对话框，单击【选定任务】按钮即可。

6.1.2 使用中期计划

设置比较基准计划后，在开始更新日程时，可能需要定期地设置中期计划。要设置中期计划，只需要在【设置比较基准】对话框中选中【设置为中期计划】单选按钮即可。中期计划只保存项目文档中的开始时间或完成时间，而不保存工时或成本，通过中期计划与实际值比较，可跟踪项目的进度。

【例 6-2】在【迁移工作室】项目文档中，保存标识号为 2~5 的任务的中期计划，并将保存的中期数据显示出来。

(1) 启动 Project 2007，打开项目文档【迁移工作室】，选择标识号为 2~5 的任务。

(2) 选择【工具】|【跟踪】|【设置比较基准】命令，打开【设置比较基准】对话框，选中【设置为中期计划】和【选定任务】单选按钮，如图 6-5 所示。

(3) 单击【确定】按钮，完成设置。

> **提示**
>
> 如果在项目文档中添加了新任务或重新分配了工作，可使用保存选定任务的方法，只保存已更改的任务。

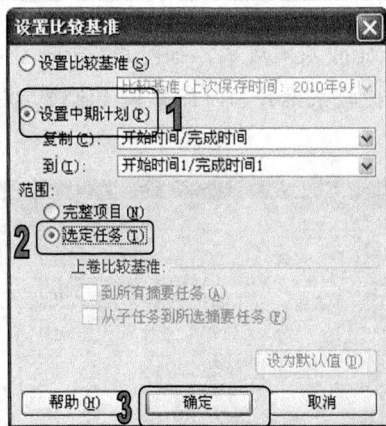

> **知识点**
>
> 在 Project 2007 中，每个项目文档最多可以设置 10 个中期计划。

图 6-5 【设置比较基准】对话框

(4) 右击【开始时间】栏，在弹出的快捷菜单中选择【插入列】命令，打开【列定义】对话框，在【域名称】下拉列表框中选择【开始时间 1】选项，如图 6-6 所示。

(5) 单击【确定】按钮，显示开始时间 1，如图 6-7 所示。

> **提示**
>
> 在打开的【列定义】对话框中，单击【最佳匹配】按钮，可以将【开始时间 1】设置合适的列宽来显示完整内容。

图 6-6　设置域名称

图 6-7　显示开始时间

(6) 使用相同的方法显示完成时间，如图 6-8 所示。

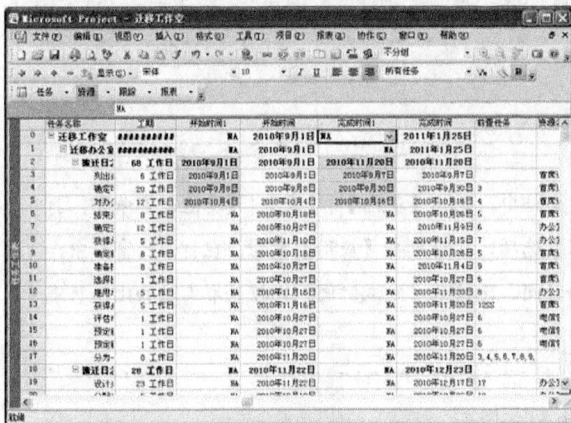

图 6-8　显示完成时间

知识点

　　只保存某些任务的中期计划后，未保存的任务的中期计划均为 NA，表示越早越好。

⑥.1.3　清除已保存的计划

　　若保存的比较基准或中期计划不需要时，可以将它们删除，节省计算机资源。要清除保存的计划，可以选择【工具】|【跟踪】|【清除比较基准】命令，打开【清除比较基准】对话框，选择需要清除的计划即可。

　　在【清除比较基准】对话框中各选项的功能如下所示。

◉ 【清除比较基准计划】单选按钮：选择该单选按钮，并在其后的下拉列表框中选择要清除的比较基准计划，就可以清除比较基准。

◉ 【清除中期计划】单选按钮：选择该单选按钮，并在其后的下拉列表框中选择要清除的中期计划，就可以清除中期计划。

◉ 【范围】选项区域：可以用来设置要清除完整项目还是选定任务的比较基准或中期计划。

【例6-3】在【迁移工作室】项目文档中，清除保存为【比较基准】的比较基准值。

(1) 启动 Project 2007，打开项目文档【迁移工作室】。

(2) 选择【工具】|【跟踪】|【清除比较基准】命令，打开【清除比较基准】对话框，保持默认的设置，如图6-9所示。

(3) 单击【确定】按钮，此时比较基准值均为0，如图6-10所示。

图6-9　【清除比较基准】对话框

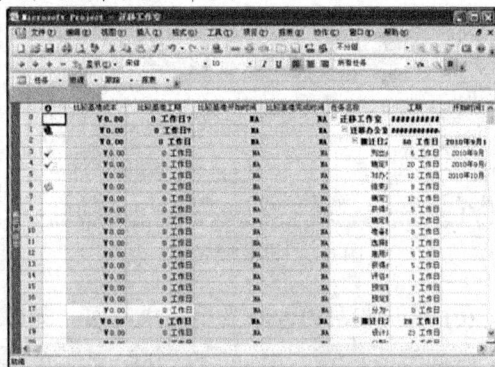

图6-10　清除比较基准

> **提示**
>
> 如果要只查看保存项目计划中的信息，在项目文档中，选择【视图】|【表】|【其他表】命令，打开【其他表】对话框，在列表框中选择【比较基准】选项，然后单击【应用】按钮，在打开的窗口中，可以查看对应任务的比较基准工期、比较基准开始时间、比较基准完成时间、比较基准工时和比较基准成本等信息。

6.2　跟踪项目进度

为项目建立了比较基准计划后，为了进一步跟踪项目进度情况，需要不断地更新项目的日程。例如，任务的实际开始日期和完成日期，任务完成百分比或实际工时。跟踪这些实际值可以让用户了解所作的更改如何影响其他任务并最终影响项目的完成日期。

Project 能够根据输入的实际值重排项目的其他部分，也可使用该信息监视任务进度，管理成本以及制定项目人员的计划，并搜集项目的历史数据以进行总结，便于更有效地计划将来的项目。

6.2.1　更新整个项目

项目更新是以项目当前的实际数据为依据的，Project 提供了以下两种方式来确定每个任务完成的百分比。

◉　按日程比例设定任务的完成百分比更新进度：任务在更新日期之前已经完成的部分视

为已完成的部分，而在更新日期之后需要完成的部分视为待完成部分，按此原则计算任务完成的百分比。

⊙ 未全部完成进度的任务完成百分比为 0：指在更新日期之前全部完成任务时为百分百完成，而更新日起还在进行的任务则全部视为完成百分比为 0。

这两种方式考虑的问题各有侧重点，前者适合于查看项目当前的详细情况，在任务的资源及项目进度比较清晰时采用；而后者比较适用于任务的未知情况变化比较大的项目。

要更新项目，可以选择【工具】|【跟踪】|【更新项目】命令，打开【更新项目】对话框，如图 6-11 所示，

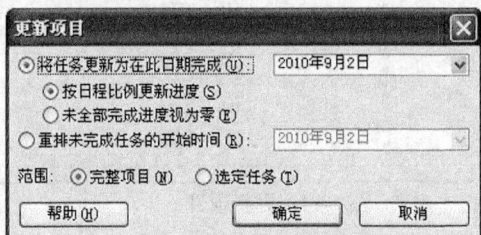

图 6-11 【更新项目】对话框

提示
如果日程开始日期在该对话框中输入的日期之后，Project 会认为任务还没有开始而将完成百分比设置为 0。

选中【将任务更新为在此日期完成】单选按钮，Project 可根据项目的排定方式更新已经实际进行的工时。此时，Project 会将计划日期视为实际日期，并设置完成百分比以反映变动。在其后的下拉列表框中选择的日期，将成为该项目的状态日期。

选中【重排未完成任务的开始时间】单选按钮，Project 会重排所有未完成的工时，使它们按在该日期列表框中输入的新的开始日期开始。如果任务没有在指定日期开始，任务进度将落后。Project 会重新排定工时，将日程开始日期设置为指定的日期，并采用【不得早于…开始】加以限制。如果任务在进行中，但落后于日程，Project 将剩余的工期排定为从指定的日期开始。

在【范围】选项区域，选中【完整项目】单选按钮，为项目中的所有任务设置实际工时信息；选中【选定任务】单选按钮，则只为所选任务设置实际工时信息。

【例 6-4】在【迁移工作室】项目文档中，将项目进度更新为 2010 年 10 月 20 日。

(1) 启动 Project 2007，打开项目文档【迁移工作室】，如图 6-12 所示。

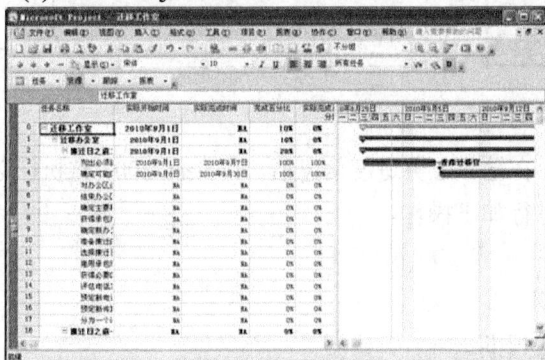

图 6-12 打开项目文档【迁移工作室】

提示
如果日程完成日期在输入的日期之前，Project 会认为任务已经完成而将完成百分比设置为 100%；如果日程开始日期在输入的日期之前而日程完成日期在输入的日期之后，Project 会认为任务在进行中，而开始计算完成百分比。

(2) 选择【工具】|【跟踪】|【更新项目】命令，打开【更新项目】对话框，在【将任务更新

为在此日期完成】下拉列表框中选择【2010 年 10 月 20 日】，如图 6-13 所示。

(3) 单击【确定】按钮，此时在图表区看到进度线显示为 2010 年 10 月 20 日的项目进度，如图 6-14 所示。

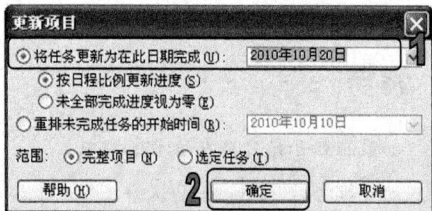

图 6-13　设置完成日期

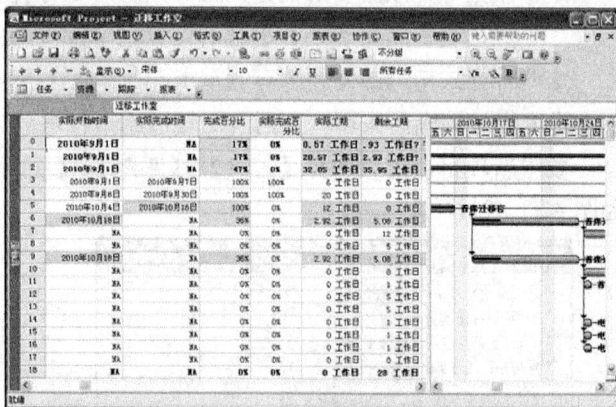

图 6-14　更新项目

6.2.2　更新任务

更新任务包括更新任务实际开始时间和完成时间、已完成任务的百分比、实际工期和剩余工期等。要更新任务，需要在甘特图的【任务名称】栏中选择要更新的任务，然后选择【工具】|【跟踪】|【更新任务】命令，在打开的【更新任务】对话框中进行设置即可，如图 6-15 所示。

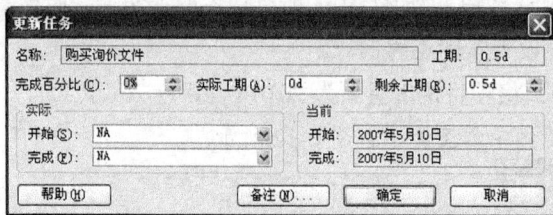

图 6-15　【更新任务】对话框

提示

在【更新任务】对话框中，Project 提供了 3 种不同的方法来进行任务更新：输入任务的实际工期、输入任务的完成百分比、输入任务的实际开始日期和完成日期。

在该对话框中可以更新选定任务的进度。在输入任务进度信息后，Project 2007 将执行必要的计算并更改受影响的值。在该对话框中可进行如下操作。

- 设置选定任务的完成百分比。
- 设置选定任务的实际工期和剩余工期。
- 设置选定任务的实际开始日期和完成日期。
- 更新一个或多个选定任务的信息。

【例 6-5】在【迁移工作室】项目文档中，将任务【结束办公区的租赁】和【确定新办公室的成本(办公椅、办公桌、设备)】更新为已全部完成。

(1) 启动 Project 2007，打开项目文档【迁移工作室】。

(2) 选取【结束办公区的租赁】任务，选择【工具】|【跟踪】|【更新任务】命令，打开【更新任务】对话框，在【完成百分比】微调框中输入100%，如图6-16所示。

(3) 单击【确定】按钮，完成任务的更新，此时在【甘特图】视图中【结束办公区的租赁】任务对应的蓝色条形图上出现一条黑色线条表示进度，如图6-17所示。

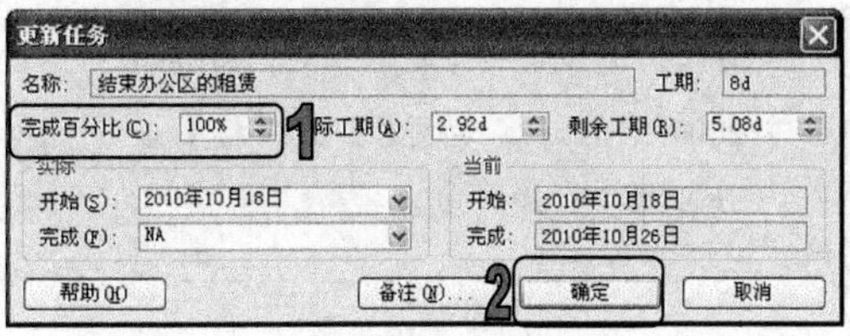

图6-16 设置完成百分比 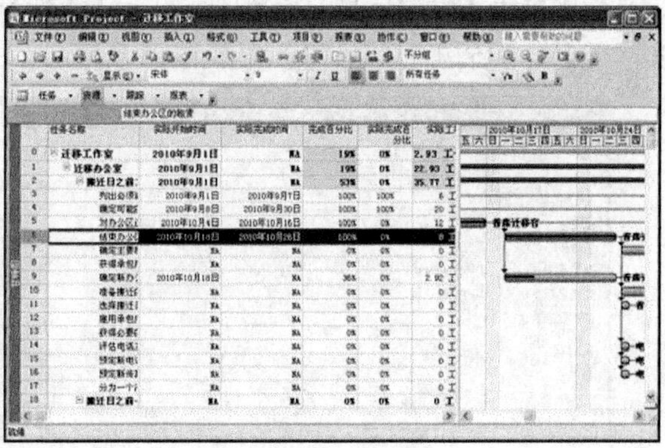   图6-17 更新任务

(4) 使用同样的方法，更新任务【确定新办公室的成本(办公椅、办公桌、设备)】，此时，在【甘特图】视图中任务【结束办公区的租赁】和【确定新办公室的成本(办公椅、办公桌、设备)】对应的蓝色条形图上出现一条黑色线条表示进度，效果如图6-18所示。

图6-18 更新【确定新办公室的成本(办公椅、办公桌、设备)】任务

> **提示**
>
> 设置了任务的完成百分比后，重新打开【更新任务】对话框，会发现任务的开始或完成日期、实际工期、剩余工期等信息都得到了更新。当任务100%完成后，系统将在备注栏中用✔标记表示出来。

6.2.3 更新资源信息

在保存项目计划工作时，通常已对资源进行了设置，例如，安排人员完成某个任务、工作时间等。但在实际工作中，如果项目计划发生了改变，还需要对资源信息进行更新。

要更新资源信息，切换到【资源使用状况】视图，选中要更新的资源对应的任务，在【常用】工具栏中单击【分配信息】按钮，打开【工作分配信息】对话框，打开【跟踪】选项卡，输入实际工时、剩余工时等信息，如图6-19所示。

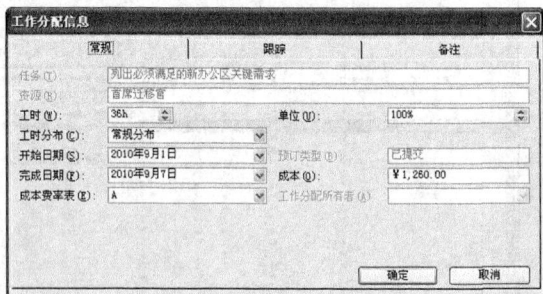

图6-19 【跟踪】选项卡

提示

在【跟踪】选项卡中，如果在【实际工时】微调框中输入工时，Project 2007 将在【实际成本】文本框中自动计算出花费的成本。

【例6-6】在【迁移工作室】项目文档中，办公室经理完成【确定主要租户改进需求】任务时，只能安排66个工时，从2010年10月28日开始做该任务，已做了6个工时，查看完成的百分比。

(1) 启动 Project 2007，打开项目文档【迁移工作室】。

(2) 选择【视图】|【资源使用状况】命令，切换到【资源使用状况】视图，如图6-20所示。

(3) 双击办公室经理完成【确定主要租户改进需求】任务所在的单元格，打开【工作分配信息】对话框，打开【跟踪】选项卡，此时计划工时为72h，工时完成百分比为0%，如图6-21所示。

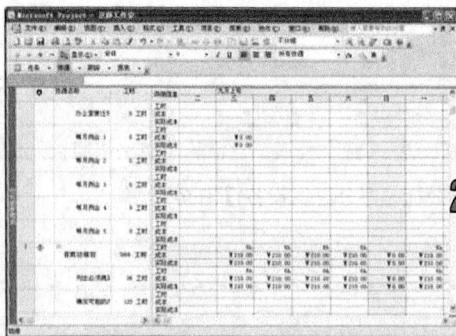

图6-20 【资源使用状况】视图

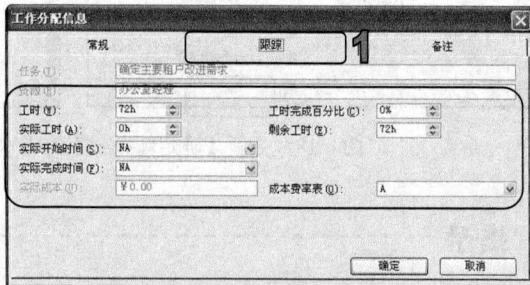

图6-21 原始的资源信息

(4) 在【工时】微调框中输入66h，在【剩余工时】微调框中输入60h，在【实际工时】微调框中输入6h，在【实际开始时间】下拉框中选择2010年10月28日，然后单击【确定】按钮，再打开该对话框，此时可以看到工时完成百分比为9%，如图6-22所示。

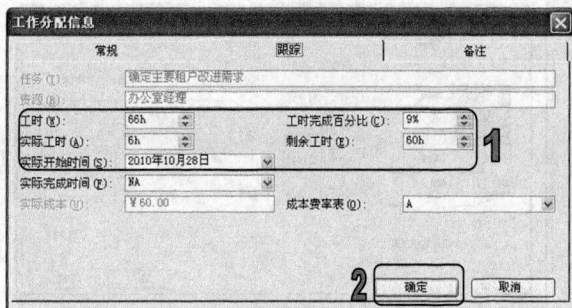

图 6-22　查看工时完成百分比

计算机 基础与实训教材系列

6.2.4　项目进度线

项目进度线是反映进度状况的一条状态线，它是根据设定的日期构造的一条直线。此线与每个任务的进度相连，如果任务完成的进展线的重点在进度线的左边，说明进度落后；如果任务完成的进展线的重点在进度线的右边，说明进度超前。

要设置项目进度线，可在【甘特图】视图中，选择【工具】|【跟踪】|【进度线】命令，打开【进度线】对话框，如图 6-23 所示。在该对话框中，各选项的含义如下所示。

- 显示当前进度线：若要始终显示当前进度线，应选中【显示当前进度线】复选框，再选中【在项目状态日期】或【在当前日期】单选按钮，以指定进度线的绘制位置。
- 以周期性间隔显示进度线：若要以指定的时间间隔显示进度线，可选中【以周期性间隔显示进度线】复选框，选中按天、按周和按月等不同的时间间隔，以指定一个时间间隔来显示进度线。
- 【开始于】和【项目开始】：若要使进度线开始于项目开始处，应在【开始于】选项区域中选中【项目开始】单选按钮；否则，单击日期选项，再输入或选中开始显示进度线的日期。
- 显示选定的进度线：可以显示自行设定的进度线。若要指定日期显示进度线，则可以选中【显示选定的进度线】复选框，再输入或选择要显示进度线的日期。若要删除已设置进度线的日期，则可以将其选定，再单击【删除】按钮。

用户还可以根据需要自定义进度线的线条样式，在【进度线】对话框中选择【线条样式】选项卡，设置进度线的类型、线条的类型和颜色、进度点的形状和颜色，以及是否在进度线的顶点显示日期等信息，如图 6-24 所示。

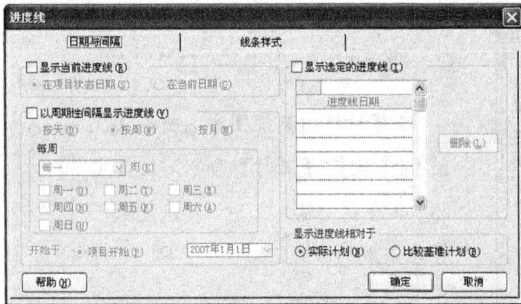

图 6-23　【进度线】对话框

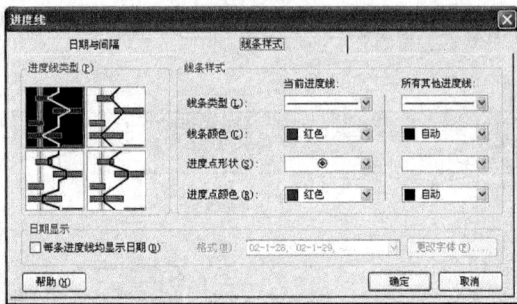

图 6-24　【线条样式】选项卡

【例6-7】在【迁移工作室】项目文档中，显示当前状态的进度线和以每周三为间隔的进度线，重新设置进度线类型，并且设置线条颜色为绿色，进度点为▼。

(1) 启动 Project 2007，打开项目文档【迁移工作室】，切换至【甘特图】视图。

(2) 选择【工具】|【跟踪】|【进度线】命令，打开【进度线】对话框。

(3) 打开【日期与间隔】选项卡，选中【显示当前进度线】和【以周期性间隔显示进度线】复选框，并选中【周三】复选框，如图 6-25 所示。

(4) 打开【线条样式】选项卡，在【进度线类型】选项区域中选择第二种类型，在【线条颜色】下拉列表框中选择【绿色】选项，在【进度点形状】下拉列表框中选择一种样式，在【进度点形状】下拉列表框中选择▼选项，如图 6-26 所示。

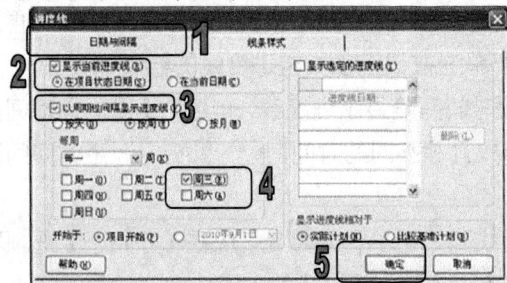

图 6-25　设置日期与间隔

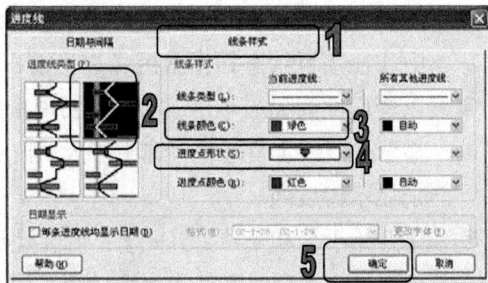

图 6-26　设置线条样式

(5) 单击【确定】按钮，完成设置，得到如图 6-27 所示的几条进度线。

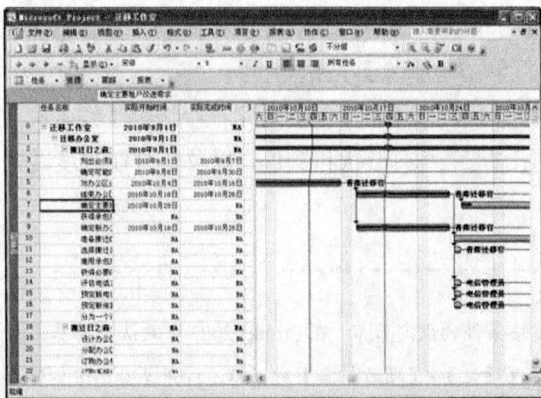

图 6-27　显示进度线

提示

使用鼠标也可以为项目快速地添加进度线。在【跟踪】工具栏中单击【添加进度线】按钮，将指针移至甘特图中要绘制进度线的区域中，单击要绘制进度线的日期位置，即可在该日期位置处添加进度线。

6.3 查看项目进度

查看项目进度可以随便了解项目的进展情况，了解是否有任务未完成，了解项目实际运行情况与计划的差异等，并根据这些情况来调整任务，以保证项目的顺序完成。

6.3.1 查看项目进度总体情况

在项目实施过程中，随时查看项目的完成情况，可以大致了解项目能否按时按质完成。要查看项目进度总体情况，可以选择【项目】|【项目信息】命令，打开【项目信息】对话框，单击【统计信息】按钮，在打开的【项目统计】对话框中就可以查看。

【例6-8】在【迁移工作室】项目文档中，查看状态日期为2010年10月10日的项目进度。

(1) 启动 Project 2007，打开项目文档【迁移工作室】。

(2) 选择【项目】|【项目信息】命令，打开【项目信息】对话框，在【状态日期】下拉列表框中选择2010年10月10日，如图6-28所示。

(3) 单击【统计信息】按钮，打开【项目统计】对话框，可以看到项目开始时间、完成时间、完成百分比等信息，如图6-29所示。

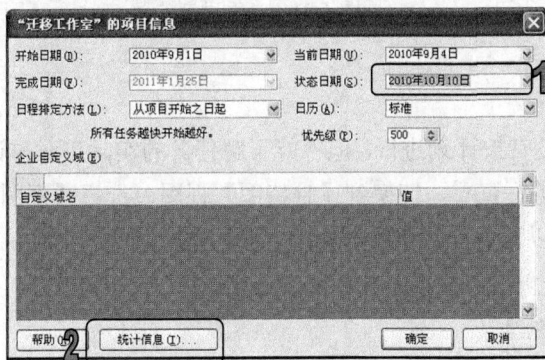

图6-28 设置状态日期

图6-29 查看统计信息

6.3.2 查看项目进度具体情况

在查看项目总体情况时，若发现了实际情况与项目计划之间存在差异，就需要对项目任务的具体情况进行分析，以便调整工作。

1. 查看项目进度差异

【项目统计】对话框显示了实际与项目计划的总体差异，如果需要了解各任务在执行过程中出现的差异，需要对项目进度进行查看。

要查看项目进度差异，只需要在【跟踪甘特图】视图中，选择【视图】|【表】|【差异】命令即可。

【例6-9】在【迁移工作室】项目文档中，查看项目进度差异。

(1) 启动 Project 2007，打开项目文档【迁移工作室】。

(2) 选择【视图】|【跟踪甘特图】命令，切换到【跟踪甘特图】视图，如图 6-30 所示。

(3) 选择【视图】|【表】|【差异】命令，在打开的窗口中可以查看任务进度的差异，如图 6-31 所示。

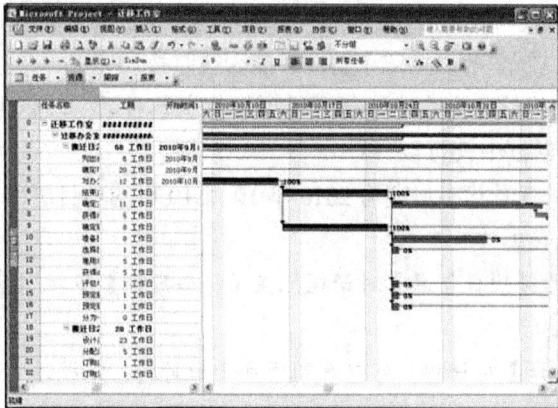

图 6-30　【跟踪甘特图】视图

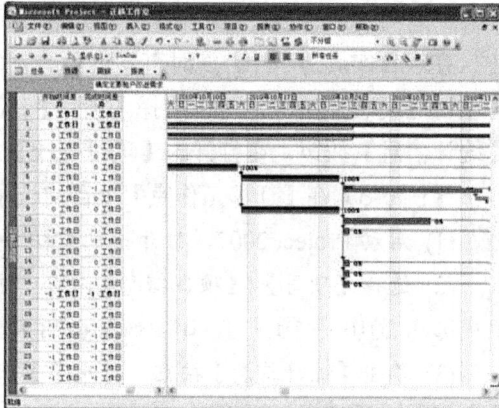

图 6-31　查看进度差异

2. 查看日程差异

查看项目进度差异后，可以了解哪些任务没有按计划进行，但不能了解任务的实际工时与计划工时相差多少。此时就需要使用日程差异来进行查看。切换到【甘特图】视图，选择【视图】|【表】|【工时】命令，在打开的窗口中，就可以对各任务实际消耗的工时与项目计划进行对比，如图 6-32 所示。

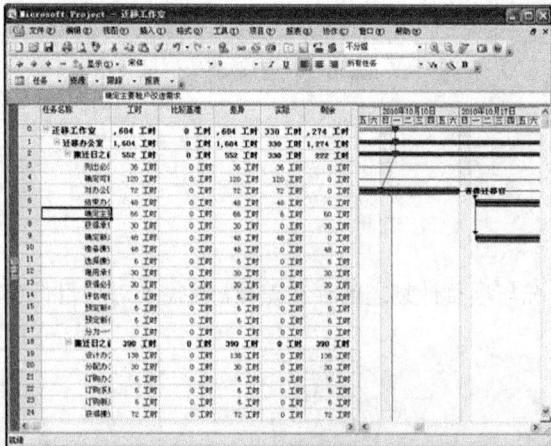

图 6-32　查看日程差异

知识点

在项目文档中，选择多个需要更新的任务，在【甘特图】视图的【跟踪】工具栏中，单击【100%完成】按钮，就可以将所选的任务设置为100%完成。

3. 查看允许时差

有些任务与前面的任务并没太大的相关性，在有资源多余的情况下，可以适当地提前某些任务以节省时间。此时，为了保证按计划完成任务，也可以延迟一些相关性不大的任务。在 Project 2007 中通过查看允许时差，可以找到能够提前或延期的任务。

【例 6-10】在【迁移工作室】项目文档中，查看项目允许的时差。

(1) 启动 Project 2007，打开项目文档【迁移工作室】。

(2) 选择【视图】|【其他视图】命令，打开【其他视图】对话框，在列表框中选择【详细甘特图】选项，如图 6-33 所示。

(3) 单击【应用】按钮，打开【详细甘特图】视图，选择【视图】|【表】|【日程】命令，打开如图 6-34 所示的窗口。

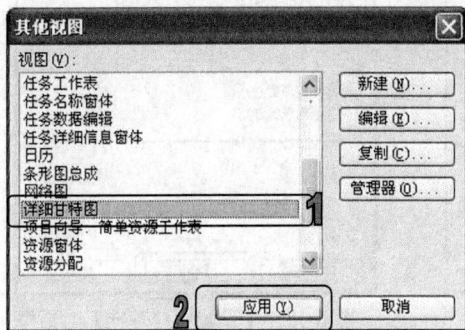

图 6-33 【其他视图】对话框

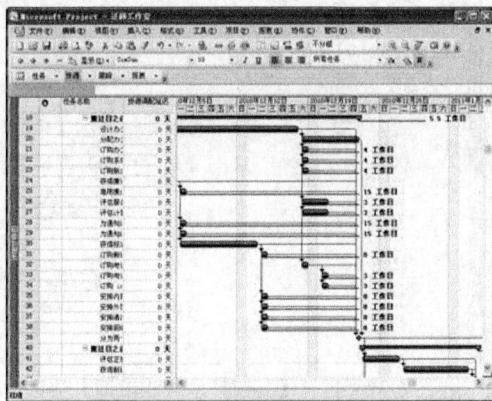

图 6-34 【详细甘特图】视图

(4) 右击【完成时间】列，在弹出的快捷菜单中选择【插入列】命令，打开【列定义】对话框，在【域名称】下拉列表框中选择【最早开始时间】选项，如图 6-35 所示。

(5) 单击【确定】按钮，插入【最早开始时间】列，并且使用同样的方法显示【最早完成时间】列，如图 6-36 所示，此时就可以查看各任务的最晚开始时间、最晚完成时间、最早开始时间、最早完成时间、可用时差以及总时差，来确定可提前的任务和可延迟的任务。

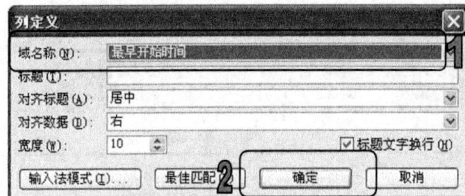

图 6-35 【列定义】对话框

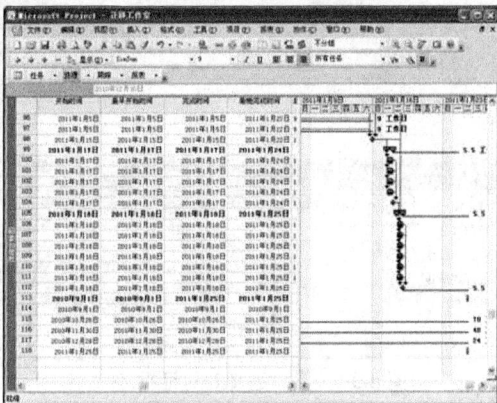

图 6-36 查看允许的时差

⑥.4 上机练习

本章上机练习主要通过跟踪绩效考核项目，来练习设置比较基准、更新任务、显示进度线和查看项目总体情况等操作。

(1) 启动 Project 2007，打开第 5 章上机练习的【外部技术入职培训】项目文档，切换至【甘特图】视图，如图 6-37 所示。

(2) 选择【工具】|【跟踪】|【设置比较基准】命令，打开【设置比较基准】对话框，保持默认设置，如图 6-38 所示。

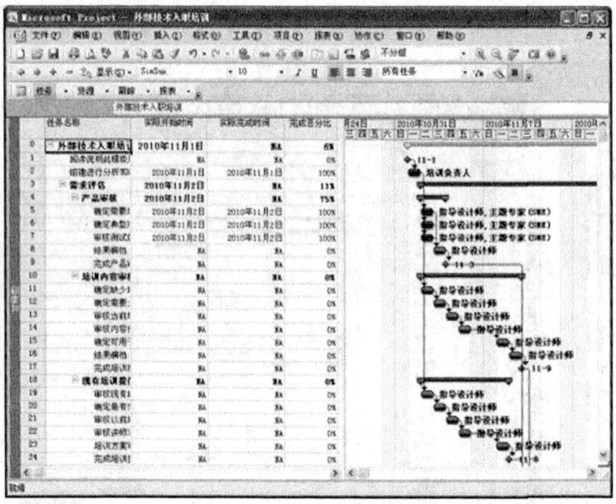

图 6-37　打开【外部技术入职培训】项目文档 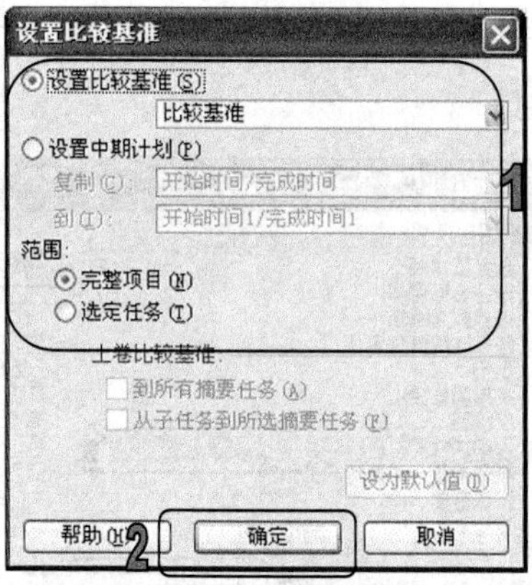　　　　图 6-38　【设置比较基准】对话框

(3) 单击【确定】按钮，设置比较基准。右击【任务名称】栏，在弹出的快捷菜单中选择【插入列】命令，打开【列定义】对话框，在【域名称】下拉列表框中选择【比较基准成本】选项，如图 6-39 所示。

(4) 单击【确定】按钮，在【甘特图】视图中显示比较基准成本，如图 6-40 所示。

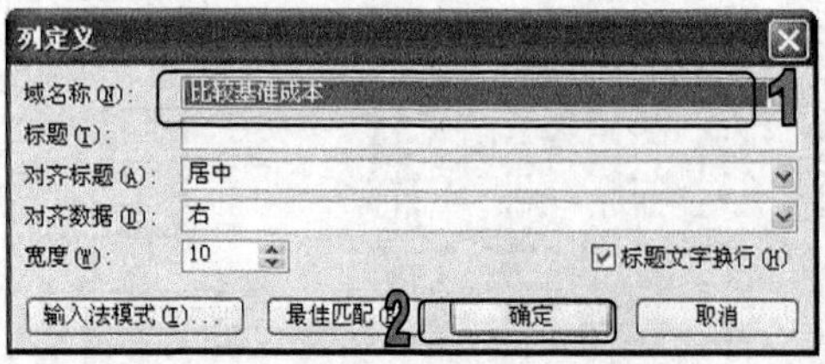

图 6-39　【列定义】对话框 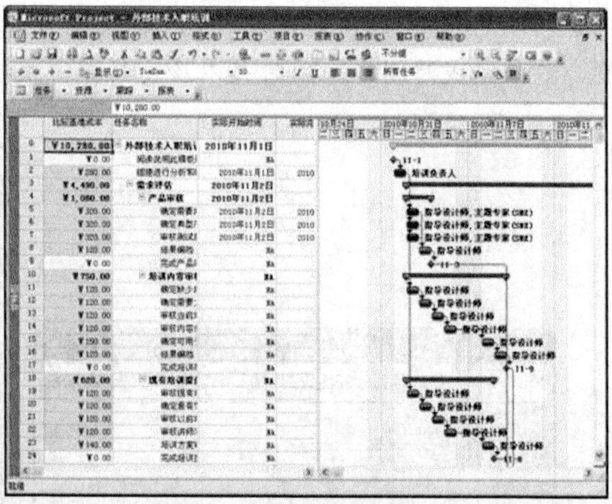　　　　　　　　图 6-40　显示比较基准成本

(5) 选择【审核当前培训材料中的缺陷】任务，选择【工具】|【跟踪】|【更新任务】命令，

打开【更新任务】对话框，在【实际工期】微调框中输入 1d，如图 6-41 所示。

(6) 单击【确定】按钮，此时在【甘特图】视图中【指导设计师】任务对应的蓝色条形图上出现一条黑色线条表示进度，表示任务 100%完成，如图 6-42 所示。

图 6-41 【更新任务】对话框

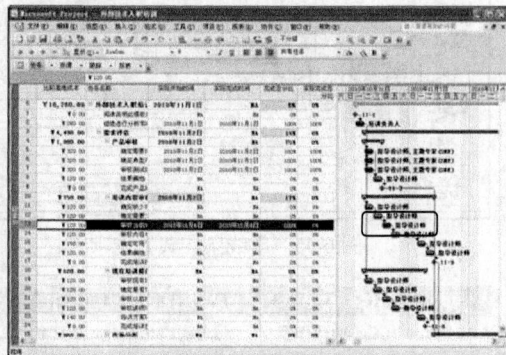

图 6-42 更新任务

(7) 使用同样的方法，更新任务【确定可用于新培训的现有培训材料】，如图 6-43 所示。

(8) 选择【工具】|【跟踪】|【进度线】命令，打开【进度线】对话框，选中【显示当前进度线】和【以周期性间隔显示进度线】复选框，并选中【周五】复选框，如图 6-44 所示。

图 6-43 更新其他任务

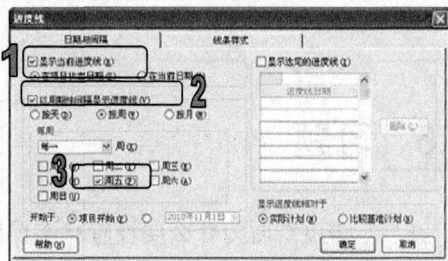

图 6-44 【日期与间隔】选项卡

(9) 打开【线条样式】选项卡，在【进度线类型】选项区域中选择最后一种样式，在【线条颜色】下拉列表框中选择【紫色】选项，在【进度点形状】下拉列表框中选择一种形状，在【进度点颜色】下拉列表框中选择【紫红色】选项，如图 6-45 所示。

(10) 单击【确定】按钮，完成设置，显示进度线，如图 6-46 所示。

(11) 选择【项目】|【项目信息】命令，打开【项目信息】对话框，在【状态日期】下拉列表框中选择 2010 年 11 月 4 日，如图 6-47 所示。

(12) 单击【统计信息】按钮，打开【项目统计】对话框，可查看项目开始时间、完成时间、完成百分比等信息，如图 6-48 所示。

知识点

在【项目统计】对话框中单击【关闭】按钮，返回到项目文档中，此时进度线将会随着状态日期的改变而改变。

图 6-45　【线条样式】选项卡

图 6-46　显示进度线

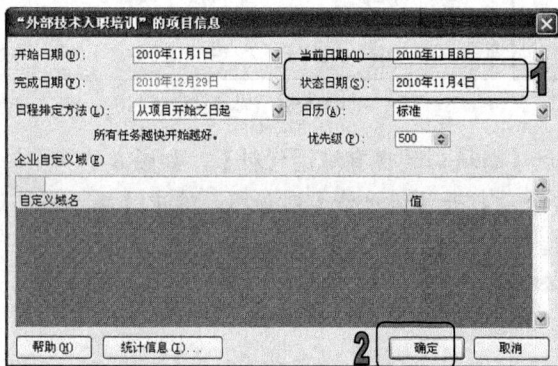

图 6-47　【项目信息】对话框

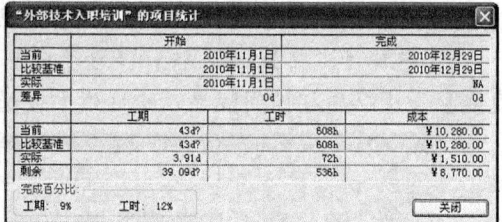

图 6-48　项目统计信息

6.5　习题

1. 在显示进度线时为什么要设置状态日期？状态日期会不会影响进度线？

2. 创建一个计划，保存其比较基准，然后分别练习更新任务和资源信息、设置项目进度线、查看任务差异、查看成本差异，以及查看工时差异等操作。

第 7 章

美化项目信息

学习目标

一个大型的项目通常会持续几个月甚至几年，在这期间需要不断地查看、设置，为了增加项目文档的可读性，可以对项目文档中的信息进行美化，包括项目信息中的文本、条形图、网格的格式设置以及插入对象等知识。

本章重点

- 设置组件的格式
- 设置文档整体格式
- 插入绘图和对象

7.1 美化项目外观的方法

制定一个计划可能要使用数月甚至数年，在这期间需要不断地查看、跟踪信息，时间长了，难免觉得枯燥无味。如果能使项目文档中的文本、条形图、网格等充满生气，便可以大大增加项目的可读性，更容易吸引人。在 Project 2007 中可以采取以下方法来美化项目的外观。

- 对于任务的开始时间、结束时间和任务资源分配等信息，不仅要用条形图显示出来，还要在旁边加上适当的文字描述，这样就容易分辨各条形图代表的是哪些任务的工期。
- 对于关键路径上的任务用不同的字体或不同的颜色表示出来，以便密切注视一些关键任务，以免延误整个项目工期。
- 如果计划中有重要的里程碑，可以在里程碑符号旁加一个特殊符号，以示提醒。
- 用不同的显示方式来显示基准时间和实际时间，以便进行比较，找出偏差。
- 确定是否显示任务间的链接关系线。在项目计划中，如果任务链接关系很多，非常复杂，条形图的可读性就变得很差。

总之，改变项目文档的外观不要局限于表面，还可以通过改变各组件的显示方式，以帮助用户关注重要的信息。

7.2 设置项目文档各组件格式

项目文档中包括文本、条形图和网格，用户可以对这 3 个组件的格式进行重新设置，以美化项目文档。

7.2.1 设置文本格式

与 Excel 中的操作一样，在 Project 2007 中可以改变单元格中的字体。默认状态下，输入文本的格式为宋体、小五号，可以根据需要重新设置文本格式。要设置文本格式，选择要改变文本格式的单元格，选择【格式】|【字体】命令，打开【字体】对话框，可以设置字体、字形、字号、颜色及下划线等属性，如图 7-1 所示。

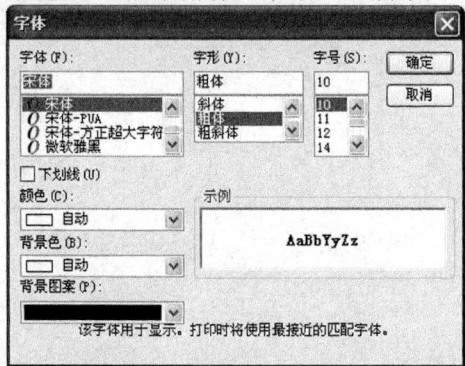

图 7-1 【字体】对话框

知识点

在 Project 2007 中，不能对单个字进行格式设置，只能以单元格为单位进行设置。

【例 7-1】在项目文档【迁移工作室】中，将大纲级别 1 的任务的字体设置为华文隶书、粗体、小四、红色，将所有大纲级别 2 的任务的字体设置为华文中宋、五号。

(1) 启动 Project 2007，打开项目文档【迁移工作室】，选择大纲级别 1 的任务的单元格，然后选择【格式】|【字体】命令，打开【字体】对话框。

(2) 在【字体】列表框中选择【华文隶书】选项，在【字形】列表框中选择【粗体】选项，在【字号】列表框中选择【小四】选项，在【颜色】下拉列表框中选择【红色】选项，如图 7-2 所示。

(3) 单击【确定】按钮，完成格式的设置，效果如图 7-3 所示。

知识点

通过设置项目中的文本样式，不仅可以美化项目整体视觉，而且提高项目的可读性，还可以突出显示特定任务或资源名称。在项目文档中，不能对字间距进行设置。由于项目文档具有正规性，建议不要将格式设置得过于花哨。

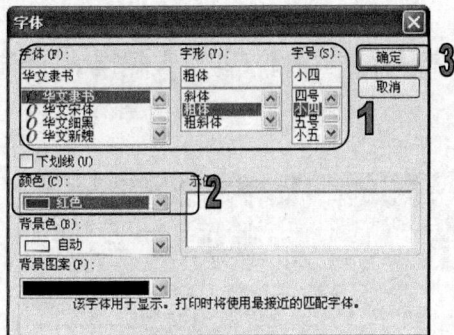

图 7-2　设置字体格式

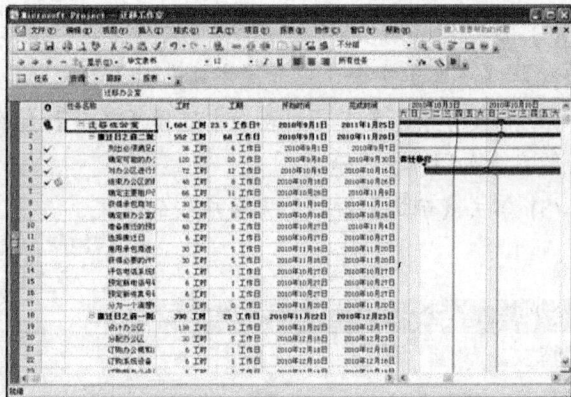

图 7-3　设置大纲级别 1 任务的格式

(4) 按住 Ctrl 键，选择所有大纲级别 2 的任务单元格，在【格式】工具栏的【字体】下拉列表框中选择【华文中宋】选项，在【字号】下拉列表框中选择【五号】选项，效果如图 7-4 所示。

知识点

在【格式】工具栏中单击【显示】按钮，从弹出的快捷菜单中选择【大纲级别 2(2)】选项，即可隐藏 2 级下的子任务，只显示大纲级别 1 和大纲级别 2。同样，单击【显示】按钮，从弹出的快捷菜单中选择【所有子任务】选项，即可显示项目中的所有的任务。

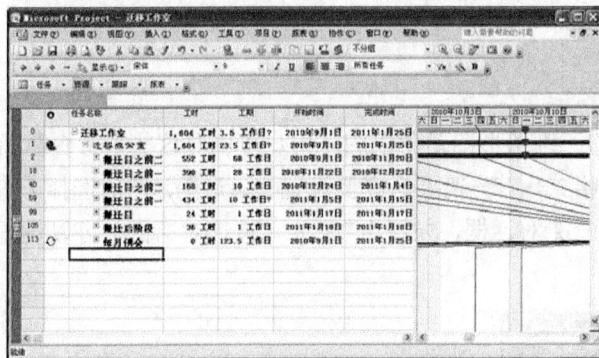

提示

要设置整行的字体样式，可单击该行的行标，使其处于选中状态。选择【样式】|【字体】命令，打开【字体】对话框按本例的方法进行设置。

图 7-4　设置大纲级别 2 任务的格式

7.2.2　设置底纹

与在 Excel 中为单元格设置底纹类似，在 Project 2007 中可以通过设置单元格底纹来突出地强调一些特定的信息。

要设置单元格的底格，首先选择要设置格式的单元格，然后选择【格式】|【字体】命令，打开【字体】对话框，在【背景色】和【背景图案】下拉列表框中选择选项即可。

【例 7-2】在项目文档【迁移工作室】中，将标识号为 0 的任务的所有单元格背景设置为灰色，并设置一种背景图案。

(1) 启动 Project 2007，打开项目文档【迁移工作室】。选择标识号为 0 的任务，然后选择【格式】|【字体】命令，打开【字体】对话框。

(2) 在【背景色】下拉列表框中选择【银白】选项，在【背景图案】下拉列表框中选择一种背景图案，如图 7-5 所示。

(3) 单击【确定】按钮，完成底纹的设置，如图 7-6 所示。

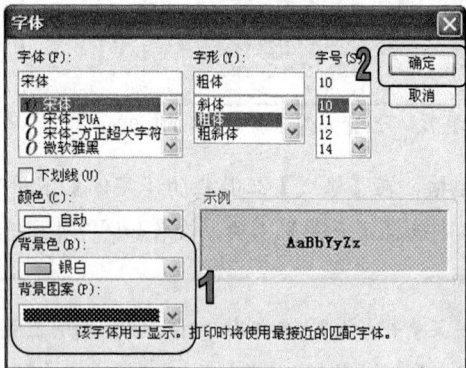

图 7-5　【字体】对话框

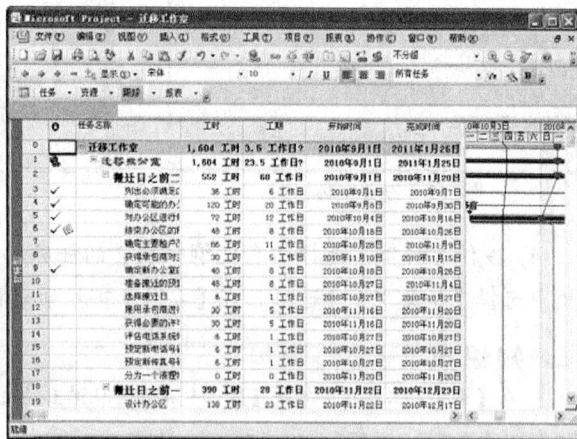

图 7-6　设置底纹

7.2.3　设置条形图形格式

默认情况下，【甘特图】视图中任务的三维条形图是蓝色的，用户可以对这些条形图重新设置，与其他任务区分开来。要设置条形图格式，首先需要选择要设置的条形图，然后选择【格式】|【条形图】命令，打开【设置条形图格式】对话框，如图 7-7 所示。在该对话框中可以设置条形图的形状以及条形图的文本。

提示

双击要修改的条形图，同样也可以打开【设置条形图格式】对话框。

图 7-7　【设置条形图格式】对话框

【例 7-3】在项目文档【迁移工作室】中，设置【雇用承包商进行主要的租户改进】任务的条形图格式，将头部的形状设置为⬆，颜色为红色，尾部设置为⬇，颜色为紫红色，在左侧显示最早开始时间，在右侧显示最早完成时间，在上方显示资源名称。

(1) 启动 Project 2007，打开项目文档【迁移工作室】。双击【雇用承包商进行主要的租户改进】任务的条形图，打开【设置条形图格式】对话框。

(2) 打开【条形图形状】选项卡，在【头部】选项区域的【形状】下拉列表框中选择🔺选项，在【颜色】下拉列表框中选择【红色】选项，在【尾部】选项区域的【形状】下拉列表框中选择▼选项，在【颜色】下拉列表框中选择【紫红色】选项，如图 7-8 所示。

(3) 打开【条形图文本】选项卡，在【左侧】下拉列表框中选择【最晚开始时间】选项，在【右侧】下拉列表框中选择【最早完成时间】选项，在【上方】下拉列表框中选择【资源名称】选项，如图 7-9 所示。

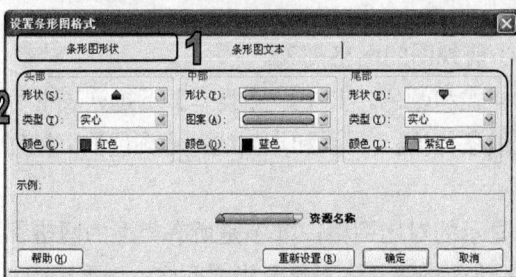

图 7-8 【条形图形状】选项卡

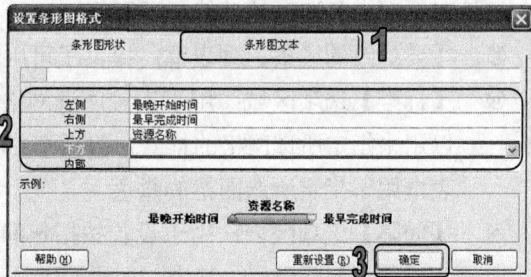

图 7-9 【条形图文本】选项卡

(4) 单击【确定】按钮，完成设置，效果如图 7-10 所示。

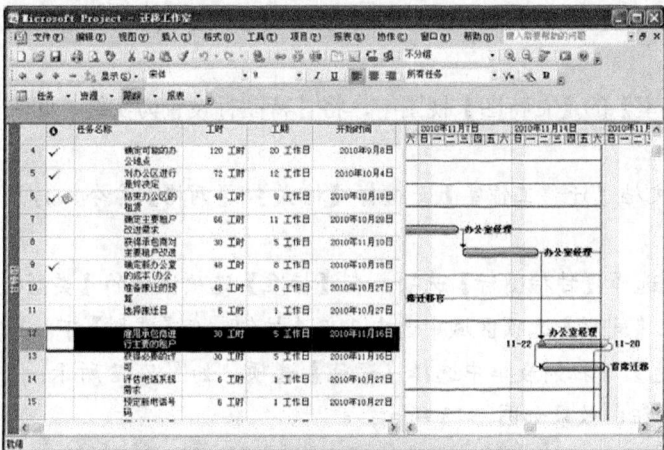

图 7-10 设置条形图格式

提示

在【设置条形图格式】对话框中单击【重新设置】按钮，可以恢复默认的设置。

7.2.4 设置网格格式

网格是某些视图中用来标出时间段、行和列、及常规间隔的线条。在视图中为了增强可读性和明确性，可以重新设置网格格式。要设置网格格式，选择【格式】|【网格】命令，打开【网格】对话框，如图 7-11 所示。

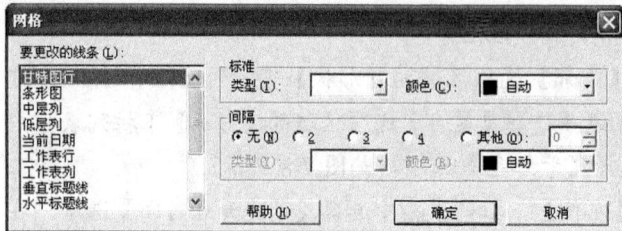

图 7-11　【网格】对话框

在该对话框中各选项的功能如下所示。

◉ 　【要更改的线条】列表框：提供了可用于当前视图的网格列表。

◉ 　【标准】选项区域：用于设置所选网格的样式和颜色。其中，【类型】下拉列表框可以用来指定所选网格的样式，包括空白(无线条)实线、点线和点划线；【颜色】下拉列表框用于指定所选网格的颜色。

◉ 　【间隔】选项区域：用于设置按指定间隔显示的对比网格，并不是所有类型的网格都可以使用间隔网格。其中，如果选中【无】单选按钮，将不显示指定网格；如果选中 2 单选按钮，指定网格将每两行或两列显示一次；如果选中【其他】单选按钮，并在其后的微调框中指定网格的间隔，可以自定义间隔；【类型】下拉列表框可以用来指定间隔网格线条样式，例如点线和点划线；【颜色】下拉列表框用于指定间隔网格的线条颜色。

【例 7-4】在项目文档【迁移工作室】的【甘特图】视图中，将甘特图行设置为实线，间隔为 4，间隔线为虚线，颜色为紫色。

(1) 启动 Project 2007，打开项目文档【迁移工作室】。选择【格式】|【网格】命令，打开【网格】对话框。

(2) 在【要更改的线条】列表框中选择【甘特图行】选项，在【标准】选项区域的【类型】下拉列表框中选择第 2 种实线样式；在【间隔】选项区域中选中 3 单选按钮，在【类型】下拉列表框中选择第 4 种虚线样式，在【颜色】下拉列表框中选择【紫色】选项，如图 7-12 所示。

(3) 设置完成后，单击【确定】按钮，效果如图 7-13 所示。

图 7-12　设置网格格式

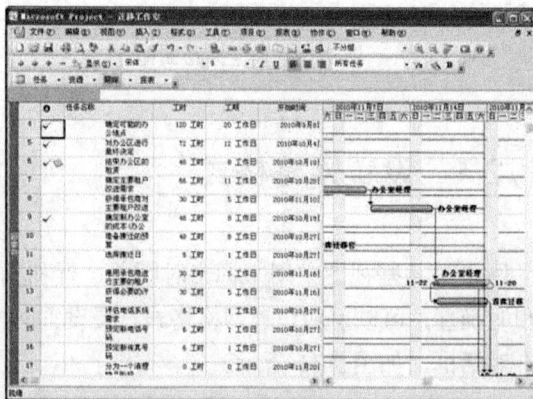

图 7-13　设置网格样式后的效果

⑦.3 设置项目文档整体格式

设置项目文档中各组件的格式，只能修改某一项目信息的样式，如果需要修改项目文档的整体格式，则需要使用其他方法来设置。

⑦.3.1 设置甘特图格式

Project 默认提供的甘特图样式已经很好，也可以根据自己的爱好自定义甘特图样式。使用甘特图向导来定制甘特图的样式，是比较常用的快捷方法。【甘特图向导】是以向导的方式设置甘特图条形图形，操作方便简单，选择【格式】|【甘特图向导】命令，打开【甘特图向导】对话框，按照向导提示进行设置即可。

【例 7-5】在项目文档【迁移工作室】中，设置甘特图格式。

(1) 启动 Project 2007，打开项目文档【迁移工作室】。选择【格式】|【甘特图向导】命令，打开【甘特图向导】对话框，如图 7-14 所示。

(2) 单击【下一步】按钮，打开【需要在甘特图中显示的信息】对话框，选中【自定义甘特图】单选按钮，如图 7-15 所示。

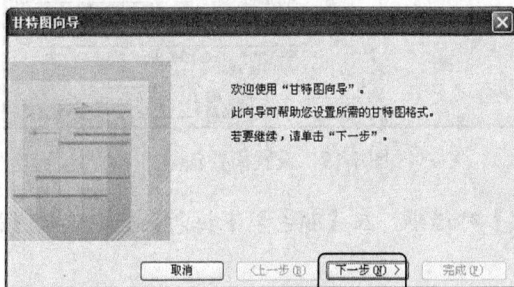

图 7-14　【甘特图向导】对话框　　　　图 7-15　设置甘特图中显示的信息

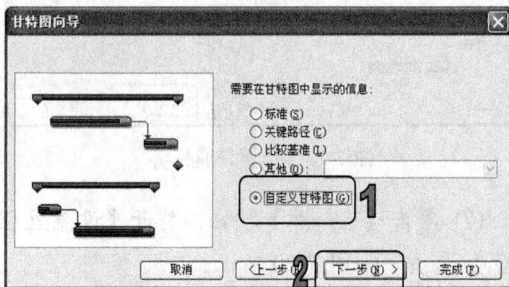

知识点

在【需要在甘特图中显示的信息】对话框中，选中【标准】单选按钮，表示以标准的方式显示甘特图，即甘特图默认样式；选中【关键路径】单选按钮，表示在甘特图突出显示项目的关键路径(关键路径是指完成项目必须完成的一系列任务)；选中【比较基准】单选按钮，表示在甘特图中标出各任务间的比较基准关系；选中【其他】单选按钮，表示为【标准】、【关键路径】、【比较基准】提供多项样式，可以从中选择；选中【自定义甘特图】单选按钮，表示由用户自定义甘特图的所有样式及细节。

(3) 单击【下一步】按钮，打开如图 7-16 所示的对话框，保持默认设置不变。

(4) 单击【下一步】按钮，打开【设置关键任务】对话框，在【颜色】下拉列表框中选择【褐紫红色】选项，在【图案】下拉列表框中选择一种图案样式，在【尾部形状】下拉列表框中选择一种尾部形状，如图 7-17 所示。

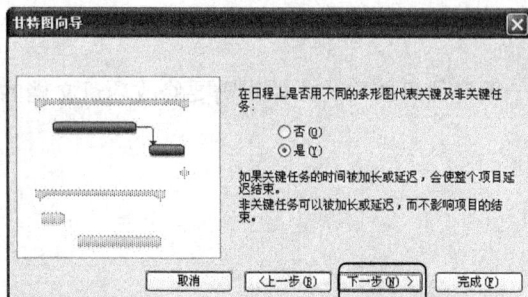

图 7-16　设置使用不同的条形图显示任务

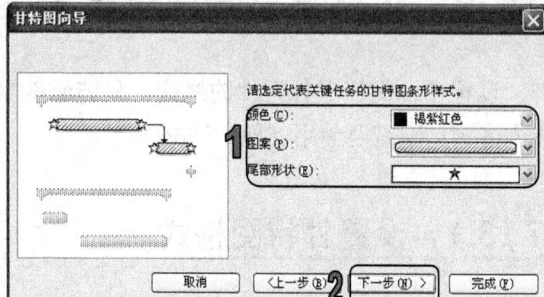

图 7-17　设置关键任务

(5) 单击【下一步】按钮，打开【设置普通任务】对话框，保持默认设置，如图 7-18 所示。

(6) 单击【下一步】按钮，打开【设置摘要任务】对话框，在【颜色】下拉列表框中选择【酸橙色】选项，在【图案】下拉列表框中选择一种图案样式，在【条形图样式】下拉列表框中选择一种条形图样式，在【尾部形状】下拉列表框中选择一种尾部形状，如图 7-19 所示。

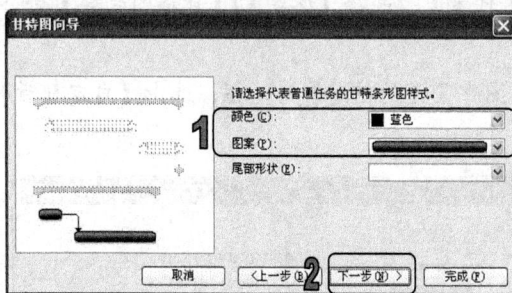

图 7-18　设置普通任务

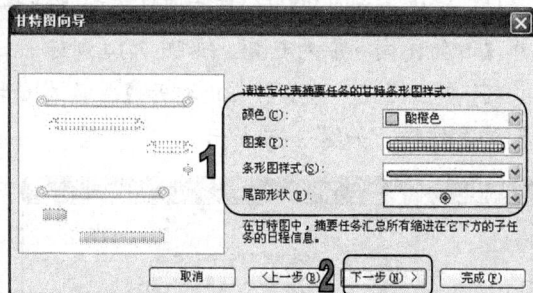

图 7-19　设置摘要任务

(7) 单击【下一步】按钮，打开【设置里程碑】对话框，在【颜色】下拉列表框中选择【橄榄色】选项，如图 7-20 所示。

(8) 单击【下一步】按钮，打开【是否需要显示其他甘特图】对话框，选中【可宽延的总时间】单选按钮，如图 7-21 所示。

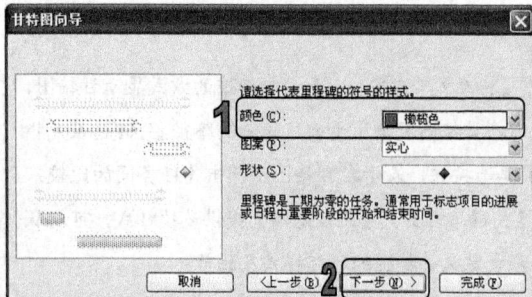

图 7-20　设置里程碑

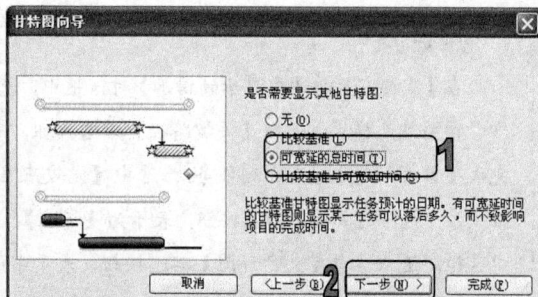

图 7-21　设置要显示的其他甘特图

(9) 单击【下一步】按钮，打开【需要显示的任务信息】对话框，选中【资源与日期】单选按钮，如图 7-22 所示。

(10) 单击【下一步】按钮，打开【是否显示任务间的链接线】对话框，选中【是】单选按钮，如图 7-23 所示。

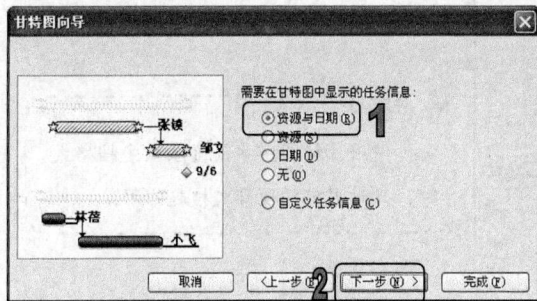

图 7-22　设置显示的任务信息

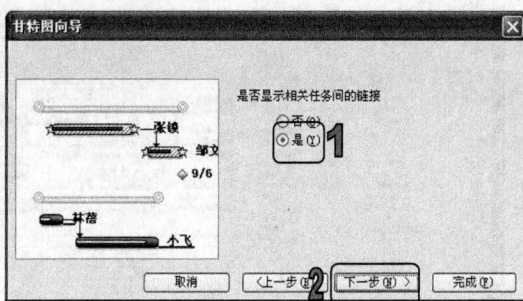

图 7-23　设置任务间的链接线

知识点

在【需要显示的任务信息】对话框中，选中【资源与日期】单选按钮，表示在甘特图条形图的右侧显示资源名称或日期；选中【资源】单选按钮，表示在条形图右侧显示资源的名称；选中【日期】单选按钮，表示在条形图右侧显示日期；选中【无】单选按钮，表示在条形图上不显示任务内容；选中【自定义任务信息】单选按钮，可由用户自定义显示在条形图上的信息。

(11) 单击【下一步】按钮，打开【祝贺】对话框，告诉用户准备好设置甘特图格式，如图 7-24 所示。

(12) 单击【开始设置格式】按钮，打开【完成设置】对话框，如图 7-25 所示。

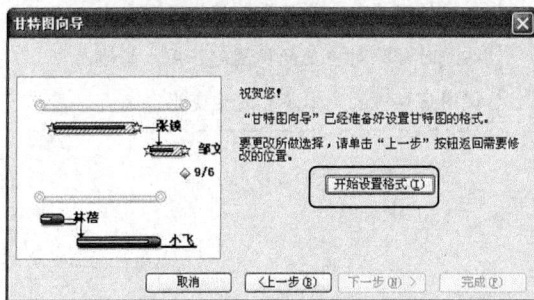

图 7-24　设置成功

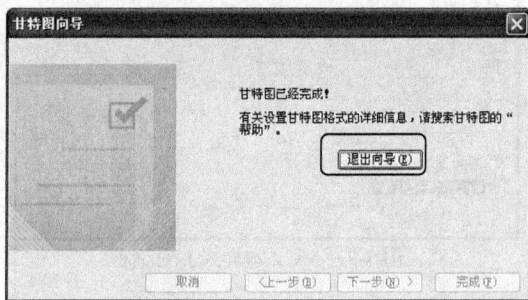

图 7-25　设置完成

(13) 单击【退出向导】按钮，完成设置，如图 7-26 所示。

知识点

要返回【甘特图】的默认视图样式，则需要再次打开【甘特图向导】对话框，然后在每个对话框中保留默认选项，单击【下一步】按钮到最后完成设置样式即可。

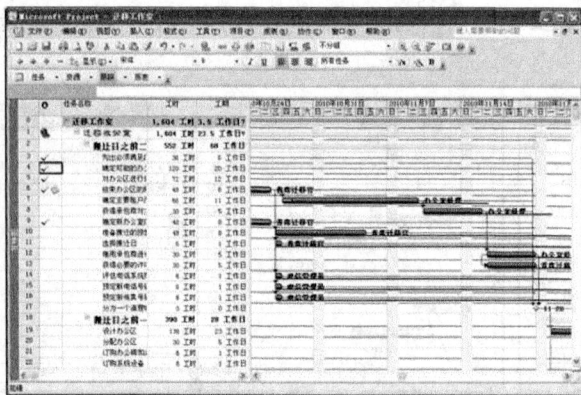

图 7-26　设置甘特图

7.3.2　设置文本样式

在 Project 2007 中不仅可以设置某一单元格的字体格式，还可以一次设置所有文本或具有某一特征的文本格式。选择【格式】|【文本样式】命令，打开【文本样式】对话框，就可以设置文本样式，包括字体、字形、字号、下划线、颜色、背景色和背景图案，如图 7-27 所示。

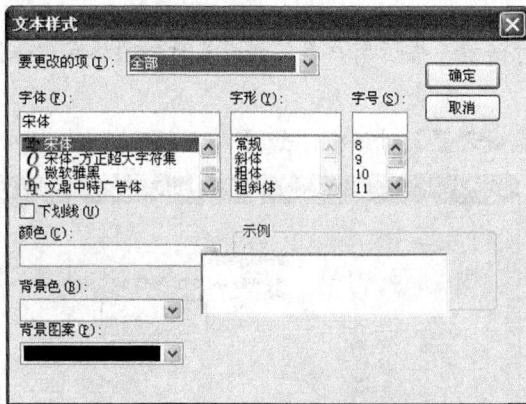

图 7-27　【文本样式】对话框

> **提示**
>
> 使用甘特图向导设置项目文档格式时，只对当前的项目文档起作用。

> **知识点**
>
> 使用【文本样式】对话框设置文本格式时，只对当前的视图起作用，其他视图窗口中的文本不会发生变化。

【例 7-6】 在项目文档【迁移工作室】的【资源工作表】视图中，设置行列标题的字体为华文隶书，字形为粗体，字号为 12，字体颜色为深红色。

(1) 启动 Project 2007，打开项目文档【迁移工作室】。选择【视图】|【资源工作表】命令，切换至【资源工作表】视图，如图 7-28 所示。

(2) 选择【格式】|【文本样式】命令，打开【文本样式】对话框，在【要更改的项】下拉列表框中选择【行列标题】选项，在【字体】列表框中选择【华文隶书】选项，在【字形】列表框中选择【粗体】选项，在【字号】列表框中选择 12 选项，在【颜色】下拉列表框中选择【深红色】选项，如图 7-29 所示。

(3) 单击【确定】按钮，此时文档的效果如图 7-30 所示。

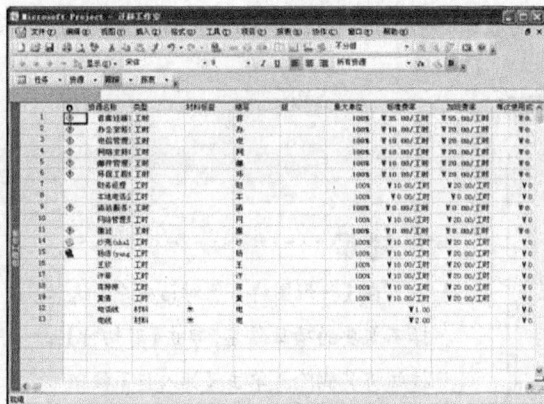

图 7-28 【资源工作表】视图

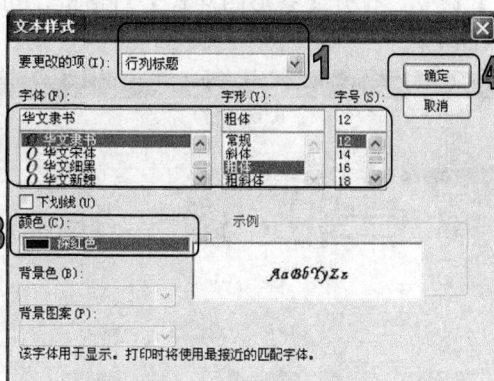

图 7-29 设置文本样式

提示

在【文本样式】对话框的【要更改的项】下拉列表中提供了可以设置的列表，如【全部】选项表示所有文本，包括甘特图的文本；【关键任务】选项表示为使项目暗示完成而必须按时完成的任务；【条形图文本-左侧】表示甘特图中的条形图左侧的文本等。从中选择要设置样式的项，再进行设置样式即可。

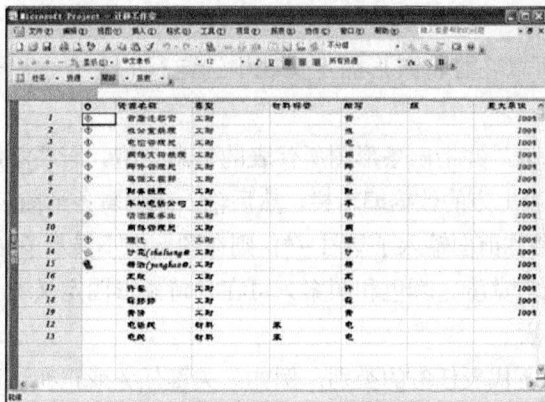

图 7-30 设置文本样式后的效果

提示

【格式刷】工具是 Project 提高的可快速格式化文本的工具，用于将某一样式运用到其他文本，使用【常用】工具栏中的【格式刷】按钮，可以对单元格中的文本样式进行复制。

知识点

单击【常用】工具栏中的【格式刷】按钮，格式刷只能应用一次；双击【格式刷】按钮，格式刷可以连续使用多次，直到再次单击【格式刷】按钮或进行其他的编辑工作为止。

7.3.3 设置条形图样式

在 Project 2007 中可以对具有某一特征的条形图进行样式设置。选择【格式】|【条形图样

式】命令，打开【条形图样式】对话框，可以设置条形图的头部、中部和尾部的样式，如图7-31 所示。

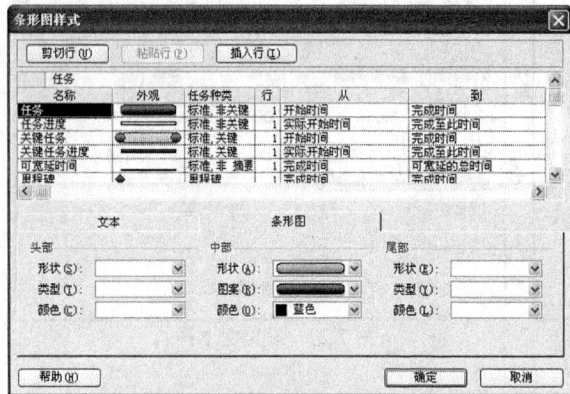

图 7-31　【条形图样式】对话框

> **提示**
>
> 在【条形图样式】对话框中，选择不需要的项目信息，单击【剪切行】按钮将其删除；单击【插入行】按钮添加新的项目信息。

在该对话框中各选项区域的功能如下所示。

- ⊙ 【剪切行】按钮：单击该按钮，可以从甘特条形图定义表中删除选定行，并将它临时存储在剪贴板上。

- ⊙ 【粘贴行】按钮：单击该按钮，可以将从甘特条形图定义表中剪切的最后一行插入到选定行的上面。

- ⊙ 【插入行】按钮：单击该按钮，可以在甘特条形图定义表中选定行的上方添加一个空行。

- ⊙ 【名称】域：显示甘特条形图的名称，并指出条形图所代表的信息类型。若要添加或更改名称，可单击甘特条形图定义表上方的数据编辑栏，然后输入或编辑条形图名称。如果没有为条形图指定名称，或在名称前面输入了星号 (*)，则在图例中不显示条形图。

- ⊙ 【外观】域：显示每个条形图的当前宽度、颜色和图案。可在甘特条形图定义表下方的【条形图】选项卡上更改这些元素。

- ⊙ 【任务种类】域：显示甘特条形图所代表任务的类别，例如，关键任务或正在进行的任务。若要创建或更改所选甘特条形图的任务类别，可单击该域，单击下箭头，再选择条形图表示的任务类别。

- ⊙ 【行】域：显示条形图在甘特图上的垂直位置。每个任务最多显示 4 行或 4 个条形图。如果条形图具有不同的行数，将在垂直堆栈中彼此关联显示。第 1 行是堆栈的顶行，而第 4 行是堆栈的底行。

- ⊙ 【从】和【到】域：显示表示所选甘特条形图起点和终点的日期、百分比或工期域。若要输入或更改【从】或【到】域的内容，可单击该域，单击箭头，再选择甘特条形图的起点或终点的域的名称。

- ⊙ 【文本】选项卡：可以设置在条形图的左侧、右侧、上方、下方及内部所要显示的文本。

- ⊙ 【条形图】选项卡：可以设置条形图头部、中部和尾部的形状、类型和颜色。

【例7-7】在项目文档【迁移工作室】中，删除摘要分组项目信息，将摘要项目信息的条形图以紫红色显示。

(1) 启动 Project 2007，打开项目文档【迁移工作室】。选择【视图】|【甘特图】命令，切换至【甘特图】视图。

(2) 选择【格式】|【条形图样式】命令，打开【条形图样式】对话框，在列表框中选中【摘要分组】选项，如图7-32所示，然后单击【剪切行】按钮，将其删除。

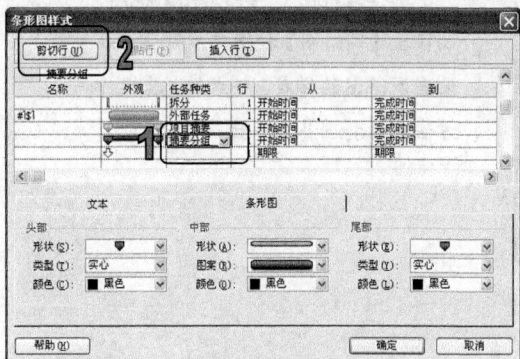

图 7-32　【条形图样式】对话框

> **提示**
>
> 在【条形图样式】对话框中，打开【文本】选项卡，可以设置条形图左侧、右侧、上方、下方和内部显示的文字。

(3) 在列表框中选中【摘要】选项，在【条形图】选项卡的【头部】、【中部】和【尾部】选项区域的【颜色】下拉列表框中均选择【紫红色】选项，在【头部】、【中部】和【尾部】选项区域的【形状】下拉列表框中分别选择一种选项，如图7-33所示。

(4) 单击【确定】按钮，返回到项目文档，条形图样式如图7-34所示。

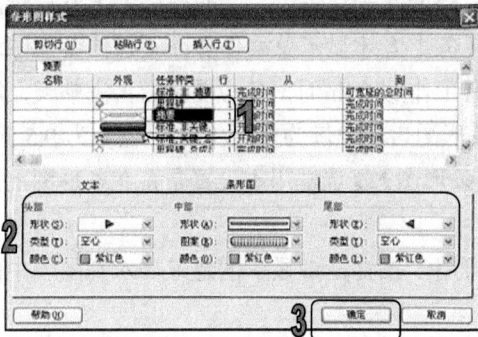

图 7-33　设置摘要信息

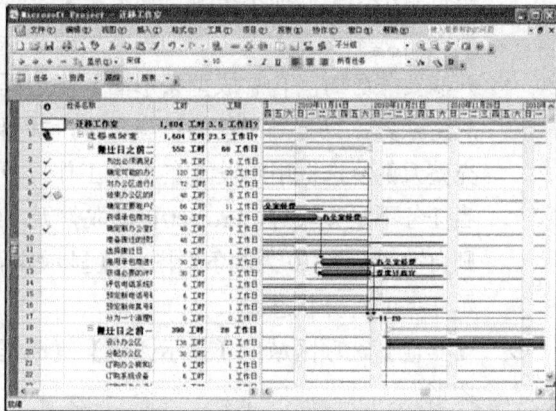

图 7-34　设置条形图样式

(7).3.4　设置版式

除了设置条形图形样式外，还可以设置版式。版式是指链接线、条形图旁的日期格式、条形图高度等外观属性。

要设置版式，选择【格式】|【版式】命令，在打开的【版式】对话框中进行相关设置即可，如图 7-35 所示。

图 7-35　【版式】对话框

提示

选择【视图】|【网络图】视图，切换至【网络图】视图下，同样可以设置网络图的样式、版式等，其操作方法与甘特图基本一致。

其中，各选项的功能如下。

- ◉ 【链接】选项区域：Project 提供了 3 种链接线的方式，一种是不显示条形图的链接线；另外两种是使用不同的链接线。使用这 3 种格式表现任务间的链接关系，可以选择其中的一项。

- ◉ 【条形图】选项区域：用来指定条形图的格式。其中，【日期格式】下拉列表框用于设置条形图上显示的日期的格式；【高度】下拉列表框用于设置条形图的高度；【总是将条形图上卷显示于摘要任务中】复选框用来决定是否在摘要任务上形成总成型条形图，选中该复选框，子任务条形图显示在摘要任务条形图上方，如果同时选中【展开摘要任务时隐含总成型条形图】复选框，当展开子任务时，其摘要任务上不显示总成型任务，只有当子任务被隐含时，摘要任务上方才显示总型任务；【延伸条形图填充整天】复选框用于设置在 1 个工作日没有工作到 24h 时，条形图是否占满整天，即当任务不足整天时，Project 自动取整天，条形图自动填满为整天(例如，任务为 9.5 天，则自动显示为 10 天的条形图)；【显示分隔条形图】复选框用于设置是否在条形图上显示任务的拆分状态。

- ◉ 【其他】选项区域：【显示图形】复选框可用于设置是否显示创建或插入到图表中的图形。

【例 7-8】 在项目文档【迁移工作室】中，将链接线设置为折线，日期格式设置为 2002 年 1 月 28 日，高度为 18，并且条形图上卷显示于摘要任务中。

(1) 启动 Project 2007，打开项目文档【迁移工作室】。选择【视图】|【甘特图】命令，切换至【甘特图】视图。

(2) 选择【格式】|【版式】命令，打开【版式】对话框，在【链接】选项区域中选择第二个单选按钮，在【日期格式】下拉列表框中选择【2002 年 1 月 28 日】选项，在【高度】下拉列表框中选择 18 选项，如图 7-36 所示。

(3) 单击【确定】按钮，完成版式设置，效果如图 7-37 所示。

图 7-36　设置版式

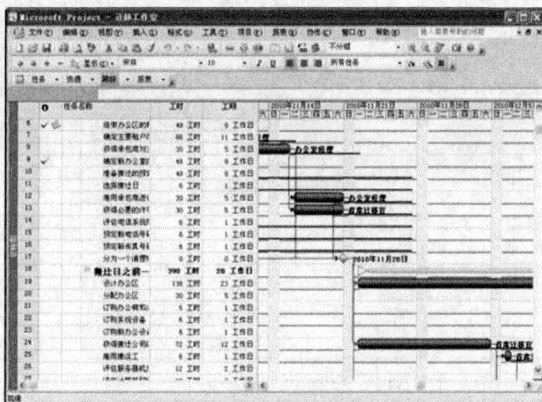

图 7-37　设置版式后的效果

7.4　插入绘图和对象

为了能让 Project 2007 传递的信息更加直观，可以在项目文档中插入其他信息对象，例如代表一定意义的图形、图像等，以增强计划文件的显示效果。在项目文档中，可以插入绘图和图像的位置有 4 个：甘特图中的条形图区域，备注页，标题、页脚和图例中，资源窗体的图表中。

7.4.1　插入绘图

Project 2007 提供了【绘图】工具栏，使用它可以很方便地插入直线、箭头、矩形、椭圆和多边形等。要插入绘图，选择【插入】|【绘图】命令，打开【绘图】工具栏，如图 7-38 所示，单击要绘制的图形按钮，在图表区域进行绘制即可。

图 7-38　【绘图】工具栏

> **提示**
>
> 在【绘图】工具栏中，单击【循环填充颜色】按钮，可为绘制的图形循环填充颜色。

【例 7-9】在项目文档【迁移工作室】中，绘制一个蓝色边框的文本框，在其中输入"8 月 25 日分配任务"。

(1) 启动 Project 2007，打开项目文档【迁移工作室】。选择【插入】|【绘图】命令，打开【绘图】工具栏。

(2) 在【绘图】工具栏中单击【文本框】按钮，在适当位置拖动鼠标绘制文本框，如图 7-39 所示。

(3) 在文本框中输入文本"8 月 25 日分配任务"，效果如图 7-40 所示。

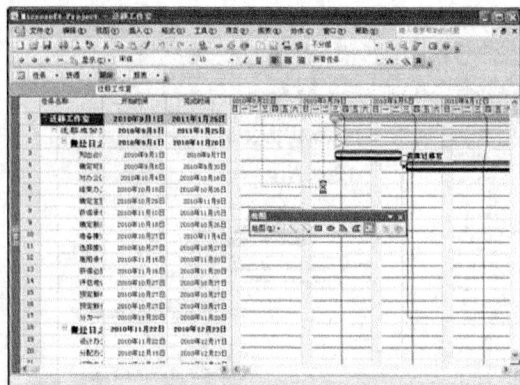
图 7-39 绘制文本框

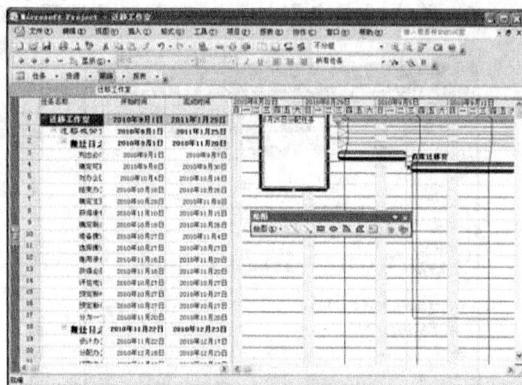
图 7-40 插入任务

(4) 右击文本框，在弹出的快捷菜单中选择【属性】命令，打开【设置绘图对象格式】对话框。

(5) 打开【线条与填充】选项卡，在【线条】选项区域的【颜色】下拉列表框中选择【蓝色】选项，在【填充】选项区域的【颜色】下拉列表框中选择【银白】选项，在【图案】下拉列表框中选择一种图案样式，如图 7-41 所示。

(6) 打开【大小和位置】选项卡，在【位置】选项区域中选中【附加到时间刻度】单选按钮，在【垂直】微调框中输入 0.3 厘米，并在【大小】选项区域中设置高度和宽度，如图 7-42 所示。

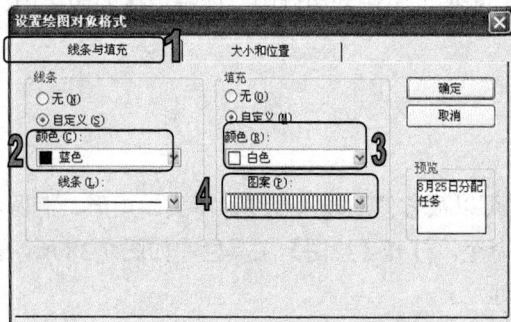
图 7-41 【线条与填充】选项卡

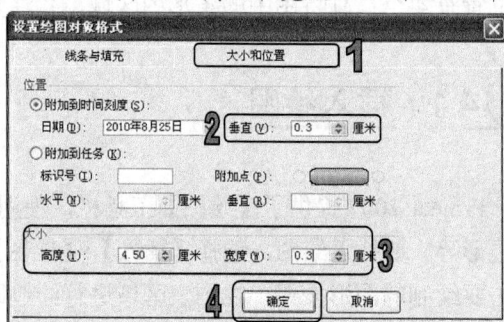
图 7-42 【大小和位置】选项卡

(7) 单击【确定】按钮，调整后的文本框如图 7-43 所示。

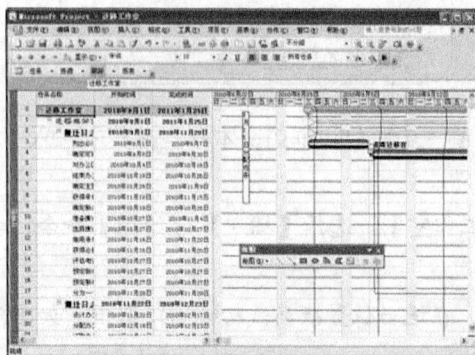
图 7-43 插入绘图

提示

所绘制的图形可以附加到时间刻度或任务上。

⑦.4.2　插入对象

在 Project 2003 中，不但可以插入绘图，还可以插入对象，例如 ACDSee 图像、Excel 工作表、PowerPoint 幻灯片、Word 文档和日历控件等。

1. 插入 Word 文档

使用 Word 可以很方便地编排出精美的文档，用来说明公司规章制度、各种公告等。在 Project 中也可以插入 Word 文档，对各项任务作进一步的说明。

【例 7-10】在项目文档【迁移工作室】中插入 Word 文档。

(1) 启动 Project 2007，打开项目文档【迁移工作室】。

(2) 选择【插入】|【对象】命令，打开【插入对象】对话框，在【对象类型】列表框中选择【Microsoft Word 文档】选项，选中【显示为图标】复选框，如图 7-44 所示。

(3) 单击【确定】按钮，打开如图 7-45 所示的 Word 窗口。

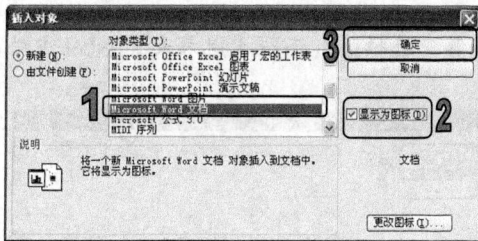

图 7-44　【插入对象】对话框　　　　　　图 7-45　打开 Word 窗口

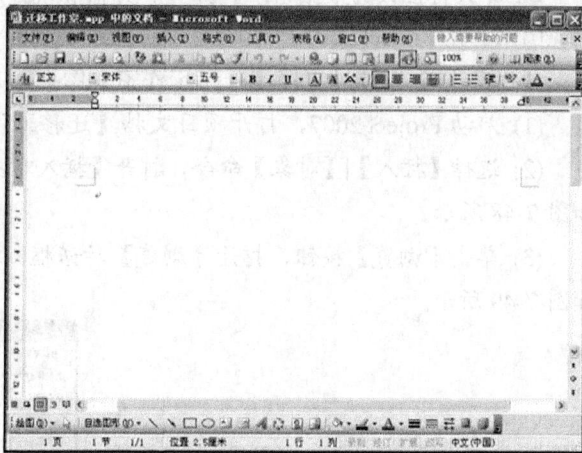

(4) 在打开的 Word 窗口中输入迁移工作室的通知，并且设置字体和段落格式，效果如图 7-46 所示。

(5) 单击【保存】按钮，保存 Word，然后单击【关闭】按钮，返回到项目文档中，此时显示 Word 图标，设置其位置，如图 7-47 所示。双击该 Word 图标就可以打开 Word 文档。

知识点

在 Project 2007 中还可以插入 Word 图片，选择【插入】|【对象】命令，打开【插入对象】对话框，在【对象类型】列表框中选择【Microsoft Word 图片】选项，然后单击【确定】按钮，打开 Word 2007 图片编辑界面，在 Word 中插入图片，关闭图片编辑界面后，就可将图片插入到 Project 中。

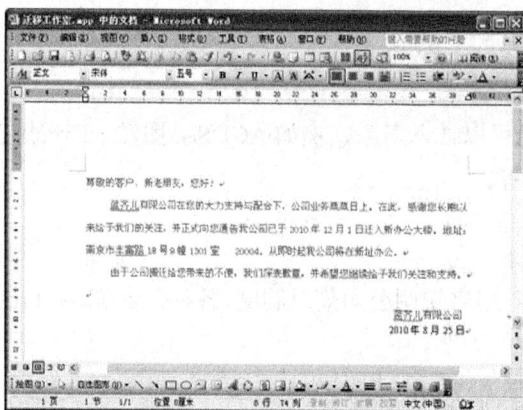

图 7-46　输入公告内容

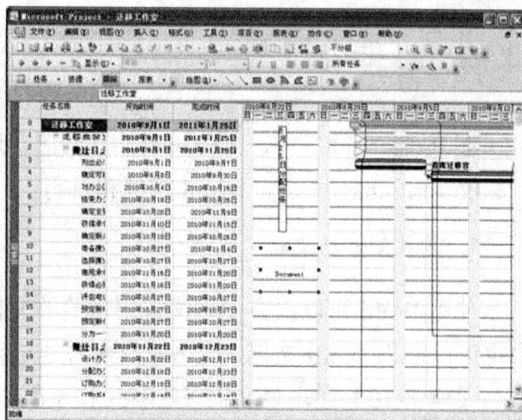

图 7-47　显示 Word 图标

2. 插入 Excel 文件

Excel 具有强大的数据组织、计算、分析和统计功能，可以将数据通过图表、图形等形象地表现出来。在 Project 2007 中，也可以直接使用已有的 Excel 文件，提高工作效率。

【例 7-11】在项目文档【迁移工作室】中插入 Excel 文档。

(1) 启动 Project 2007，打开项目文档【迁移工作室】。

(2) 选择【插入】|【对象】命令，打开【插入对象】对话框，选中【由文件创建】单选按钮，如图 7-48 所示。

(3) 单击【浏览】按钮，打开【浏览】对话框，在其中选择【员工薪资记录表】Excel 文档，如图 7-49 所示。

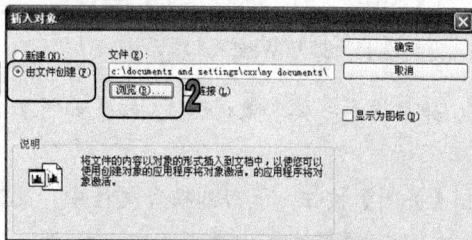

图 7-48　【插入对象】对话框

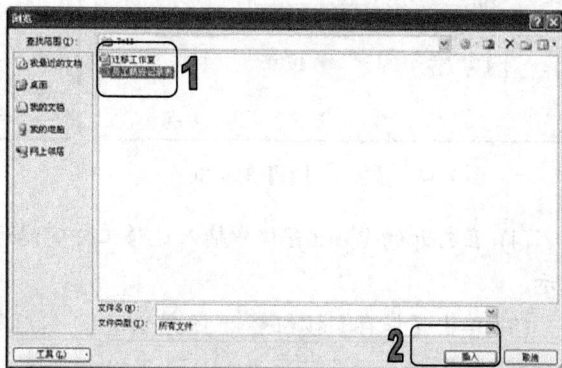

图 7-49　【浏览】对话框

(4) 单击【插入】按钮，返回【插入对象】对话框，单击【确定】按钮，返回到项目文件中，调整 Excel 文档的位置，效果如图 7-50 所示。

提示

在 Project 2007 中选择【插入】|【对象】命令，打开【插入对象】对话框，在【对象类型】列表框中选择【Microsoft Office PowerPoint 幻灯片】选项，单击【确定】按钮，即可在项目文档中插入一张空白幻灯片。

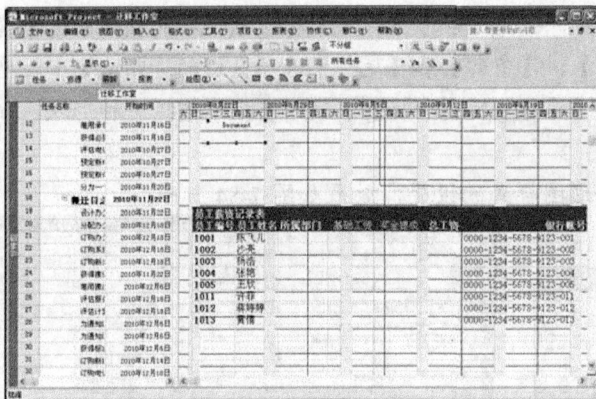

图 7-50　插入 Excel 文件

7.5　上机练习

本章上机练习主要通过美化项目文档【外部技术入职培训】和【项目管理办公室】来练习设置项目文档的各组件、整体格式和插入对象等操作。

7.5.1　美化【外部技术入职培训】

在【外部技术入职培训】项目文档中，设置项目文档的各组件、整体格式，并插入对象。

(1) 启动 Project 2007，打开项目文档【外部技术入职培训】。

(2) 选择【格式】|【文本样式】命令，打开【文本样式】对话框，在【要更改的项】下拉列表框中选择【行列标题】选项，在【字体】列表框中选择【华文新魏】选项，在【字形】列表框中选择【粗体】选项，在【字号】列表框中选择12选项，如图 7-51 所示。

(3) 单击【确定】按钮，完成行列标题样式的设置，效果如图 7-52 所示。

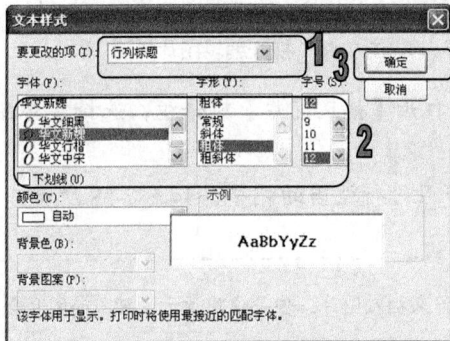

图 7-51　【文本样式】对话框

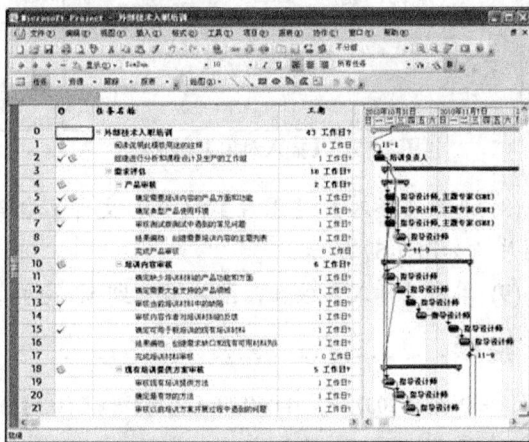

图 7-52　设置文本样式

(4) 选择【格式】|【条形图样式】命令，打开【条形图样式】对话框，在列表框中选中【摘要】选项，在【条形图】选项卡的【头部】、【中部】和【尾部】选项区域的【颜色】下拉列表框中均选择【红色】选项，在【头部】和【尾部】的【形状】下拉列表框中选择一种形状，如图7-53 所示。

(5) 单击【确定】按钮，完成任务条形图样式的设置，效果如图7-54 所示。

图 7-53　【条形图样式】对话框

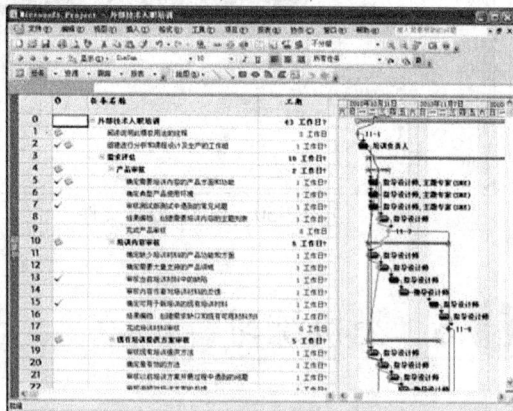

图 7-54　设置条形图样式

(6) 选择【插入】|【对象】命令，打开【插入对象】对话框，在【对象类型】列表框中选择【Microsoft Word 图片】选项，如图 7-55 所示。

(7) 单击【确定】按钮，打开 Word 2007 编辑图片界面，如图 7-56 所示。

图 7-55　【插入对象】对话框

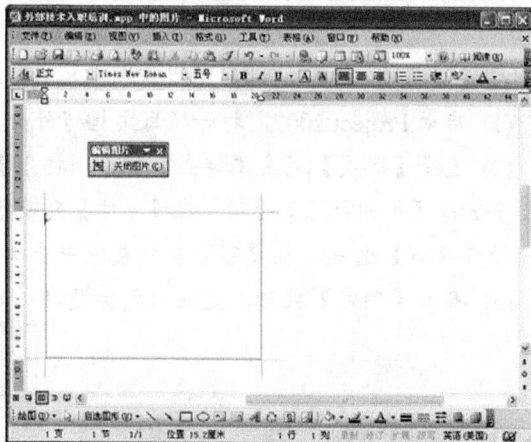

图 7-56　打开编辑图片界面

(8) 选择【插入】|【图片】|【来自文件】命令，打开【插入图片】对话框，选择需要插入的图片，如图 7-57 所示。

(9) 单击【插入】按钮，图片插入到 Word 中，并且进行适当的调整，如图 7-58 所示。

💡 **提示**

在 Project 2007 中，可以使用【复制】和【粘贴】的操作来插入图片。但是使用该方法插入的图片会失真，一般不建议使用该种方法。

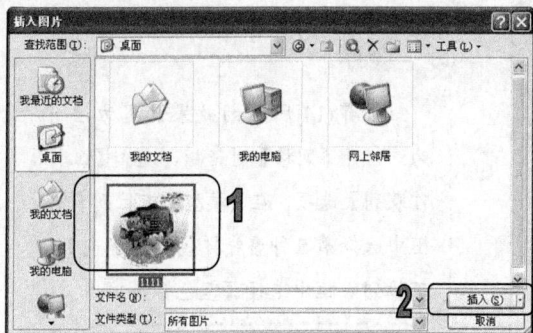

图 7-57　【插入图片】对话框

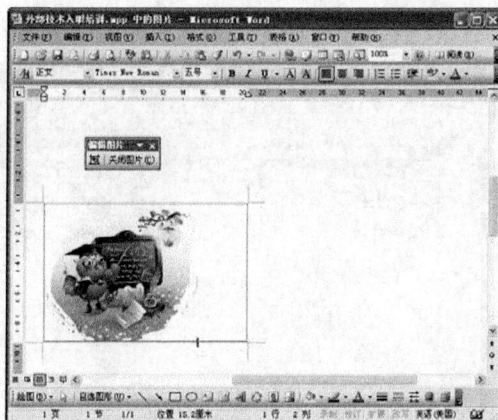

图 7-58　图片插入到 Word 中

(10) 关闭 Word 编辑窗口，返回到项目文档中，调整图片位置，如图 7-59 所示。

(11) 选择【视图】|【资源工作表】命令，切换到【资源工作表】视图，如图 7-60 所示。

图 7-59　插入 Word 图片

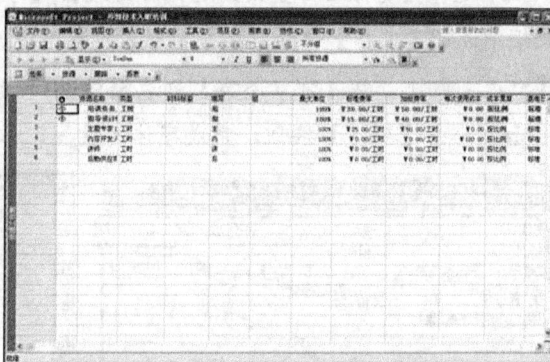

图 7-60　【资源工作表】视图

(12) 选择【格式】|【网格】命令，打开【网格】对话框，在【要更改的线条】列表框中选择【工作表行】选项，在【类型】下拉列表框中选择第 5 种虚线样式，在【颜色】下拉列表框中选择【海军蓝】选项，如图 7-61 所示。

(13) 单击【确定】按钮，设置工作表行的线条颜色，如图 7-62 所示。

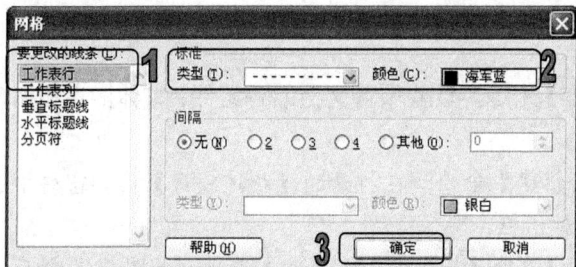

图 7-61　【网格】对话框

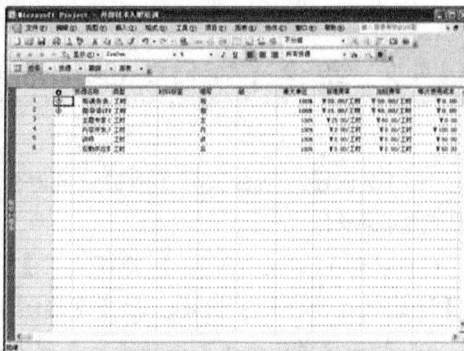

图 7-62　设置工作表行线条样式

(14) 使用同样的方法，设置工作表列的线条样式，效果如图 7-63 所示。

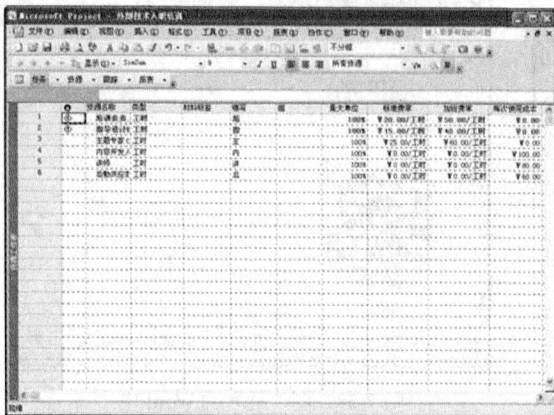

提示

步骤(14)所示的效果设置方法为：打开【网格】对话框，选择【工作表列】选项，在【类型】下拉列表框中选择第 5 种虚线样式，在【颜色】下拉列表框中选择【蓝色】选项。

图 7-63　设置工作表列的线条

(15) 选择【资源名称】列，选择【格式】|【字体】命令，打开【字体】对话框，在【字体】列表框中选择【隶书】选项，在【字形】列表框中选择【粗体】选项，在【背景色】列表框中选择【红色】色块，在【背景图案】列表框中选择一种图案样式，如图 7-64 所示。

(16) 单击【确定】按钮，完成字体的设置，效果如图 7-65 所示。

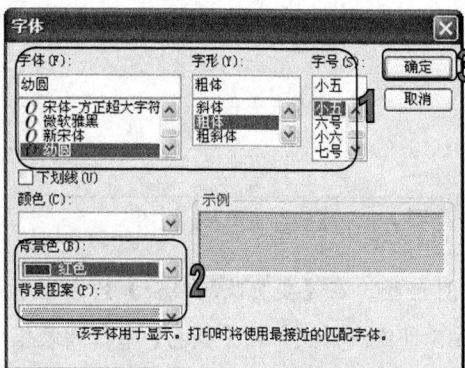

图 7-64　【字体】对话框

图 7-65　设置字体

7.5.2　美化【项目管理办公室】

使用模板建立项目文档【项目管理办公室】来练习设置项目文档的各组件、整体格式和插入日历控制等操作。

(1) 启动 Project 2007，选择【文件】|【新建】命令，在打开的【新建项目】任务窗格中选择【计算机上的模板】链接，打开【模板】对话框。

(2) 打开【项目模板】选项卡，在列表框中选择【项目管理办公室】选项，如图 7-66 所示。

(3) 单击【确定】按钮, 新建项目文档【项目管理办公室】, 如图 7-67 所示, 并且将其保存在其他位置。

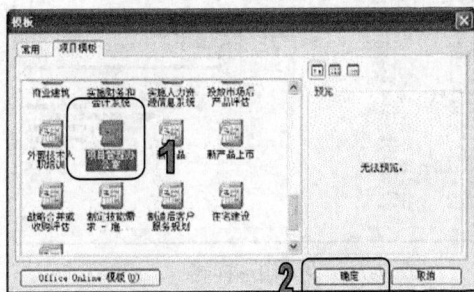
图 7-66 【模板】对话框

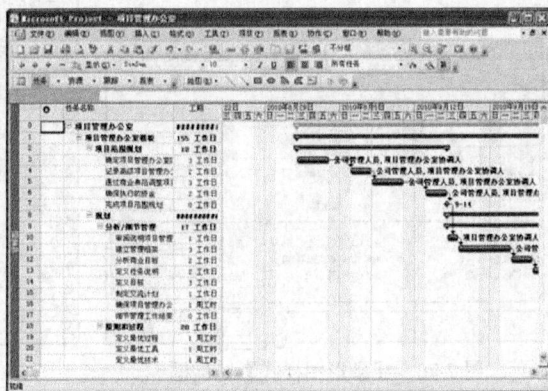
图 7-67 新建项目文档【项目管理办公室】

知识点

在使用模板创建文档时, 在【任务】向导窗格中单击【定义项目】链接, 打开【定义项目】窗格, 可以重新定义项目的信息, 例如项目的开始时间等, 在本上机练习中将开始日期改为 2010 年 9 月 1 日。

(4) 选择【格式】|【文本样式】命令, 打开【文本样式】对话框, 在【要更改的项】下拉列表框中选择【摘要任务】选项, 在【字体】列表框中选择【华文行楷】选项, 在【字形】列表框中选择【粗体】选项, 在【字号】列表框中选择 12 选项, 在【颜色】下拉列表框中选择【红色】选项, 在【背景色】下拉列表框中选择【银白】选项, 在【背景图案】下拉列表框中选择一种背景图案样式, 如图 7-68 所示。

(5) 单击【确定】按钮, 完成摘要任务样式的设置, 效果如图 7-69 所示。

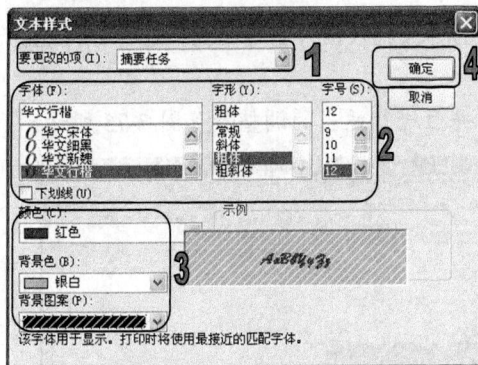
图 7-68 【文本样式】对话框

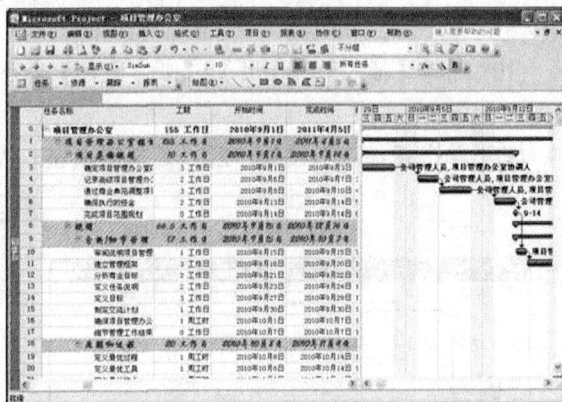
图 7-69 设置文本样式

(6) 选择【格式】|【条形图样式】命令, 打开【条形图样式】对话框, 在列表框中选中【任务】选项, 在【条形图】选项卡的【头部】、【中部】和【尾部】选项区域的【颜色】下拉列表框中均选择【绿色】选项, 在【头部】和【尾部】的【形状】下拉列表框中选择一种形状, 如图 7-70 所示。

(7) 单击【确定】按钮，完成任务条形图样式的设置，效果如图 7-71 所示。

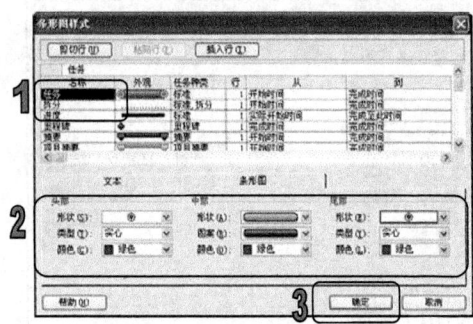

图 7-70　【条形图样式】对话框

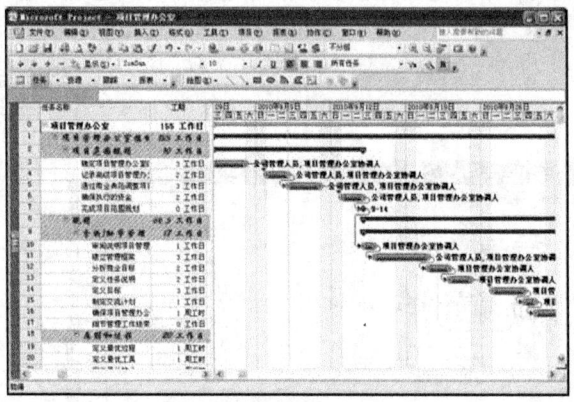

图 7-71　设置图形样式

(8) 选择【插入】|【对象】命令，打开【插入对象】对话框，在【对象类型】列表框中选择【Microsoft Word 图片】选项，如图 7-72 所示。

(9) 单击【确定】按钮，打开 Word 2007 编辑图片界面，如图 7-73 所示。

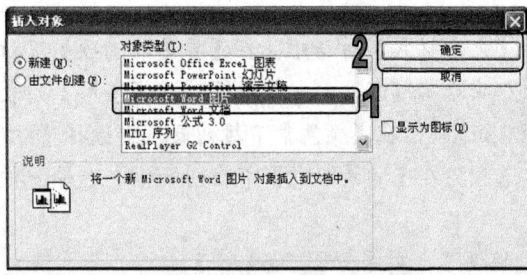

图 7-72　【插入对象】对话框

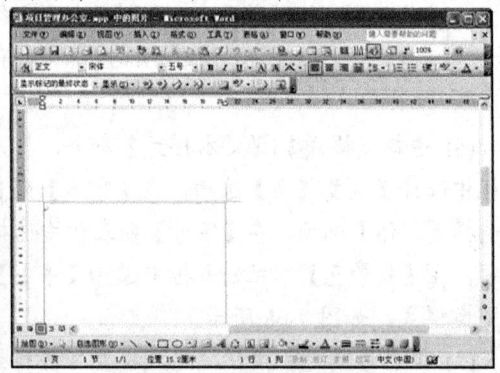

图 7-73　打开编辑图片界面

(10) 选择【插入】|【图片】|【来自文件】命令，打开【插入图片】对话框，选择公司 logo，如图 7-74 所示。

(11) 单击【插入】按钮，图片插入到 Word 中，并且进行适当的调整，如图 7-75 所示。

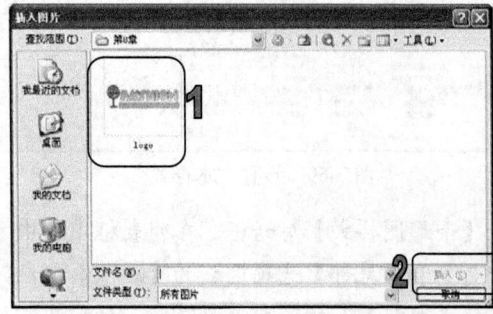

图 7-74　【插入图片】对话框

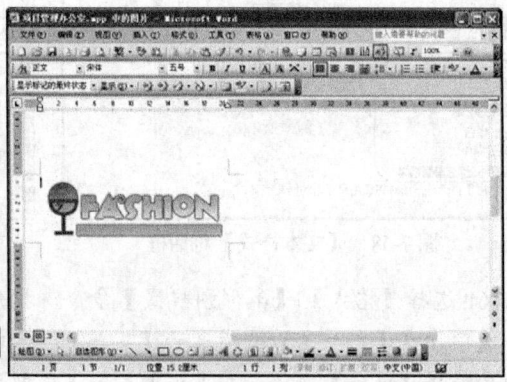

图 7-75　图片插入到 Word 中

(12) 关闭 Word 编辑窗口，返回到项目文档中，调整图片位置，如图 7-76 所示。

(13) 选择【插入】|【对象】命令，打开【插入对象】对话框，在【对象类型】下拉列表框中选择【日历控件 12.0】选项，如图 7-77 所示。

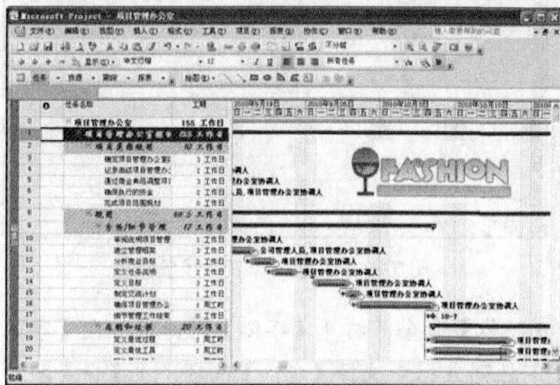

图 7-76 插入 Word 图片

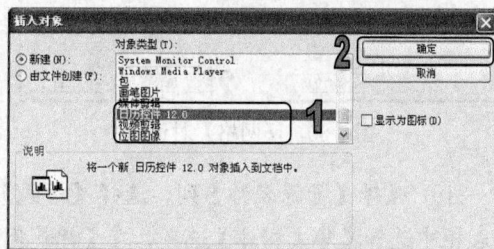

图 7-77 选择插入日历控件选项

(14) 单击【确定】按钮，在项目文档中插入日历控件，调整其位置，效果如图 7-78 所示。

(15) 选择【视图】|【资源工作表】命令，切换到【资源工作表】视图，如图 7-79 所示。

图 7-78 插入日历控件效果

图 7-79 建立其他任务之间的关系

提示

使用日历控制可以设置和检索日期，并控制日历的显示。在该处插入日历控制后，需要加载后台语言才能正常运行，用户可以参考相关的编程书籍。

(16) 选择【格式】|【网格】命令，打开【网格】对话框，在【要更改的线条】列表框中选择【工作表行】选项，在【颜色】下拉列表框中选择【橄榄色】选项，如图 7-80 所示。

(17) 单击【确定】按钮，设置工作表行的线条颜色。

(18) 使用同样的方法，设置工作表列的线条颜色，最终效果如图 7-81 所示。

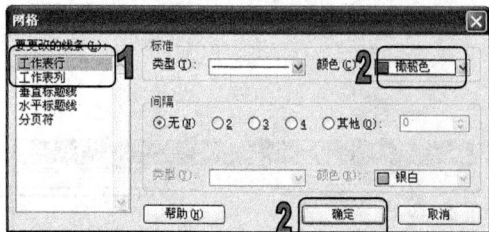

图 7-80 【网格】对话框

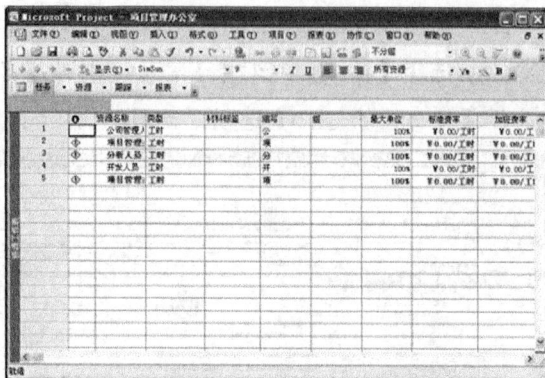

图 7-81 设置工作表行线条颜色

(19) 选择【资源名称】列，选择【格式】|【字体】命令，打开【字体】对话框，在【字体】列表框中选择【华文楷体】选项，在【背景色】下拉列表框中选择【灰色】选项，在【背景图案】下拉列表框中选择一种图案样式，如图 7-82 所示。

(20) 单击【确定】按钮，完成字体的设置，将光标移动到【资源名称】列右侧的列宽线，拖动鼠标调节列宽到合适位置，效果如图 7-83 所示。

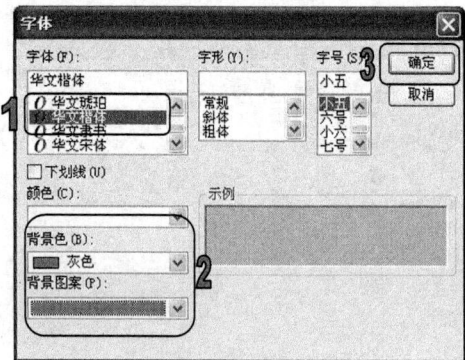

图 7-82 【字体】对话框

图 7-83 设置字体和底纹

7.6 习题

1. 在 Project 2007 中，根据模板创建一个项目文档，设置各组件的格式以及文档的整体格式。
2. 在习题 1 创建的项目文档中，插入绘图和 Word 文档。

第8章

优 化 项 目

学习目标

在项目实施过程中，常常会出现许多问题，例如项目完成时间需要提前，或者成本超出了预算等。为了确保项目能按照计划有条不紊地进行，项目管理者需要对项目不断地调整、优化，以满足实际的需求。

本章重点

- ⊙ 调整和优化任务
- ⊙ 调整和优化日程
- ⊙ 解决资源冲突

8.1 优化任务

在项目任务实施过程中，可以根据需求对任务进行延迟、重叠、中断等操作，以调整、优化任务。

8.1.1 延迟链接任务

在 Project 2007 中，系统自动根据任务之间的链接关系来确定任务的开始时间和完成时间。但是，在实际工作中，前置任务完成后，后续任务常常需要延迟一段时间，不能马上开始。

要设置任务的延迟，首先选择需要设置延迟的任务，然后选择【项目】|【任务信息】命令，打开【任务信息】对话框，在【前置任务】选项卡的【延隔时间】栏对应的单元格中输入一个正数或百分数即可，例如 2d 表示前置任务完成两天后再开始。

【例 8-1】在【迁移工作室】项目文档中，将【获得必要的许可】任务延迟 3 个工作日。

(1) 启动 Project 2007，打开项目文档【迁移工作室】。

(2) 双击【获得必要的许可】任务，打开【任务信息】对话框，打开【前置任务】选项卡，在【前置任务】列表框中【获得必要的许可】任务对应的【延隔时间】微调框中输入 3d，如图 8-1 所示。

(3) 单击【确定】按钮，此时在该任务对应的【前置任务】单元格中多了 3 个工作日，在图表区，任务的位置也移动了 3 个工作日，如图 8-2 所示。

图 8-1 【前置任务】选项卡

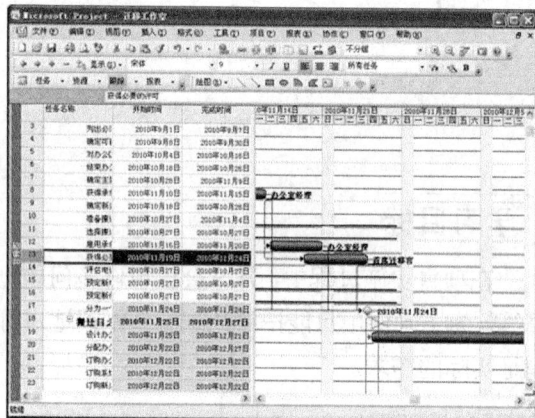

图 8-2 设置延迟任务

8.1.2 重叠链接任务

在实际工作中，一些任务并不需要前置任务完成后再开始，可以在前置任务开始一段时间后再开始，以缩短工期，降低成本。

要设置任务的重叠，首先选择需要与前置任务重叠的任务，然后选择【项目】|【任务信息】命令，打开【任务信息】对话框，在【前置任务】选项卡的【延隔时间】栏对应的单元格中输入一个负数或负的百分数即可，例如-2d 表示前置任务开始两天后就开始该任务。

【例 8-2】在【迁移工作室】项目文档中，将【评估正被运送到新地点的资产】任务与【获得新地方的商业保险报价】任务重叠 10%。

(1) 启动 Project 2007，打开项目文档【迁移工作室】。

(2) 选择【获得新地方的商业保险报价】任务，在【常用】工具栏中单击【任务信息】按钮，打开【任务信息】对话框，打开【前置任务】选项卡，在【前置任务】列表框中【评估正被运送到新地点的资产】任务对应的【延隔时间】微调框中输入-10%，如图 8-3 所示。

(3) 单击【确定】按钮，此时在该任务对应的【前置任务】单元格中少了 10%，在图表区，任务的位置与前置任务有一段重叠，如图 8-4 所示。

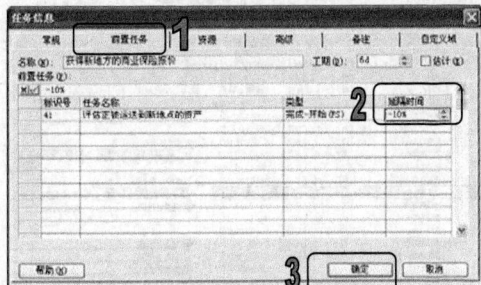

图 8-3 设置延隔时间

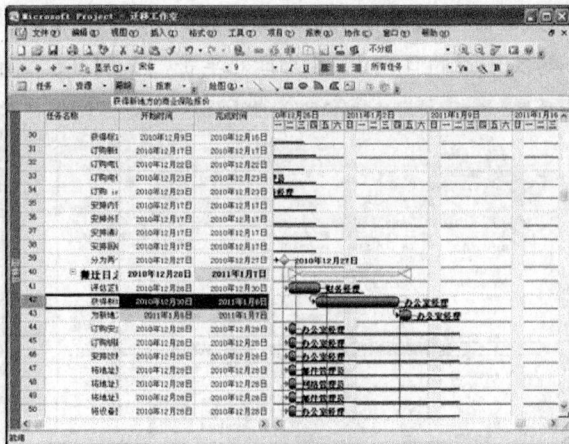

图 8-4 设置重叠任务

💡 **提示** ┈┈

在【甘特图】视图的右侧图表中，双击任务间的链接线，打开【任务相关性】对话框，在【延隔时间】微调框中输入时间，可以快速地为后续任务设置延隔时间和前置时间。

除了任务之间的相关性外，有些任务的前置任务不止一个，如果有多个前置或延隔时间，可在【甘特图】的【前置任务】栏下的单元格中以逗号(,)分开每个前置任务，或双击要设置多个前置任务和延隔时间的任务，在打开的【任务信息】对话框中的【前置任务】选项卡，在其中依次输入前置任务和延隔时间。

⑧.1.3 中断任务

在执行任务时，一些工作人员可能会发生意外，而造成某项任务中断，此时，就不应该为其计算成本，这时就需要进行拆分任务处理。如果通过其他一些方法，无须中断任务，还可以撤销设置的拆分处理。

1. 拆分任务

若任务中断，就需要将其拆分，否则 Project 会为任务计算资源成本。要拆分任务，右击要拆分的任务的条形图，从弹出的快捷菜单中选择【任务拆分】命令，当光标变为 形状时，在需要中断的日期处单击，然后选中拆分处的右侧条形图，按住鼠标左键不放向后拖动，直至任务重新开始的日期处释放鼠标即可。

【例 8-3】在【迁移工作室】项目文档中，将【准备搬迁的预算】任务从 11 月 4 日开始中断两个工作。

(1) 启动 Project 2007，打开项目文档【迁移工作室】。

(2) 选择【准备搬迁的预算】任务，选择【编辑】|【任务拆分】命令，当光标变为 ⊪ 形状时，在需要中断的日期 11 月 4 日处单击，如图 8-5 所示。

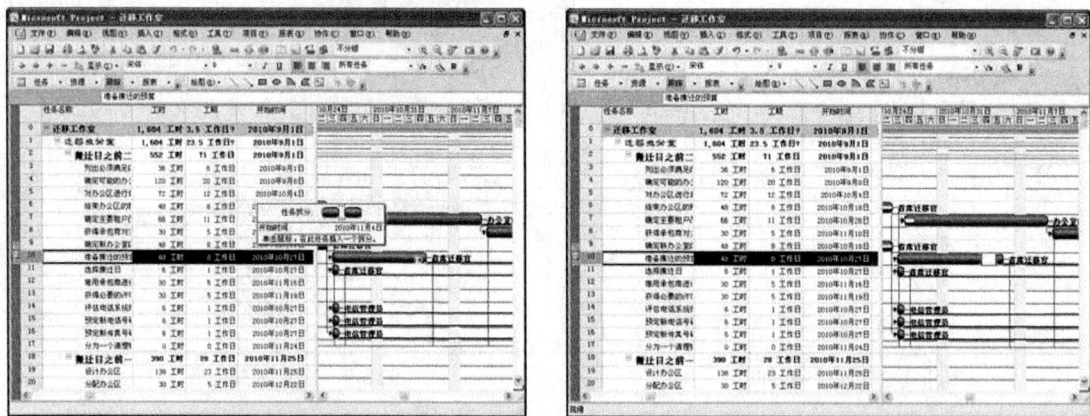

图 8-5　拆分任务

(3) 选中拆分处右侧的条形图，按住鼠标左键不放，向后拖动一个日期的刻度，释放鼠标，完成中断两个工作日的操作，如图 8-6 所示。

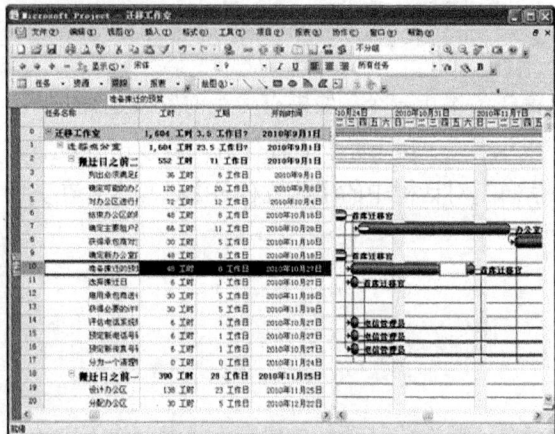

图 8-6　确定中断的时间

> 提示
>
> 选中要拆分的任务，在【常用】工具栏中单击【任务拆分】按钮，将光标移到需要中断的日期处也可以完成任务的拆分。

2. 撤销拆分任务

如果不需要拆分任务，可以很方便地撤销操作。要撤销拆分任务，可选中拆分任务右侧的条形图，按住鼠标左键不放，向前移动，直至任务的两条形图相接即可。

【例 8-4】在【迁移工作室】项目文档中撤销拆分任务。

(1) 启动 Project 2007，打开项目文档【迁移工作室】。

(2) 选择【准备搬迁的预算】任务右侧的条形图，按住鼠标左键不放，向前移动。

(3) 当两个条形图相接后释放鼠标，如图 8-7 所示。

> 提示
>
> 将表示任务的条形图进行移动将改变任务的开始日期和完成日期，拖动其长度可以改变任务的工期。

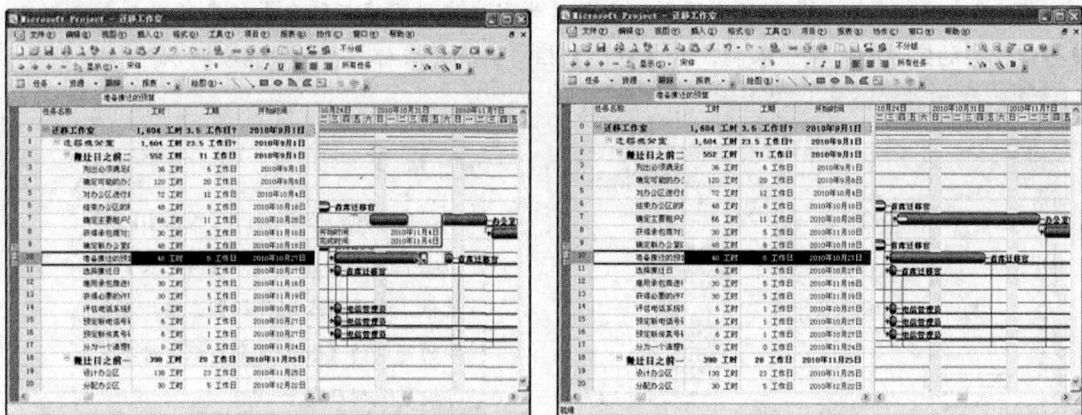

图 8-7　撤销任务拆分

8.1.4　设置任务期限

如果希望某项任务在特定日期完成，但又不希望用限制来约束该任务，可以为任务设定一个期限，当任务的日程发生变化时，Project 会根据该任务更新后的状态，与期限日期进行比较，若超过期限日期，则会在【标记】栏中显示出一个图标提醒用户。

要设置任务期限，首先选择要设置任务期限的任务，然后选择【项目】|【任务信息】命令，打开【任务信息】对话框，打开【高级】选项卡，在【期限】下拉列表框中选择任务的期限日期即可。

【例 8-5】在【迁移工作室】项目文档中，将【为客户安排家庭招待会】任务的期限日期设置为 2011 年 1 月 22 日。

(1) 启动 Project 2007，打开项目文档【迁移工作室】。

(2) 选择【为客户安排家庭招待会】任务，选择【项目】|【任务信息】命令，打开【任务信息】对话框，打开【高级】选项卡，在【期限】下拉列表框中选择 2011 年 1 月 22 日，如图 8-8 所示。

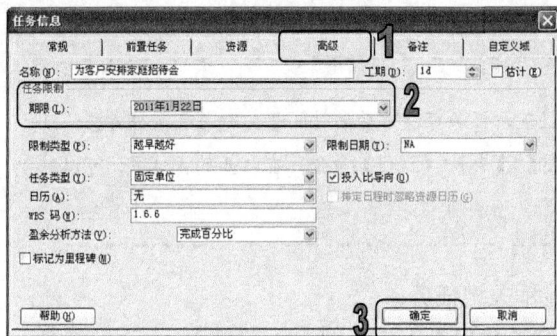

图 8-8　【高级】选项卡

提示

在 Project 中任务类型分为 3 种：固定单位、固定工时和固定工期。在分配了资源后，都将按照"工期=工时/单位"来确定任务的日程。在图 8-8 的【任务类型】下拉列表框中就可以来设置任务类型。

(3) 单击【确定】按钮，完成设置。由于【为客户安排家庭招待会】任务延迟 2 个工作日，使得该任务的完成时间晚于限制，在【标记】栏中出现警告标志，如图 8-9 所示。

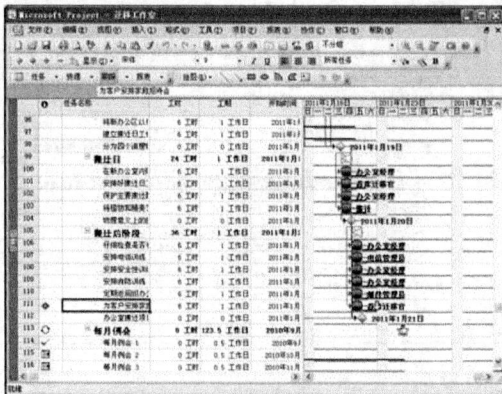

图 8-9　设置任务期限

8.1.5　设置关键任务

在项目文档中，通常包含了许多任务，它们的主次关系不一样，重要性也不一样。有些任务直接决定整个项目最终完成的日期，这些任务称之为关键任务。非关键任务并不是指对项目无用的任务，只是它不会直接影响项目最终完成的日期。要确保项目按时完成，就必须首先保证关键任务如期完成。

知识点

相对于关键任务来说，非关键任务是指在保证不影响项目进度中完成时间的前提下具有一定可浮动时间的任务，或在多重关键路径概念下，不会影响任务群进度的任务。

由于关键任务不能被拖延，否则整个项目都被推迟，所以关键任务是没有时差的。在 Project 中时差为 0 的任务默认为关键任务。若需要在任务变得越来越关键，在时差变为 0 时提前得到警告，可以更改 Project 的默认设置，使具有特定时差的任务成为关键任务。

提示

时差是指在不影响其他任务或项目完成日期的情况下，任务可以落后的时间量。时差有两种类型：可用时差和总时差。在【甘特图】视图中，选择【视图】|【表】|【日程】命令，在打开的窗口中，可以查看每项任务的可用时差和总时差。

【例 8-6】在【迁移工作室】项目文档中显示关键任务。

(1) 启动 Project 2007，打开项目文档【迁移工作室】。

(2) 选择【工具】|【选项】命令，打开【选项】对话框，打开【计算方式】选项卡，在【关

键任务定义: 任务可宽延时间少于或等于】微调框中输入 1, 单击【确定】按钮, 如图 8-10 所示。

(3) 选择【格式】|【甘特图向导】命令, 打开【甘特图向导】对话框, 如图 8-11 所示。

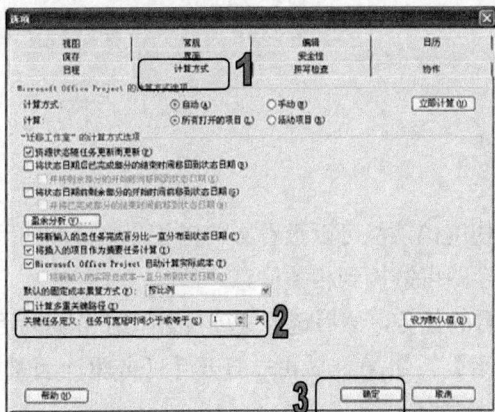

图 8-10 【计算方式】选项卡

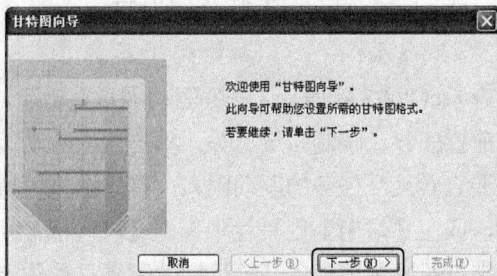

图 8-11 【甘特图向导】对话框

(4) 单击【下一步】按钮, 打开【需要在甘特图中显示的信息】对话框, 选中【关键路径】单选按钮, 如图 8-12 所示。

(5) 单击【完成】按钮, 打开【祝贺您】对话框, 显示格式设置准备完成, 如图 8-13 所示。

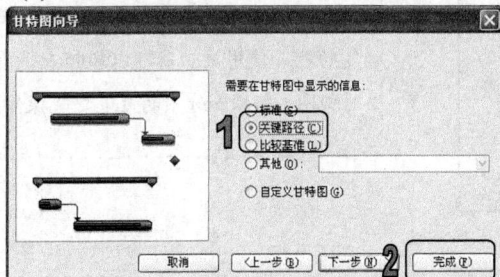

图 8-12 设置甘特图中显示的信息

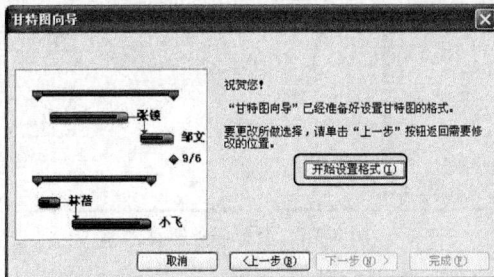

图 8-13 完成格式设置准备工作

(6) 单击【开始设置格式】按钮, 打开【甘特图已经完成】对话框, 如图 8-14 所示。

(7) 单击【退出向导】按钮, 返回到项目文档中, 可看到关键任务的条形图已经变为红色, 如图 8-15 所示。

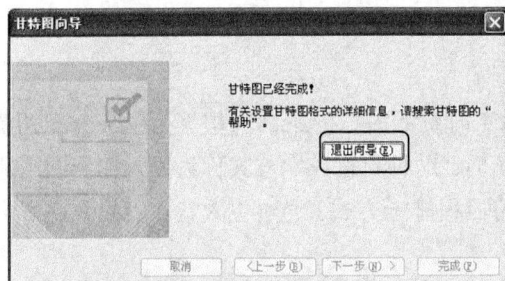

图 8-14 完成格式设置

图 8-15 显示关键任务

提示

定义关键任务后，选择【项目】|【筛选】|【关键】命令，也可以显示出关键任务。

8.1.6 查看任务驱动因素

Project 2007 新增了【任务驱动因素】功能，使用该功能可以查看影响任务开始日期的因素，包括前置任务、限制和日历等。单击这些驱动因素即可链接到相关信息。

要查看某个任务的驱动因素，首先选择要查看的任务，然后选择【项目】|【任务驱动因素】命令，或在【常用】工具栏中单击【任务驱动因素】按钮，就可以打开【任务驱动因素】窗格，来查看影响该任务开始日期的因素，如图 8-16 所示。

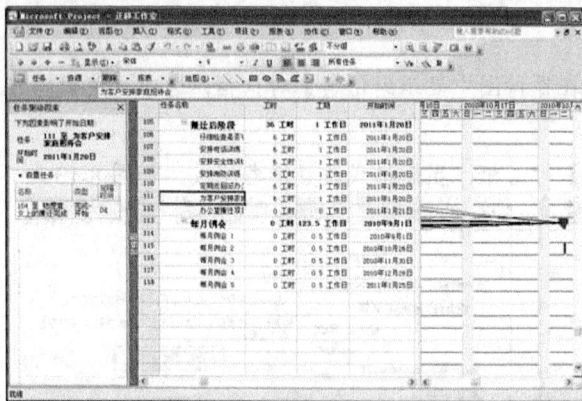

图 8-16 查看任务驱动因素

提示

Project 2007 新增了多重撤销和恢复功能，使用该功能可以撤销或恢复对视图、数据和选项的最近更改操作。

8.2 优化日程

在复杂多变的项目中，对基本的日程安排进行初步设置后，在某些方面不可避免地存在错误以及时间安排上的不足，因此，需要根据实际情况优化日程，使日程安排更加合理有效。

8.2.1 使用投入比向导安排日程

将新的工时资源分配给任务或从任务中删除工时资源时，Project 将根据为任务分配的资源数量延长或缩短任务工期，但不会更改任务的总工时。这种日程排定方式称为投入比导向日程控制方法，它是 Project 用于多个资源分配的默认的日程排定方式。通过更改默认的投入比导向日程控制方法，可以更改 Project 排定日程的方式。

1. 投入比导向日程控制方法

采用投入比导向日程控制的方法来排定任务，其实也就是将新资源添加到项目中的任务时，任务的总工时保持不变，但该任务分配到每个资源上的工时量将由 Project 按它们在工作分配单位总和中所占的比例重新分配。

要使用投入比导向安排日程，先在项目文档中更改任务的工时、工期或资源，此时在单元格中将出现▼标记，将光标移到该处将出现⬦标记，再将光标移至⬦标记处，标记变为⬦▾，单击该按钮，从弹出的下拉菜单中选择投入比导向提供的日程修改方法。

使用投入比导向安排日程时，需要注意以下内容。

- ◉ 只有在给任务分配了第一个资源后，才能应用投入比导向日程计算方式。在资源分配后，给同一任务添加新资源或从中删除资源时，任务的工时值将不会更改。
- ◉ 如果分配的任务类型为【固定单位】，分配附加资源将缩短任务工期。
- ◉ 如果分配的任务类型是【固定工期】，分配附加的资源将减少资源的单位值。
- ◉ 如果分配的任务类型为【固定工时】，分配附加的资源将缩短任务工期。
- ◉ 摘要任务和插入项目不能设置为投入比导向控制。

【例 8-7】在【迁移工作室】项目文档中，为固定单位【分配办公区】任务增加【王欣】资源，为固定单位的【盘点现有办公室设备(综合)】任务增加【黄倩】资源，使用投入比导向提供的缩短工期使任务提前结束，但要保持总工时不变。

(1) 启动 Project 2007，打开项目文档【迁移工作室】。为【分配办公区】任务增加【王欣】资源。

(2) 将光标移至▼标记处，将出现⬦标记，再将光标移至⬦标记处，标记变为⬦▾，单击该按钮，在弹出的下拉菜单中选中【缩短工期使任务提前结束但要保持总工时不变】单选按钮，如图 8-17 所示。

(3) 此时【办公室经理】和【王欣】的单位均变为 50%，工期变为 2.5d，如图 8-18 所示。

图 8-17　选择投入比导向提供的日程修改方法　　　图 8-18　使用投入比导向日程缩短工期

(4) 使用同样的方法，为【盘点现有办公室设备(综合)】任务缩短工期，最终效果如图 8-19 所示。

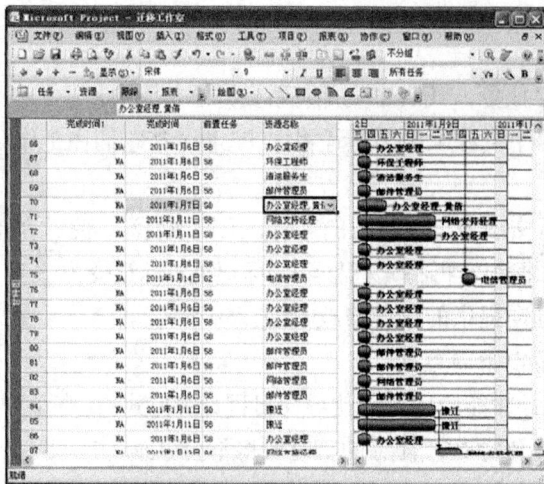

图 8-19 为【盘点现有办公室设备(综合)】任务缩短工期

知识点

投入比导向日程控制方法仅在从任务中添加或删除资源时才有效,在更改已分配给任务的工时、工期和资源的单位值时,该计算规则并不适用。

2. 改变投入比导向日程控制设置

为了更准确地反映出在添加或删除资源时,在该任务上发生的实际变动情况,可以改变某任务的投入比导向日程控制方式,例如,将新的工时资源添加到某任务时,希望了解总工时的增加量。

要改变投入比导向日程控制设置,首先切换到【甘特图】视图,在【任务名称】域中选择要关闭投入比导向日程排定的任务,然后选择【项目】|【任务信息】命令,打开【任务信息】对话框,并打开【高级】选项卡,取消选中【投入比导向】复选框,单击【确定】按钮,这样就改变了任务的投入比导向日程控制方式,如图 8-20 所示。

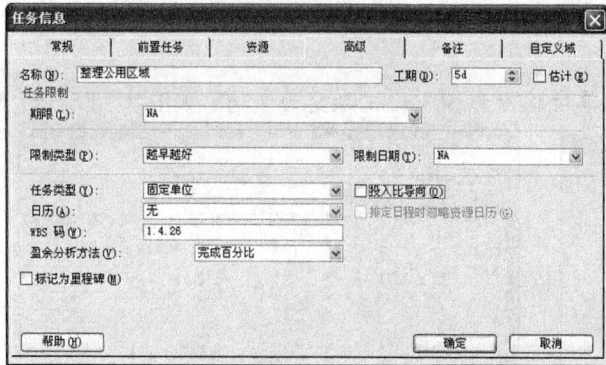

图 8-20 【高级】选项卡

提示

若要取消 Project 默认的投入比导向日程排定设置,可选择【工具】|【选项】命令,打开【选项】对话框,在【日程】选项卡中取消选中【新任务为投入比导向】复选框,然后单击【设为默认值】按钮即可。

8.2.2 使用 PERT 分析估计任务工期

PERT 分析又叫“计划评价和审查技术”分析。使用 PERT 分析来估计任务的工期,就是在为日程中的任务指定了乐观工期、预期工期和悲观工期之后,让 Project 计算这 3 个工期的加权平均值，也可以分别使用乐观工期、悲观工期和预期工期来确定最短、最长和最可能的项目结束日期。

- 乐观工期：预计在最佳可能情况下任务的有效工作总范围。即从任务的乐观开始时间到乐观完成时间之间的时间量。
- 悲观工期：预计在最差可能情况下任务的有效工作时间总范围。即从任务的悲观开始时间到悲观完成时间之间的时间量。
- 预期工期：任务活动工作时间的预期总范围。即从任务的预期开始时间到预期完成时间的时间量。

如果某项任务准备 7 天完成，最佳情况下 6 天完成，最坏情况下需 8 天完成，则 7 天为预期工期，6 天为乐观工期，8 天为悲观工期。

1. 使用默认工期估计权重执行 PERT 分析

如果预期工期估计值比乐观或悲观估计值更可能出现，并且乐观和悲观估计值出现的可能性是一样的，可以选择使用默认权重对工期估计值执行 PERT 分析。

【例 8-8】使用默认权重对【迁移工作室】的工期估计值执行 PERT 分析。

(1) 启动 Project 2007，打开项目文档【迁移工作室】。

(2) 选择【视图】|【工具栏】|【PERT 分析】命令，打开【PERT 分析】工具栏，如图 8-21 所示。

(3) 在【PERT 分析】工具栏中，单击【PERT 项工作表】按钮，切换到【PERT 项工作表】视图，并在【乐观工期】、【预期工期】和【悲观工期】栏中为每项任务分配乐观工期、预期工期和悲观工期，如图 8-22 所示。

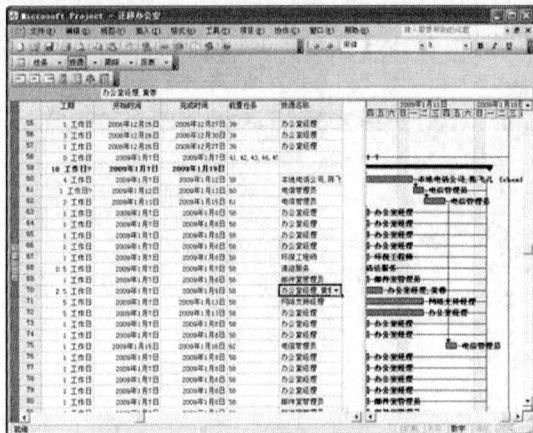

图 8-21　显示【PERT 分析】工具栏

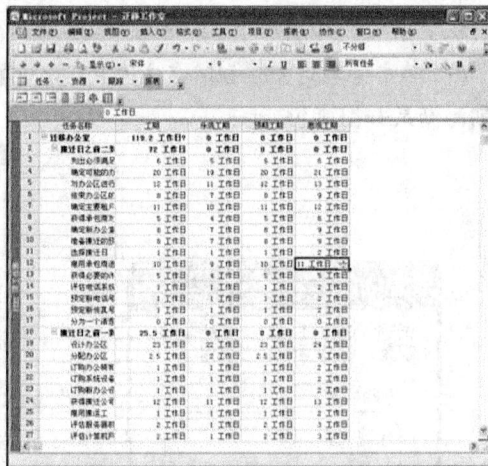

图 8-22　输入乐观工期、预期工期和悲观工期

(4) 在【PERT 分析】工具栏中，单击【计算 PERT】按钮来估计工期，此时，系统会弹出一个警告对话框，询问用户是否基于这 3 个域重新计算【工期】栏，如图 8-23 所示。

(5) 单击【是】按钮后，Project 将基于每项任务的 3 个工期值的加权平均值来估计单个项目工期，如图 8-24 所示。

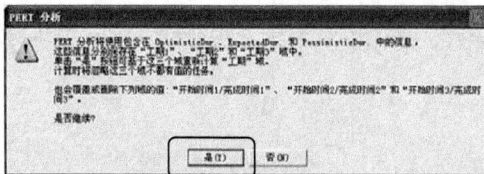

图 8-23　警告对话框

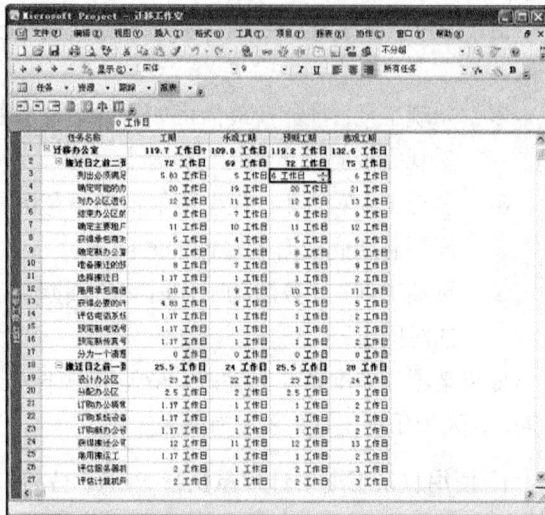

图 8-24　使用默认工期估计权重执行 PERT 分析

2. 更改 Project 加权工期估计值

如果乐观工期、预期工期和悲观工期的出现概率不同于默认概率(它们的默认概率分别为 1/6、4/6 和 1/6)，则可以更改 Project 的加权工期估计值。

【例 8-9】在【迁移工作室】项目文档中更改加权工期估计值。

(1) 启动 Project 2007，打开项目文档【迁移工作室】。在【PERT 分析】工具栏中单击【设置 PERT 权重】按钮，打开【设置 PERT 权重】对话框。

(2) 在【乐观】、【预期】和【悲观】3 个文本框中输入数值，并使 3 个数值之和等于 6(三者的权重值之和必须等于 6)，如图 8-25 所示。

(3) 单击【确定】按钮，在【PERT 分析】工具栏中，单击【计算 PERT】按钮重新来估计工期，结果如图 8-26 所示。

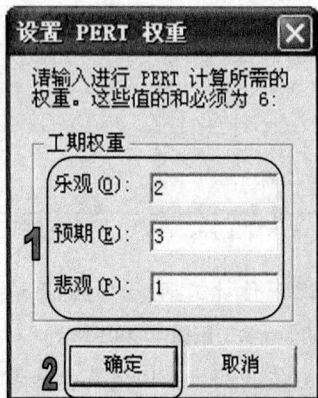

图 8-25　【设置 PERT 权重】对话框

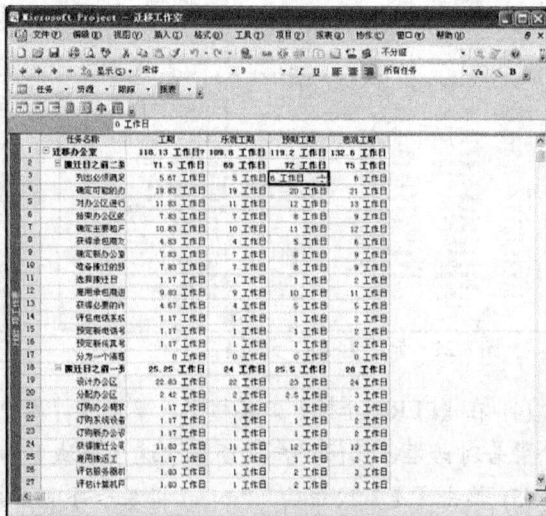

图 8-26　更改权重后的效果

> **提示**
>
> 计算出估计任务工期后，可单击【PERT 分析】工具栏中的【乐观甘特图】按钮 、【预期甘特图】
> 按钮 和【悲观甘特图】按钮 ，查看乐观工期、预期工期和悲观工期。

8.2.3 缩短工期

若项目日程超出了项目计划，必须缩短后期任务的工期，从而保证项目按时完成。缩短工期可通过安排加班、延长工作时间等操作来实现。

1. 安排加班

在项目的实施过程中，有时为了赶上工期，需要在关键任务上为资源设置加班工时，来缩短任务工期。

要安排加班，选择【窗口】|【拆分】命令，在上方的窗格中选择要安排加班的任务，在拆分视图窗口的下方选择窗格，然后选择【格式】|【详细信息】|【资源工时】命令，在下方窗格的【加班工时】栏中为该任务资源设置加班工时。

【例 8-10】在【迁移工作室 2】项目文档(原【例 8-1】中的文档)中安排办公室经理在执行【设计办公区】任务时加班 6h，缩短工期 1 天。

(1) 启动 Project 2007，打开项目文档【迁移工作室 2】。选择【窗口】|【拆分】命令，拆分视图窗口，如图 8-27 所示。

(2) 在【任务窗体】中选择，在上方的窗格中选择要安排加班的任务，在拆分视图窗口的下方选择窗格，然后选择【格式】|【详细信息】|【资源工时】命令，打开资源工时的详细信息窗口，如图 8-28 所示。

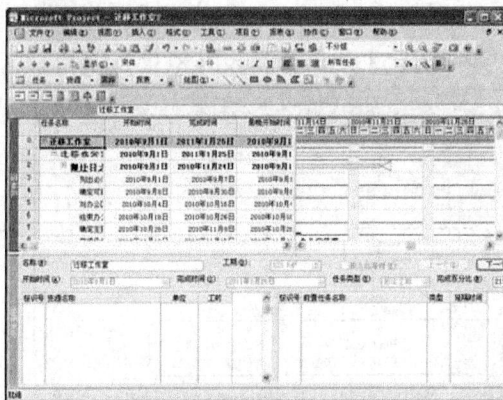

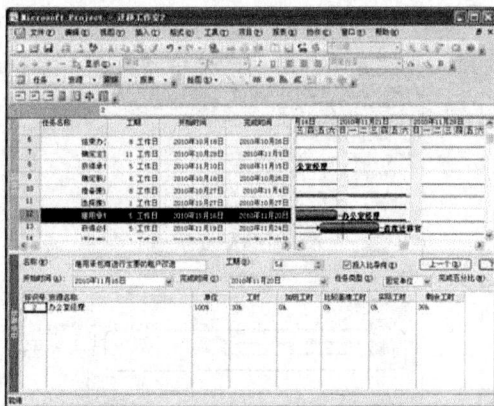

图 8-27　拆分窗口　　　　　　　图 8-28　打开资源工时的详细信息窗口

(3) 在【任务窗体】上方的窗格中选择【设计办公区】任务，单击【办公室经理】资源对应的【加班工时】栏中的空白单元格，输入 6h，如图 8-29 所示。

(4) 在任意空白处单击，该任务的工期由 23 工作日变为 22 工作日，如图 8-30 所示。

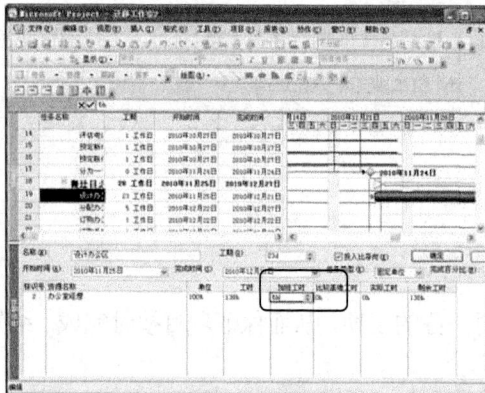

图 8-29 输入加班工时

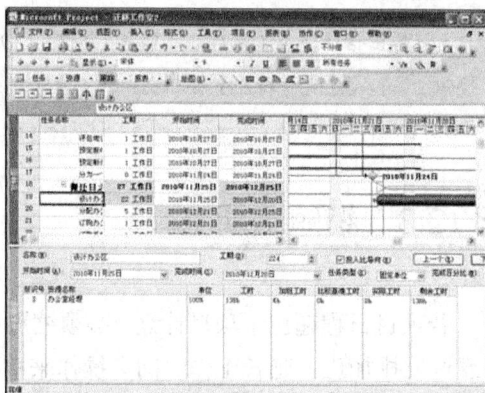

图 8-30 缩短工期

2. 延长工作时间

在资源向导的日历控制中，也可以通过改变资源的日历来调整工期，例如可以将资源原来的休息时间改为工作时间，通过增加资源的工作时间来缩短项目的工期。

要更改整个项目的工作时间，只需要选择【工具】|【更改工作时间】命令，在打开的【更改工作时间】对话框中选择想要修改的日期，在【范围】下拉列表中选择日历模板，将【将所选时间设置为】项设置为【非默认工作时间】即可。

【例 8-11】在【迁移工作室 2】项目文档中，安排每周六晚上 18：00~21：00 按工作时间上班。

(1) 启动 Project 2007，打开项目文档【迁移工作室 2】。选择【工具】|【更改工作时间】命令，打开【更改工作时间】对话框。

(2) 在【例外日期】选项卡列表框的第二行【名称】单元格中输入"加班"，在其后的【开始时间】和【完成时间】单元格中分别设置 2010-9-11 和 2010-9-12，如图 8-31 所示。

(3) 单击【详细信息】按钮，打开【"加班"的详细信息】对话框，选中【工作时间】单选按钮，并设置工作时间，选中【每周】单选按钮和【周六】复选框，如图 8-32 所示。

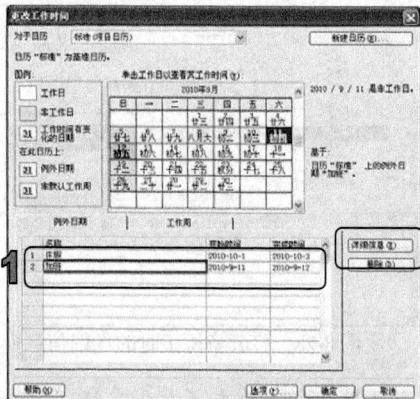

图 8-31 【更改工作时间】对话框

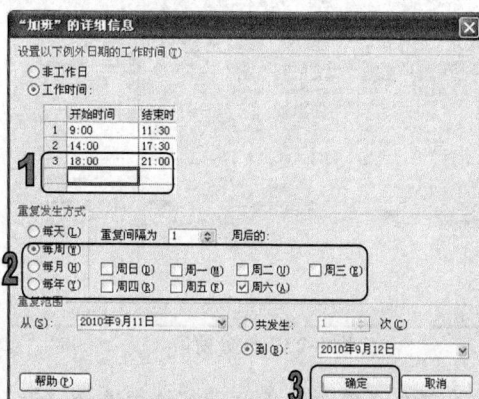

图 8-32 【"加班"的详细信息】对话框

(4) 单击【确定】按钮，完成延长工作时间的设置。

知识点

延长工作时间后，工期并不改变，即完成项目花费的时间不变，项目完成时间将提前。

8.3 调配资源

在项目实施过程中，不可能对所有任务和资源的分配有详尽而准确的了解和规划，这样在某些情况下很容易导致资源的过度分配。例如，让一个人在同一时间去执行两个完全不同的任务，从而导致其根本无法完成，进而影响整个项目的工期。为了避免这一情况的发生，需要对资源进行调整。

8.3.1 资源过度分配的原因

资源过度分配的原因有以下几种。

- 资源同时全职地分配给多项任务。
- 任务工期的增加。如果增加了一项任务的工期，分配到资源的工作量也会跟着增加，并且可能导致资源在单位时间内超负荷工作。
- 资源的最大单位可用性减少。若要查找资源是否减少了单位可用性，可在【资源工作表】视图中查看【最大单位】域。如果【最大单位】域显示为100%，可打开【资源使用状况】视图，并选择【格式】|【详细信息】|【剩余可用性】命令，查看已分配工作的资源每天的剩余可用性。
- 输入资源的日期后可用性受到限制。
- 不仅将资源分配到摘要任务，还分配到该摘要任务的一项或多项子任务。若用户将资源全职分配给摘要任务，然后又将该资源全职分配给摘要任务下的个别子任务，就会产生不必要的资源过度分配。

能够有效减少资源过度分配的方法有以下几种。

- 发生过度分配时将过度分配的资源从任务中删除，或将任务重新排定到该资源可用的时间。
- 减少分配给过度分配资源的工时量。
- 改变过度分配资源的工作日历，使其有更多的工时数。
- 通过让资源在任务上投入部分工作时间，减少资源的工时量。
- 延迟分配给过度分配资源的任务，直到该资源有时间来处理这项任务。
- 给任务分配额外的资源，从而减少过度分配资源必须在该任务上工作的小时数。

◉　拆分给定资源的任务，使资源可以延迟处理同一任务。

在实际的项目计划中，少量的资源过度分配(例如过度分配持续的时间每天少于 1 小时，或一周中少于一天)不会对项目产生大的影响，可以暂时予以忽略，因为这种过度分配可能是无法避免的。

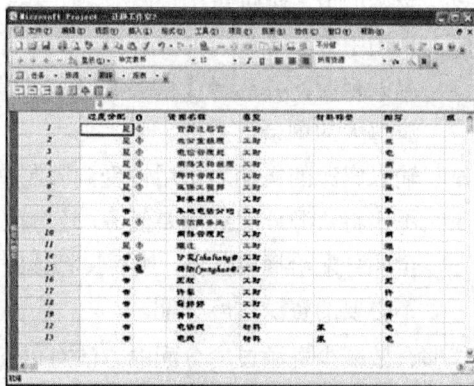

⑧.3.2　查找过度分配的资源

资源所分配的工时大于排定工作时间内所能完成的工时量时，就会出现资源过度分配的情况。在着手解决资源过度分配问题之前，应首先确定过度分配的资源或任务。

1. 使用【过度分配】栏查看产生过度分配的资源

在 Project 2007 中，可以使用【过度分配】栏来查看过度分配的资源。在【资源工作表】视图中，在工作区插入【过度分配】栏，该列的单元格中为【是】的资源就是过度分配的资源。

【例 8-12】在【迁移工作室 2】项目文档中，查看过度分配的资源。

(1) 启动 Project 2007，打开项目文档【迁移工作室 2】。选择【视图】|【资源工作表】命令，切换到【资源工作表】视图。

(2) 选择【插入】|【列】命令，打开【列定义】对话框，在【域名称】下拉列表框中选择【过度分配】选项，如图 8-33 所示。

(3) 单击【确定】按钮，此时在【过度分配】栏的单元格中出现【是】的资源就是过度分配的资源，如图 8-34 所示。

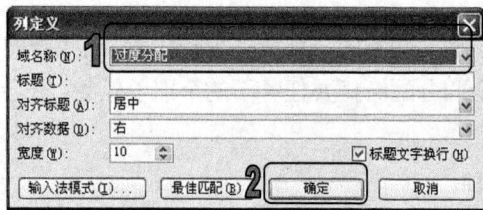

图 8-33　【列定义】对话框　　　　图 8-34　查看过度分配的资源

2. 使用【资源管理】工具栏查看产生过度分配的任务

使用【资源管理】工具栏中的【到下一个资源过度分配处】按钮，可查看所有过度分配的任务。

【例 8-13】在【迁移工作室 2】项目文档中使用【资源管理】工具栏查看过度分配的任务。

(1) 启动 Project 2007，打开项目文档【迁移工作室 2】，切换到【甘特图】视图。

(2) 在工具栏的空白处右击，从弹出的快捷菜单中选择【资源管理】命令，显示【资源管理】工具栏，如图 8-35 所示。

(3) 选择标识号为 1 的任务，在【资源管理】工具栏中单击【到下一个资源过度分配处】按钮，系统将自动选择标识号为 19 的任务，表示该任务为过度分配的任务，如图 8-36 所示。

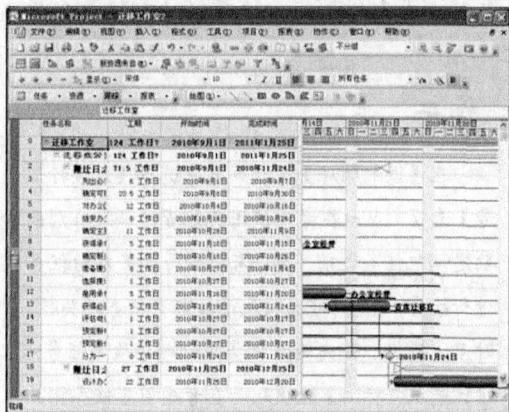

图 8-35　显示【资源管理】工具栏

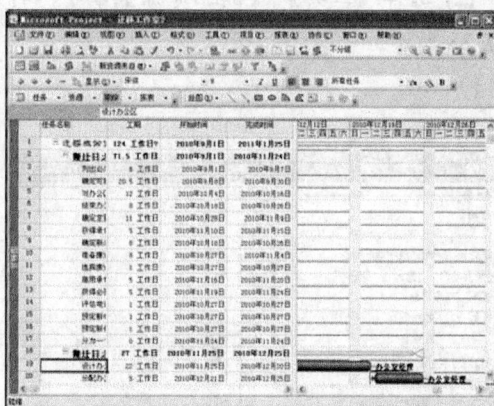

图 8-36　查看过度分配的任务

(4) 继续单击【到下一个资源过度分配处】按钮，当到达最后一个过度分配任务时，系统自动弹出如图 8-37 所示的信息提示框，单击【确定】按钮，完成查看所有过度分配的任务。

图 8-37　信息提示框

提示

通过查看过度分配任务，能够在任务日程排定时就可以知道哪些任务是无法完成或有时间冲突的。

8.3.3　解决资源的过度分配

资源的过度分配不仅会造成资源无法在可用工作时间内完成这些任务，而且由于资源直接和成本有关，还会对项目造成严重的影响，因此在项目管理中要十分重视资源过度分配的问题。

1. 自动解决资源的过度分配

Project 提供了资源调配功能来解决资源过度分配问题。需要注意的是，只有在输入每个任务相关的全部信息之后，才能使用资源调配。例如，如果任务按顺序发生，则应输入任务相关性来建立此顺序。这样，Project 进行调配时，就有了该参考信息。不要用资源调配来代替输入任务相关性。

Project 通过检查任务的前置任务相关性、时差、日期、优先级以及任务限制来确定是否进行延迟或拆分，并且仅对日程中的特定任务或工作分配进行延迟或拆分，直到分配给它的资源不再出现过度分配。

【例 8-14】在【迁移工作室 2】项目文档中，进行调配资源。

(1) 启动 Project 2007，打开项目文档【迁移工作室 2】，切换到【甘特图】视图。

(2) 选择【工具】|【调配资源】命令，打开【资源调配】对话框，保持默认的设置不变，如图 8-38 所示。

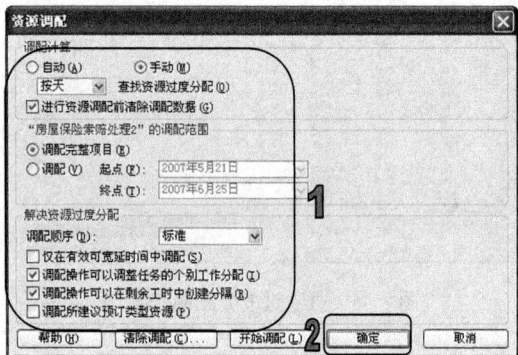

图 8-38　【资源调配】对话框

> **提示**
>
> 在【调配顺序】下拉列表中选择【只按标识号】选项，表示在考虑使用其他资源调配准则来确定调配任务之前，按任务标识号的升序对任务进行检查；【标准】选项表示按前置任务相关性、时差、日期、优先级和任务限制顺序检查任务；【优先权，标准】选项表示在考虑前置任务相关性、时差、日期和任务限制之前，检查要调配任务的优先级。

(3) 单击【开始调配】按钮，系统自动进行调配，结果如图 8-39 所示。

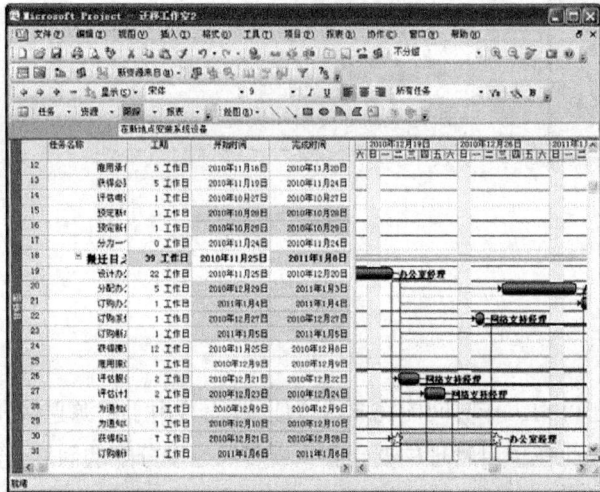

图 8-39　自动解决资源的过度分配

> **提示**
>
> 若要随即撤销调配结果，在打开的【资源调配】对话框，单击【清除调配】按钮。或者单击【常用】工具栏中的按钮。

2. 阶段性参加工作

为了使某些资源参与两项或两项以上同时执行的任务，可安排资源阶段性参与工作，使得几个任务顺序完成。

要设置资源阶段性参加工作，首先切换到【任务分配状况】视图，选择【格式】|【时间刻度】命令，打开【时间刻度】对话框，按每小时给资源分配任务。

【例 8-15】在【迁移工作室 2】项目文档中，安排首席迁移官 10 月 18 日执行标识号为 6 的任务，10 月 20 日执行标识号为 9 的任务。

(1) 启动 Project 2007，打开项目文档【迁移工作室 2】，选择【视图】|【任务分配状况】命令，切换到【任务分配状况】视图，如图 8-40 所示。

(2) 选择【格式】|【时间刻度】命令，打开【时间刻度】对话框，打开【底层】选项卡，在【标签】下拉列表框中选择【1-28，1-29】选项，如图 8-41 所示。

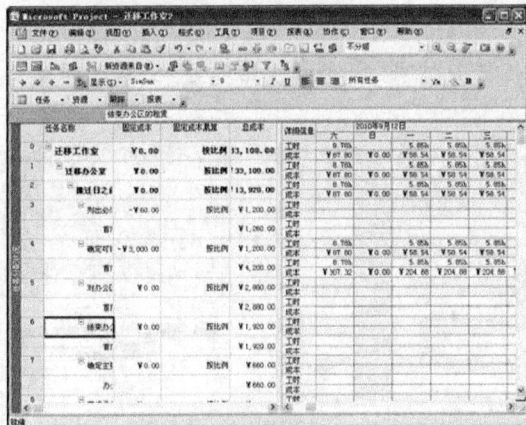

图 8-40　【任务分配状况】视图

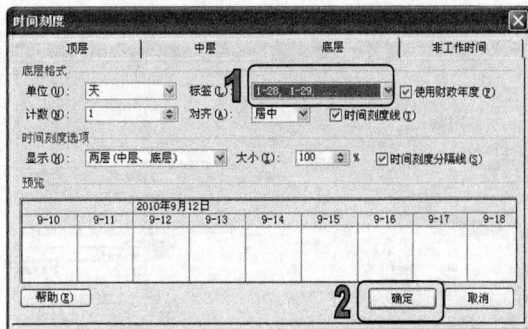

图 8-41　【时间刻度】对话框

(3) 单击【确定】按钮，在标识号为 9 的任务对应的【10-18】列单元格中输入 0h，取消执行任务，如图 8-42 所示。

(4) 在标识号为 6 的任务对应的【10-20】列单元格中输入 0h，取消执行任务，如图 8-43 所示。

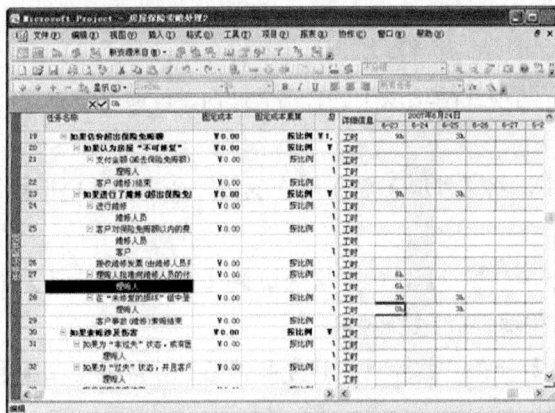

图 8-42　取消执行标识号为 30 的任务

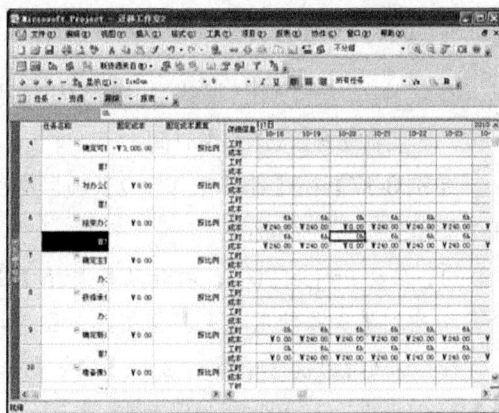

图 8-43　取消执行标识号为 26 的任务

3. 延迟资源执行任务时间

在 Project 中可延迟某些非关键任务的开始时间，如果只是该任务中某一个资源发生了资源过度分配，可以不延迟任务开始时间，只延迟资源执行任务时间，也就是说，先安排其他资源进行工作，再安排该资源进行工作。

【例 8-16】在【迁移工作室 2】项目文档中，将标识号为 60 的任务的【本地电话公司】资源延迟 1 天。

(1) 启动 Project 2007，打开项目文档【迁移工作室 2】，选择【窗口】|【拆分】命令，拆分窗口。

(2) 在下方的窗口中选择窗格，选择【格式】|【详细信息】|【资源日程】命令，选择标识号为 60 的任务，在下面窗口的【本地电话公司】资源对应的【资源调配延迟】单元格中输入 1d，如图 8-44 所示。

(3) 单击任务空白处，可看到由于资源延迟执行任务时间，任务的开始不变，完成时间改变，如图 8-45 所示。

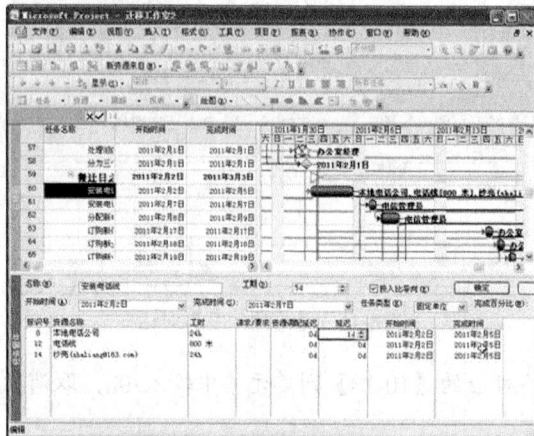

图 8-44 设置延迟时间   图 8-45 延迟资源执行任务时间

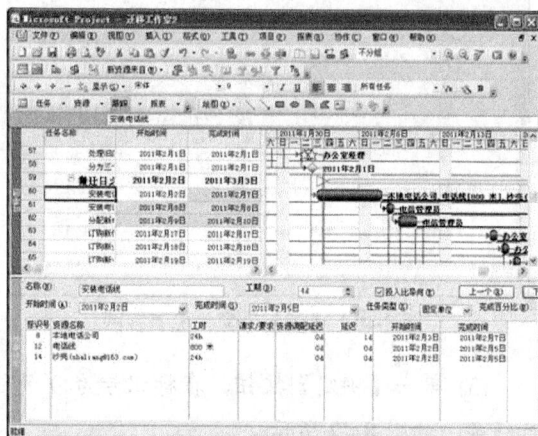

4. 给资源分配部分工作时间

在项目实施过程中，某些资源必须同时执行两项或两项以上的任务，此时，可通过设置资源单位，给资源分配部分工作时间。

【例 8-17】在【迁移工作室 2】项目文档中，将【沙亮】资源对应的第一个【安装电话线】任务的单位设置为 20%。

(1) 启动 Project 2007，打开项目文档【迁移工作室 2】，选择【视图】|【资源使用状况】命令，切换到【资源使用状况】视图，如图 8-46 所示。

(2) 双击【沙亮】资源对应的【安装电话线】任务，打开【工作分配信息】对话框，在【单位】微调框中输入 20%，如图 8-47 所示。

(3) 单击【确定】按钮，将光标移至▶标记处，将出现◈标记，再将光标移至◈标记处，标记变为◈·，单击该按钮，从弹出的下拉菜单中选中【更改此任务的总工时以匹配单位和工期】单选按钮，此时工时也发生改变，如图 8-48 所示。

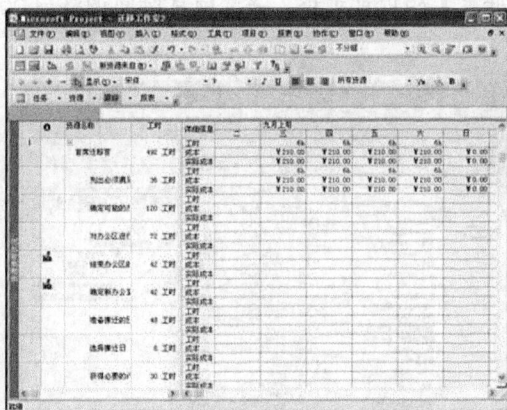

图 8-46 【资源使用状况】视图

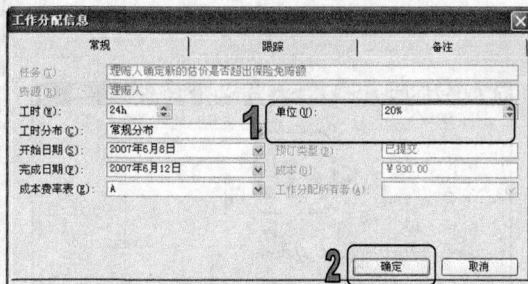

图 8-47 【工作分配信息】对话框

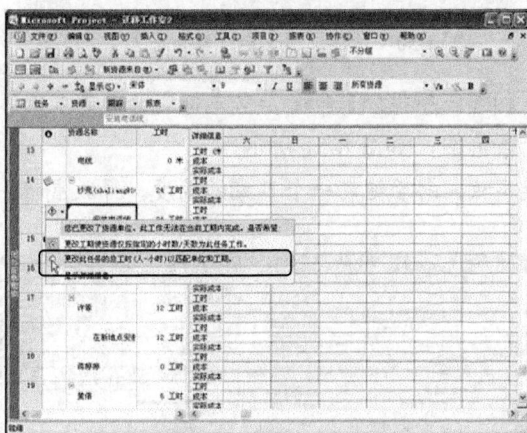

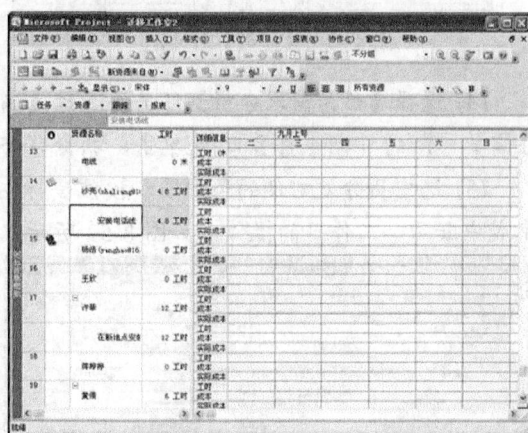

图 8-48 选择投入比导向提供的日程修改方法

知识点

在进行资源调配过程中，Project 2007 都会以推迟某些任务工期的方式来达到解决资源过度分配的目的。任务之间的关系越复杂，限制的方式越多，系统进行资源调配的弹性空间越小，越难排出最佳的进程。当任务设定了如下限制就不进行资源调配：必须开始于、必须完成于、越晚越好，或者具有实际的开始日期。

8.4 上机练习

本章上机练习主要通过优化【软件开发】项目文档，练习中断任务、使用投入比导向安排日程、安排加班、查找资源的过度分配和自动解决资源过度分配等操作。

(1) 启动 Project 2007，选择【文件】|【新建】命令，在打开的【新建项目】任务窗格中选择【计算机上的模板】链接，打开【模板】对话框。

(2) 打开【项目模板】选项卡，在列表框中选择【软件开发】选项，如图 8-49 所示。

（3）单击【确定】按钮，新建一个名为【软件开发】的项目文档，并将项目时间调整为 2010 年 1 月 1 日，如图 8-50 所示。

图 8-49　【模板】对话框

图 8-50　新建项目文档【软件开发】

（4）选择【行为需求分析】任务，选择【编辑】|【任务拆分】命令，当光标变为 形状时，在需要中断的日期(1 月 8 日)处单击，拆分任务的条形图，如图 8-51 所示。

（5）选中拆分处右侧的条形图，按住鼠标左键不放，向后拖动一个日期的刻度，释放鼠标，完成中断两个工作日的操作，如图 8-52 所示。

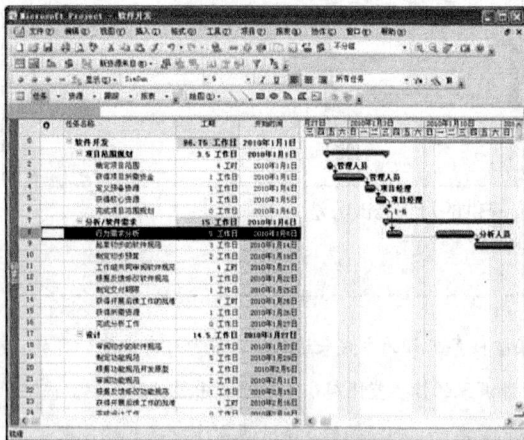

图 8-51　拆分任务

图 8-52　确定中断时间

（6）为【制定功能规范】任务增加【管理人员】资源，将光标移至 标记处，将出现 标记，再将光标移至 标记处，标记变为 ，单击该按钮，从弹出的下拉菜单中选中【缩短工期使任务提前结束但要保持总工时不变】单选按钮，此时方案和项目经理的单位均变为 50%，工期变为 2.5d，如图 8-53 所示。

（7）选择【资源】|【资源工作表】命令，切换到【资源工作表】视图，然后选择【插入】|【列】命令，打开【列定义】对话框，在【域名称】下拉列表框中选择【过度分配】选项，如图 8-54 所示。

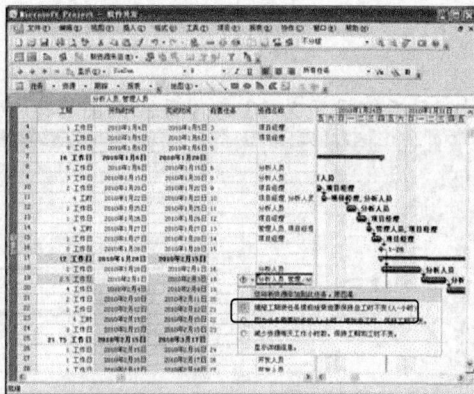

图 8-53 使用投入比导向日程缩短工期

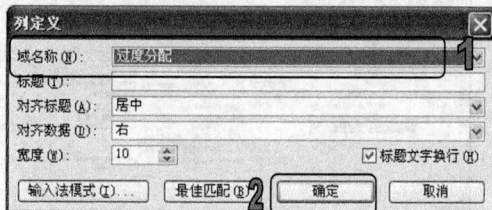

图 8-54 【列定义】对话框

(8) 单击【确定】按钮，此时在【过度分配】栏的单元格中出现【是】的资源就是过度分配的资源，如图 8-55 所示。

(9) 选择【视图】|【甘特图】命令，切换到【甘特图】视图，选择【工具】|【调配资源】命令，打开【资源调配】对话框，保持默认的设置不变，如图 8-56 所示。

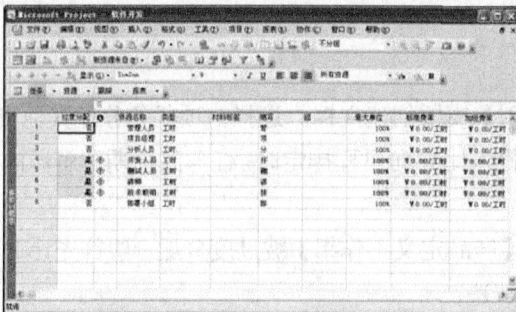

图 8-55 查看过度分配的资源

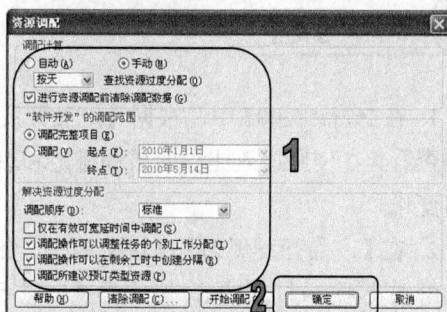

图 8-56 【资源调配】对话框

(10) 单击【开始调配】按钮，系统自动进行调配，结果如图 8-57 所示。

(11) 选择【窗口】|【拆分】命令，拆分视图窗口，在【任务窗体】中选择。在上方的窗格中选择要安排加班的任务【编写代码】，在拆分视图窗口的下方选择【开发人员】，然后选择【格式】|【详细信息】|【资源工时】命令，打开资源工时的详细信息窗口，如图 8-58 所示。

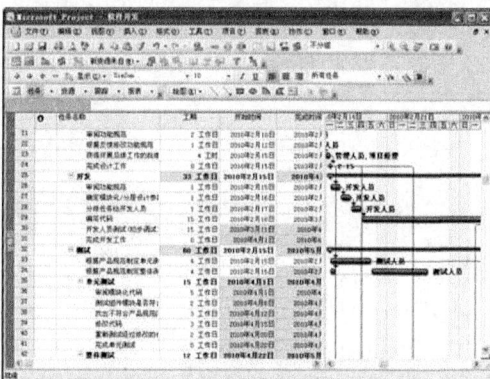

图 8-57 自动解决资源的过度分配

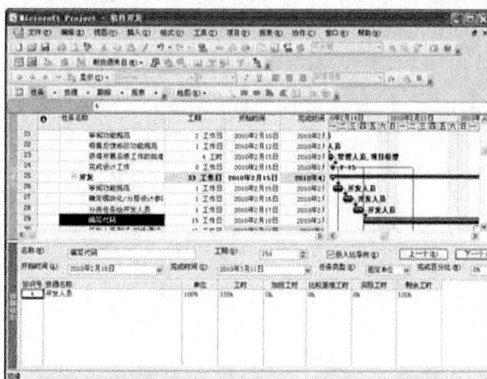

图 8-58 打开资源工时的详细信息窗口

(12) 单击【开发人员】资源对应的【加班工时】栏中的空白单元格，输入 16h，如图 8-59 所示。

(13) 在任务任意空白处单击，该任务的工期由 15 工作日变为 13 工作日，如图 8-60 所示。

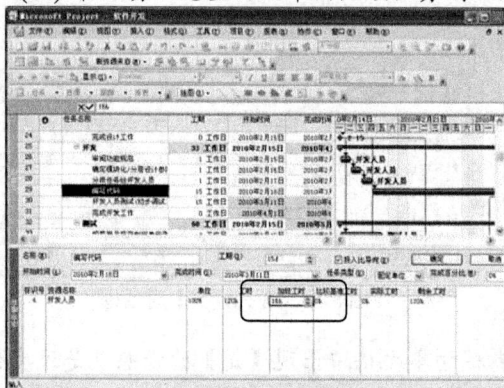

图 8-59　输入加班工时

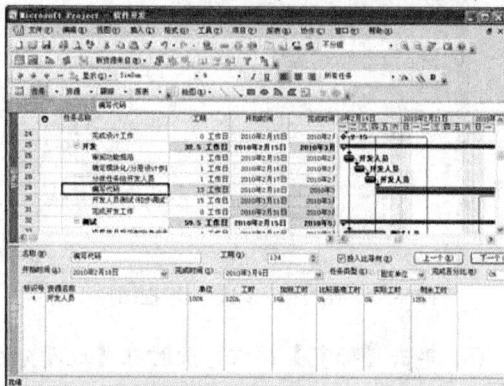

图 8-60　缩短工期

⑧.5　习题

1. 在 Project 2007 中，根据【产品开发规划】模板创建文档，选择一项任务分配其他资源，分别查看其在使用投入比导向日程排定和取消投入比导向日程排定时，任务的工期和资源的工时如何变化。

2. 在【产品开发规划】项目文档中，资源【产品定义工作组】被过度分配，请首先让 Project 自动解决资源的过度分配，然后尝试自己手动解决。

第9章

管理项目报表

学习目标

Project 2007 提供的各类视图虽然可以提供项目的各种信息，但在日常工作中，用户习惯用一种格式来打印这些项目信息，这时使用 Project 2007 提供的报表功能比视图更加有效和方便。

本章重点

- 报表的分类
- 生成报表
- 打印报表
- 打印视图

9.1 常用的报表

报表是指将项目计划中与特定部分相关的项目信息或汇总数据以定义的格式打印出来，方便查阅。Project 2007 提供了许多预定义格式的报表，可以分为 5 大类：总览、当前操作、成本、工作分配和工作量。

9.1.1 总览类报表

Project 2007 的总览报表是一些高层的、概要性的报表，显示项目整体信息。其中预设【项目摘要】、【最高级任务】、【关键任务】、【里程碑】和【工作日】等 5 种报表。

- 项目摘要报表：反映了项目当前状态的汇总性信息，包括项目的开始和完成时间、任务和资源的数量、项目成本以及总工时量，在项目计划阶段及项目实施阶段经常使用该报表。

- 最高级任务报表：显示当天任务中最高大纲级别的摘要任务的信息，包括计划开始时间、完成时间、完成的百分比、成本以及未完成的任务量等信息。
- 关键任务报表：显示最高级任务及摘要任务的信息，包括计划开始时间和完成时间、工期、完成百分比、成本和工时等信息。
- 里程碑报表：显示项目计划中里程碑的信息，包括计划工期、开始时间与完成时间、资源的配置情况等。
- 工作日报表：显示项目计划使用的基准日历信息，包括基准日历名称、工作日的工作时间及非工作日的设置等信息。

9.1.2 当前操作类报表

当前操作类报表显示与当前进度相关的信息。其中预设【未开始任务】、【即将开始的任务】、【进行中的任务】、【已完成的任务】、【应该已开始的任务】和【进度落后的任务】等6种报表。

- 未开始任务报表：显示当前时间还未开始的任务，并按日期顺序排列。每项任务包括任务名称、工期、开始时间和完成时间、资源配置等信息。
- 即将开始的任务报表：显示在指定的时间段内开始的任务。
- 进行中的任务报表：显示已经开始但还没有完成的任务，包括计划工期、开始时间和完成时间、资源配置等信息。
- 已完成的任务报表：显示当前时间已完成的任务，包括任务名称、工期、开始时间和完成时间、成本、工时等信息。
- 应该已开始的任务报表：显示在指定日期应该开始的任务，包括任务名称、工期、开始时间和完成时间、比较基准开始时间和比较基准完成时间、开始时间差异和完成时间差异等信息。
- 进度落后的任务报表：显示任务进度落后于计划的任务，包括任务名称、开始时间和完成时间、比较基准开始时间和比较基准完成时间、开始时间差异和完成时间差异等信息。

9.1.3 成本类报表

成本类报表显示与成本相关的信息。其中预设【现金流量】、【预算】、【超过预算的任务】、【超过预算的资源】和【盈余分析】等5种报表。

- 现金流量报表：以周为增量显示每项任务成本的表，包括汇总数据。
- 预算报表：显示每项任务的预算成本及预算成本与实际成本之间的差异。
- 超过预算的任务报表：显示实际成本超出预算成本的任务，包括任务总成本、比较基准、差异、实际成本等信息。
- 超过预算的资源报表：显示成本超出预算的资源信息，包括资源的成本、比较基准成本、差异、实际成本、剩余成本等信息。

- ⊙ 盈余分析报表：显示了每项任务的计划成本与实际成本之间的比较信息。

9.1.4　工作分配类报表

工作分配类报表显示与资源工作分配相关的信息。其中预设【谁在做什么】、【谁在何时做什么】、【待办事项】和【过度分配资源】等 4 种报表。

- ⊙ 谁在做什么报表：显示每种工时类资源所从事任务的信息，包括资源名称及其分配的任务、每项任务的计划工时、开始时间和完成时间、资源备注等信息。
- ⊙ 谁在何时做什么报表：以交叉分析表方式显示每种资源每天的工时数，包括资源及其分配的任务，但重点着眼于资源在每项任务上分配的工时。
- ⊙ 待办事项报表：显示每种资源每周必须进行的任务信息。
- ⊙ 过度分配资源报表：显示资源过度分配的情况，包括出现过度配置的资源及其分配的任务、分配的工时等信息。

9.1.5　工作量类报表

工作量类报表显示任务或资源工作量的信息。其中预设【任务分配状况】和【资源使用状况】等两种报表。

- ⊙ 任务分配状况报表：以交叉分析表的方式显示每项任务每周的工时。
- ⊙ 资源使用状况报表：以交叉分析表的方式显示每种资源每周的工时。

9.2　生成项目报表

在 Project 2007 中，可以直接使用预定义格式的报表，也可以创建自定义报表来满足实际工作的需要。

9.2.1　生成预定义报表

要生成系统预定义的报表，可以选择【报表】|【报表】命令，打开【报表】对话框，选择需要的报表类型，如图 9-1 所示，再单击【选定】按钮，在打开的对话框中选择报表类型即可。

图 9-1 【报表】对话框

【例 9-1】在【迁移工作室】项目文档中生成【里程碑】报表。

(1) 启动 Project 2007，打开项目文档【迁移工作室】，选择【报表】|【报表】命令，打开【报表】对话框，选择【总览】选项。

(2) 单击【选定】按钮，打开【总览报表】对话框，选择【里程碑】选项，如图 9-2 所示。

(3) 单击【选定】按钮，系统将自动生成该项目文档相应的【里程碑】报表，效果如图 9-3 所示。

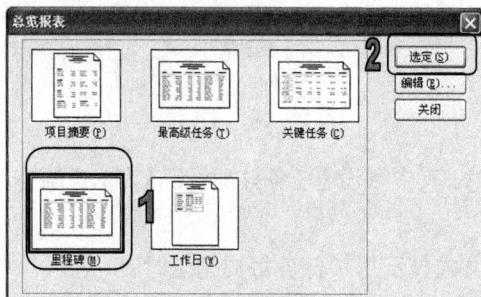

图 9-2 【工作时间】选项卡

图 9-3 生成【里程碑】报表

9.2.2 自定义报表

Project 2007 提供了自定义报表功能，可以根据需要修改预定义报表内容或重新对报表进行定义。

1. 自定义任务报表或资源报表

在项目文档中，常常需要查询任务或资源信息，如果 Project 中没有合适的预定义报表，可以自定义任务或资源报表。自定义任务报表与自定义资源报表的操作基本相似。

【例 9-2】在【迁移工作室】项目文档中自定义一个名为【报表 A】的任务类报表，该报表周期为月，工作分配按日程显示，按标识号排序。

(1) 启动 Project 2007，打开项目文档【迁移工作室】，选择【报表】|【报表】命令，打开【报表】对话框，选择【自定义】选项，如图 9-4 左图所示。

(2) 单击【选定】按钮，打开【自定义报表】对话框，如图 9-4 右图所示。

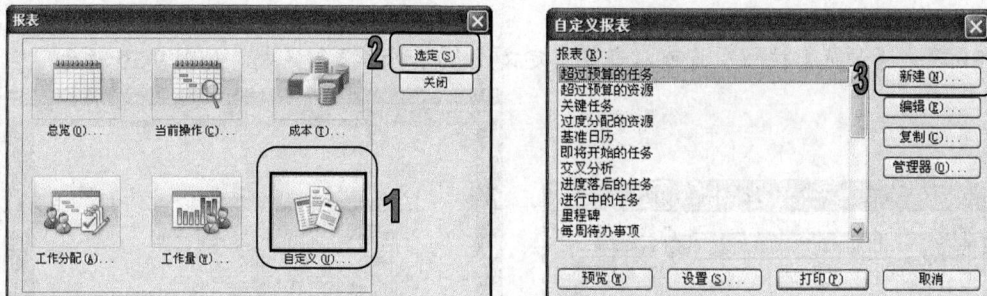

图 9-4　打开【自定义报表】对话框

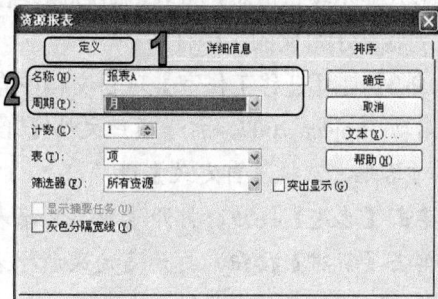

提示

在【自定义报表】对话框中单击【设置】按钮，打开【页面设置】对话框，可以对所选择的报表进行页面大小、页边距等设置。

(3) 单击【新建】按钮，打开【定义新报表】对话框，选择【资源】选项，如图 9-5 所示。

(4) 单击【确定】按钮，打开【任务报表】对话框，在默认的【定义】选项卡的【名称】文本框中输入"报表 A"，在【周期】下拉列表框中选择【月】选项，如图 9-6 所示。

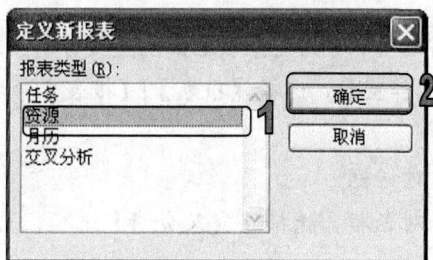

图 9-5　【定义新报表】对话框　　　　图 9-6　【定义】选项卡

(5) 打开【详细信息】选项卡，选中【日程】复选框，如图 9-7 所示。

(6) 打开【排序】选项卡，在【主要关键字】下拉列表框中选择【标识号】选项，保持选中【升序】单选按钮，如图 9-8 所示。

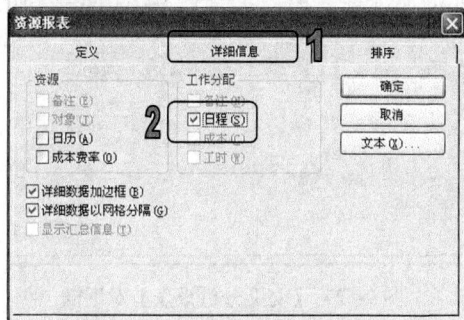

图 9-7　【详细信息】选项卡　　　　图 9-8　【排序】选项卡

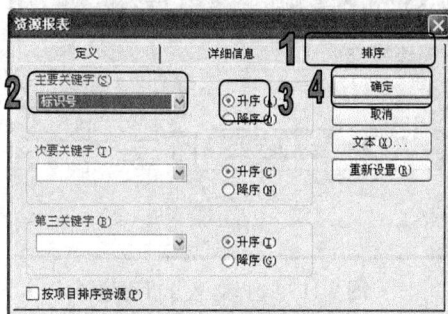

(7) 单击【确定】按钮，返回到【自定义报表】对话框，默认选择【报表 A】选项，如图 9-9 所示。

(8) 单击【预览】按钮，将可以查看自定义设置得到的报表样式，如图 9-10 所示。

图 9-9　在【报表】列表框中显示【报表 A】

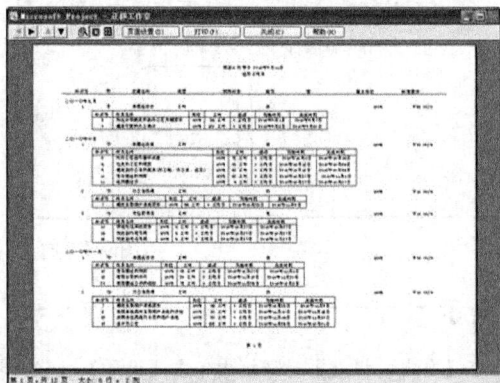

图 9-10　预览自定义的资源报表

2. 自定义月历报表或交叉分析报表

月历报表是以月为周期，将每天的工作任务以日历的形式显示出来。交叉分析报表是以【交叉分析】形式显示项目信息，报表的行标题是任务或资源名称，列标题时间周期。这两种报表都能够很直观地显示每天的工作任务。

【例 9-3】在【迁移工作室】项目文档中自定义一个名为【报表 B】的交叉分析报表。

(1) 启动 Project 2007，打开项目文档【迁移工作室】，选择【报表】|【报表】命令，打开【报表】对话框，选择【自定义】选项。

(2) 单击【选定】按钮，打开【自定义报表】对话框。

(3) 单击【新建】按钮，打开【定义新报表】对话框，选择【交叉分析】选项，如图 9-11 所示。

(4) 单击【确定】按钮，打开【交叉分析报表】对话框，在默认的【定义】选项卡的【名称】文本框中输入"报表 B"，如图 9-12 所示。

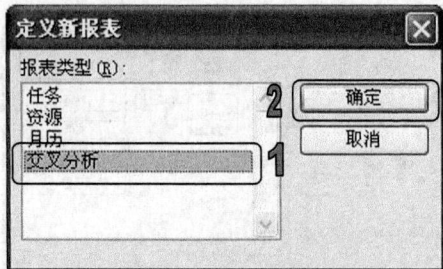

图 9-11　选择交叉分析类型

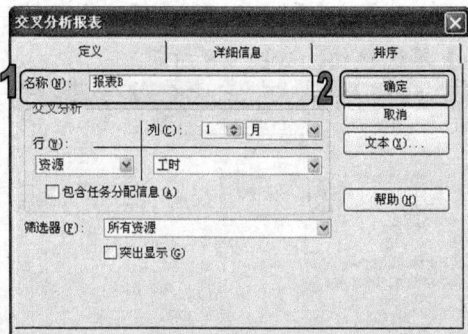

图 9-12　【交叉分析报表】对话框

(5) 单击【确定】按钮，返回到【自定义报表】对话框，默认选择【报表 B】选项。

(6) 单击【预览】按钮，将可以查看自定义设置得到的报表样式，如图 9-13 所示。

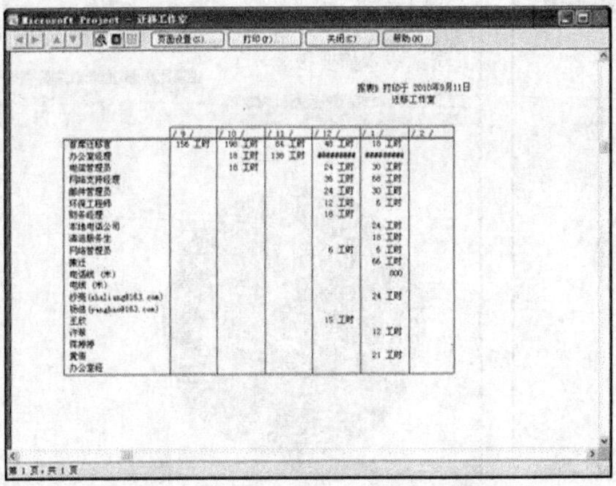

图 9-13　预览自定义的交叉分析报表

知识点

月历报表与交叉分析报表相比，月历报表更能清楚地显示每天的任务，交叉分析报表易于显示两组数据间的关系。

9.3　生成可视报表

在 Project 2007 中，可以使用可视报表功能生成基于 Project 数据的数据透视表视图、图表、图形和图示。在视图中查看报表时可以选择要显示的域(包括自定义域)，可以快速修改报表的显示方式，而无须从 Project 2007 中生成报表。凭借这种灵活性，可视报表提供了一种比基本报表更加灵敏的报表解决方案。

9.3.1　使用模板创建可视报表

Project 2007 提供了许多预定义格式的可视报表，可以分为 6 大类：工作分配使用状况、任务摘要、资源摘要、工作分配摘要、任务分配状况和资源使用状况。用户可以很方便地使用这些模板来创建可视报表。

【例 9-4】在【迁移工作室】项目文档中使用模板创建【资源成本摘要报表】。

(1) 启动 Project 2007，打开项目文档【迁移工作室】，选择【报表】|【可视报表】命令，打开【可视报表】对话框。

(2) 打开【资源使用状况】选项卡，在列表框中选择【资源成本摘要报表】选项，如图 9-14 所示。

(3) 单击【视图】按钮，就可以生成资源成本摘要报表，如图 9-15 所示。

提示

在如图 9-15 所示的窗口中，单击字段按钮，例如【成本】、【类型】等，可以打开【数据透视表字段】对话框，在该对话框中重新设置字段的名称。

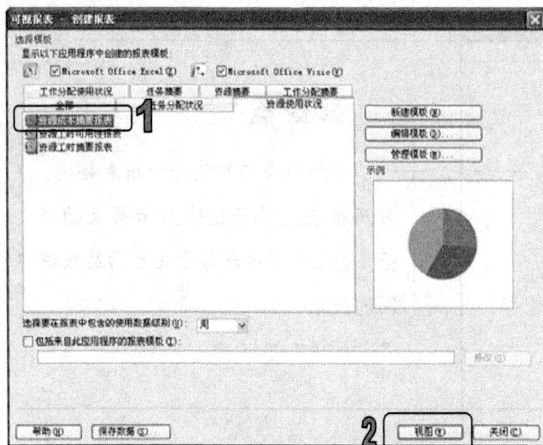

图 9-14　【资源使用状况】选项卡

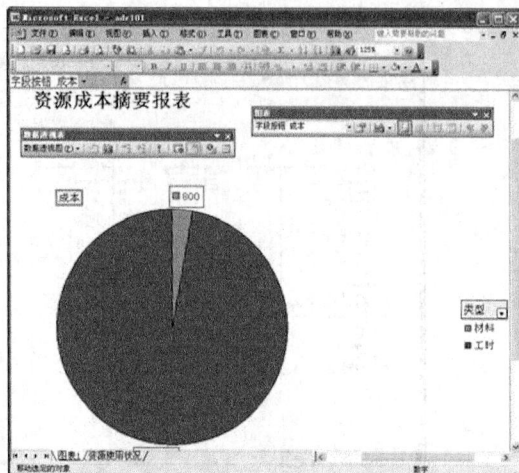

图 9-15　使用模板生成可视报表

9.3.2　编辑现有可视报表模板

　　如果 Project 2007 提供的可视报表，不能满足用户的需求，可以根据需要编辑可视报表模板。选择【报表】|【可视报表】命令，打开【可视报表】对话框，打开【全部】选项卡，在列表框中选择需要编辑的模板，然后单击【编辑模板】按钮，打开【可视报表-域选取器】对话框，选择要在报表中所包含的域，如图 9-16 所示，单击【编辑模板】就可以创建带有修改过的域列表的报表。

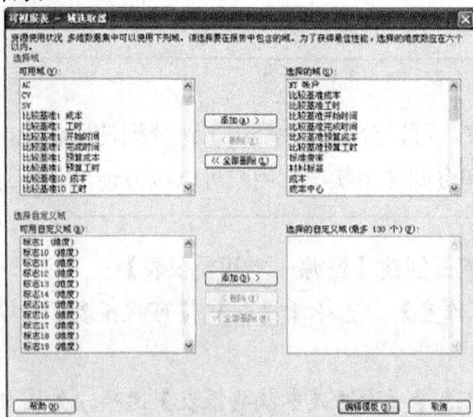

图 9-16　【可视报表-域选取器】对话框

提示

　　在【可视报表-域选取器】对话框中，有些域被标识为维度(Project 域，表示 OLAP 分析中的主要类别，可根据这些类别查看和分析项目数据)。应为报表选择 6 个以下的维度，这一点很重要。如果选择的维度大于 6 个，会大大降低报表性能。

9.3.3　创建新的可视报表模板

　　在 Project 2007 中还可以创建新的可视报表模板。在【可视报表】对话框中，单击【新建模板】按钮，打开【可视报表-新建模板】对话框，如图 9-17 所示。在【选择应用程序】选项区域中选择用于此报表模板的应用程序，可以是 Excel 或 Visio，在【选择数据类型】下拉列表框中选择要在报表中使用的数据类型，在【选择域】选项区域中单击【域选取器】按钮，打开【可视报表-域选取器】对话框，选择包含在报表中的域，就可以新建可视报表模板。

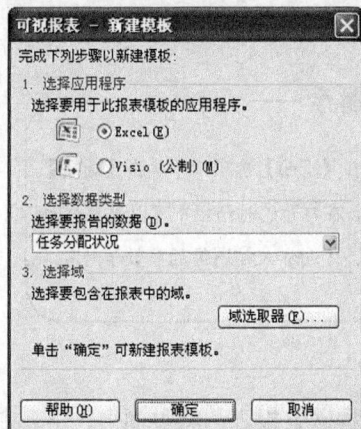

图 9-17　【可视报表-新建模板】对话框

9.4　打印报表和视图

为了使项目管理更加有效、更加合理化，参与项目的人员进行信息交流是必不可少的。因此在使用 Project 时，可以将有关项目信息的视图和报表打印出来，将其分发给项目组成员，从而达到相互交流的目的。

9.4.1　打印输出报表

为了进行信息的交流和沟通，需要将报表打印输出。与打印 Word 文档一样，在打印报表之前，需要对页面进行设置，并预览效果，直到满意为止。

1. 页面设置

打印报表之前，需要进行页面设置，以符合企业标准或增强实用性。例如，可以将公司名称显示在报表的页眉处，在页脚处添加制作日期等信息。要设置页面，只需要在报表窗口中单击【页面设置】按钮，在打开的如图 9-18 所示的【页面设置】对话框中进行属性设置即可。

在该对话框中包括 6 个选项卡：页面、页边距、页眉、页脚、图例及视图。各个选项卡的功能如下所示。

◉　【页面】选项卡：设置打印方向(横向或纵向)、缩放比例、纸张大小及起始页码等。
◉　【页边距】选项卡：设置纸张上、下、左、右 4 个方向预留的边界。

- ◉ 【页眉】和【页脚】选项卡：设置页眉和页脚信息。
- ◉ 【图例】选项卡：该选项卡是 Project 特有的，可指定打印视图中作为图例显示的信息。
- ◉ 【视图】选项卡：设置打印报表所包含的表格或重复打印指定页的内容、打印备注、空白页等信息。

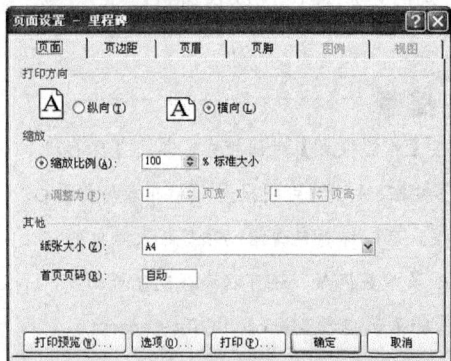

图 9-18 【页面设置】对话框

提示

在【页面】选项卡中单击【选项】按钮，在打开的对话框中可以设置页面大小、方向和文档图像的参数等内容。

【例 9-5】在【迁移工作室】项目文档中，生成【里程碑】报表，将页面上、下、左和右的边距分别设为 3、2.8、2.5 和 2.5 厘米，在页眉左侧显示公司名称，在页脚处显示公司标志。

(1) 启动 Project 2007，打开项目文档【迁移工作室】，生成【里程碑】报表样式，如图 9-19 所示。

(2) 单击【页面设置】按钮，打开【页面设置】对话框，在默认的【页面】选项卡中选中【纵向】单选按钮，如图 9-20 所示。

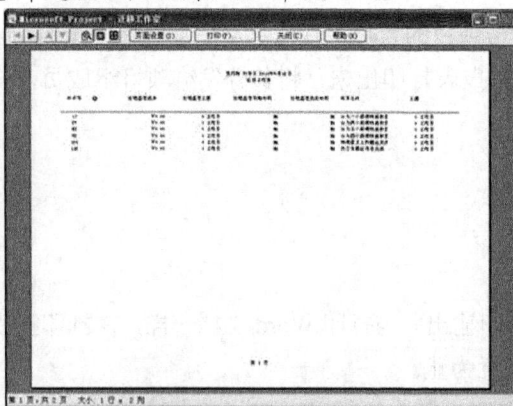

图 9-19 【里程碑】报表

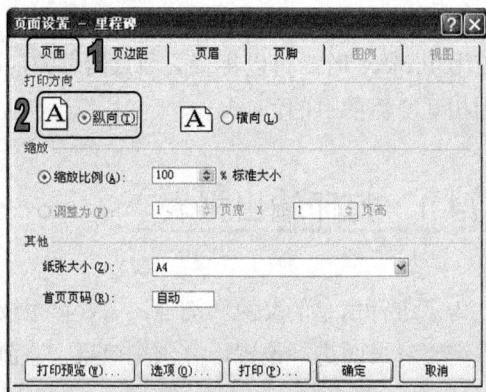

图 9-20 【页面】选项卡

(3) 打开【页边距】选项卡，在【上】、【下】、【左】和【右】微调框中分别输入 3、2.8、2.5 和 2.5，并选中【每页】单选按钮，如图 9-21 所示。

(4) 打开【页眉】选项卡，在【对齐】选项区域中，打开【居中】选项卡，清除原有的文本，在【常规】下拉列表框中选择【项目标题】选项，单击【添加】按钮，如图 9-22 所示。

(5) 选择标题的文字，单击【设置字体格式】按钮**A**，打开【字体】对话框，在【字体】列表框中选择【隶书】选项，在【字形】列表框中选择【粗体】选项，在【字号】列表框中选择【小四】选项，如图 9-23 所示。

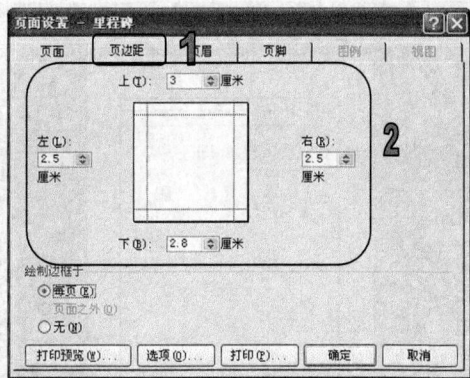

图 9-21　【页边距】选项卡

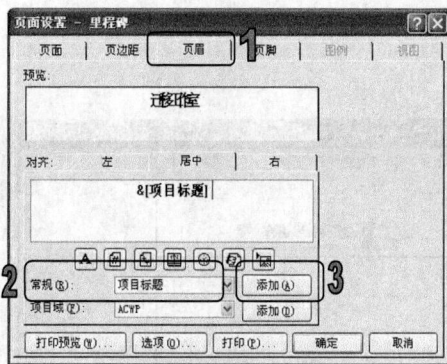

图 9-22　【页眉】选项卡

(6) 单击【确定】按钮，返回【页面设置】对话框，打开【页脚】选项卡，将插入点定位在页码之前，如图 9-24 所示。

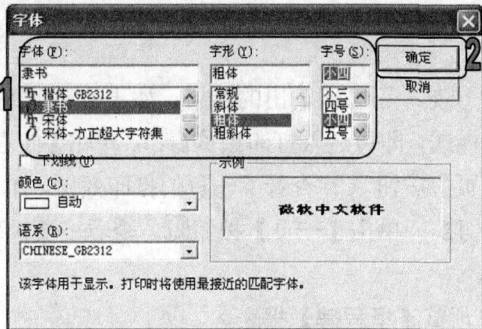

图 9-23　【字体】对话框

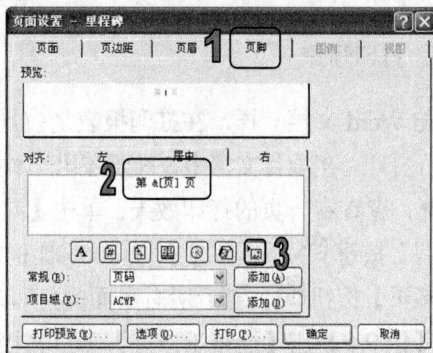

图 9-24　【页脚】选项卡

(7) 单击【插入图片】按钮 ，打开【插入图片】对话框，选择要插入的图片，如图 9-25 所示。

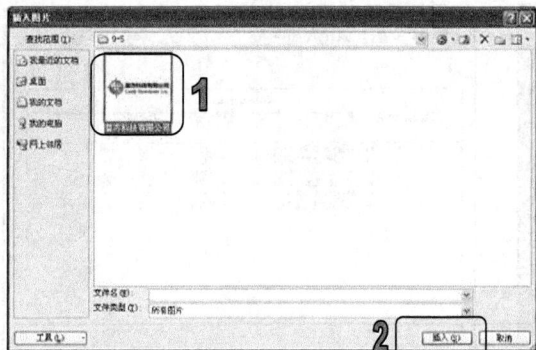

图 9-25　【插入图片】对话框

提示

在【页脚】或【页眉】选项卡中，单击【插入当前时间】按钮 ，可以在页脚或页眉处插入当前时间。

(8) 单击【插入】按钮，返回【页面设置】对话框，在预览区域中显示页脚图片。单击【确定】按钮，即可在报表中插入页脚图片，如图 9-26 所示。

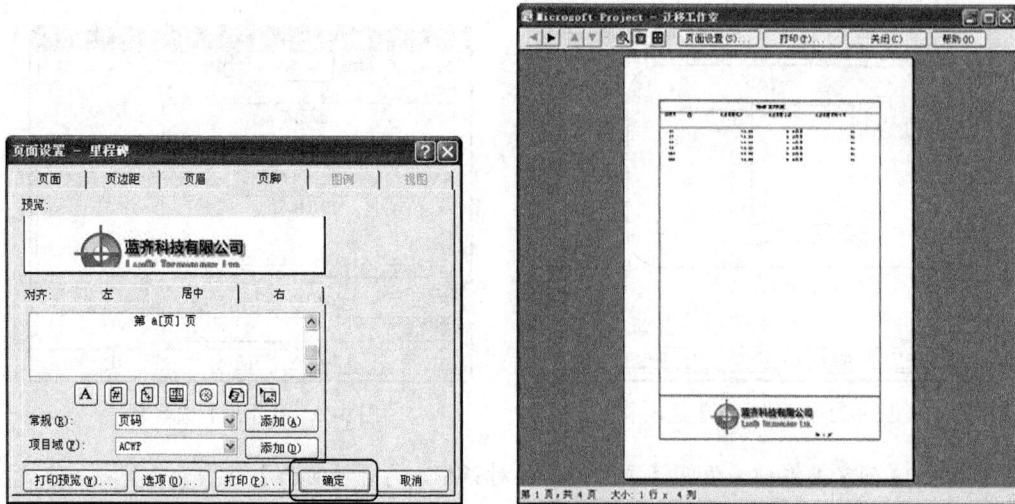

图 9-26　设置页脚

2. 打印预览

与 Word 文档一样，在打印报表之前，需要预览一下打印输出的结果，如果效果令人满意，再进行打印。在项目文档中，只要应用一种报表样式，即可进入打印预览窗口，单击【向右翻页】按钮▶，查看右一页的打印效果；单击【向下翻页】按钮▼，查看下一页的打印效果，单击【查看比例】按钮，可在缩小与 100%比例之间切换；单击【一页】按钮，查看一页内容；单击【多页】按钮，查看所有页面的打印效果。

【例 9-6】在【迁移工作室】项目文档中，预览【里程碑】报表。

(1) 启动 Project 2007，打开项目文档【迁移工作室】，生成【里程碑】报表样式。

(2) 单击【向右翻页】按钮▶，查看右一页的打印效果，如图 9-27 所示。

(3) 单击【查看比例】按钮，查看比例在 100%时的报表样式，如图 9-28 所示。

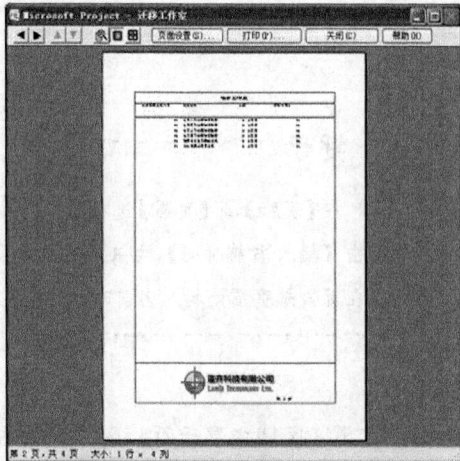

图 9-27　查看右一页的内容

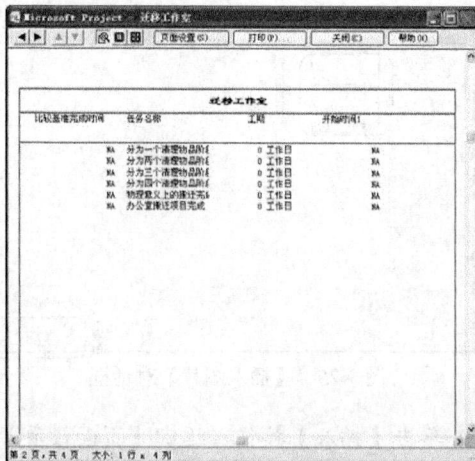

图 9-28　查看比例为 100%的效果

(4) 单击【多页】按钮，查看所有页面的打印效果，如图 9-29 所示。

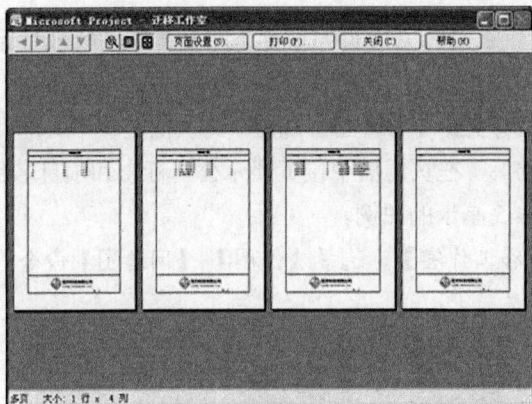

图 9-29 查看多页效果

3. 打印报表

对报表进行页面设置，并且预览满意后，就可以将其打印出来。在预览窗口，单击【打印】按钮，打开【打印】对话框，设置打印范围和份数，就可以打印报表。

【例 9-7】在【迁移工作室】项目文档中，打印【里程碑】报表 2 份。

(1) 启动 Project 2007，打开项目文档【迁移工作室】，生成【里程碑】报表样式。

(2) 在预览窗口中，单击【打印】按钮，打开【打印】对话框，在【副本】选项区域的【份数】微调框中输入 2，如图 9-30 所示。

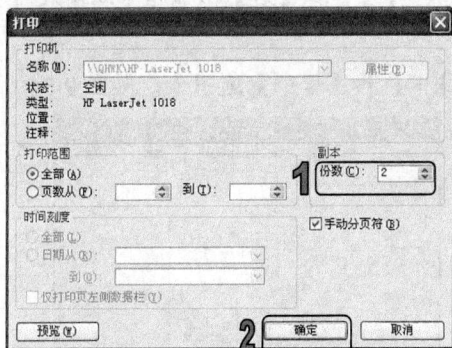

图 9-30 【打印】对话框

(3) 单击【确定】按钮，就可以将报表打印输出。

⑨.4.2 打印输出视图

在 Project 2007 中，可以使用多种视图样式来查看项目信息，它与报表一样可以打印输出。

1. 页面设置

为了使打印效果更加理想，在打印视图之前，也需要对页面进行设置。要设置页面，只需要

在视图窗口中选择【文件】|【页面设置】命令，在打开的【页面设置】对话框中进行属性设置即可。

【例 9-8】在【迁移工作室】项目文档中，切换到【网络图】视图，将页面上、下、左和右的边距均设为 1.5 厘米，设置页面缩放比例为 85%，在页眉居中位置显示公司标志和项目名称，在页脚中间位置显示页码，在每页显示宽度为 4.5 厘米的图例。

(1) 启动 Project 2007，打开项目文档【迁移工作室】，选择【视图】|【网络图】命令，切换到【网络图】视图，如图 9-31 所示。

(2) 选择【文件】|【页面设置】命令，打开【页面设置】对话框，打开【页面】选项卡，选中【缩放比例】单选按钮，并在其后的微调框中输入 85，如图 9-32 所示。

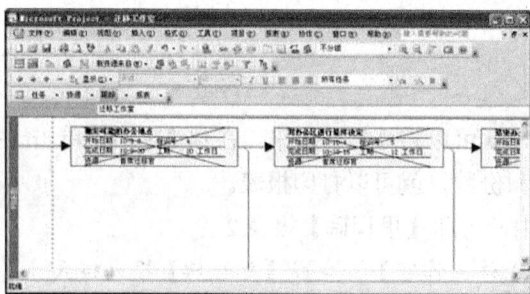

图 9-31 【网络图】视图　　　图 9-32 【页面】选项卡

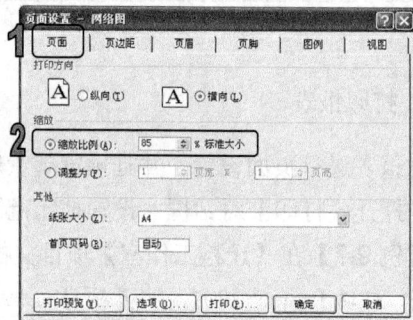

(3) 打开【页边距】选项卡，在【上】、【下】、【左】和【右】微调框中均输入 1.5，并且选中【无】单选按钮，如图 9-33 所示。

(4) 打开【页眉】选项卡，在【对齐】选项区域中打开【居中】选项卡，如图 9-34 所示。

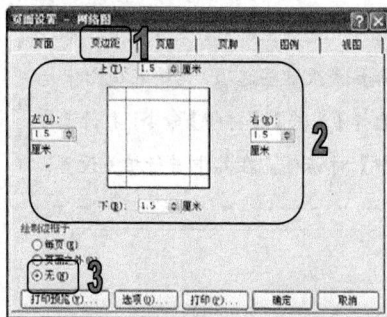

图 9-33 【页边距】选项卡　　　图 9-34 【页眉】选项卡

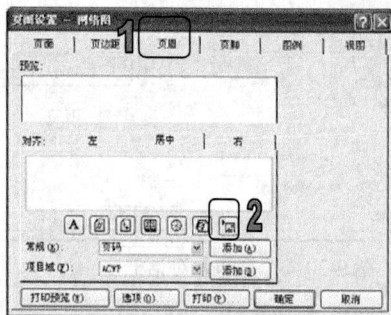

(5) 单击【插入图片】按钮，打开【插入图片】对话框，选择要插入的图片，如图 9-35 所示。

(6) 单击【插入】按钮，返回到【页眉】选项卡，在【常规】下拉列表框中选择【项目标题】选项，单击【添加】按钮，如图 9-36 所示。

(7) 打开【图例】选项卡，在【图例位置】选项区域中选中【每页】单选按钮，在【宽度】微调框中输入 4.5，如图 9-37 所示。

(8) 单击【确定】按钮，完成页面的设置。

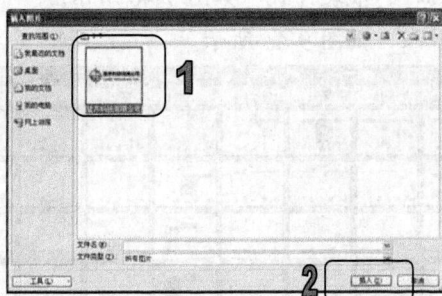

图 9-35　【插入图片】对话框

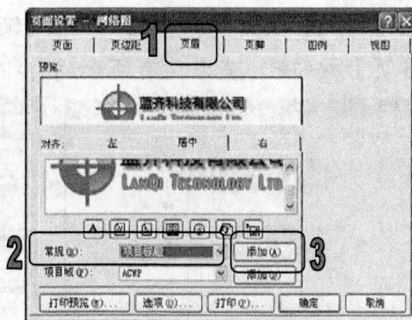

图 9-36　选择常规信息

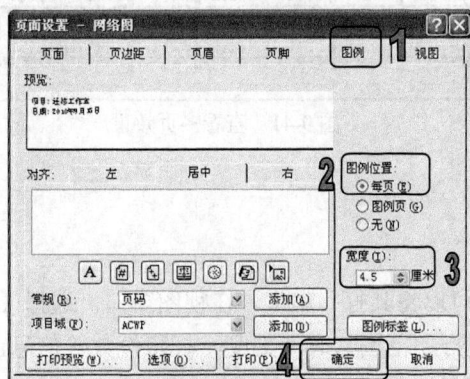

图 9-37　【图例】选项卡

知识点

只有在日历、甘特图和网络图中才能添加图例。图例是对图形元素进行解释说明的。

2. 打印预览

在打印视图之前，同样需要预先查看打印输出的效果。要预览文档，可以选择【文件】|【打印预览】命令，打开【打印预览】窗口，就可以查看打印效果。

【例 9-9】在【迁移工作室】项目文档中，切换到【网络图】视图进行打印预览。

(1) 启动 Project 2007，打开项目文档【迁移工作室】，切换至【网络图】视图。

(2) 选择【文件】|【打印预览】命令，打开【打印预览】窗口，如图 9-38 所示。

(3) 单击【向右翻页】按钮▶，查看右一页的打印效果，如图 9-39 所示。

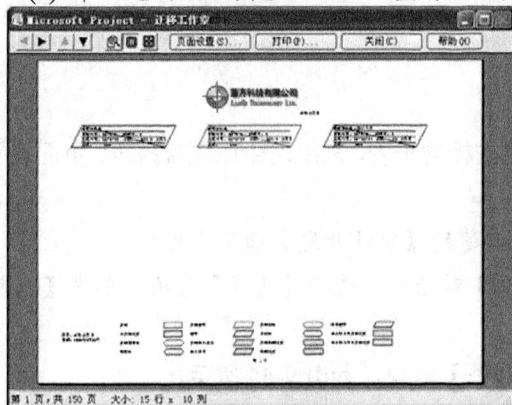

图 9-38　【打印预览】窗口

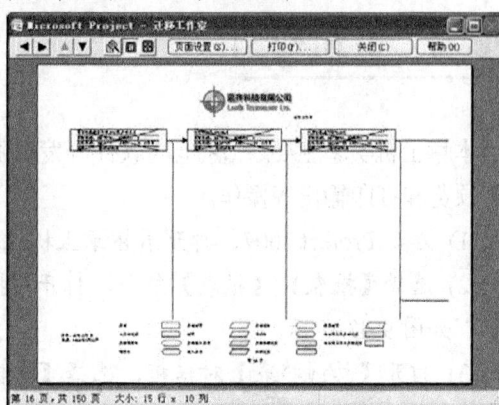

图 9-39　查看右一页内容

(4) 单击【查看比例】按钮 ⬚，查看比例在 100% 时的报表样式，如图 9-40 所示。

(5) 单击【多页】按钮 ⬚，查看所有页面的打印效果，如图 9-41 所示。

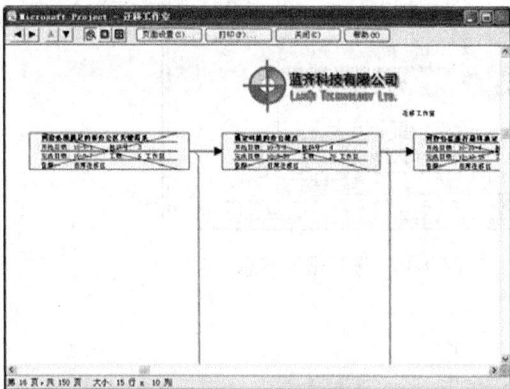

图 9-40　查看 100% 的效果

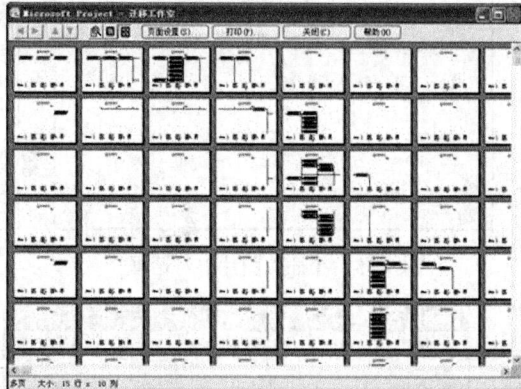

图 9-41　查看多页效果

(6) 单击【关闭】按钮，退出打印预览窗口。

3. 打印视图

对视图进行页面设置，并且预览满意后，就可以将其打印出来。在视图窗口，选择【文件】|【打印】命令，打开【打印】对话框，可以设置打印范围、时间刻度、打印份数等信息，如图 9-42 所示。其操作与打印报表相似，在此不再赘述。

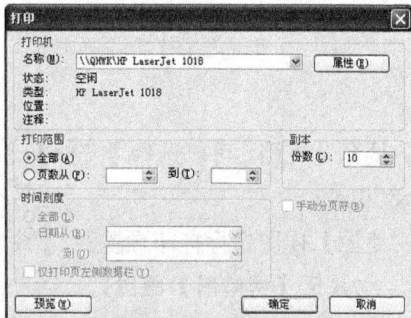

图 9-42　【打印】对话框

提示

如果直接在打印预览窗口中单击【打印】按钮，则打开的【打印】对话框与打印报表时的【打印】对话框一样，有些选项无法进行设置。

9.5　上机练习

本章上机实验主要通过打印【软件开发】项目文档的报表，来练习生成项目报表、页面设置、打印预览和打印输出等操作。

(1) 启动 Project 2007，打开第 8 章上机练习创建的【软件开发】项目文档。

(2) 选择【报表】|【报表】命令，打开【报表】对话框，选择【总览】选项，单击【选定】按钮，如图 9-43 所示。

(3) 打开【总缆报表】对话框，选择【关键任务】选项，如图 9-44 所示。

图 9-43　选择生成报表的类型

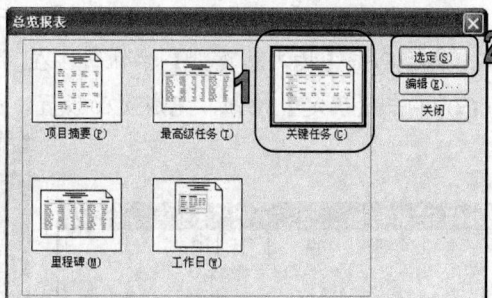

图 9-44　选择【关键任务】报表

(4) 单击【选定】按钮，系统将自动生成【关键任务】报表，如图 9-45 所示。

(5) 单击【页面设置】按钮，打开【页面设置】对话框，在默认的【页面】选项卡中选中【横向】单选按钮，在【纸张大小】下拉列表框中选择 16K，如图 9-46 所示。

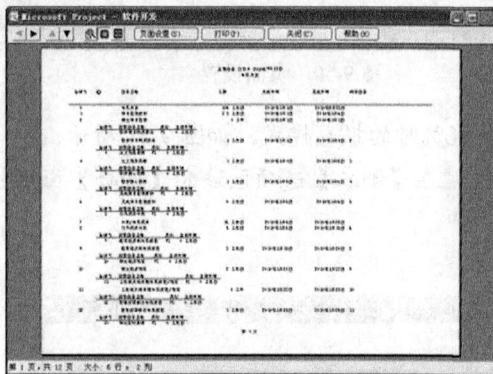

图 9-45　生成【关键任务】报表

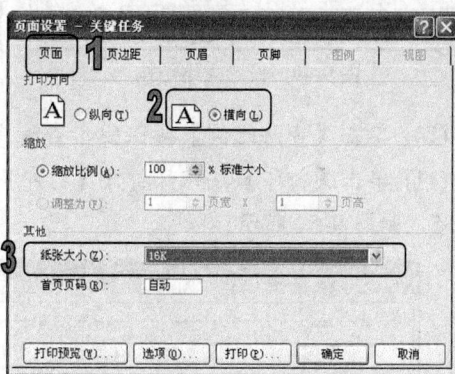

图 9-46　设置纸张大小

(6) 打开【页边距】选项卡，在【上】、【下】、【左】和【右】微调框中分别输入 1.2、1.2、1.5 和 1.5，选中【每页】单选按钮，如图 9-47 所示。

(7) 打开【页眉】选项卡，在【对齐】选项区域中，打开【居中】选项卡，在列表框中删除原有的信息，在【常规】下拉列表框中选择【项目标题】选项，并且单击【添加】按钮，将其添加至页眉中，如图 9-48 所示。

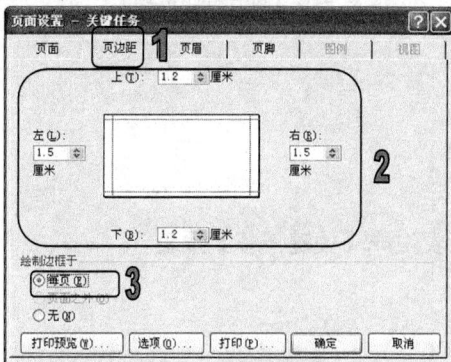

图 9-47　设置页边距

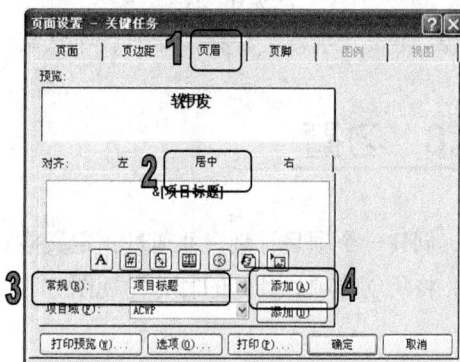

图 9-48　设置页眉

(8) 打开【页脚】选项卡，在【对齐】选项区域的【居中】选项卡中，将插入点定位在页码之前，然后单击【插入总页数】按钮![icon]，在页码前插入总页数，如图9-49所示。

(9) 单击【确定】按钮，完成页面设置，如图9-50所示。

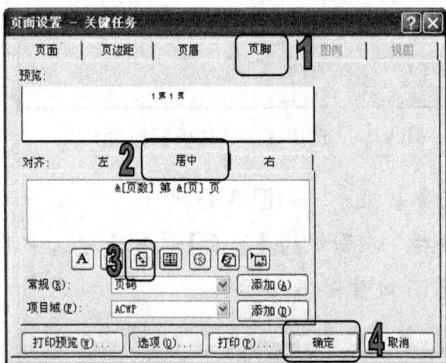

图 9-49　设置大纲结构

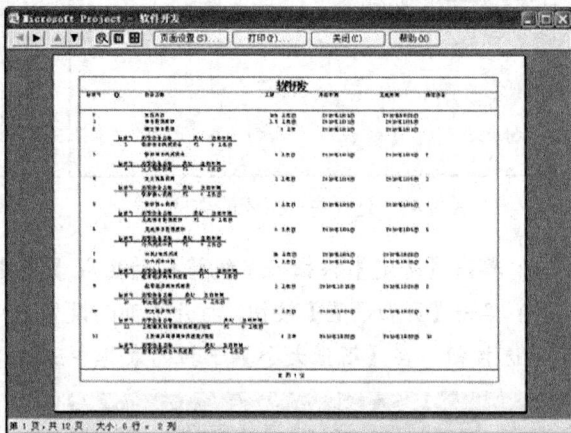

图 9-50　页面设置

(10) 单击【查看比例】按钮![icon]，查看比例在100%时的报表样式，如图9-51所示。

(11) 单击【打印】按钮，打开【打印】对话框，在【副本】选项区域的【份数】微调框中输入5，如图9-52所示。

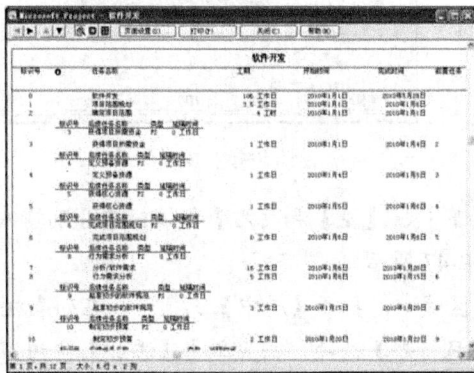

图 9-51　预览效果

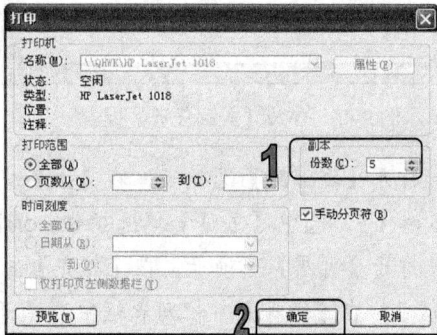

图 9-52　设置打印份数

(12) 单击【确定】按钮，开始打印报表。

⑨.6　习题

1. 创建一个项目计划，并通过预定义格式的报表生成【关键任务】报表。
2. 将所创建项目计划的甘特图视图打印出来。

第 **10** 章

管理多重项目

学习目标

在实际工作中，所接触到的项目往往是既庞大又复杂，而且执行的过程会分为不同的阶段，由公司的各个部门来管理不同的项目内容。因此，为了使部门内部或部门之间能够更好的交流项目信息，Project 2007 提供多项目管理功能，从技术上大大减轻了多项目管理工作的难度。

本章重点

- ◉ 合并项目文档
- ◉ 建立项目间相关性
- ◉ 在项目间共享资源
- ◉ 多项目信息管理

10.1 合并项目文档

Project 2007 提供了【项目合并】功能，尤其在制定大型而复杂的计划时，通过将一个项目插入到另一个项目中创建合并项目，可以简单而有效地组织一系列相关的大型项目。

10.1.1 主/子项目和合并项目

合并项目文档就是将子项目文档插入到主项目文档中。主项目是指包含其他项目(插入项目或子项目)的项目，也称为合并项目。子项目是指插入到其他项目中的项目，子项目是指插入到其他项目中的项目，子项目可视为一个复杂项目分解为多个相关项目，子项目也称为插入项目。每个子项目都可以被保存为一个单独的项目文档，可以为每个子项目分配资源，建立链接和约束。当需要从宏观的角度跟踪整个项目时，就可以把分离的多个子项目合并成为一个大型项目。子项目在合并项目中显示为摘要任务，可以隐藏任何一个与子项目相关的任务。在合并项目文档时，可以只对所关心的部分进行操作，可以查看、打印和修改任何一个子项目的信息。

10.1.2 插入项目文档

插入项目是 Project 所提供的【项目合并】的特性之一，尤其在制定大型而复杂的项目计划时，通过将一个项目插入到另一个项目创建新的合并项，可以简单而有效地组织一系列相关的大型项目。被插入的项目以汇总任务的形式出现在含有一个或多个插入项目的合并项目中，用户只需要专注于需要处理的部分，从而能更方便地控制包含大量任务的项目。

在插入项目文档之前首先需要确定主项目，然后将其他的项目文档作为子项目插入到主文档中。

【例 10-1】在【楼盘销售】项目文档中输入"竞标"项目文档。

(1) 启动 Project 2007，新建项目文档【楼盘销售】和【竞标】，其【甘特图】视图分别如图 10-1 和图 10-2 所示。

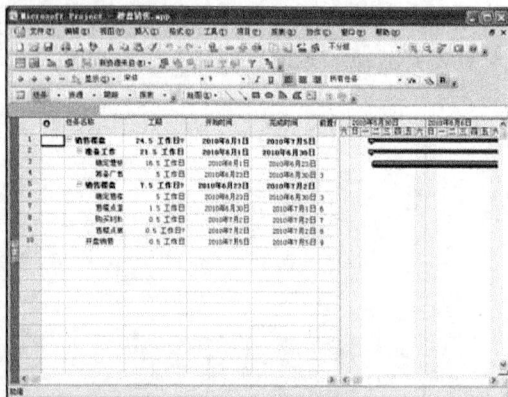

图 10-1 【楼盘销售】项目文档　　　　图 10-2 【竞标】项目文档

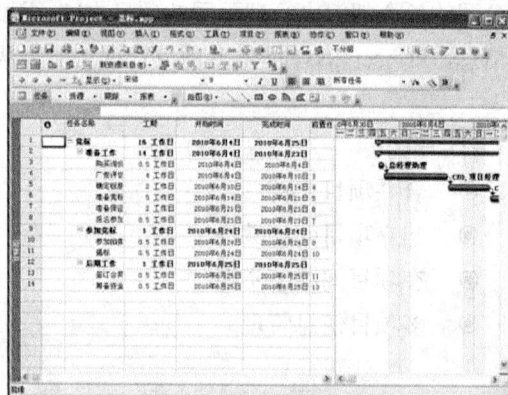

(2) 在项目文档【楼盘销售】中，选择【确定营销楼群方案】任务，然后选择【插入】|【项目】命令，打开【插入项目】对话框，在其中选择要插入的项目文档，如图 10-3 所示。

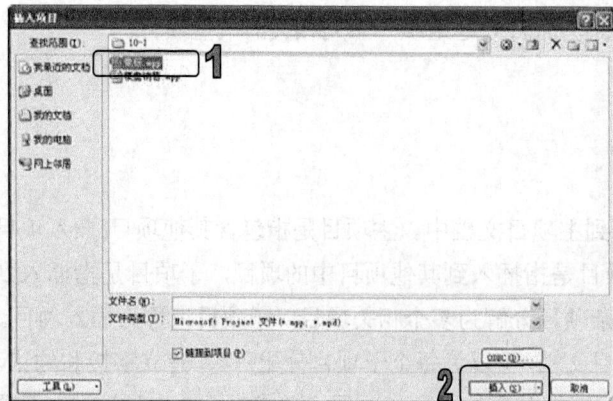

图 10-3 【插入项目】对话框

提示

在【插入项目】对话框中，取消选中【链接到项目】复选框，如果插入的子项目与主项目中有重名的资源，同名称的第一资源信息将覆盖其后所有同名资源信息。

(3) 单击【插入】按钮，【竞标】项目文档被插入，如图 10-4 所示。

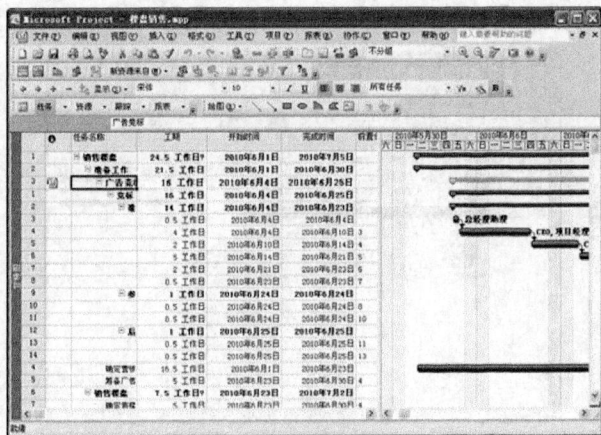

图 10-4　插入项目文档

新插入的项目文件前有一个图标，表示插入项目作为相对独立的文件存在于合并项目中。新项目刚插入时是看不到子任务的，需要通过单击子任务的大纲符号，即子项目名前的加号，来显示子项目的隐藏任务。所有插入的项目任务在甘特图中是以灰色的甘特条形图显示的，其形状和摘要任务的甘特条形图形状一致，只是用颜色加以区分。

10.1.3　编辑项目文档

将子项目插入到主项目后，为了满足主项目文档的需要，还需对插入的项目做进一步的编辑。例如，可以对子项目进行类似于摘要任务的处理，在大纲中通过升级或降级的方法来更改任务层次中子项目的次序。

1. 移动插入的项目

Project 允许对插入的项目进行移动，从而适应不同情况下项目管理的需要。要移动所插入的项目，在选择该任务的全部子任务后，单击【常用】工具栏中的【剪切任务】按钮，然后选择目标下方任务所在的单元格，单击【粘贴】按钮，就可以完成子项目的移动。

提示

在项目文档中选中子项目，按住鼠标左键不放向上或向下移动鼠标，在目标位置释放鼠标，同样可以实移动项目的操作。

【例10-2】在【楼盘销售】项目文档中将插入的【竞标】子项目移动到【筹备广告费用】任务之前。

(1) 启动 Project 2007，打开项目文档【楼盘销售】。

(2) 选择【广告竞标】子项目，单击【常用】工具栏中的【剪切任务】按钮，打开【规划向导】对话框，保持默认设置，如图 10-5 所示。

(3) 单击【确定】按钮，选择【筹备广告费用】任务所在的单元格，如图 10-6 所示。

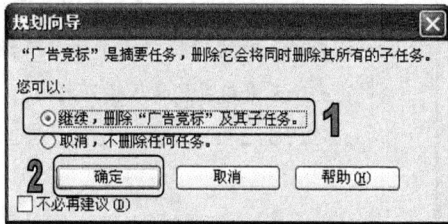

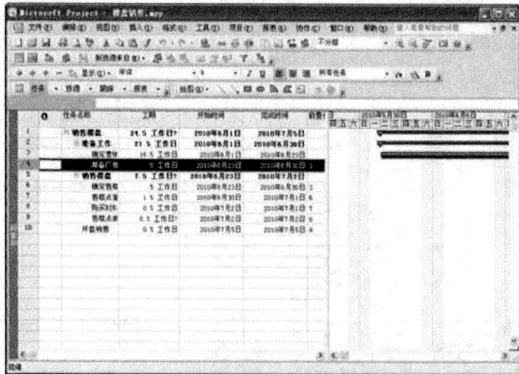

图 10-5　【规划向导】对话框　　　　　　　图 10-6　选择任务所在的单元格

(4) 单击【粘贴】按钮，就可以将子项目插入移动到【筹备广告费用】任务之前，如图 10-7 所示。

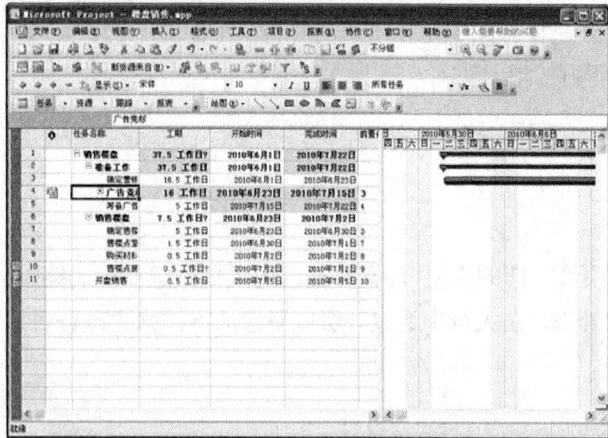

图 10-7　移动插入的项目

提示

要复制子项目的操作与移动子项目的操作类似。选中复制的子项目，在"常用"工具栏中单击"复制任务"按钮，选中目标下方任务所在的单元格，单击"粘贴"按钮即可。

如果插入项目所链接的源项目文件的位置发生了改变，就必须对其进行重新定位。否则，当再次打开该项目文件时，查看或修改插入到项目中的任务时，Project 就会打开【无法找到插入项目】对话框，提醒用户重新定位插入的项目。

2. 升级或降级插入的项目

默认状态下，插入的子项目与上一行单元格中任务的大纲级别相同，在插入一个项目之后，可以通过将其移到大纲中的某个级别上来创建分层结构。如果其前面的任务也是一个插入项目的话，则不能够升级或降级该插入项目。

要升级或降级插入的项目，只需在甘特图的【任务名称】栏中选择要升级或降级的插入项目，然后单击【格式】工具栏中的【升级】按钮◁或【降级】按钮▷即可。例如在项目文档【楼盘销售】项目文档中，选择【广告竞标】子项目所在的单元格，单击【格式】工具栏中的【升级】按钮，将子项目升一级，如图 10-8 所示。

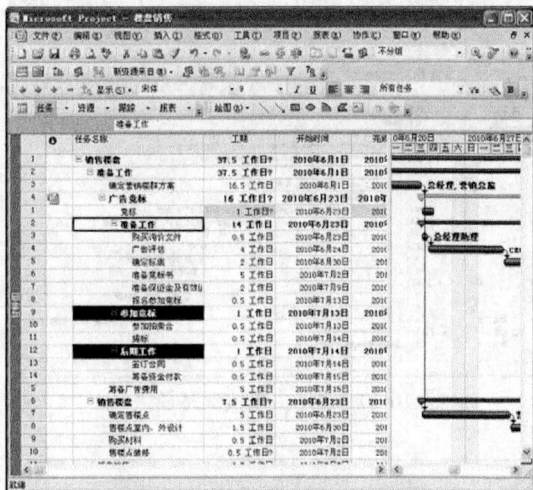

图 10-8　升级处理

知识点

Project 将插入的项目作为自成一体的独立项目看待，如果将一个项目插入或粘贴到另一个只显示了项目摘要任务的插入项目之下，则插入或粘贴的项目将会与其上的插入项目有相同的级别。但如果将项目插入或粘贴到一个显示了所有子任务的项目之下，则插入或粘贴的项目将成为其上的那个项目的一个子任务。

提示

在一个插入项目中可以降级或升级任务，但是不允许通过降级任务或升级任务将其移进或移出一个项目。

3. 计算多重关键路径

默认情况下，Project 仅显示一条关键路径，即影响计划完成日期的路径。但对于合并的项目，通常会有很多插入的子项目，而这些子项目都有属于自己的一条关键路径。要想查看每个插入项目的关键路径，使用计算多重关键路径的方法就可以很方便地达到目的。

在计算多重关键路径时，任何没有后续任务的最迟完成时间将设置为其最早完成时间，这样该任务的可宽限时间为零，从而成为关键任务。相反，对于只显示一个关键路径的项目中没有后续任务的任务，其最迟完成时间为项目的完成日期，该任务因而拥有了可宽限时间。

要显示合并项目中的多重关键路径，可选择【工具】|【选项】命令，在【选项】对话框的【计算方式】选项卡中，选中【计算多重关键路径】复选框，然后再用查看关键路径的方法查看关键路径及关键任务。

【例 10-3】在【楼盘销售】项目文档中计算多重路径。

(1) 启动 Project 2007，打开项目文档【楼盘销售】。

(2) 选择【工具】|【选项】命令，打开【选项】对话框的【计算方式】选项卡，选中【计算多重关键路径】复选框，如图 10-9 所示。

(3) 单击【确定】按钮，返回到项目文档中。选择【项目】|【筛选】|【关键】命令，在工作区和图形区将显示关键任务和关键路径，如图 10-10 所示。

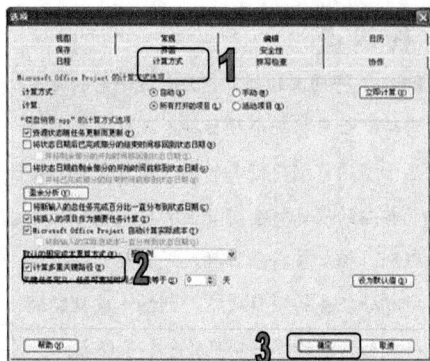

图 10-9 【选项】对话框

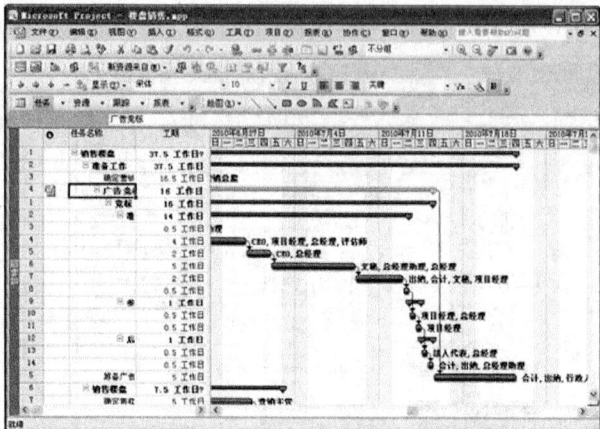

图 10-10 显示多重关键路径

提示

在默认情况下，Project 将每个插入的子项目作为摘要任务来计算关键路径。要改变子项目的计算方式，可在【选项】对话框的【计算方式】选项卡中取消选中【将插入的项目作为摘要任务计算】复选框。

10.1.4 快速合并项目

Project 2007 提供了一种快速合并项目的方法，使用该方法可以快速地将多个项目文档进行合并。

选择【窗口】|【新建窗口】命令，打开【新建窗口】对话框，按要合并的前后顺序选择要合并的多个项目文档，单击【确定】按钮，Project 就会创建一个新的合并项目，插入顺序就是子项目在对话框中的显示顺序。

【例 10-4】将【楼盘销售】项目文档和【竞标】项目文档快速合并。

(1) 启动 Project 2007，打开项目文档【楼盘销售】和【竞标】项目文档。

(2) 选择【窗口】|【新建窗口】命令，打开【新建窗口】对话框，按住 Ctrl 键，并按要合并的前后顺序依次选择要合并的多个项目文档，如图 10-11 所示。

(3) 单击【确定】按钮，完成合并，如图 10-12 所示。

知识点

在 Project 2007 中，如果需要同时打开多个项目文件，但又希望合并成一个文件，可以创建一个工作环境文件，选择【文件】|【保存工作环境】命令，打开【工作环境另存为】对话框，输入文件名，然后单击【保存】按钮即可。

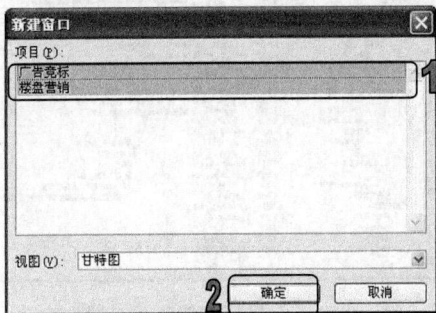

图 10-11 【新建窗口】对话框

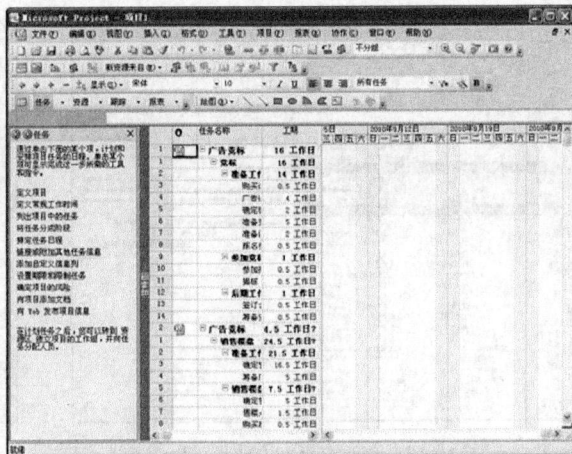

图 10-12 快速合并项目

10.2 建立项目间的相关性

在实际工作中，只有两个项目的任务目的相同，并且两者之间存在相互制约的关系才会进行合并。因此，合并项目后，既可以链接合并项目中各项目之间的任务，也可以链接几个独立的相关项目之间的任务。链接任务时，Project 显示任务相关性的同时会在每个项目中显示外部任务。要注意的是，不能对外部任务进行编辑。

10.2.1 创建合并项目中任务的相关性

创建合并项目中任务的相关性是指创建子项目的任务与主项目中的任务之间的相关性。项目之间的相关性可以是 Project 提供的 4 种链接关系中的任意一种，也可以设置延隔或重叠时间。创建合并项目中任务的相关性与创建同一项目内各任务之间的相关性完全相同。

【例 10-5】在【楼盘销售】项目文档中，将【确定营销楼群方案】任务与【广告竞标】子项目中的【购买询价文件】任务用【完成-开始】类型链接起来；将【广告竞标】子项目中的【筹备资金付款】任务与【筹备广告费用】任务用【完成-开始】类型链接起来。

(1) 启动 Project 2007，打开项目文档【楼盘销售】，在【任务名称】列中单击【广告竞标】任务单元格中的 ⊞ 按钮，展开【广告竞标】子项目。

(2) 选择【确定营销楼群方案】任务，按住 Ctrl 键，选择【广告竞标】子项目中的【购买询价文件】任务，然后单击【常用】工具栏中的【链接任务】按钮，建立两任务之间的【完成-开始】类型的链接关系，如图 10-13 所示。

(3) 使用同样的方法，创建其他任务间的关系，如图 10-14 所示。

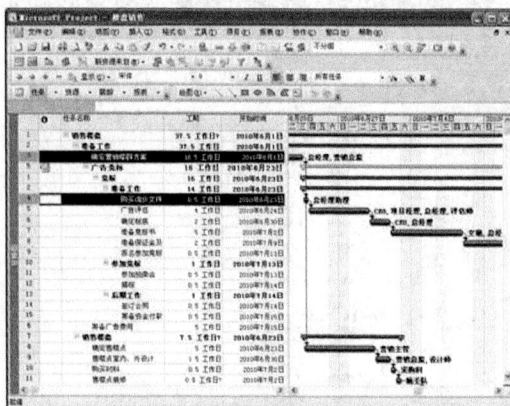

图 10-13　创建任务间的相关性

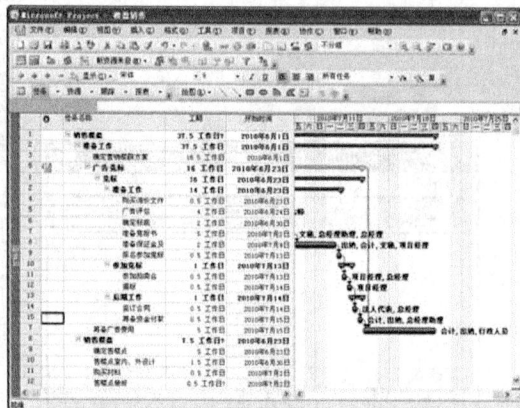

图 10-14　创建其他任务间的相关性

提示

创建合并项目中任务之间的相关性后，双击两任务之间的链接线，打开【任务相关性】对话框，在【类型】下拉列表框中选择所需要的链接类型，就可以修改为其他类型的链接关系。

在项目间建立的任务链接与合并项目的标准链接并没有什么不同，但是当打开子项目文件时，会发现子项目中插入了一个外部链接，如图 10-15 所示，新插入的链接名称和条形图均呈灰色显示，若将鼠标停留在其条形图上，就可以看到该任务有关的提示信息，其中指出该任务是一项外部任务。双击外部任务名称，就会看到包含某项任务的子项目信息，而该项目与外部任务建立了链接关系。

用户可以管理已建立的项目之间的链接，选择【工具】|【在项目间链接】命令，打开项目之间的链接对话框，打开【外部前置任务】选项卡，如图 10-16 所示，它是在两个项目之间建立的外部链接，显示了不同项目之间的任务相关性，而且允许删除链接。

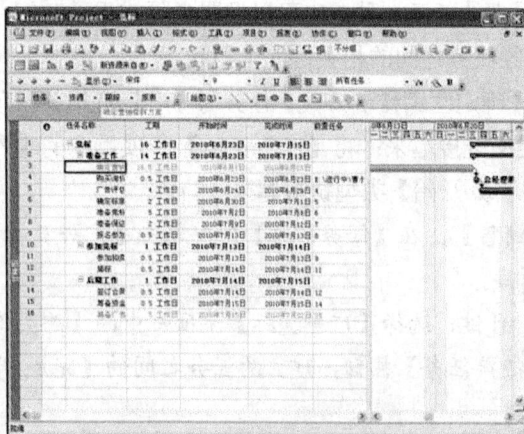

图 10-15　子项目的外部链接

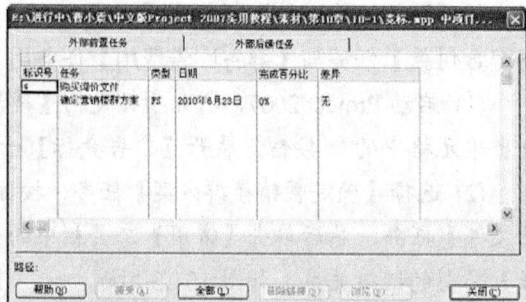

图 10-16　【外部前置任务】选项卡

10.2.2　创建不同项目中任务的相关性

创建不同项目中的任务相关性是在未建立合并关系的不同项目任务之间建立链接。在主/子项目结构中，几个项目之间多半存在着某种联系，通常是在合并项目之后进行链接，而另一种情况，在分散项目任务之间也可能存在一种制约关系，即某一个项目中的任务制约另一个项目中的另一个任务。在 Project 中可以跨越不同项目建立任务级的链接关系。

【例 10-6】在合并之前的【楼盘销售】项目文档中，将【确定营销楼群方案】任务与【广告竞标】项目中的【购买询价文件】任务建立【完成-开始】类型的链接。

(1) 启动 Project 2007，打开项目文档【楼盘销售】和【竞标】。

(2) 选择【窗口】|【全部重排】命令，将两个项目以上下窗格的形式进行排列，如图 10-17 所示。

(3) 在【竞标】项目文档中选择【购买询价文件】任务，在【常用】工具栏中单击【任务信息】按钮，打开【任务信息】对话框。

(4) 打开【前置任务】选项卡，在【标识号】栏中输入前置任务所属项目的路径和任务标识号(中间用\号隔开)，例如 "E:\进行中\曹小震\中文版 Project 2007 实用教程\素材\第 10 章\10-6\楼盘销售.mpp\3"，如图 10-18 所示。

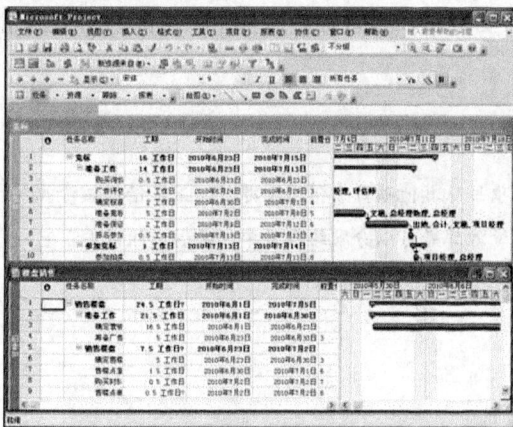

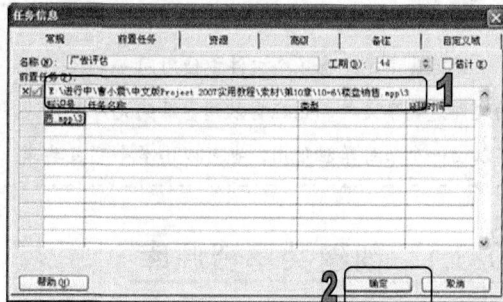

图 10-17　重排窗口　　　　　　　　图 10-18　【前置任务】选项卡

(5) 单击【确定】按钮，就可以建立任务相关性，并且项目中的外部链接任务以灰色显示在任务列表中，如图 10-19 所示。

(6) 选择【工具】|【在项目间链接】命令，打开如图 10-20 所示的对话框，在【外部前置任务】或【外部后续任务】选项卡中查看项目中的外部链接任务。

> **提示**
>
> 选择【工具】|【选项】命令，打开【选项】对话框的【视图】选项卡，取消选中【显示外部后续任务】和【显示外部前置任务】复选框，可以在源文档中取消显示外部链接任务。

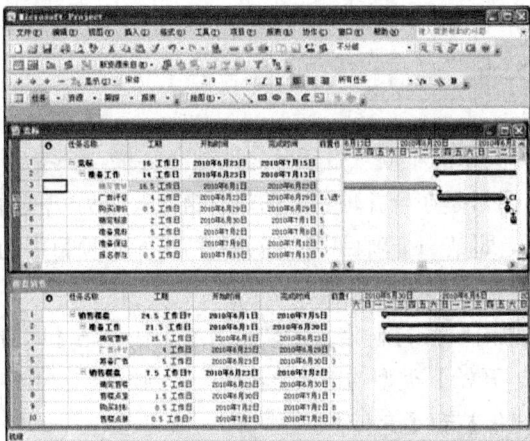

图 10-19　创建不同项目中的任务相关性

图 10-20　查看项目的外部前置任务和外部后续任务

10.3　在项目间共享资源

在同时对多个项目进行处理时，各个项目会经常使用相同的资源，而这些项目都各自调用自身的资源库，从而造成了一定程度的浪费，尤其是面对一些庞大的项目管理时，资源库的修改和维护是非常耗费人力的。Project 提供了共享资源库功能可以有效地解决多个项目间共享资源管理问题。

提示

资源共享是指在多个文件中使用同一资源。当一个项目从其他项目中借用资源时，正在借用该资源的文件是共享文件，正在贡献该资源的文件是资源库。资源库是可以分配给项目中任务的一组资源，它可以由一个项目单独使用，也可以由多个项目共享。

10.3.1　创建共享资源库

若在多个项目中分配了相同的资源，或者在多个项目中具有共享的资源，可将所有资源信息合并到资源库中，然后在分配资源时让所有的项目都使用这个公共资源库。

要创建共享资源库，首先打开多个同时进行的项目文件，切换到【资源工作表】视图或【资源使用状况】视图，选择【窗口】|【全部重排】命令，将所有打开的项目文件显示在一个窗口中，再新建一个空白项目文件，也切换到【资源工作表】视图或【资源使用状况】视图，将其作为资源库，然后切换到需要将资源添加到资源库的项目文件，选择【工具】|【资源共享】|【共享资源】命令，打开【共享资源】对话框，如图 10-21 所示。在该对话框中选中【使用资源】单选按钮，并在【来自】下拉列表框中选择作为资源的项目文件，根据项目的重要性，在日历或资源信息发生冲突时，如果本项目优先使用资源，可以选中【本项目优先】单选按钮，如果其他项

目优先使用资源，则选中【共享资源文件优先】单选按钮。

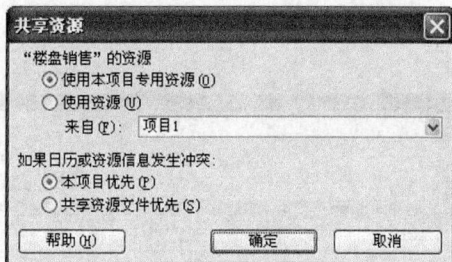

图 10-21 【共享资源】对话框

【例 10-7】将【楼盘销售】和【竞标】项目文档中的资源添加到名为【共享资源库】的项目文档中。

(1) 启动 Project 2007，打开项目文档【楼盘销售】和【竞标】，并切换至【资源工作表】视图。

(2) 选择【窗口】|【全部重排】命令，重排文件，如图 10-22 所示。

(3) 在【常用】工具栏中单击【新建】按钮，新建一个空白文档，并且将其以【共享资源库】为名保存，选择【视图】|【资源工作表】，将其切换至【资源工作表】视图，如图 10-23 所示。

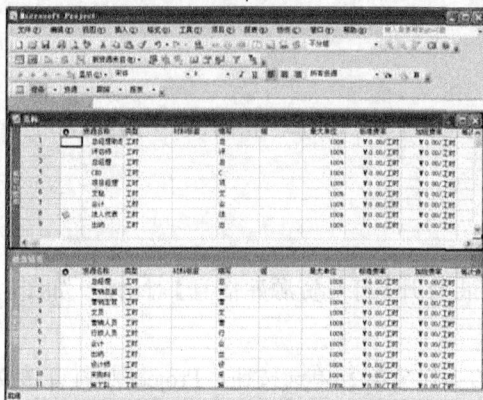

图 10-22 全部重排窗口

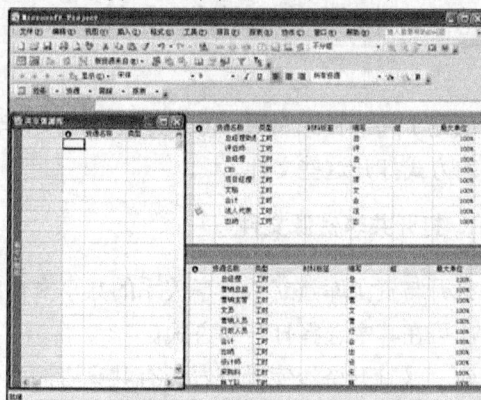

图 10-23 新建一个项目文件

(4) 激活【竞标】项目文档，选择【工具】|【资源共享】|【共享资源】命令，打开【共享资源】对话框，选中【使用资源】单选按钮，在【来自】下拉列表框中选择【共享资源库】选项，选中【本项目优先】单选按钮，如图 10-24 所示。

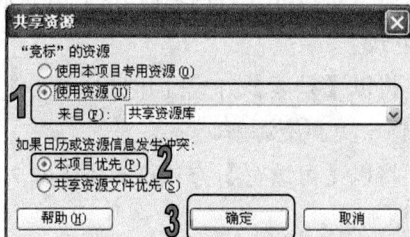

图 10-24 【共享资源】对话框

(5) 单击【确定】按钮，就可以将【竞标】项目文档中的资源添加到【共享资源库】项目文档中，效果如图 10-25 所示。

(6) 使用同样的方法，添加【楼盘销售】项目文档的资源信息到【共享资源库】项目文档中，效果如图 10-26 所示。

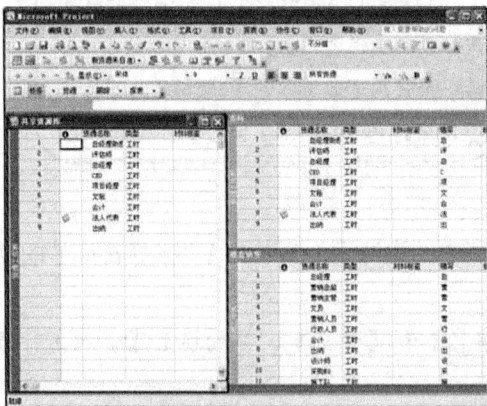

图 10-25　添加资源

图 10-26　创建共享资源库

10.3.2　打开共享资源文件

创建了共享资源库后，再打开资源库或共享资源文件时，Project 将给出各种提示，可以使用不同的方式打开这些文件。

1. 打开共享资源文件

打开与资源库建立了共享关系的共享文件时，将打开【打开资源库信息】对话框，如图 10-27 所示，可在其中选择打开的方式。

- ◉　【打开资源库以查看所有共享资源文件的工作分配】单选按钮：Project 将打开该文件，并以【只读】方式打开资源库文件。
- ◉　【不打开其他文件】单选按钮：Project 将只打开此文件，不打开资源库文件。

2. 打开共享资源库

当资源库文件与其他项目文档建立了共享关系时，在打开资源库文件时将打开【打开资源库】对话框，如图 10-28 所示，提示按使用需求选择打开的方式。

- ◉　【以只读方式打开资源库】单选按钮：Project 将以【只读】方式打开资源库文件，其他用户可以连接到此资源库，并可以在共享文件中更新资源库。
- ◉　【以读写方式打开资源库】单选按钮：Project 将以【可读写】方式打开资源库文件，可以对资源信息进行更改，其他用户无法更新资源库。
- ◉　【以读写方式打开资源库和所有其他共享资源文件】单选按钮：Project 将以【可读写】方式打开资源库文件和其他所有与该资源库相关的项目文件，用户可对资源信息进行更改、添加等操作。

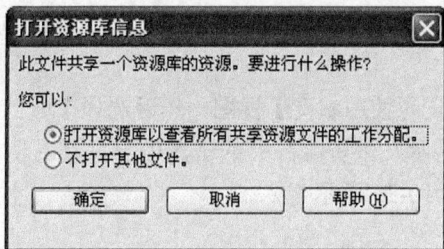

图 10-27 【打开资源库信息】对话框

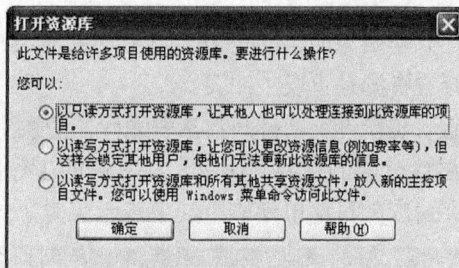

图 10-28 【打开资源库】对话框

提示

在【打开资源库信息】对话框中单击【取消】按钮，可以以读写方式打开项目文件；在【打开资源库】对话框中单击【取消】按钮，不能打开共享资源库。

10.3.3 查看共享资源库

在项目管理的过程中，常常需要管理多个项目，同时这些项目的资源又存在着一定的相关性。这时，就可以查看创建了资源共享的项目以及发生冲突的资源。

1. 查看资源共享的项目

通过查看资源共享的项目可以清楚地了解资源是否已将资源信息添加到了共享资源库中，确保检查资源冲突的正确性。

要查看资源共享的项目，只需打开共享资源库，选择【工具】|【资源共享】|【共享资源】命令，打开【共享资源】对话框，在【共享链接】列表框中可以看到进行资源共享的项目及保存位置，如图 10-29 所示。

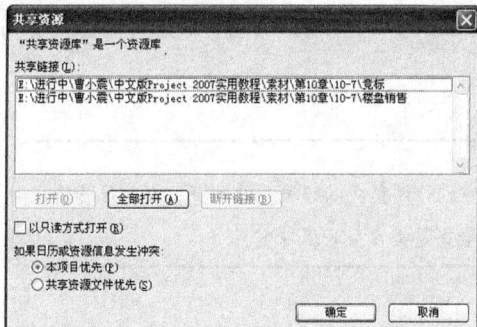

图 10-29 【共享资源】对话框

提示

在【共享资源】对话框的【共享链接】列表框中选择项目文件，然后单击【打开】按钮，就可以打开该项目。

2. 查看资源冲突

创建共享资源的目的是为了防止发生资源冲突，因此将多个项目中的资源添加到资源库后，就应该查看资源是否发生冲突。

要查看资源冲突，打开共享资源库，切换到【资源使用状况】视图，然后选择【项目】|【筛选】|【过度分配的资源】命令，在右侧的工作区显示发生资源冲突的资源信息，在右侧出现的资源冲突对应的日期单元格用红字表示工时，如图 10-30 所示。

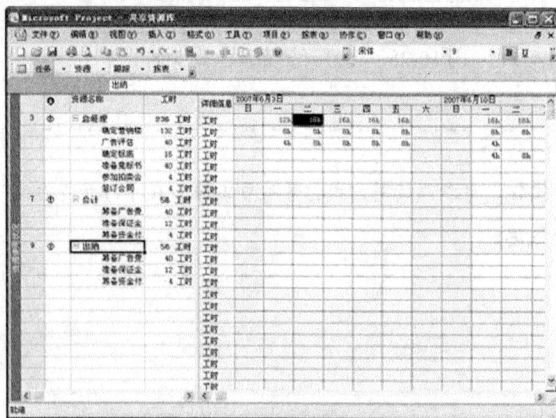

知识点

在默认状态下，Project 使用红字表示发生冲突的资源，但不能了解何时何任务发生冲突，因此还需要作进行一步的查询。

图 10-30　查看资源冲突

⑩3.4　更新资源库

资源发生冲突时，就需要对资源进行调整。调整资源之前，先要权衡发生冲突的任务的重要性，再选择对应的项目文件进行调整。

要更新共享资源库，首先打开需要更新的共享资源文件，在打开的【打开资源库信息】对话框中，选中【打开资源库以查看所有共享资源文件的工作分配】单选按钮，然后单击【确定】按钮，接着在项目文档中对资源进行调整后，选择【工具】|【资源共享】|【更新资源库】命令即可。

知识点

在共享资源库中不能调整资源，需要在共享资源文件中进行调整，以解决资源冲突。在共享资源文件中进行调整后，需要对共享资源库进行更新，以便再次检查是否发生资源冲突。

⑩3.5　中断资源共享

如果需要独自对所属项目文件进行操作，可以断开项目文件与共享资源库或其他文件的链接。断开链接后，项目文件中自有的资源将保留，而资源库及其他文件所拥有的资源将无法调用。取消资源共享有两种方法：

- ⊙　停止共享来自资源库的资源。
- ⊙　断开资源库与被共享资源文件的链接。

1. 停止共享来自资源库的资源

如果一些任务已经独立出来，与其他任务不具有相关性，并且不允许其他用户来调整资源，这时就可以停止共享来自资源库的资源。

【例 10-8】打开【楼盘销售】和【竞标】项目文档，停止共享来自资源库的资源。

(1) 启动 Project 2007，打开项目文档【楼盘销售】，在打开的【打开资源库信息】对话框中，选中【打开资源库以查看所有共享资源文件的工作分配】单选按钮。

(2) 单击【确定】按钮，在项目文档中选择【工具】|【资源共享】|【共享资源】命令，打开【共享资源】对话框，选中【使用本项目专用资源】单选按钮，如图 10-31 所示。

(3) 单击【确定】按钮，就可以停止共享来自资源库的资源。

(4) 使用同样的方法，打开【竞标】项目文档，停止共享来自资源库的资源。

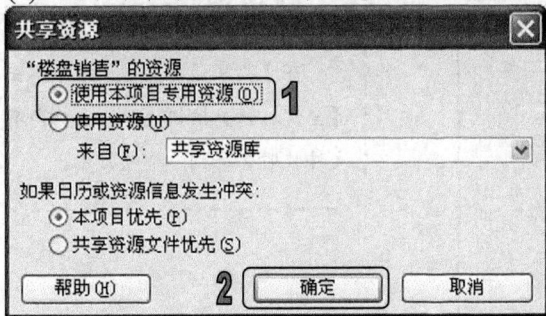

图 10-31　【共享资源】对话框

> **提示**
>
> 　停止共享来自资源库的资源后，共享资源库中该项目有关的资源将会被自动删除。

2. 断开资源库与被共享资源文件的链接

如果想取消所有的资源共享，最好的方法就是断开资源库文件与所有共享其资源的文件的链接。

要断开资源库与被共享资源文件的链接，需要以读写方式打开共享资源库文件，选择【工具】|【资源共享】|【共享资源】命令，打开【共享资源】对话框，在【共享链接到】列表框中选择要断开链接的项目，单击【断开链接】按钮即可。

【例 10-9】打开【共享资源库】项目文档，断开该资源库与所有共享其资源的文件的链接。

(1) 启动 Project 2007，打开项目文档【共享资源库】，在打开的【打开资源库】对话框中，选中【以读写方式打开资源库】单选按钮，单击【确定】按钮，如图 10-32 所示。

(2) 选择【工具】|【资源共享】|【共享资源】命令，打开【共享资源】对话框，在【共享链接到】列表框中选择所有的项目文件，如图 10-33 所示。

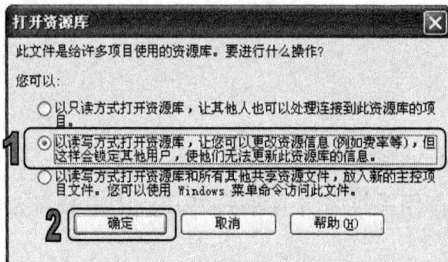

图 10-32　以读写方式打开资源库

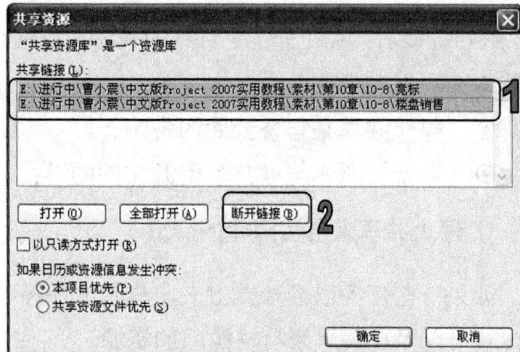

图 10-33　选择所有的项目文件

(3) 单击【断开链接】按钮，断开资源库与被共享资源文件的链接，选择【视图】|【资源使用状况】命令，切换至【资源使用状况】视图。此时，在共享资源库中资源仍然存在，但是资源工时均为 0，如图 10-34 所示。

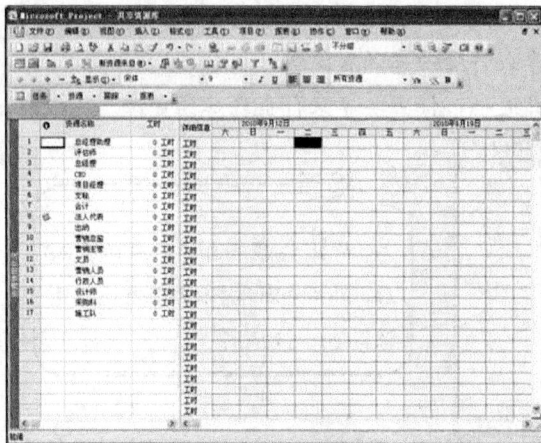

图 10-34　资源库与被共享资源文件的链接

> **知识点**
>
> 在【共享资源】对话框中单击【全部打开】按钮，Project 将所有文件临时合并到一个项目中。

⑩.4　多项目信息管理

在 Project 2007 中提供了对多项目信息进行汇总和管理的功能，可以在一个项目中创建报表、视图等信息，并且还能保证子项目与主项目的同步。

⑩.4.1　多项目信息汇总

当多个子项目合并到主项目中，子项目的信息将汇总到主项目中，此时，Project 可以将项目信息自动生成一张报表，来反映多个项目信息。

【例 10-10】将【竞标】项目文档合并到【楼盘销售】项目文档中，生成一张工作日汇总报表。

(1) 启动 Project 2007，打开合并后的项目文档【楼盘销售】。

(2) 选择【报表】|【报表】命令，打开【报表】对话框，选择【总览】选项，如图 10-35 所示。

(3) 单击【选定】按钮，打开【总览报表】对话框，选择【工作日】选项，如图 10-36 所示。

图 10-35　【报表】对话框

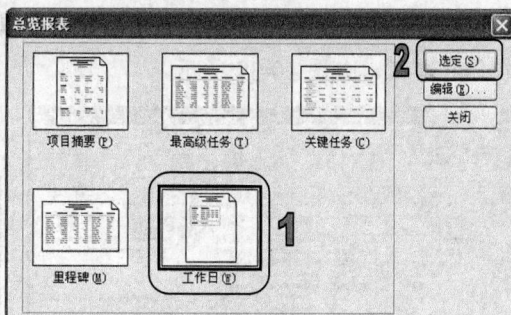

图 10-36　【总览报表】对话框

(4) 单击【选定】按钮，生成报表样式，如图 10-37 所示。

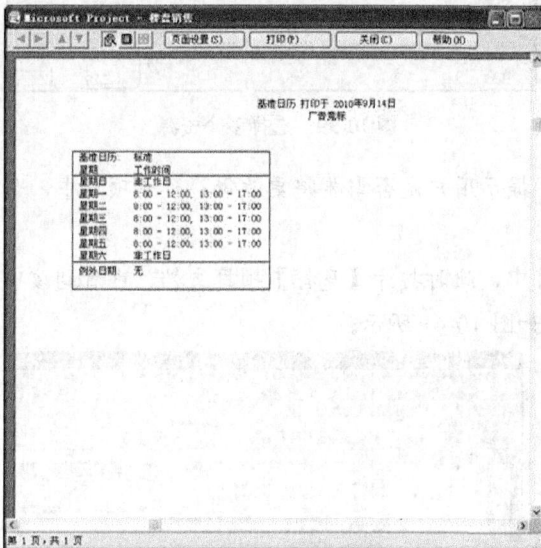

图 10-37　生成汇总报表

提示

如果多个项目没有合并到一个项目中，可以打开所有项目，选择【窗口】|【新建窗口】命令，在打开的【新建窗口】对话框中选择所有需要合并在一张报表中的项目，单击【确定】按钮，在新建的项目文档中选择【视图】|【报表】命令，选择报表的生成方式就可以生成一张汇总报表。

10.4.2　多项目信息同步

在多项目管理环境下，需要协调各项目之间的同步，Project 2007 可以方便地完成这项工作。

1. 更改主项目信息

在主项目中对插入的子项目信息作更改时，应保证子项目同时变化，否则子项目不能同步。

【例 10-11】在【楼盘销售】项目文档中，将【广告竞标】子项目中的【广告评估】任务工时改为 6 工作日，将主项目文件保存到【素材】文件夹，并更新保存到子项目中，使其保持与主项目同步。

(1) 启动 Project 2007，打开项目文档【楼盘销售】，展开【广告竞标】子项目，将【广告评估】任务工时改为 6 工作日，如图 10-38 所示。

(2) 选择【文件】|【另存为】命令，打开【另存为】对话框，在【保存位置】下拉列表框中选择保存路径，如图 10-39 所示。

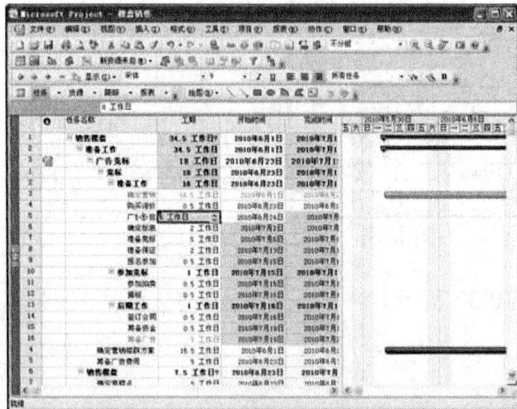

图 10-38　在主项目中更改子项目信息

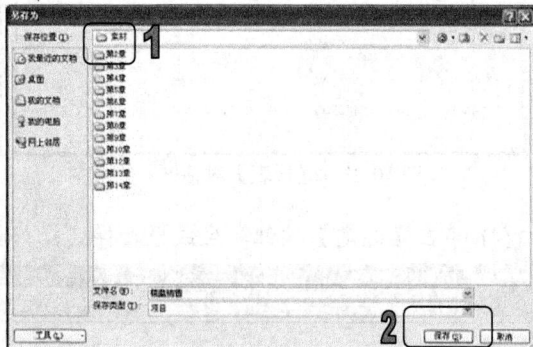

图 10-39　选择多个资源

(3) 单击【保存】按钮，打开信息提示框，提示用户是否需要将更改保存到子项目中，如图 10-40 所示。

(4) 单击【是】按钮，将更改保存到子项目中，此时打开【竞标】项目文档，可看到该项目中的【广告评估】任务工时被改为 6 工作日，如图 10-41 所示。

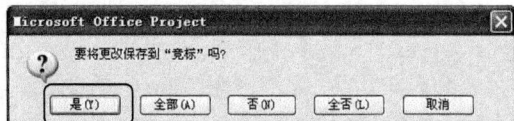

图 10-40　信息提示框

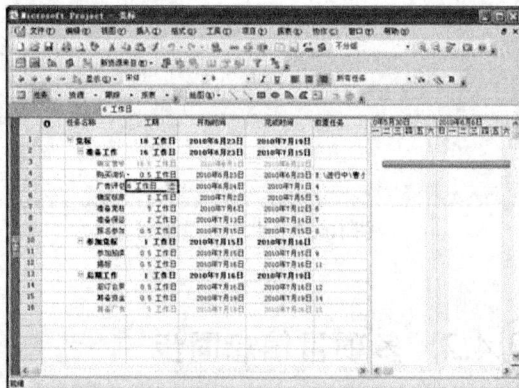

图 10-41　更新子项目

2. 更改子项目信息

在子项目中作信息更改时，应保证主项目同时变化，否则主项目不能同步。

【例 10-12】打开【竞标】子项目，将【准备保证金及有效证件】任务工时改为 4 工作日，在【楼盘销售】项目文档中查看子项目中的信息是否随之变化。

(1) 启动 Project 2007，打开项目文档【竞标】，将【准备保证金及有效证件】任务工时改为

4 工作日，如图 10-42 所示。

(2) 单击【保存】按钮，选择【文件】|【打开】命令，打开【打开】对话框，在其中选择主项目，如图 10-43 所示。

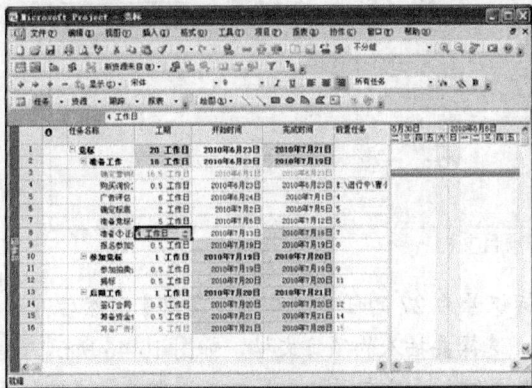

图 10-42 更改子项目中的信息

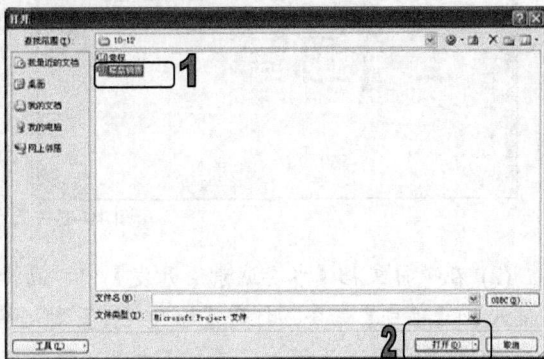

图 10-43 【打开】对话框

(3) 单击【打开】按钮，打开主项目，此时可以看到【准备保证金及有效证件】任务工时改为 4 工作日，如图 10-44 所示。

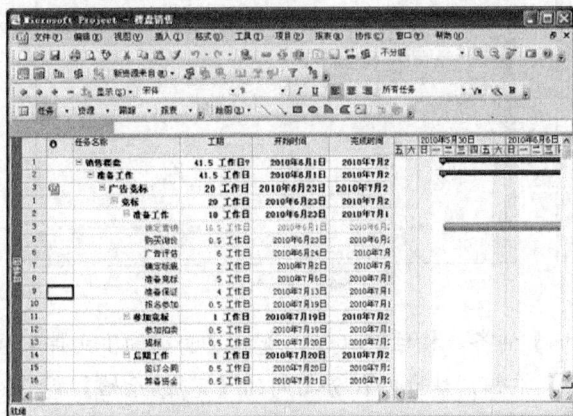

图 10-44 查看主项目

知识点

将主项目切换到【甘特图】视图中，在子项目展开的情况下，右击子项目的单元格，在弹出的快捷菜单中选择【任务信息】命令，打开【任务信息】对话框的【高级】选项卡，取消选中【链接到项目】复选框，此后，在主项目文件中更改子项目内容就能更改原始文件。

⑩.5 上机练习

本章上机练习主要通过管理【广告竞标】和【水游城景点开发】项目文档，练习插入项目文档、创建合并项目中任务的相关性、创建共享资源和多项目信息汇总等操作。

(1) 启动 Project 2007，新建【广告竞标】和【水游城景点开发】项目文档，其甘特图视图效果如图 10-45 所示。

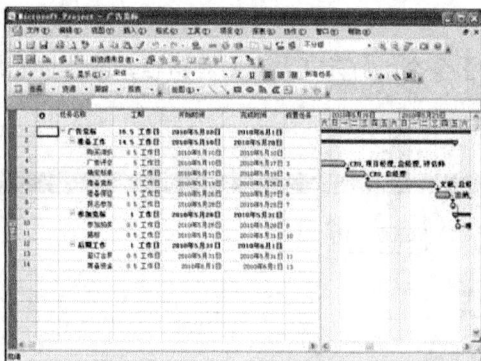

图 10-45　打开项目文档

(2) 在项目文档【水游城景点开发】中，选择标识号为 27 的任务【询价、商议】，然后选择
【插入】|【项目】命令，打开【插入项目】对话框，选择要插入的项目文档，如图 10-46 所示。

(3) 单击【插入】按钮，插入【广告竞标】项目文档，并且在【格式】工具栏中单击【升级】
按钮，升级所插入的项目，如图 10-47 所示。

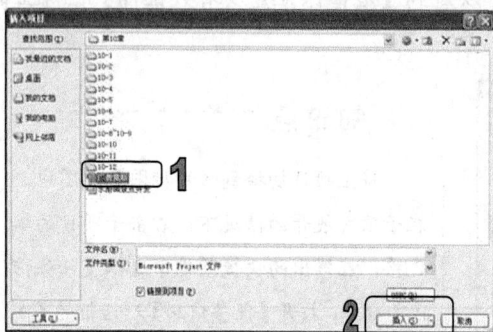

图 10-46　【插入项目】对话框

图 10-47　插入项目

(4) 展开插入的子项目，选择【广告商招标】任务，按住 Ctrl 键，选择【购买询价文件】任
务，然后单击【常用】工具栏中的【链接任务】按钮，建立两任务之间的【完成-开始】类型的
链接关系，如图 10-48 所示。

(5) 使用同样的方法，建立【筹备资金付款】和【询价、商议】任务之间的【完成-开始】类
型的链接关系，如图 10-49 所示。

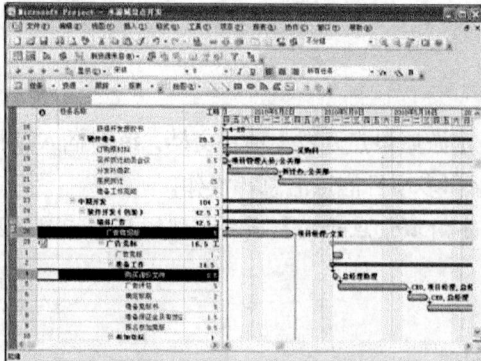

图 10-48　【资源工作表】视图

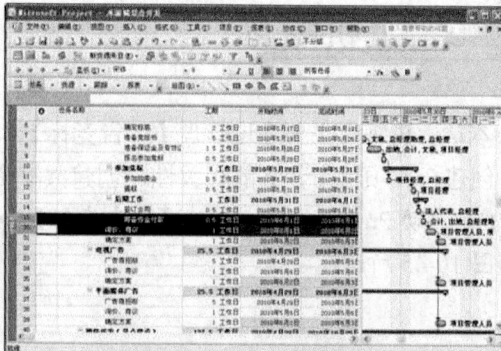

图 10-49　输入资源信息

(6) 选择【报表】|【报表】命令，打开【报表】对话框，选择【总览】选项，如图 10-50 所示。

(7) 单击【选定】按钮，打开【总览报表】对话框，选择【里程碑】选项，如图 10-51 所示。

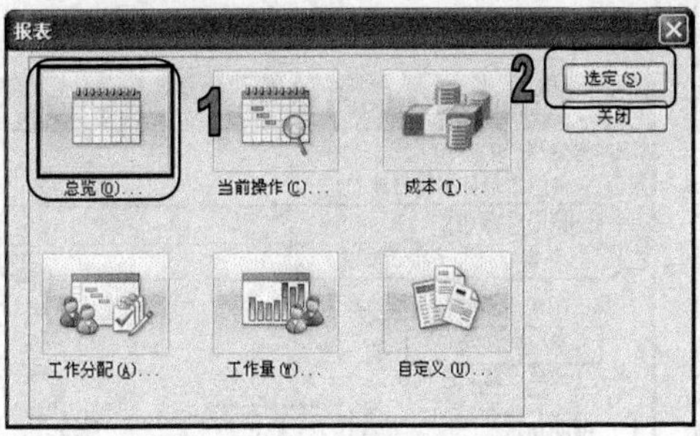

图 10-50　【报表】对话框

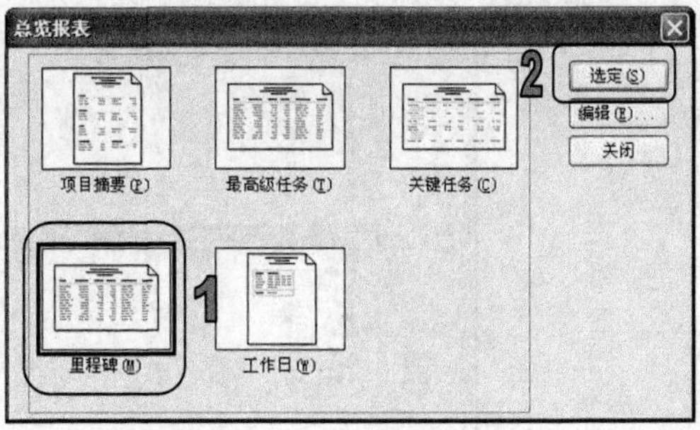

图 10-51　【总览报表】对话框

(8) 单击【选定】按钮，生成里程碑报表样式，如图 10-52 所示。

(9) 在【水游城景点开发】中选择【广告竞标】子项目，然后选择【编辑】|【删除任务】命令，删除任务。

(10) 打开【广告竞标】项目文档，选择【窗口】|【全部重排】命令，重排文件，如图 10-53 所示。

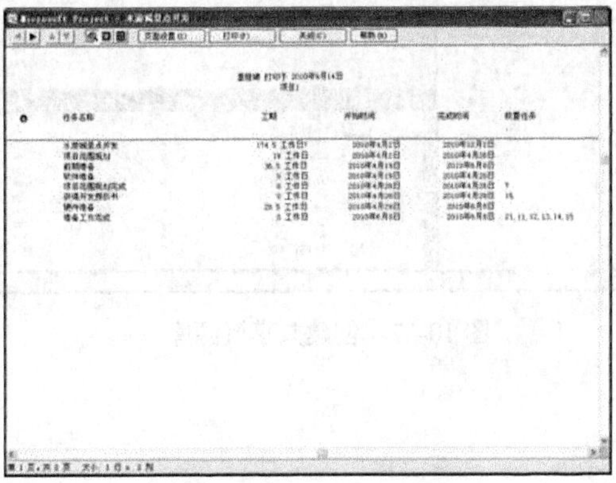

图 10-52　生成汇总报表

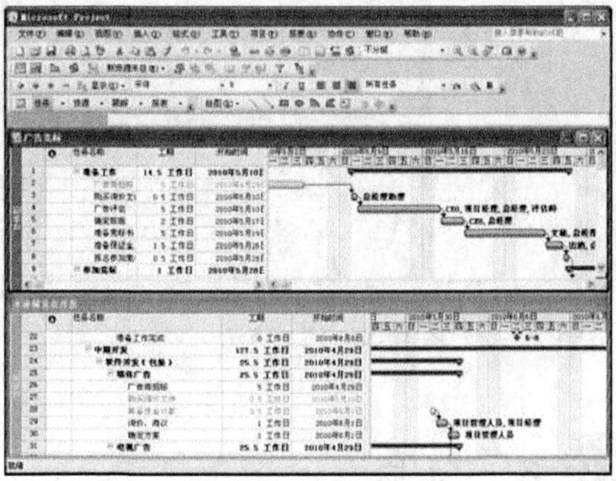

图 10-53　重排窗口

(11) 在【常用】工具栏中单击【新建】按钮，新建一个空白文档，并且将其以【共享资源库1】为名保存。

(12) 分别激活 3 个窗口，选择【视图】|【资源工作表】命令，切换至【资源工作表】视图，如图 10-54 所示。

(13) 激活【广告竞标】项目文档，选择【工具】|【资源共享】|【共享资源】命令，打开【共享资源】对话框，选中【使用资源】单选按钮，在【来自】下拉列表框中选择【共享资源库1】选项，选中【本项目优先】单选按钮，如图 10-55 所示。

(14) 单击【确定】按钮，就可以将【广告竞标】项目文档中的资源添加到【共享资源库1】项目文档中，如图 10-56 所示。

(15) 使用同样的方法，添加【水游城景点开发】项目文档的资源信息到【共享资源库1】项目文档中，效果如图 10-57 所示。

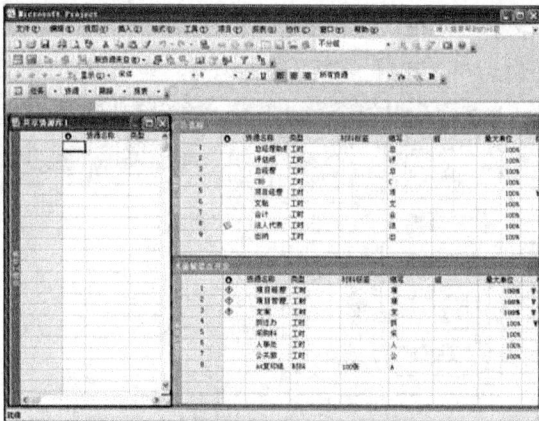

图 10-54　切换至【资源工作表】视图

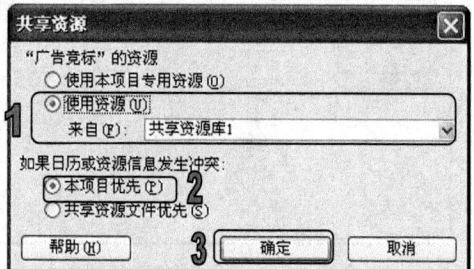

图 10-55　【共享资源】对话框

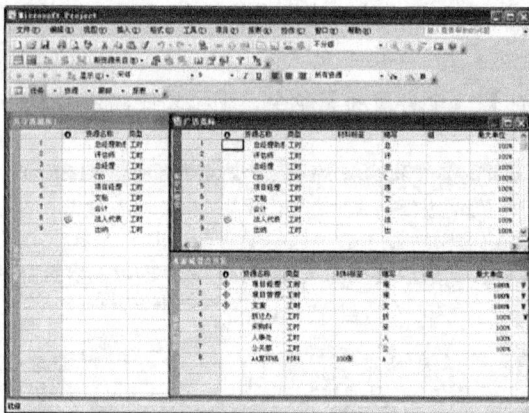

图 10-56　添加资源

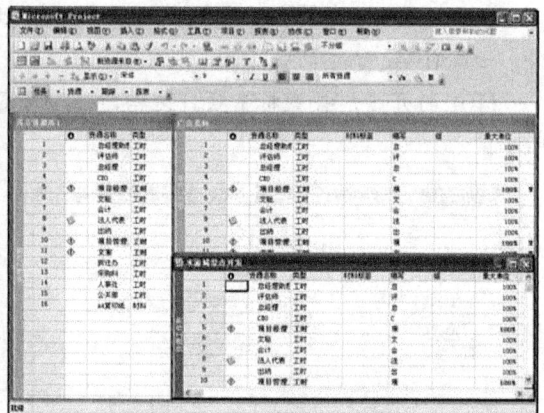

图 10-57　创建共享资源库

10.6　习题

1. 练习将一个项目插入到另一个项目中，并在项目之间建立任务相关性。

2. 在两个项目文件中，创建它们的共享资源库，并练习取消资源共享的操作。

第11章

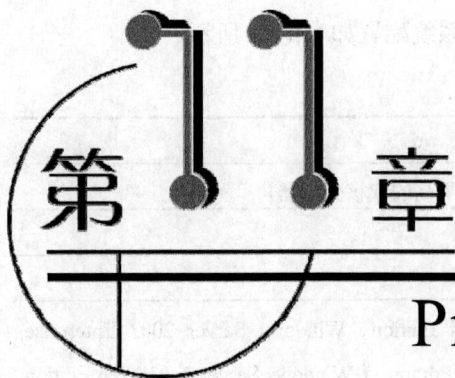

Project Server 2007 的安装

学习目标

为了通过浏览器管理企业内同时进行的多个项目，更好地与项目工作组共享项目信息以及简化工作组成员之间的协作，可以使用 Project Server 2007 将所有的项目和资源信息存储在一个中心数据库中，只需项目经理安装 Project 专业版，其他工作组成员都可以使用基于浏览器的 Project Web Access 来查看 Project Server 中的各项项目数据。

本章重点

- ◉ 安装 Project Server 2007 的准备工作
- ◉ 安装 Project Server 2007
- ◉ 安装 Project Server 2007 后的设置

11.1 安装 Project Server 2007 的准备工作

Project Server 2007 的安装是一件较为复杂的工作，需要其他软件协同工作，并且这些软件都要提前准备，以免在安装过程中产生不必要的麻烦。

11.1.1 服务器的配置要求

Project Server 2007 支持的用户数量和服务器的负载依赖于 Project Server 的配置。为了更有效地工作，应尽量提高服务器的硬件配置，提高服务器的访问速率。

> **提示**
>
> Microsoft Office Project Server 2007 可以在单台服务器中进行安装，也可以使用群集和负载均衡技术在多名服务器中进行分布式安装。

为了能够正常使用 Project Server 2007，至少需要的系统配置如表 11-1 所示。

表 11-1　系统配置

组　　件	要　　求
处理器	2.5GHz 或更高处理器(建议使用 3GHz 或更高的双核处理器)
内存	1GB 内存(建议采用 2GB 内存)
硬盘	3GB 的可用空间
操作系统	Microsoft Windows Server 2003 Standard Edition、Windows Server 2003 Enterprise Edition、Windows Server 2003 Datacenter Edition 或 Windows Server 2003 Web Edition 或更高版本(含 Service Pack)
服务器	Microsoft Internet Information Server (IIS) 6.0 或更高版本
数据库	SP4 的 Microsoft SQL Server 2000 或更高版本
显示器	1024×768 或更高分辨率

11.1.2　启用 Internet 信息服务(IIS)

Project Server 2007 需要使用【Internet 信息服务(IIS)】，因此在安装 Project Server 2007 的计算机上必须启用 IIS。

【例 11-1】在要安装 Project Server 2007 的计算机上启用 IIS。

(1) 选择【开始】|【管理您的服务器】命令，打开【管理您的服务器】窗口，如图 11-1 所示。

(2) 单击【添加或删除角色】链接，打开【预备步骤】对话框，如图 11-2 所示。

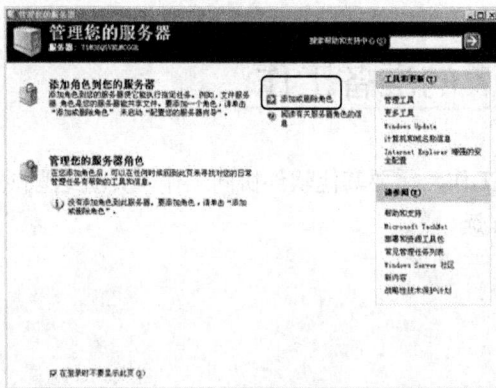

图 11-1　【管理您的服务器】窗口

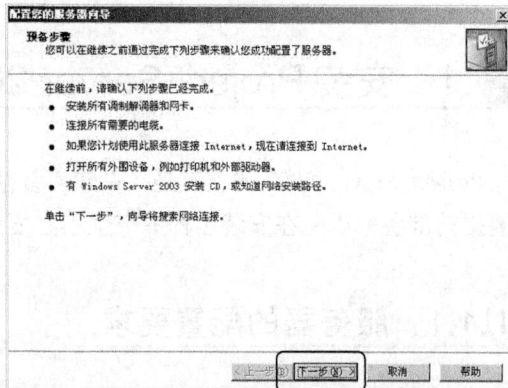

图 11-2　选择任务所在的单元格

(3) 单击【下一步】按钮，向导将搜索网络连接，并打开【配置选项】对话框，选中【自定义配置】单选按钮，如图 11-3 所示。

(4) 单击【下一步】按钮，打开【服务器角色】对话框，选择【应用程序服务器(IIS,ASP.NET)】选项，如图 11-4 所示。

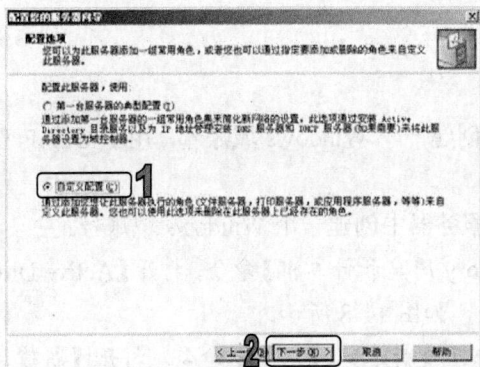

图 11-3　【配置选项】对话框　　　　　　　　　图 11-4　【服务器角色】对话框

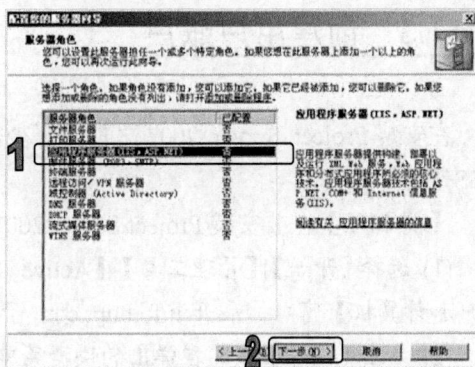

(5) 单击【下一步】按钮，打开【应用程序服务器选项】对话框，选中【启用 ASP.NET】复选框，如图 11-5 所示。

(6) 单击【下一步】按钮，打开【选择总结】对话框，如图 11-6 所示。

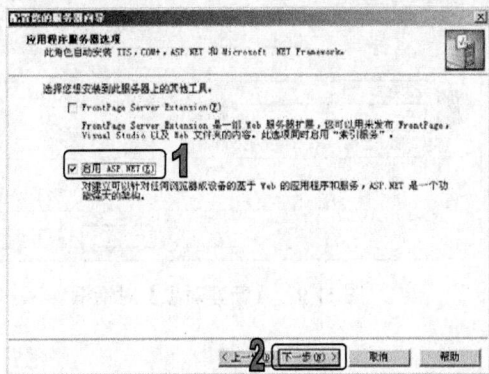

图 11-5　【应用程序服务器选项】对话框　　　　　图 11-6　【选择总结】对话框

(7) 单击【下一步】按钮，打开【此服务器现在是一台应用程序服务器】对话框，如图 11-7 所示。

(8) 单击【完成】按钮，启用 IIS。

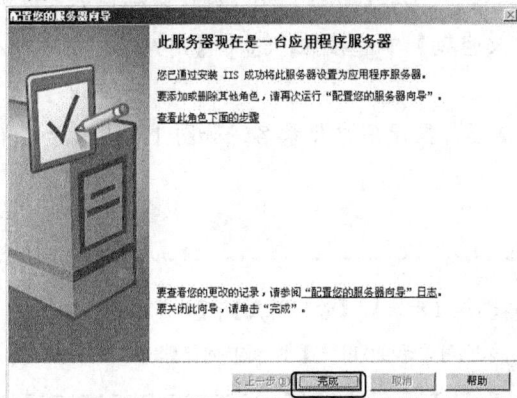

图 11-7　【此服务器现在是一台应用程序服务器】对话框

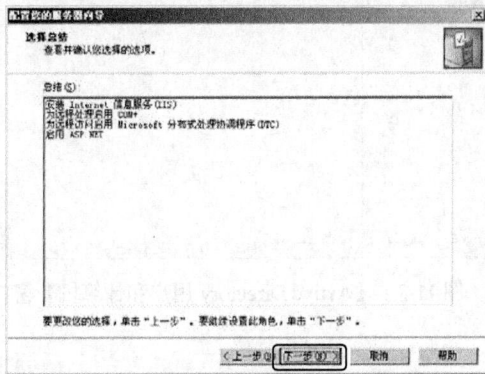

提示

IIS 是 Windows 的一个组件，在安装 Windows 时，默认为不启用。在【控制面板】中的【添加/删除程序】对话框中也可以启用 IIS。

11.1.3 创建用户账户

在安装 Project Server 2007 之前，至少需要创建一个 Windows 域账号，用于 OLAP 管理和 WSS 管理。

【例 11-2】在要安装 Project Server 2007 的服务器中创建一个 Windows 域账号。

(1) 选择【开始】|【管理工具】【Active Directory 用户和计算机】命令，打开【Active Directory 用户和计算机】窗口，展开 info.bupt.com 子节点，如图 11-8 所示。

(2) 右击 Users 节点，在弹出的快捷菜单中选择【新建】|【用户】命令，打开【新建对象】对话框，在【姓】文本框中输入 cxx，在【用户登录名】文本框中输入 cxx，如图 11-9 所示。

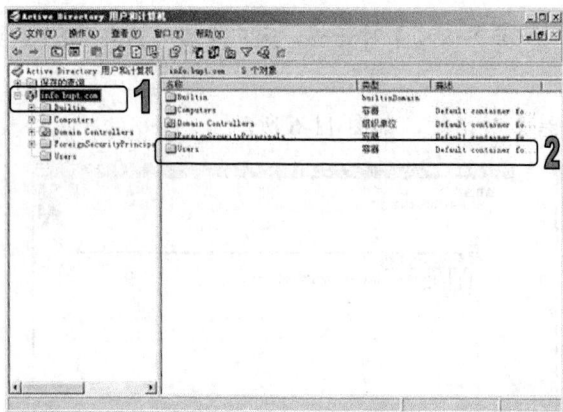

图 11-8　【Active Directory 用户和计算机】窗口　　　图 11-9　【新建对象】对话框

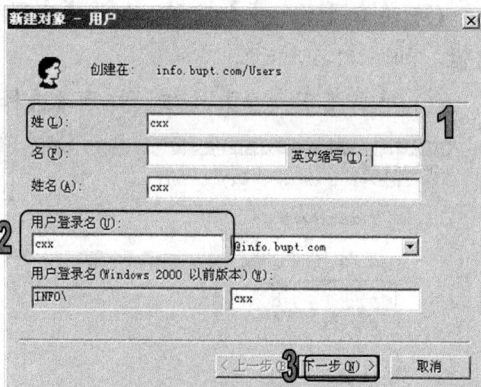

> **提示**
> 在该实例中，已经创建了一个 Active Directory 域控制器(其方法参照本章的上机练习)。若直接在系统上创建账号，在后期连接时可能会不成功。

(3) 单击【下一步】按钮，打开创建密码的对话框，在【密码】和【确认密码】文本框中输入相同的密码，取消选中【用户下次登录时须更改密码】单选按钮，选中【用户不能更改密码】和【密码永不过期】复选框，如图 11-10 所示。

(4) 单击【下一步】按钮，打开创建完成对话框，显示用户登录名，如图 11-11 所示。单击【完成】按钮，完成账号的创建。

> **提示**
> 若在创建用户账号时并没有建立域控制器，则可以选择【开始】|【管理工具】|【计算机管理】命令，打开【计算机管理】窗口，在【计算机管理\系统工具\本地用户和组\用户】目录下创建账号。

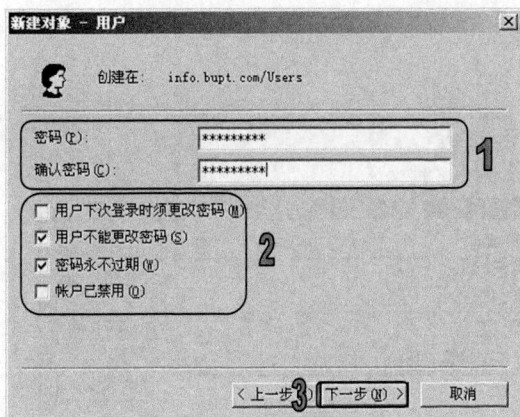

图 11-10　创建密码对话框

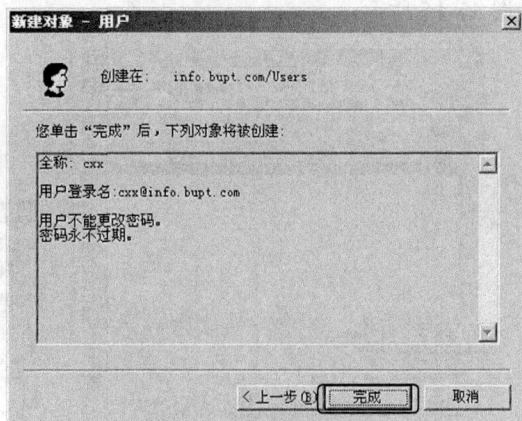

图 11-11　完成账号创建

(11).1.4　授权账户

创建 Windows 域账号后，为了能够正常使用 Project Server 2007 访问 SQL Server 2000 Analysis Services，还需要授予 OLAP 管理员和系统管理员权限，并允许该用户从其他计算机中访问服务器。

【例 11-3】将 cxx 用户授予 OLAP 管理员和系统管理员权限，并允许该用户从其他计算机中访问服务器。

(1) 选择【开始】|【管理工具】|【Active Directory 用户和计算机】命令，打开【Active Directory 用户和计算机】窗口，在默认的页面中选择 cxx 选项，如图 11-12 所示。

(2) 右击该用户，在弹出的快捷菜单中选择【属性】命令，打开【cxx 属性】对话框，打开【拨入】选项卡，选中【允许访问】单选按钮，如图 11-13 所示。

图 11-12　选择用户

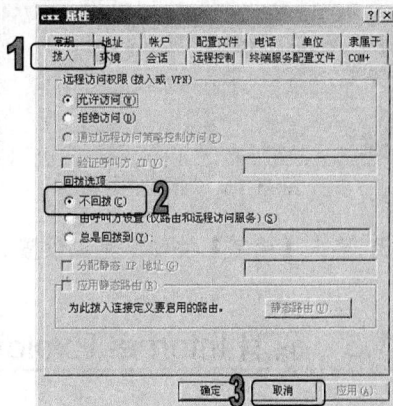

图 11-13　【cxx 属性】对话框

(3) 打开【隶属于】选项卡，如图 11-14 所示，单击【添加】按钮，打开【选择组】对话框，如图 11-15 所示。

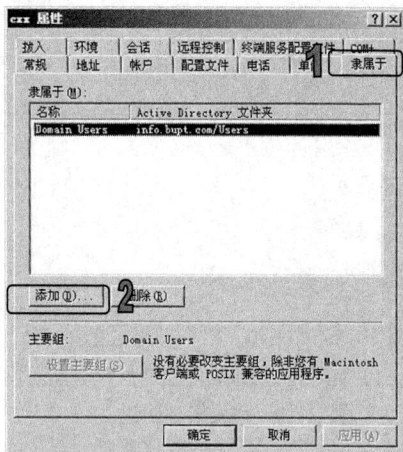

图 11-14 【隶属于】选项卡

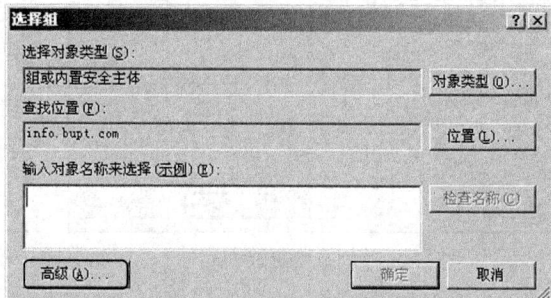

图 11-15 【选择组】对话框

(4) 单击【高级】按钮，展开高级选项，并且单击【立即查找】按钮，在【搜索结果】列表框中选择 Administrators 选项，如图 11-16 所示。

(5) 单击【确定】按钮，在【选择组】对话框的【输入对象名称来选择】列表框中显示所选择的权限。

(6) 使用同样的方法，添加 OLAP Administrators 权限，如图 11-17 所示。

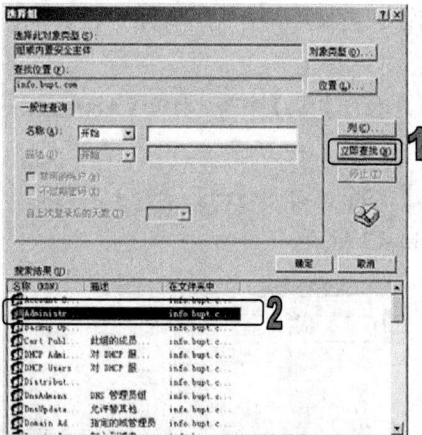

图 11-16 高级选项

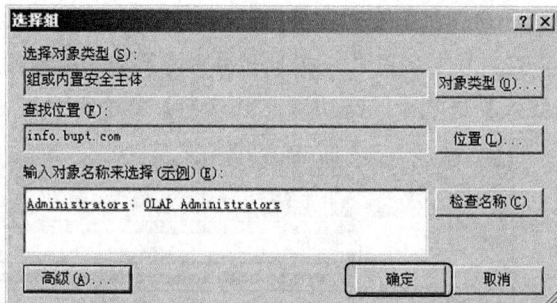

图 11-17 添加权限

(7) 单击【确定】按钮，完成设置。

11.1.5 取消 Internet Explorer 增强安全性

默认状态下，Windows Server 2003 提供了【Internet Explorer 增强安全性配置】的功能，该功能用于服务器，是确保同时作为服务器运行的计算机上的本地用户不会从 Internet 下载病毒或其他有害文件而感染服务器。具有适当的访问权限的远程用户仍可以正确地查看页面，但在服务器计算机上运行 Internet Explorer 的用户将无法查看或管理该网站，服务器上的用户也无法查看和管理远程 Project Server 2007 和 SharePoint 网站，因此需要取消 Internet Explorer 增强安全性配置。

【例 11-4】取消 Internet Explorer 增强安全性配置。

(1) 选择【开始】|【控制面板】|【添加或删除程序】命令，打开【添加或删除程序】对话框，如图 11-18 所示。

(2) 单击【添加/删除 Windows 组件】按钮，打开【Windows 组件向导】对话框，在【组件】列表框中，取消选择【Internet Explorer 增强的安全配置】复选框，如图 11-19 所示。

图 11-18　【添加或删除程序】对话框

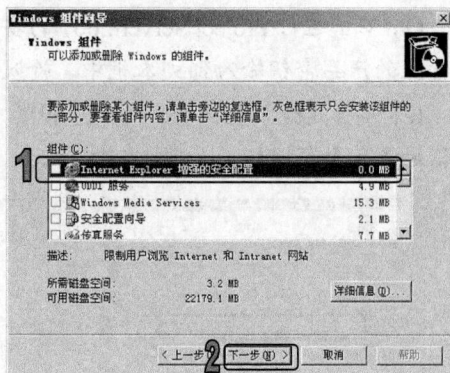

图 11-19　【Windows 组件向导】对话框

(3) 单击【下一步】按钮，打开【完成"Windows 组件向导"】对话框，如图 11-20 所示，然后单击【完成】按钮，完成设置。

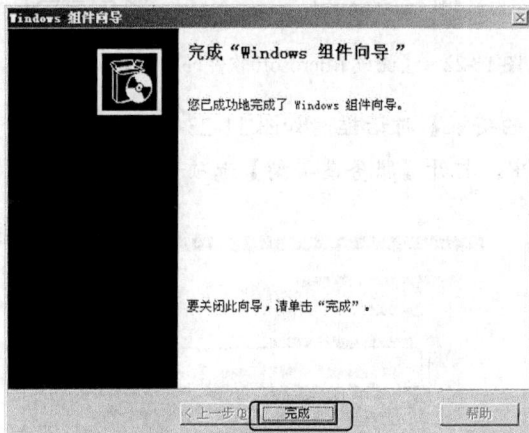

图 11-20　完成设置

提示

【Internet Explorer 增强的安全配置】不会影响远程用户查看服务器上的内容，只影响在服务器计算机中运行 Internet Explorer 的用户。

知识点

在安装 Project Server 2007 之前，还需要安装.NET Framework 3.0，并在 IIS 管理器中，选择 Web 服务项目扩展，开启 Active Server Pages 服务。

11 .2 安装和配置 Project Server 2007

Project Server 2007 将 SharePoint 集成在一起，无须单独安装 SharePoint。只需完成 Project Server 2007 后，配置 SharePoint 即可。

1. 安装 Project Server 2007

安装 Project Server 2007 的方法很简单，只需要运行安装程序，按照操作向导提示，就可以轻松地将该软件安装到计算机中。

【例 11-5】安装 Project Server 2007。

(1) 双击运行 Project Server 2007 的安装程序，打开【输入您的产品密钥】对话框，将光盘包装盒上的产品密钥输入到文本框中，输入正确后，在文本框后面出现√，如图 11-21 所示。

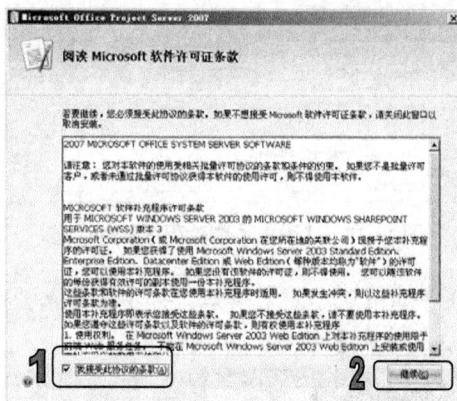

(2) 单击【继续】按钮，打开【阅读 Microsoft 软件许可证条款】对话框，选中【我接受此协议的条款】复选框，如图 11-22 所示。

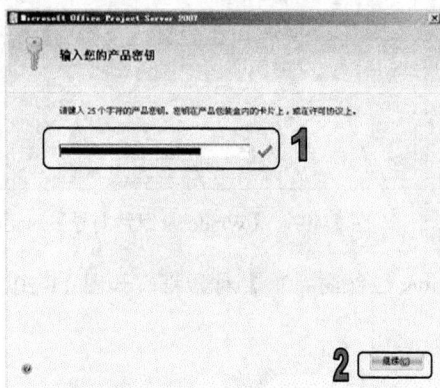

图 11-21 输入产品密钥   图 11-22 【阅读 Microsoft 软件许可证条款】对话框

(3) 单击【继续】按钮，打开【选择所需的安装】对话框，如图 11-23 所示。

(4) 单击【高级】按钮，在打开的对话框中，打开【服务器类型】选项卡，选中【完整】单选按钮，如图 11-24 所示。

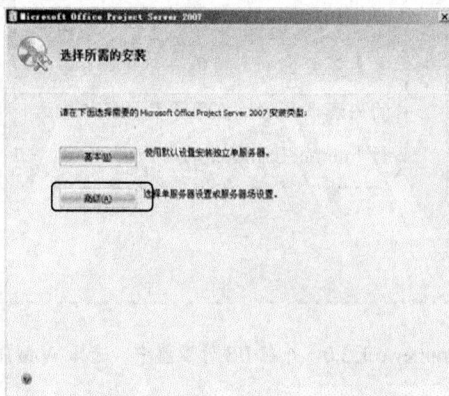

图 11-23 【选择所需的安装】对话框   图 11-24 【服务器类型】选项卡

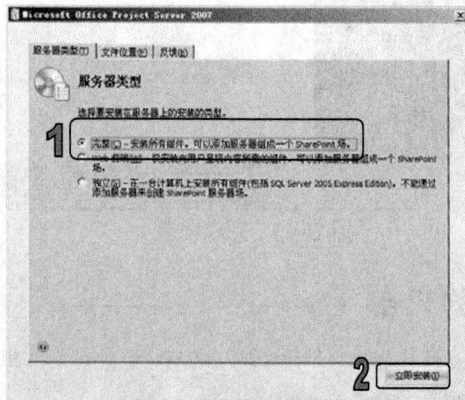

(5) 打开【文件位置】选项卡，在【选择文件位置】文本框中输入安装文件的位置，如图 11-25 所示。

(6) 单击【立即安装】按钮，开始安装 Project Server 2007。

(7) 安装完成后，打开信息提示框，提示用户是否需要立即运行 SharePoint 产品和技术配置向导，单击【关闭】按钮即可，如图 11-26 所示。

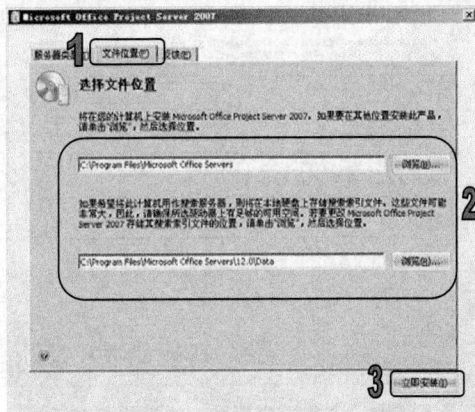

图 11-25　【选择文件位置】选项卡

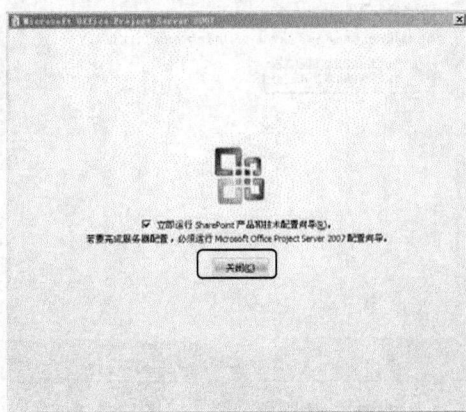

图 11-26　信息提示框

2. 配置 SharePoint

要完成服务器配置，必须运行 Microsoft Office Project Server 2007 配置向导。在图 11-26 中，单击【关闭】按钮，或者选择【开始】|【所有程序】|Project Server 2007|【SharePoint 产品和技术配置向导】命令，就可以开始进行配置。

【例 11-6】SharePoint 产品配置和技术配置向导。

(1) 在图 11-26 中，单击【关闭】按钮，打开【欢迎使用 SharePoint 产品和技术】向导，如图 11-27 所示。

(2) 单击【下一步】按钮，打开信息提示框，提示配置时需要启动的服务，如图 11-28 所示。

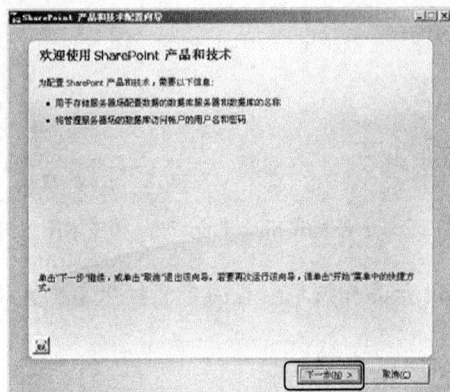

图 11-27　【欢迎使用 SharePoint 产品和技术】向导

图 11-28　信息提示框

(3) 单击【是】按钮，打开【连接到服务器场】对话框，选中【否，我希望创建新的服务器场】单选按钮，如图 11-29 所示。

(4) 单击【下一步】按钮，打开【指定配置数据库设置】对话框，在【数据库服务器】文本框中输入 pro，在【用户名】文本框中输入前面创建的 Windows 域账号，在【密码】文本框中输入密码，如图 11-30 所示。

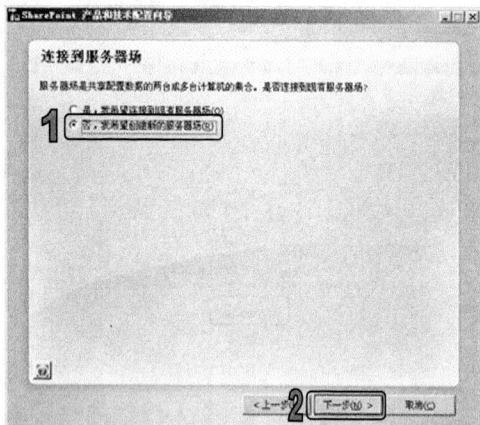

图 11-29　【连接到服务器场】对话框　　　图 11-30　【指定配置数据库设置】对话框

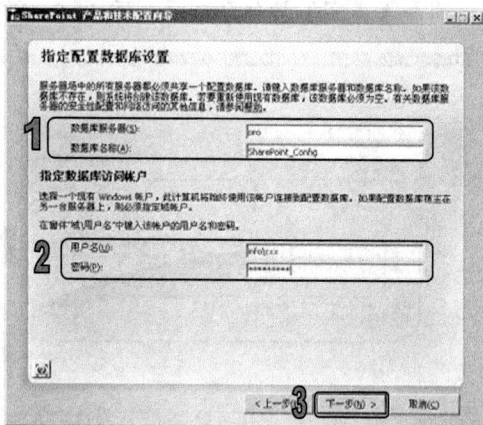

(5) 单击【下一步】按钮，打开【配置 SharePoint 管理中心 Web 应用程序】对话框，保持默认设置，如图 11-31 所示。

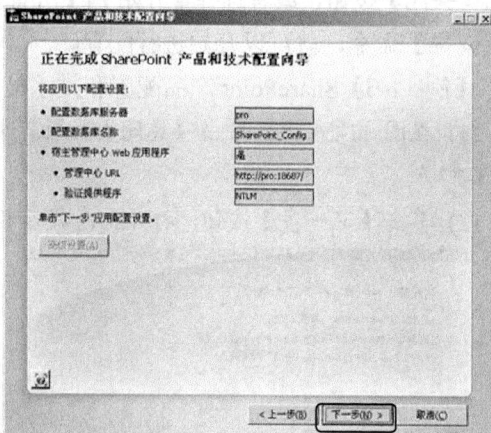

(6) 单击【下一步】按钮，打开【正在完成 SharePoint 产品和技术配置向导】对话框，如图 11-32 所示。

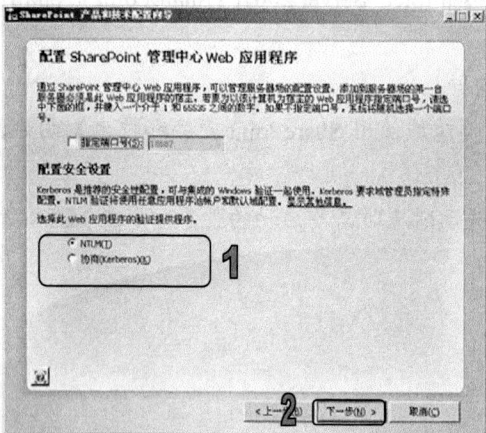

图 11-31　配置 SharePoint 管理中心 Web 应用程序　　图 11-32　正在完成 SharePoint 产品和技术配置向导

(7) 单击【下一步】按钮，就开始配置 SharePoint 产品和技术配置向导，打开【配置成功】对话框，如图 11-33 所示。

(8) 单击【完成】按钮，打开【管理中心】页面，如图 11-34 所示。

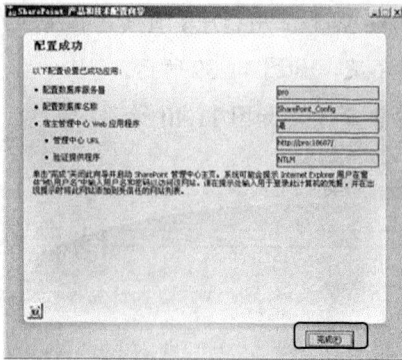

图 11-33　【配置成功】对话框

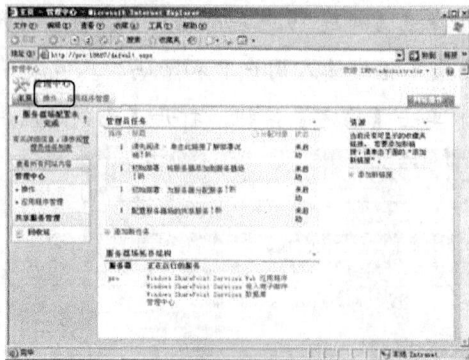

图 11-34　【管理中心】页面

(9) 单击【操作】按钮，打开【操作】页面，如图 11-35 所示。

(10) 在【拓扑结构和服务】选项区域，单击【服务器上的服务】链接，打开【服务器上的服务】页面，选中【小型服务器场的单一服务器或 Web 服务器】单选按钮，并确保【Project 应用程序服务】和【Windows SharePoint Services Web 应用程序】处于启动状态，如图 11-36 所示。

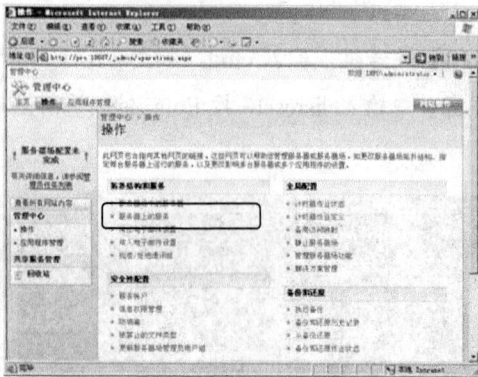

图 11-35　【操作】页面

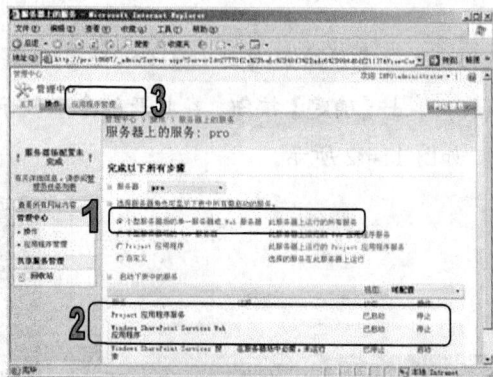

图 11-36　【服务器上的服务】页面

(11) 单击【应用程序管理】按钮，打开【应用程序管理】页面，如图 11-37 所示。

(12) 在【SharePoint 应用程序管理】选项区域中单击【创建或扩展 Web 应用程序】链接，打开【创建或扩展 Web 应用程序】页面，如图 11-38 所示。

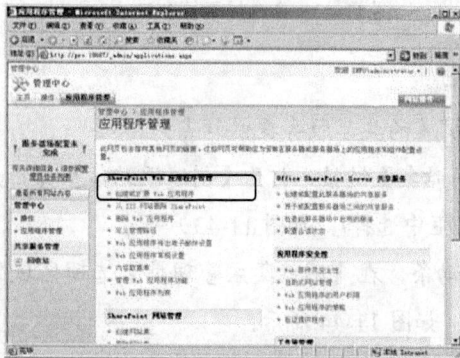

图 11-37　【应用程序管理】页面

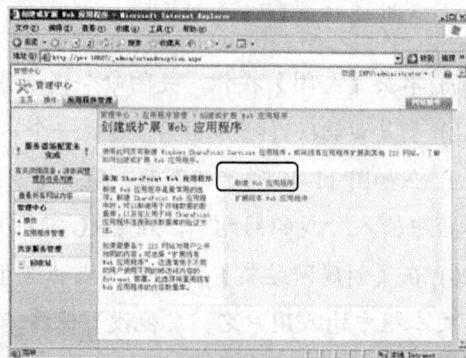

图 11-38　【创建或扩展 Web 应用程序】页面

(13) 单击【新建 Web 应用程序】链接，打开【新建 Web 应用程序】页面，在【用户名】和【密码】文本框中输入用户名和密码，其他设置保持不变，如图 11-39 所示。

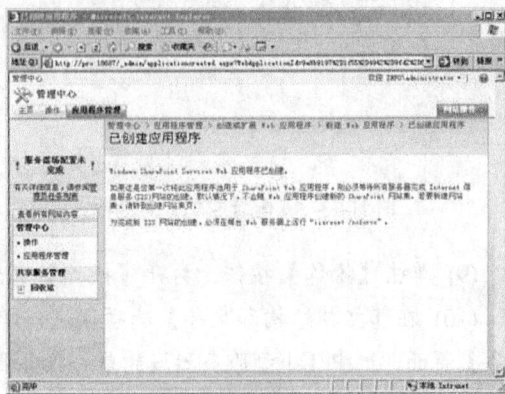

(14) 单击【确定】按钮，打开【已创建应用程序】页面，如图 11-40 所示。

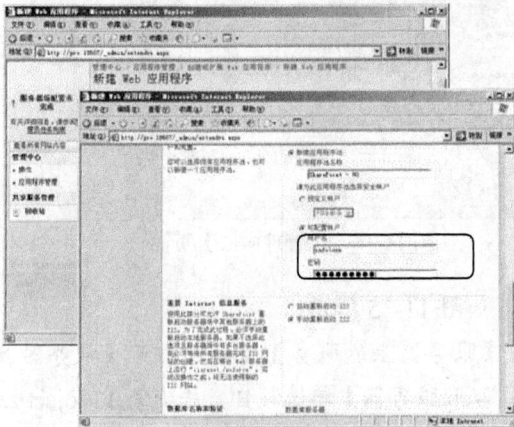

图 11-39　【新建 Web 应用程序】页面　　　　图 11-40　【已创建应用程序】页面

(15) 选择【开始】|【运行】命令，打开【运行】对话框，输入 cmd，如图 11-41 所示。

(16) 单击【确定】按钮，在打开的命令提示符窗口中输入 iisreset，按 Enter 键，重新启动 IIS 服务，如图 11-42 所示。

图 11-41　【运行】对话框　　　　　　　　图 11-42　命令提示行窗口

(17) 单击【关闭】按钮，关闭命令提示符窗口。

(18) 重复步骤(11)~步骤(17)，建立一个不可扩展的共享服务提供站点。

(19) 在如图 11-40 所示的页面，单击【创建网站集】链接，打开【创建网站集】页面，在标题文本框中输入"我的网站"，在 URL 下拉列表框中选择/，如图 11-43 所示。

(20) 在【创建网站集】页面中，拖动垂直滚动条，在【网站集主管理员】选项区域的【用户名】文本框中输入用户名，其他设置保持不变，如图 11-44 所示。

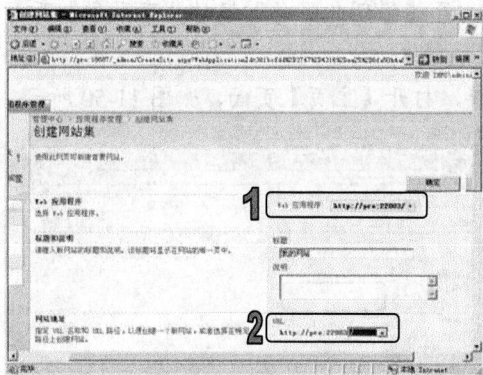

图 11-43　输入 URL

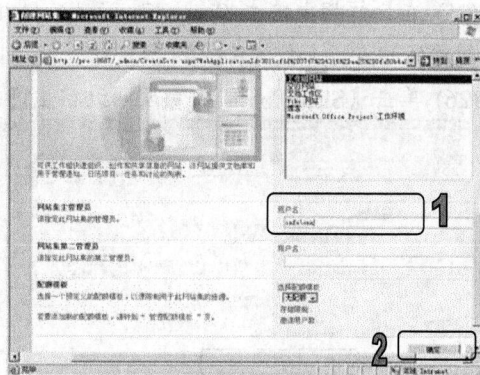

图 11-44　输入网站集主管理员

(21) 单击【确定】按钮，打开【首要网站创建成功】页面，如图 11-45 所示。

(22) 单击【确定】按钮，打开【管理此服务器场的共享服务】页面，如图 11-46 所示。

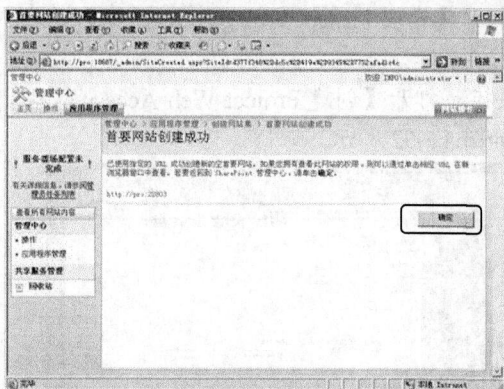

图 11-45　【首要网站创建成功】页面

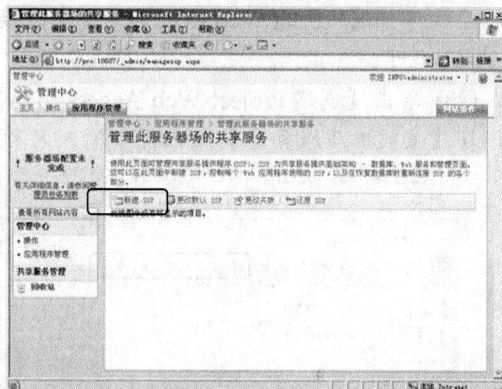

图 11-46　【管理此服务器场的共享服务】页面

(23) 单击【新建 SSP】链接，打开【新建共享服务提供程序】页面，在【Web 应用程序】下拉列表框中选择端口号为 80 的应用程序，如图 11-47 所示。

(24) 单击【确定】按钮，打开【成功】页面，提示用户已成功创建共享服务提供程序，如图 11-48 所示。

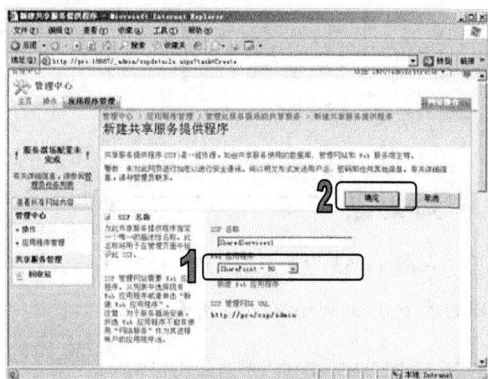

图 11-47　【新建共享服务提供程序】页面

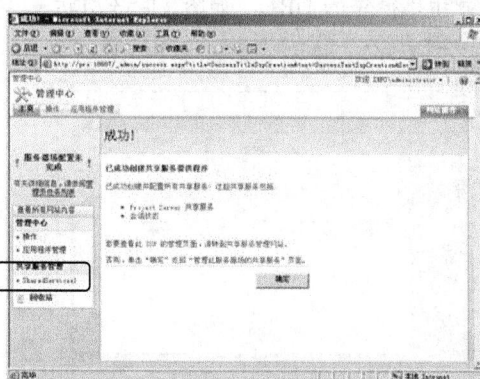

图 11-48　【成功】页面

(25) 在导航栏中单击 SharedServices1 链接，打开【管理此服务器场的共享服务】页面，显示所创建的站点，如图 11-49 所示。

(26) 单击【SharePoint-80(管理网站宿主)】链接，打开【主页】页面，如图 11-50 所示。

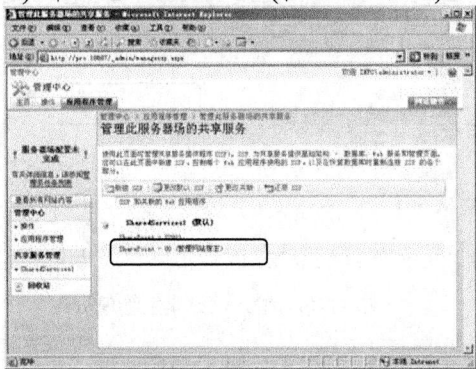

图 11-49　【管理此服务器场的共享服务】页面　　　　图 11-50　【主页】页面

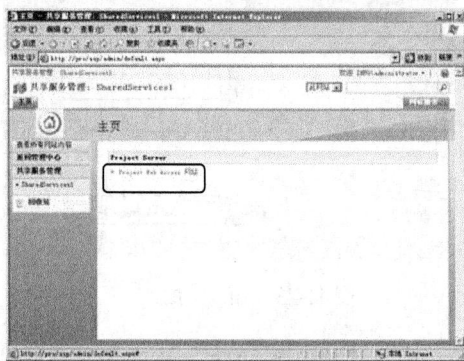

(27) 单击【Project Web Access 网站】链接，打开【管理 Project Web Access 网站】页面，如图 11-51 所示。

(28) 单击【创建 Project Web Access 网站】链接，打开【创建 Project Web Access 网站】页面，在【主数据库服务器】文本框中输入名称，如图 11-52 所示。

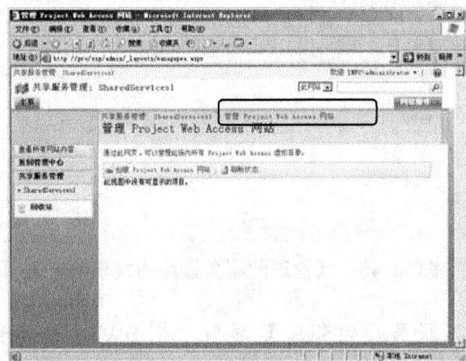

图 11-51　【管理 Project Web Access 网站】页面　　图 11-52　【创建 Project Web Access 网站】页面

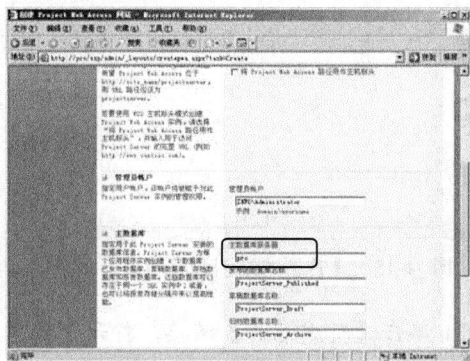

(29) 单击【确定】按钮，返回【管理 Project Web Access 网站】页面，开始创建网站，完成后，显示已提供的 URL，如图 11-53 所示。

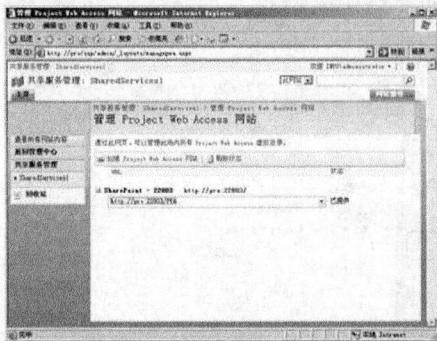

图 11-53　显示已提供的 URL

知识点

在图 11-53 中，单击 URL 就可以打开 Project Web Access 页面。

11.3　安装后的设置

安装完 Project Server 2007 后，为了确保从另一台计算机访问 Access 数据库时不会发生权限问题，或不同的 Windows 用户账户都可以对 Project Server 2007 进行访问，需要设置允许用户使用不同的 Microsoft Windows 用户账户进行登录。当然，为了在客户端能够访问 Project Server，客户端也需要进行相关设置。

11.3.1　允许用户使用不同的用户账户登录库角色

默认情况下，Microsoft Office Project Server 2007 试图使用 Windows 身份验证来验证用户身份时，它会继承 Windows 身份验证来登录网络。但是，如果用户需要从其他人的计算机或使用公用计算机查看 Project Server 2007 信息，在此情况下，该用户可能不使用其 Windows 用户账户登录。

【例 11-7】允许用户使用不同的 Microsoft Windows 用户账户登录数据库角色。

(1) 选择【开始】|【管理工具】|【Internet 信息服务(IIS)管理器】命令，打开【Internet 信息服务(IIS)管理器】窗口，在窗口左侧展开【Internet 信息服务\ PRO(本地计算机)\网站】选项，如图 11-54 所示。

(2) 右击【网站】选项，在弹出的快捷菜单中选择【属性】命令，打开【网站 属性】对话框，打开【目录安全性】选项卡，如图 11-55 所示。

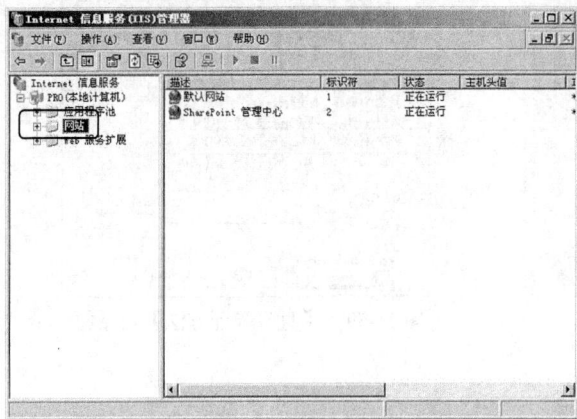

图 11-54　【Internet 信息服务(IIS)管理器】窗口　　　图 11-55　【目录安全性】选项卡

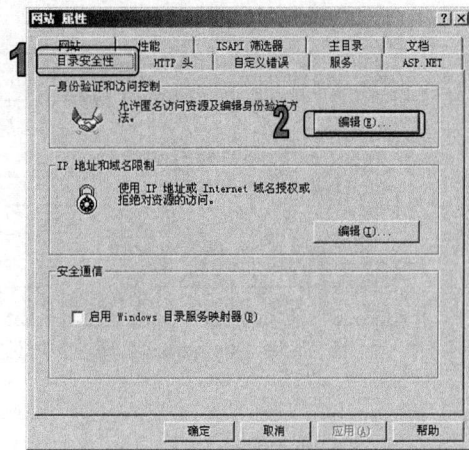

(3) 在【身份验证和访问控制】选项区域中单击【编辑】按钮，打开【身份验证方法】对话框，选中【基本身份验证】复选框，如图 11-56 所示。

(4) 单击【确定】按钮，确认设置。在【Internet 信息服务(IIS)管理器】窗口左侧展开【Internet 信息服务\ PRO(本地计算机)\网站\MSADC】选项，如图 11-57 所示。

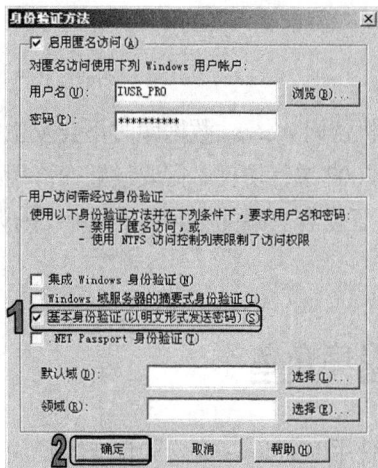

图 11-56　【身份验证方法】对话框

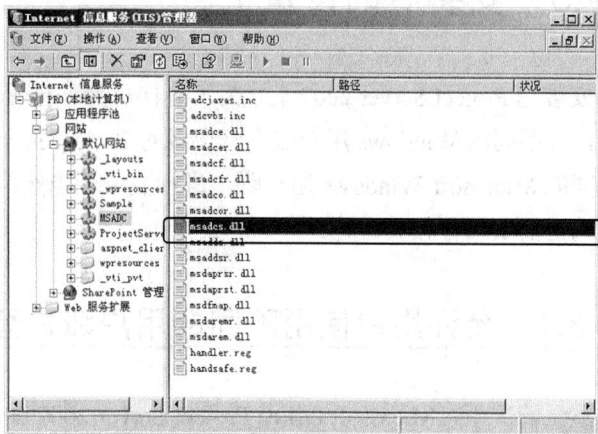

图 11-57　展开 MSADC 目录

(5) 右击 msadcs.dll 选项，在弹出的快捷菜单中选择【属性】命令，打开【msadcs.dll 属性】对话框，打开【文件安全性】选项卡，如图 11-58 所示。

(6) 在【身份验证和访问控制】选项区域中单击【编辑】按钮，打开【身份验证方法】对话框，选中【基本身份验证】复选框，单击【确定】按钮，如图 11-59 所示。

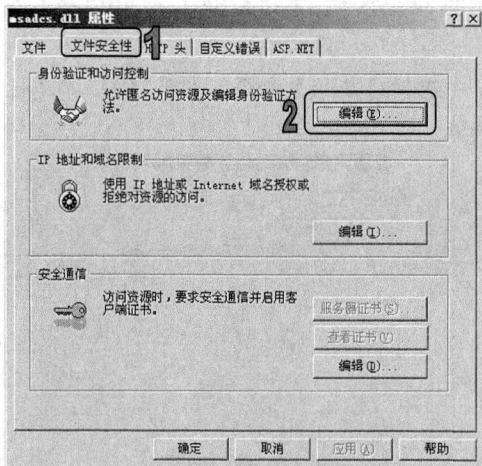

图 11-58　【msadcs.dll 属性】对话框

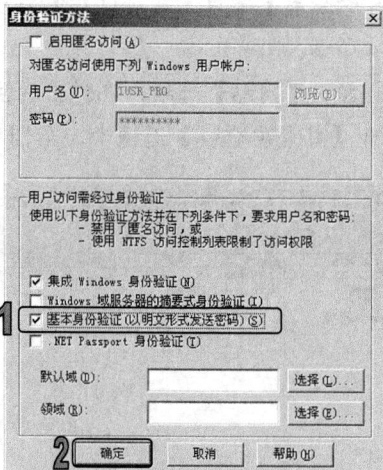

图 11-59　【身份验证方法】对话框

11.3.2　配置客户端连接 Project Server 2007

客户端可以通过 Project Web Access 和 Outlook 查看 Project Server 上的工作任务。

1. 登录 Project Web Access

在使用 Project Web Access 查看之前，首先必须将需要通过 Project Web Access 查看的计算机上的 Windows 用户添加到服务器域中，否则无法登录 Project Server 进行安装。

启动 IE 浏览器，在地址栏中输入 http://pro:22803/pwa，然后按 Enter 键，打开【连接到 pro.info.bupt.com】对话框，在【用户名】文本框中输入用户名 Administrator，如图 11-60 所示，然后单击【确定】按钮，就可以登录 Project Web Access 主页，如图 11-61 所示。

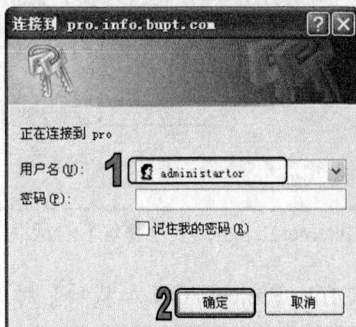

图 11-60 欢迎使用页面

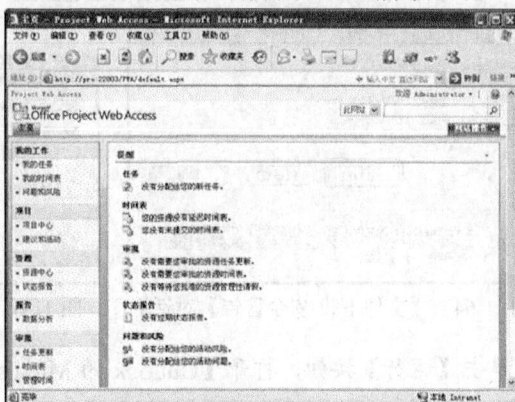

图 11-61 Project Web Access 主页

2. 安装 Outlook

Project 中提供了 Outlook 控件，当用户查收邮件时，可接受到最新的任务信息。

【例 11-8】在已安装完 Project Web Access 的工作组成员计算机上安装 Outlook。

(1) 打开 Project Web Access 主页，在导航窗格中单击【个人设置】链接，打开【个人设置】页面，如图 11-62 所示。

(2) 在页面中单击【设置 Outlook 同步】链接，打开【将任务与 Outlook 同步】页面，如图 11-63 所示。

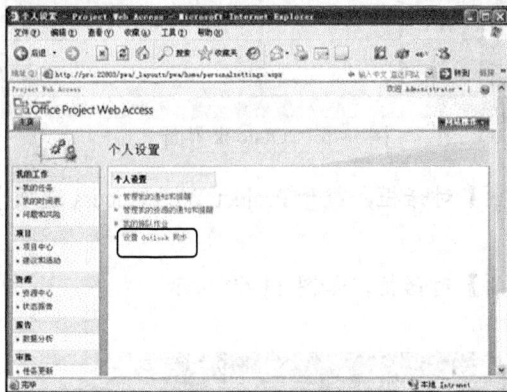

图 11-62 【个人设置】页面

图 11-63 【将任务与 Outlook 同步】页面

知识点

在安装控件之前，需要选择【工具】|【Interenet 选项】命令，打开【Interenet 选项】对话框，将没有安装标记的 ActiveX 控件访问计算机设置为【提示】，否则有可能安装不成功。

(3) 单击【立即下载】按钮，打开【文件下载-安全警告】对话框，提示用户是否想运行或保存该文件，如图 11-64 所示。

(4) 单击【运行】按钮，打开【Internet Explorer-安全警告】对话框，如图 11-65 所示。

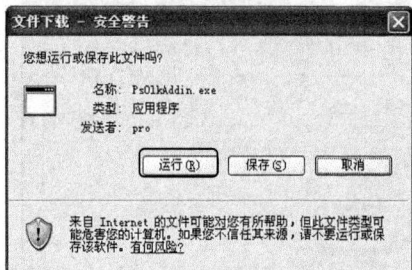

图 11-64 【文件下载-安全警告】对话框

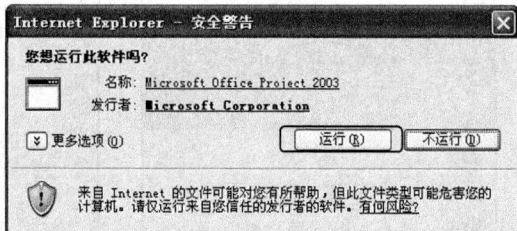

图 11-65 【Internet Explorer-安全警告】对话框

(5) 单击【运行】按钮，打开【Outlook 的 Microsoft Office Project 2007 加载项】对话框，如图 11-66 所示。单击【安装】按钮，开始安装 Project 2007 加载项。

(6) 启动 Outlook 后，可以看到 Outlook 中多了一个 Project Web Access 工具栏，如图 11-67 所示。

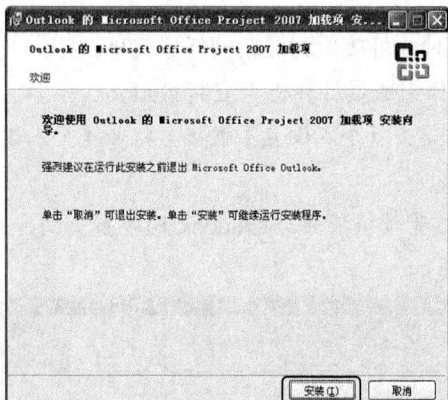

图 11-66 Outlook 的 Microsoft Office Project 2007 加载项

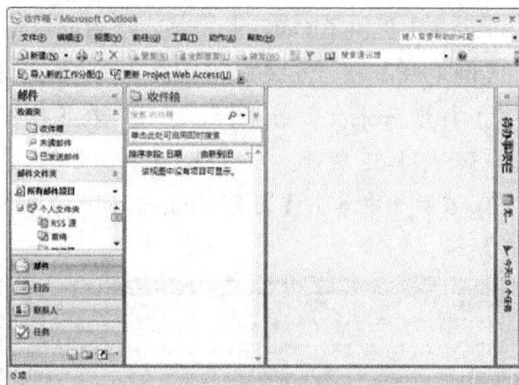

图 11-67 Outlook 界面

(7) 选择【工具】|【选项】命令，打开【选项】对话框，打开 Project Web Access 选项卡，如图 11-68 所示。

(8) 单击【高级选项】按钮，打开【高级选项】对话框，如图 11-69 所示。

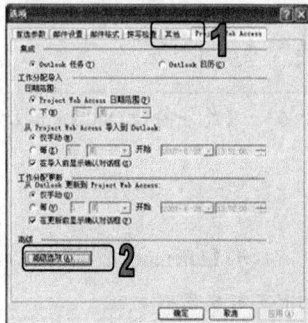

图 11-68 Project Web Access 选项卡

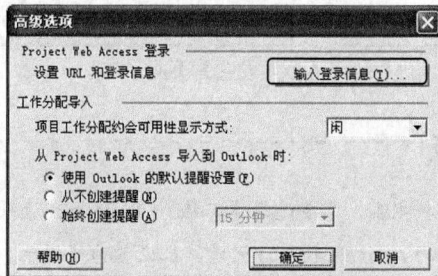

图 11-69 【高级选项】对话框

(9) 单击【输入登录信息】按钮，打开【输入登录信息】对话框，在 Project Server URL 文本框中输入 http://pro:22803/pwa，选中【使用 Project Server 账户】单选按钮，在【用户名】文本框中输入 administrator，如图 11-70 所示。

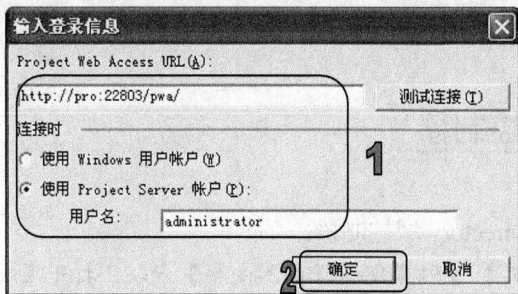

图 11-70　Project Web Access 选项

(10) 单击【确定】按钮，完成设置。

3. 配置 Project Professional 2007

安装完 Project Professional 2007 后，要能访问 Project Server 并将信息发布到 Project Server，还必须对它进行配置。

【例 11-9】　对安装好的 Project Professional 2007 进行配置，设置身份验证方式为 Project Server 用户名验证。

(1) 选择【开始】|【所有程序】|Microsoft Office| Microsoft Office Project 2007 命令，启动 Project Professional 2007。

(2) 选择【工具】|【企业选项】|【Microsoft Office Project Server 账户】命令，打开【Project Server 账户】对话框，如图 11-71 所示。

(3) 单击【添加】按钮，打开【账户属性】对话框，在【账户名】文本框中输入 project，在 Project Server URL 文本框中输入 http:// pro:22803/pwa，选中【设为默认账户】复选框，如图 11-72 所示。

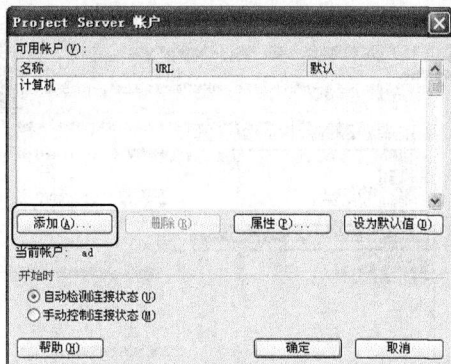

图 11-71　【Project Server 账户】对话框

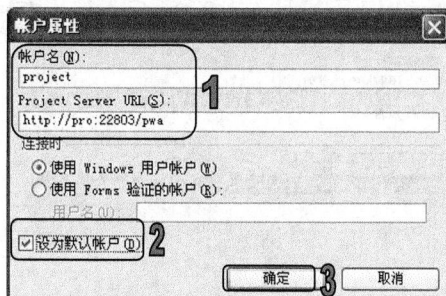

图 11-72　【账户属性】对话框

(4) 单击【确定】按钮，完成设置。

11.4 上机练习

本章上机练习主要通过创建 Active Directory 域控制器和通过【控制面板】启用 IIS，练习创建域控制器和启用 IIS 的操作。

11.4.1 创建 Active Directory 域控制器

创建一个域名为 info.buptf.com 的 Active Directory 域控制器。

(1) 选择【开始】|【所有程序】|【管理工具】|【配置您的服务器向导】命令，打开【欢迎使用 "配置您的服务器向导"】对话框，如图 11-73 所示。

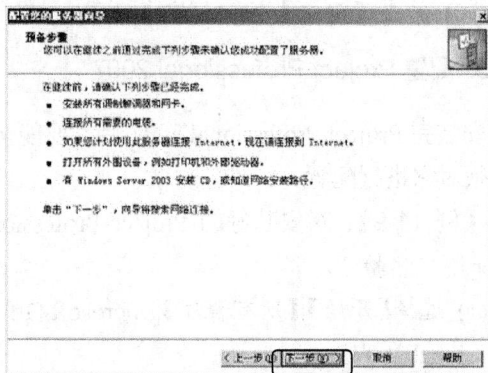

(2) 单击【下一步】按钮，打开【预备步骤】对话框，如图 11-74 所示。

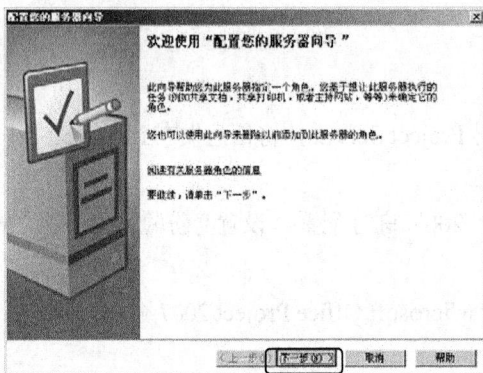

图 11-73　【欢迎使用 "配置您的服务器向导"】对话框　　　图 11-74　【预备步骤】对话框

(3) 单击【下一步】按钮，打开【配置选项】对话框，选中【自定义配置】单选按钮，如图 11-75 所示。

(4) 单击【下一步】按钮，打开【服务器角色】对话框，在列表框中选择【域控制器(Active Directory)】选项，如图 11-76 所示。

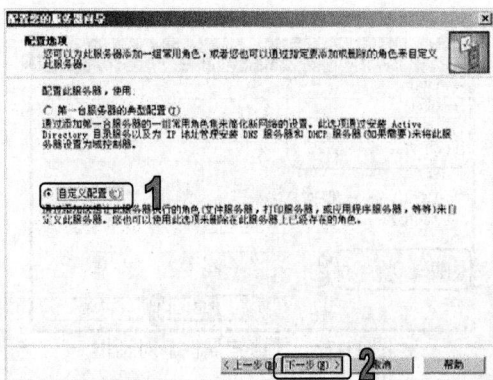

图 11-75　【配置选项】对话框　　　图 11-76　【服务器角色】对话框

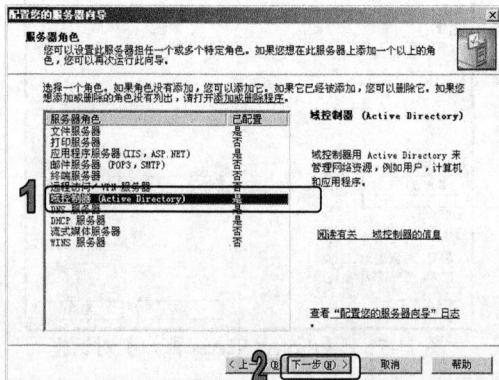

如果是第一次配置系统的服务器角色，可在【配置选项】对话框中，选中【第一台服务器的典型配置】单选按钮，系统将安装活动目录以及为 IP 地址管理安装 DNS 服务器和 DHCP 服务器。

(5) 单击【下一步】按钮，打开【选择总结】对话框，可以查看并确认选择的选项，如图 11-77 所示。

(6) 单击【下一步】按钮，打开【欢迎使用 Active Directory 安装向导】对话框，如图 11-78 所示。

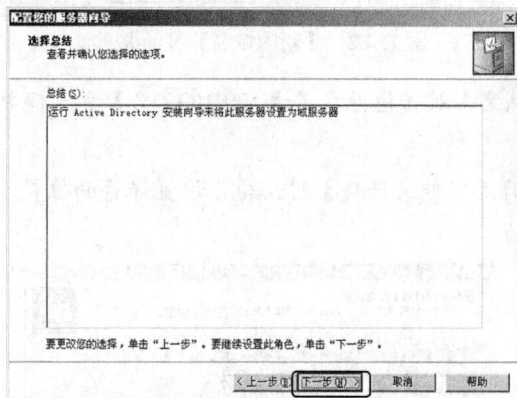

图 11-77　【选择总结】对话框

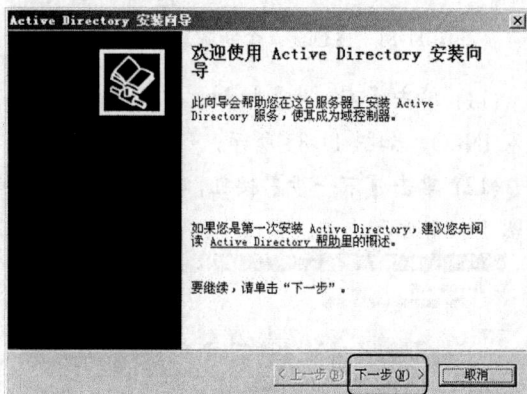

图 11-78　【欢迎使用 Active Directory 安装向导】对话框

(7) 单击【下一步】按钮，打开【操作系统兼容性】对话框，如图 11-79 所示。

(8) 单击【下一步】按钮，打开【域控制器类型】对话框，选中【新域的域控制器】单选按钮，如图 11-80 所示。

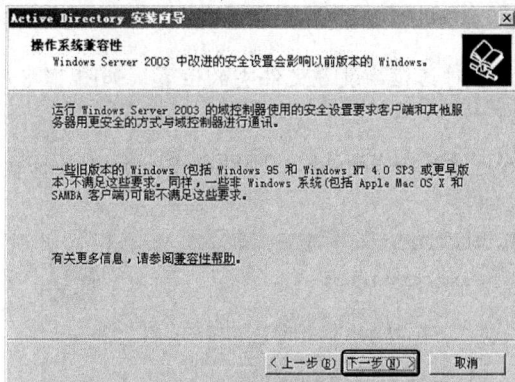

图 11-79　【操作系统兼容性】对话框

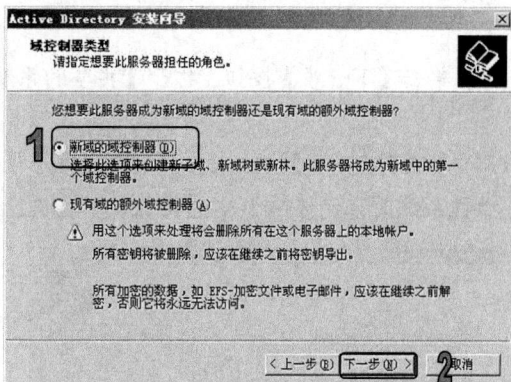

图 11-80　【域控制器类型】对话框

(9) 单击【下一步】按钮，打开【创建一个新域】对话框，选中【在新林中的域】单选按钮，如图 11-81 所示。

(10) 单击【下一步】按钮，打开【新的域名】对话框，在【新域的 DNS 全名】文本框中输入 info.bupt.com，如图 11-82 所示。

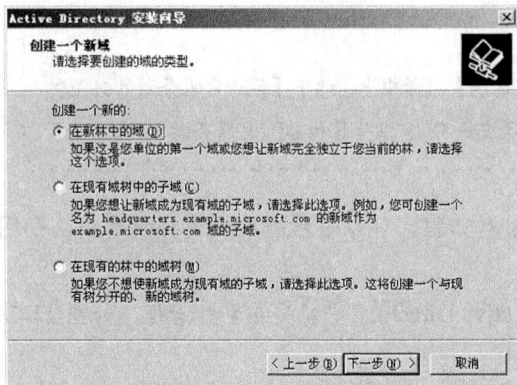

图 11-81　【创建一个新域】对话框　　　　图 11-82　【新的域名】对话框

(11) 单击【下一步】按钮，打开【NetBIOS 域名】对话框，在【域 NetBIOS 名】文本框中输入 INFO，如图 11-83 所示。

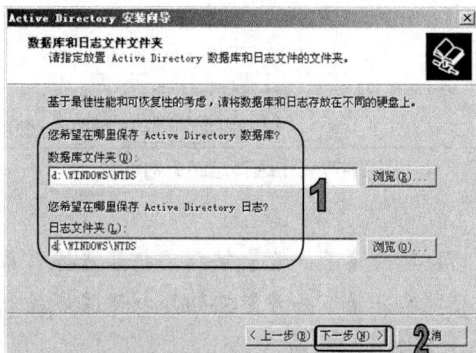

(12) 单击【下一步】按钮，打开【数据库和日志文件文件夹】对话框，设置保存的位置，如图 11-84 所示。

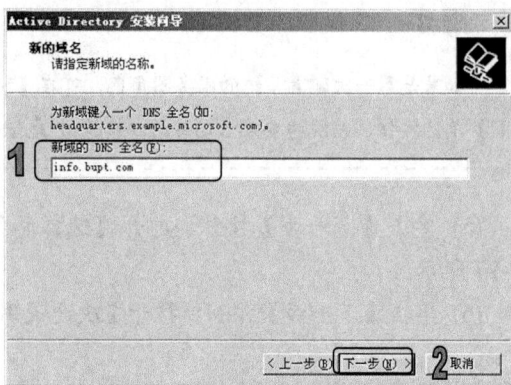

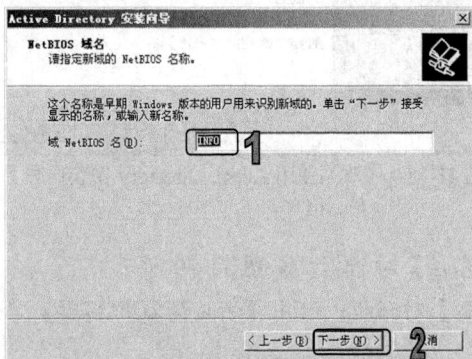

图 11-83　【NetBIOS 域名】对话框　　　图 11-84　【数据库和日志文件文件夹】对话框

(13) 单击【下一步】按钮，打开【共享的系统卷】对话框，设置文件夹的位置，如图 11-85 所示。

(14) 单击【下一步】按钮，打开【权限】对话框，选中【只与 Windows 2000 或 Windows Server 2003 操作系统兼容的权限】单选按钮，如图 11-86 所示。

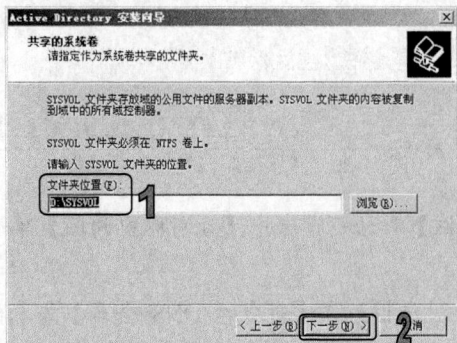

图 11-85　【共享的系统卷】对话框　　　　图 11-86　【权限】对话框

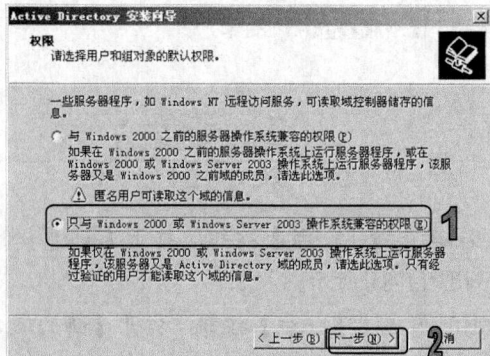

(15) 单击【下一步】按钮，打开【目录服务还原模式的管理员密码】对话框，在【还原模式密码】和【确认密码】文本框中输入密码，如图 11-87 所示。

(16) 单击【下一步】按钮，打开【摘要】对话框，可以确认选定的选项。

(17) 单击【下一步】按钮，打开【正在完成 Active Directory 安装向导】对话框，如图 11-88 所示，然后单击【完成】按钮，就可以完成操作。

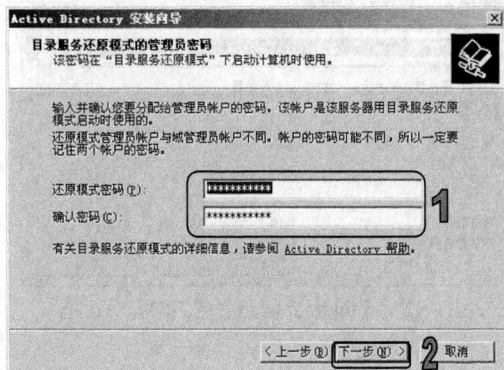
图 11-87　【目录服务还原模式的管理员密码】对话框

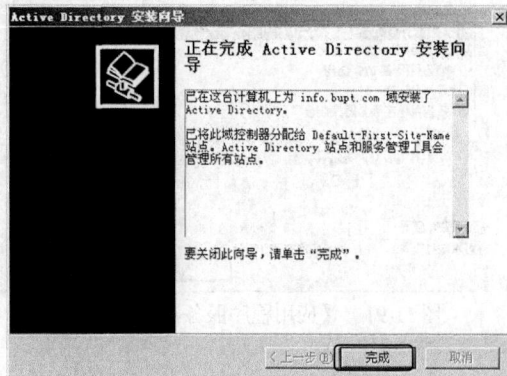
图 11-88　完成 Active Directory 安装

11.4.2　通过【控制面板】启用 IIS

通过【控制面板】来启用 Internet 信息服务(IIS)。

(1) 选择【开始】|【控制面板】命令，打开【控制面板】窗口，双击【添加或删除程序】图标，打开【添加或删除程序】对话框，如图 11-89 所示。

(2) 单击【添加/删除 Windows 组件】按钮，打开【Windows 组件向导】对话框，选中【应用程序服务器】复选框，如图 11-90 所示。

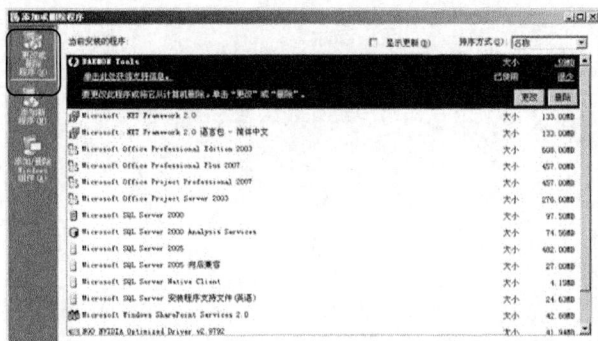
图 11-89　【添加或删除程序】窗口

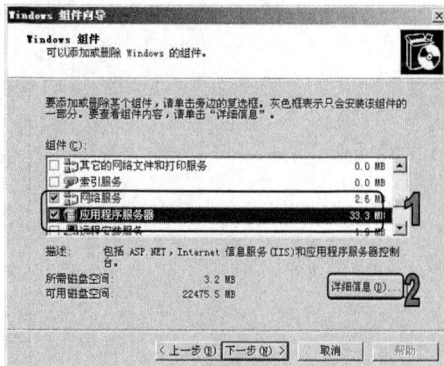
图 11-90　【Windows 组件向导】对话框

(3) 单击【详细信息】按钮，打开【应用程序服务器】对话框，选中 ASP.NET 和【Internet 信息服务】复选框，如图 11-91 所示。

(4) 选择【Internet 信息服务】选项，单击【详细信息】按钮，打开【Internet 信息服务(IIS)】
对话框，取消选中 FrontPage 2002 Server Extensions 复选框，并且选中【万维网服务】复选框，
如图 11-92 所示。

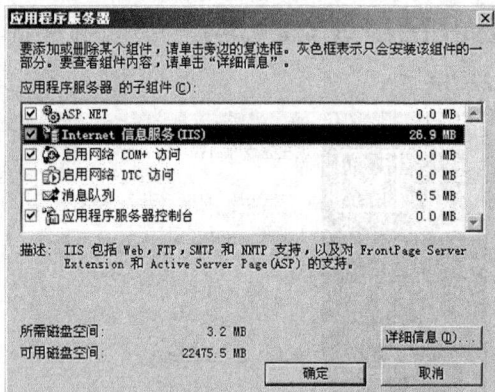

图 11-91　【应用程序服务器】对话框　　　　　图 11-92　【Internet 信息服务(IIS)】对话框

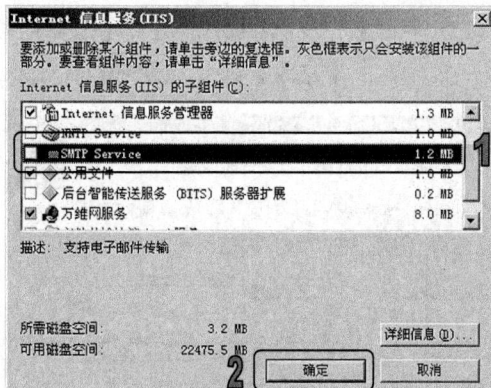

11.5　习题

1. 在企业服务器中完成 Project Sever 2007 的安装。
2. 配置客户端连接 Project Server 2007。

第12章

Project Server 2007 的管理

学习目标

Project Server 2007 可以帮助项目经理、工作成员和项目干系人之间进行协同工作。要进行协同工作首先需要管理好服务器中的信息，才能将 Project Server 2007 的功能发挥到极致。

本章重点

- 管理用户和安全性
- 管理企业数据
- 数据库管理
- 设置外观
- 管理多维数据集
- 时间和任务管理
- 管理队列和操作策略

12.1 管理用户和安全性

为了保证 SQL Server 的安全性，需要避免非法用户查阅和更改 Project Server 中的数据。为了保证登录到 Project Server 上的用户都是本项目中的相关人员，首先在添加用户时就需要限制用户的登录方式。当然，为了确保企业利益，在项目实施过程中，不出现推脱任务、越级行使权利，还需要限制用户的权限。

12.1.1 管理用户

在 Project Server 中，不同的用户拥有不同的权限，为了保证只有合法的用户才能登录，服务器管理人员需要管理用户，通过添加用户、修改用户、停用用户和合并用户账户等操作确保系统的安全性。

1. 添加用户

默认情况下，Project Server 只有 Administrator 一个用户，系统管理员可以通过 Project Web Access 来添加新用户。

【例 12-1】添加一个用户账户为 chenxx 的新用户，按照工作组成员应进行分组和授权。

(1) 启动 IE，在地址栏中输入 http://pro:22803/pwa，然后按 Enter 键，以系统管理员的身份登录 Project Web Access 的主页，如图 12-1 所示。

(2) 在快速启动栏中单击【服务器设置】链接，打开【服务器设置】页面，如图 12-2 所示。

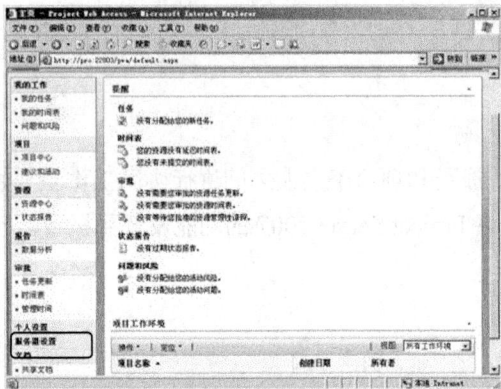

图 12-1　【主页】页面

图 12-2　【服务器设置】页面

(3) 在【安全性】选项区域中单击【管理用户】链接，打开【管理用户】页面，如图 12-3 所示。

(4) 单击【新建用户】链接，打开【新建用户】页面，在【标识信息】区域的【显示名称】文本框中输入显示名称"蓝齐儿"，在【用户身份验证】区域的【用户登录账户】文本框中输入登录账户 chenxx，如图 12-4 所示。

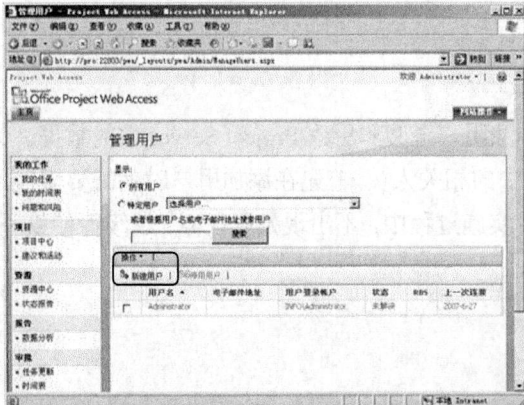

图 12-3　【管理用户】页面

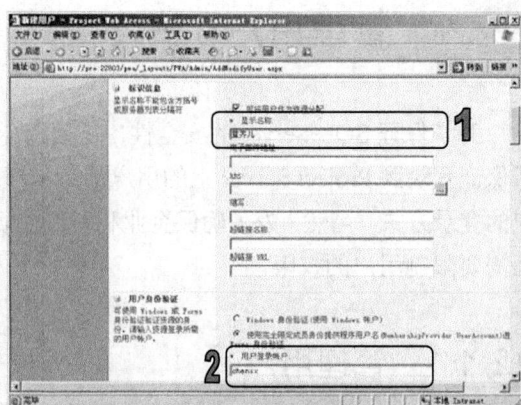

图 12-4　【新建用户】页面

(5) 在【安全类别】区域中单击【全部添加】按钮，为用户选择可访问的类别，如图 12-5 所示。

(6) 在【权限我的资源】表格中，对用户进行授权，如图 12-6 所示。

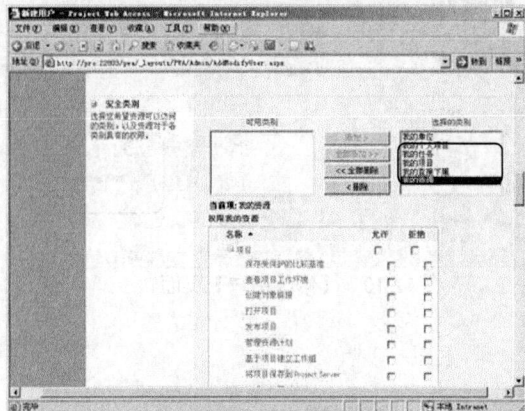

图 12-5　设置可用的组

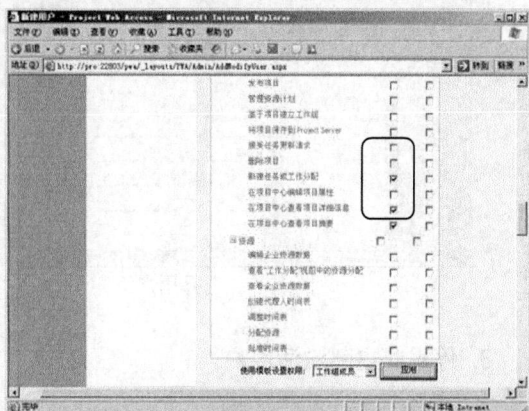

图 12-6　设置权限

(7) 在【全局权限】区域的【使用模板设置权限】下拉列表框中选择【工作组成员】选项，然后单击【应用】按钮，为用户设置全局权限，如图 12-7 所示。

(8) 单击【保存】按钮，返回【管理用户】页面，可看到添加的用户，如图 12-8 所示。

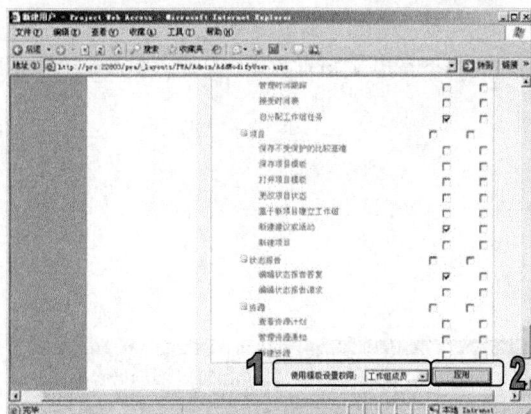

图 12-7　设置全局权限期

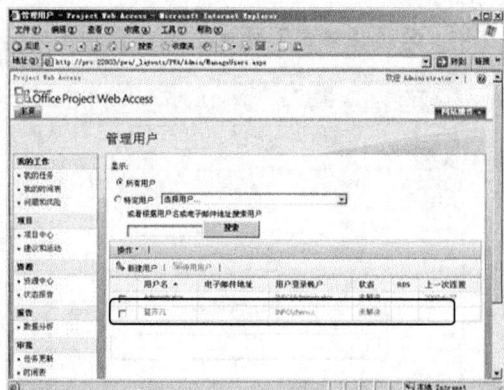

图 12-8　添加用户

2. 修改用户

如果要将用户升为管理人员等，就需要修改 Project Server 中的用户信息。

【例 12-2】修改账户 wtt，授予所有的类别，使其成为一个合法的用户。

(1) 打开【管理用户】页面，单击【吴天天】链接，打开【编辑用户：吴天天】页面，如图 12-9 所示。

(2) 在【安全类别】区域的【可用类别】列表框中选择一个类别，然后单击【全部添加】按钮，添加所有的类别，如图 12-10 所示。

(3) 单击【保存】按钮，完成用户信息的修改。

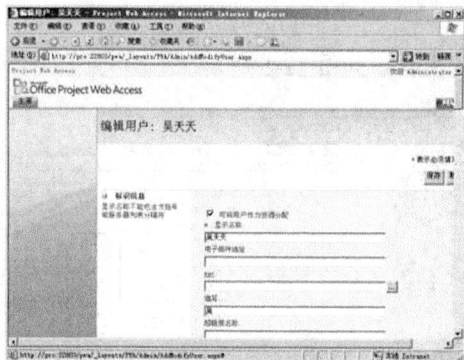

图 12-9　选择用户

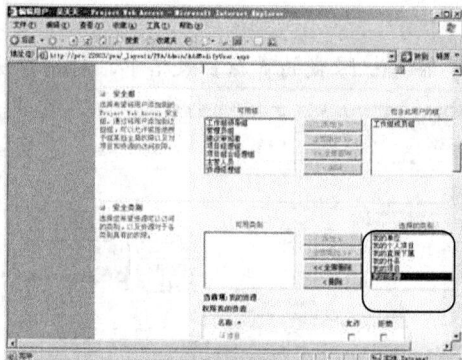

图 12-10　【修改用户】页面

3. 停用或重新激活用户

如果某用户调离了现有的工作岗位，为了防止泄露商业机密，可以停用该用户账户。如果停用的用户又重新回到了工作岗位，可以重新激活账户。

【例 12-3】停用 wtt 用户账户。

(1) 打开【管理用户】页面，选中【吴天天】前的复选框，如图 12-11 所示。

(2) 单击【停用用户】按钮，打开如图 12-12 所示的信息提示框，询问用户是否确实要停用该账户。

(3) 单击【确定】按钮，用户的状态变为非活动，即停用了该账户。

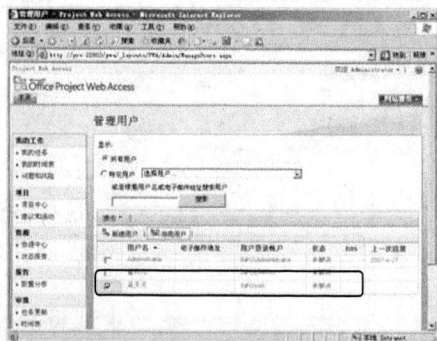

图 12-11　停用账户

图 12-12　信息提示框

提示

单击被停用的用户名，打开【编辑用户】页面，在【标识信息】区域的【账户状态】下拉列表框中选择【非解决】选项，就可以激活用户。

12.1.2　管理组

将多个具有某种共性的用户组成一个组，可以使管理简单化，提高工作效率。

1．添加组

Project Server 将用户分为工作组成员组、工作组领导组、管理员组、项目经理组、项目组合经理组、主管人员组和资源经理组等，用户可以根据实际情况进行创建需要的组。

【例 12-4】添加一个名为【动画制作】的组，该组的成员有 chenxx 和 wtt，为成员赋予所有类别的访问权，可以查看各项任务，但不能干涉任务的分配。

(1) 打开【服务器设置】页面，在【安全性】区域中单击【管理组】链接，打开【管理组】页面，如图 12-13 所示。

(2) 单击【新建组】按钮，打开【添加或编辑组】页面，在【组详细信息】区域的【组名称】文本框中输入"动画制作"，在【用户】区域的【可用用户】列表框中选择管理员选项，然后单击【添加】按钮，如图 12-14 所示。

图 12-13　【管理组】页面

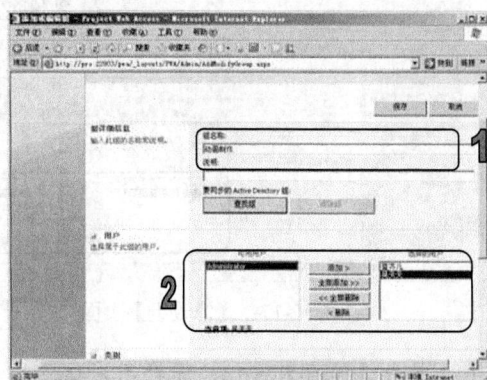

图 12-14　【添加或编辑组】页面

(3) 在【安全类别】区域的【可用类别】列表框中选择一个类别，然后单击【全部添加】按钮，添加所有的类别，并进行授权，如图 12-15 所示。

(4) 在【全局权限】区域的【使用模板设置权限】下拉列表框中选择【工作组成员】选项，然后单击【应用】按钮，为用户设置全局权限，如图 12-16 所示。

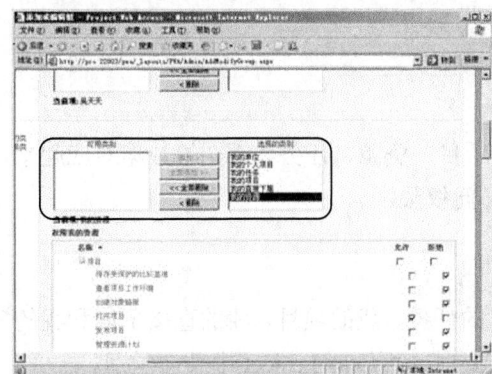

图 12-15　设置成员访问类别的权限

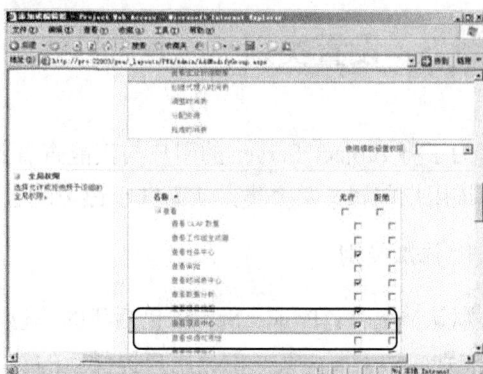

图 12-16　设置全局权限

(5) 单击【保存】按钮，保存组信息。

2. 修改组

如果组的名称、成员或权限发生了变化，需要在 Project Web Access 中对该组进行修改。

【例 12-5】将【动画制作】组中的成员用 cx 更换为用户账户为 wtt 的用户。

(1) 打开【管理组】页面，单击【动画制作】链接，打开【添加或编辑组】页面。

(2) 在【可用用户】列表框中选择【陈笑】选项，单击【添加】按钮，添加用户。

(3) 在【选择的用户】列表框中选择【吴天天】选项，单击【删除】按钮，删除用户，如图 12-17 所示。

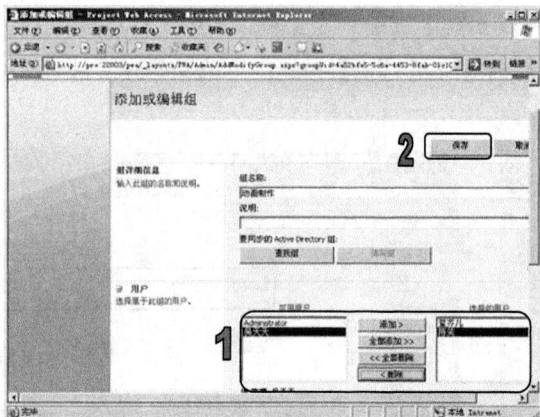

图 12-17　【修改组】页面

提示

如果要删除某个组，可在【管理组】页面的列表框中选中要删除的工作组前面的复选框，然后单击【删除组】按钮即可。

(4) 单击【保存】按钮，保存用户信息。

提示

在【管理组】页面，选择某个工作组，单击【Active Directory 同步选项】按钮，可以设置 Project Sever 与 Active Directory 同步。

12.1.3　设置类别

为了将 Project Server 的用户与其能查看到的项目、资源、任务和视图等数据对应起来，可以将该用户归属于某个类，从而继承该类的数据访问权限。

1. 添加类别

默认情况下，Project Server 包括我的单位、我的任务、我的项目、我的直接下属和我的资源 5 个类别。如果要为某一部分用户提供新的访问方式时，可以向 Project 中添加类别。

【例 12-6】添加一个名为【我的时间】的类别，用于查看安排的工作时间，设置工作组成员组、工作组领导组、管理人员组、资源经理组、项目经理组和项目组合经理组属于该类别，这些用户可以查看 Project Server 现有和将来的所有项目。该类别的工作分配视图为摘要，资源中心视图为资源摘要，项目中心视图为工时。

(1) 打开【服务器设置】页面，在【安全性】区域中单击【管理类别】链接，打开【管理类别】页面，单击【新建类别】链接，如图 12-18 所示。

(2) 打开【添加或编辑类别】页面，在【名称和说明】区域的【类别名称】文本框中输入"我的时间"，在【说明】文本框中输入"查看安排的工作时间"，在【用户和组】区域的【可用用户和组】列表框中选择【工作组成员组】、【工作组领导组】、【管理人员组】、【资源经理组】、【项目经理组】和【项目组合经理组】选项，然后单击【添加】按钮，在【具有权限的用户和组】列表框中显示出来，如图 12-19 所示。

图 12-18　【管理类别】页面

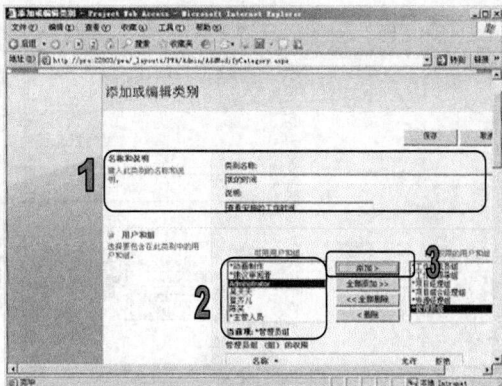

图 12-19　【添加类别】页面

(3) 在【项目】区域中选中【Project Server 数据库中当前和将来的所有项目】单选按钮，如图 12-20 所示。

(4) 在【视图】区域的列表框中选中【工作分配工时】、【工作分配摘要】、【任务日程】和【任务工时】后面的复选框，如图 12-21 所示。

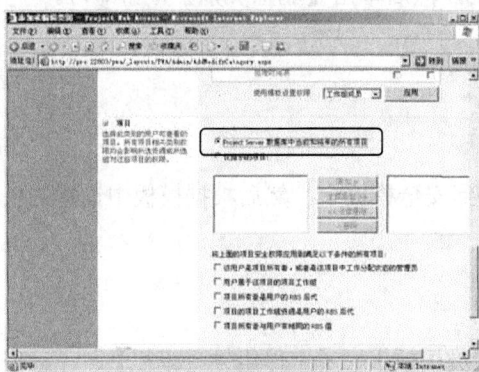

图 12-20　设置项目

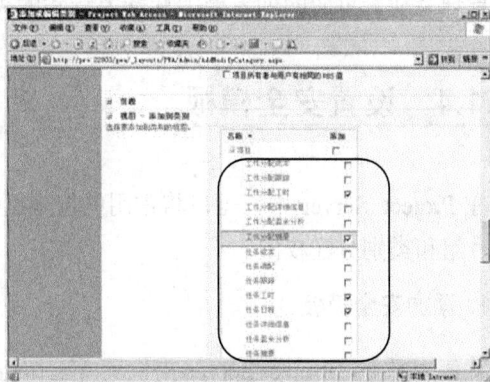

图 12-21　设置视图

(5) 单击【保存】按钮，保存类别信息。

2. 修改类别

如果类别的名称、说明文字、具有权限的用户或组、可查看的项目、可查看的资源和项目中心视图等信息发生了变化，就需要修改类别。

【例 12-7】将【我的时间】类别中【管理人员组】从具有权限的用户和组列表中删除，并取消查看任务日程视图的权限。

(1) 打开【管理类别】页面，在列表框中单击【我的时间】链接，打开【添加或编辑类别】页面。

(2) 在【用户和组】区域的【拥有权限的用户和组】中选择【管理人员组】，然后单击【删除】按钮，将其删除，如图 12-22 所示。

(3) 使用同样的方法，删除查看项目中心任务日程视图的权限，如图 12-23 所示。

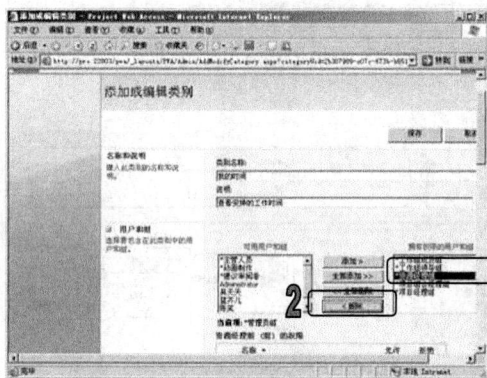

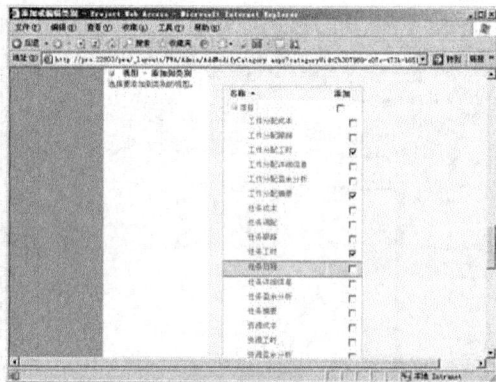

图 12-22　删除组　　　　　图 12-23　删除查看任务日程视图权限

(4) 单击【保存更改】按钮，保存类别信息。

3. 删除类别

如果在 Project Server 中，添加的类别没有用或有冗余，应将其删除。要删除类别，只需要在【管理类别】页面的列表框中选择要删除的类别，然后单击【删除类别】按钮即可。

12.1.4　设置安全模板

在 Project Server 中，可以将常用的权限组合到安全模板中，然后根据模板中设置的权限为用户、组和类别分配权限。

1. 添加安全模板

默认情况下，Project Server 提供了【工作组成员模板】、【工作组领导模板】、【管理员模板】、【建议审阅者模板】、【项目经理模板】、【项目组合管理模板】、【主管人员模板】和【资源经理模板】等 8 种安全模板。用户可以根据实际情况添加安全模板。

【例 12-8】在 Project Server 中添加安全模板【监督组】，用于监督工作进程、资源分配。

(1) 打开【服务器设置】页面，在【安全性】区域中单击【安全模板】链接，打开【管理模板】页面，如图 12-24 所示。

(2) 单击【新建模板】按钮，打开【添加或编辑模板】页面，在【模板名称】文本框中输入"监督组"，在【说明】文本框中输入说明性的文字，如图 12-25 所示。

图 12-24 【安全性模板】页面

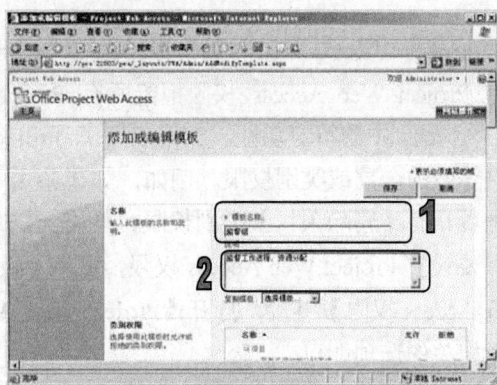

图 12-25 【添加模板】对话框

(3) 单击【保存】按钮，完成安全模板的添加。

2. 修改安全模板

若要设置或修改添加的安全模板的权限，需要修改安全模板。

【例 12-9】在安全模板【监督组】中，启用删除项目权限。

(1) 打开【管理模板】页面，在列表框中单击【监督组】链接，打开【添加或编辑模板】页面。

(2) 在【类别权限】区域中选中【删除项目】的【允许】复选框，如图 12-26 所示。

(3) 单击【保存更改】按钮，完成安全模板的修改。

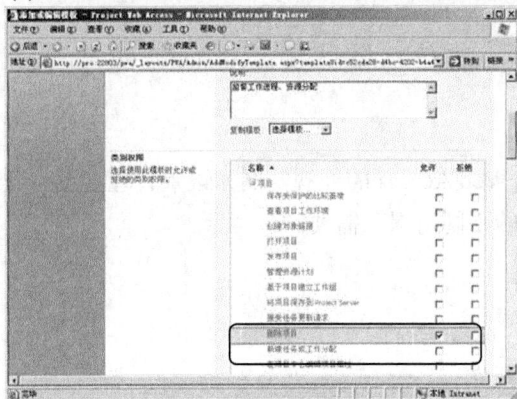

图 12-26 修改模板

知识点

安全模板是将权限进行预定义，当用户具有一特性时，调用该特性的模板就可以快速设置权限。

3. 删除安全模板

如果在 Project Server 中，添加的安全模板不需要再使用权限时，应将其删除。

要删除安全模板，只需在【管理模板】页面的列表框中选择要删除的模板，然后单击【删除模板】按钮即可。

12.1.5 Project Web Access 权限

Project Web Access 权限可以控制在 Project Server 上启用的全局和类别权限。管理员可以使用 Project Web Access 权限拒绝所有 Project Server 用户访问 Project Professional 或 Project Web Access 中的特定功能。如果启用了 Project Web Access 权限，则会为具有这些权限的用户启用等效的全局或类别权限。例如，如果禁用【删除 Project Web Access】权限，那么，无论用户是否具有【删除项目】类别权限，均将无法删除项目。

要设置 Project Web Access 权限，可在【服务器设置】页面的【安全性】区域中单击【Project Web Access 权限】链接，打开【Project Web Access 权限】页面，如图 12-27 所示，选择或取消选择相关的选项即可。

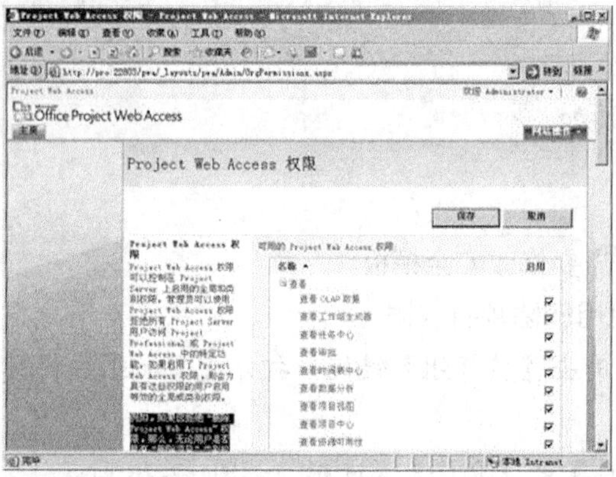

提示

单击【网站操作】按钮，从弹出的菜单中选择【网站设置】命令，可以设置该网站的用户和权限、外观、库、网站管理和网站集管理等。

图 12-27 【Project Web Access 权限】页面

12.2 设置外观

在 Project Server 中，可以自行设置 Project Web Access 的外观，例如设置管理视图、分组格式、甘特图格式和快速启动等，使其满足用户的不同习惯和需要。

12.2.1 管理视图

Project Server 为特定的成员定义了特定的视图，方便用户查看项目中的信息。系统管理员通过新建、修改视图等操作来控制成员查看内容和范围。

1. 新建视图

Project Serer 提供了项目视图、项目中心视图、工作分配视图、资源分配视图、资源中心视图、我的工作视图、资源计划视图、工作组任务视图、工作生成器视图和时间表视图等 9 类视图。如果在企业中需要使用其他的视图，可自行添加。

【例12-10】添加一个项目类型的视图，名称为【我的项目】，用于查看自己的任务及工作分配。除了显示任务名称、开始时间和完成时间外，还需要显示任务摘要名称、过度分配等内容。使用详细甘特图格式为默认的甘特图格式，指定视图的分组依据为任务名称，关键字为开始时间，此视图所属的类别为我的任务。

(1) 打开【服务器设置】页面，在【外观】区域中单击【管理视图】链接，打开【管理视图】页面，如图 12-28 所示。

(2) 单击【新建视图】按钮，打开【新建视图】页面，在【名称和类型】区域的【视图类型】下拉列表框中选择【项目】选项，在【名称】文本框中输入"我的项目"，在【说明】文本框中输入"查看任务和工作分配"；在【表和域】区域中选中【工作分配】单选按钮，在【可用域】列表框中选择【任务摘要名称】和【过度分配】选项，然后单击【添加】按钮，将其添加到【要显示的域】列表框中，如图 12-29 所示。

图 12-28　【定义视图】页面

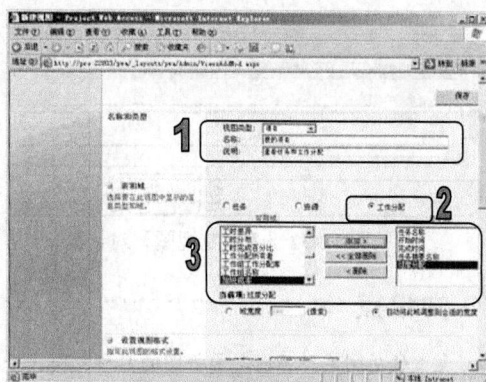

图 12-29　【新建视图】页面

(3) 在【设置视图格式】区域的【甘特图格式】下拉列表框中选择【详细甘特图(视图)】选项，在【分组主要依据】下拉列表框中选择【任务名称】选项，在【次要依据】下拉列表框中选择【开始时间】选项，如图 12-30 所示。

(4) 在【安全类别】区域的【可用类别】列表框中选择【我的任务】选项，单击【添加】按钮，将其添加到【此视图所属类别】列表框中，如图 12-31 所示，然后单击【保存】按钮。

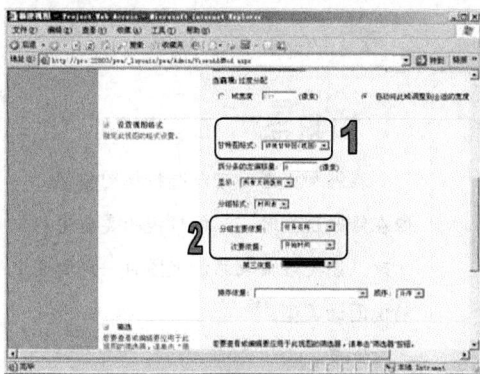

图 12-30　设置视图格式

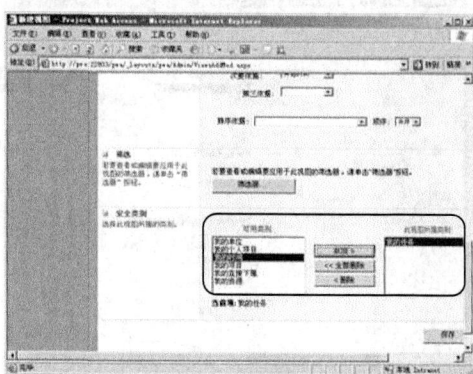

图 12-31　设置视图类别

2. 复制视图

如果需要添加一个与现有视图相同的视图，可使用复制视图的方法来快速地添加。

【例 12-11】以【我的项目】视图为蓝本，复制一个名为项目副本的视图。

(1) 打开【管理视图】页面，在列表框中选择【我的项目】选项。

(2) 单击【复制视图】按钮，打开【复制视图】对话框，在【名称】文本框中输入"项目副本"，如图 12-32 所示。

(3) 单击【确定】按钮，在列表框中将出现复制的视图，如图 12-33 所示。

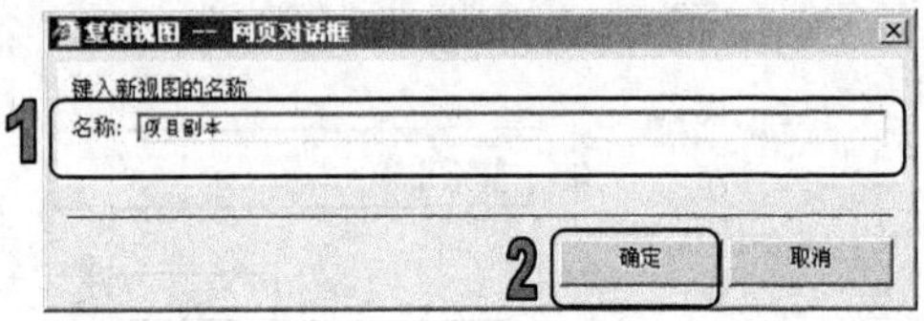

图 12-32　【复制视图】对话框

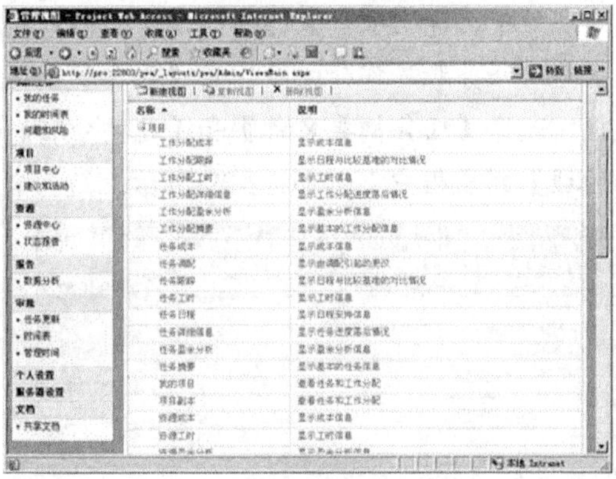

图 12-33　复制视图

知识点

复制的视图名称不能与原视图的名称相同，否则系统将无法进行识别。

3. 编辑视图

如果对所添加的视图不满意，或需要对复制的视图进行局部修改，可对视图进行编辑操作。例如，要将【项目副本】视图的甘特图格式设置为【跟踪甘特图】，可在【管理视图】页面的列表框中单击【项目副本】链接，打开【编辑视图】页面，在【甘特图格式】下拉列表框中选择【跟踪甘特图】选项，如图 12-34 所示，然后单击【保存】按钮，就可以完成视图的编辑。

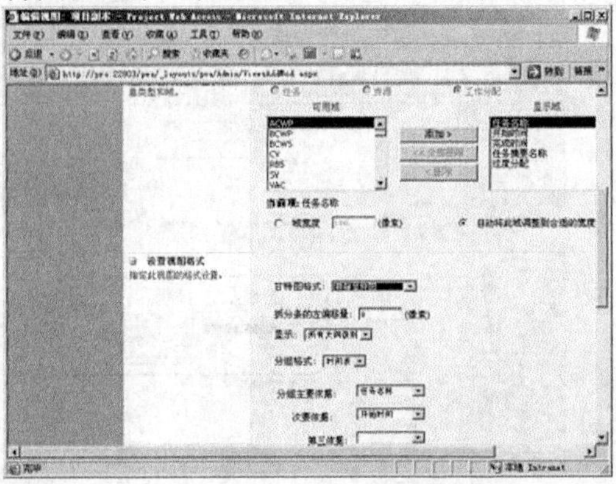

图 12-34　修改视图

知识点

在添加视图时可以选择视图类型，但在修改视图时，不能对视图类型进行修改。因此在最初添加视图时一定要明确视图的类型。

4．删除视图

如果在 Project Server 中，添加的视图不需要再使用时，应将其删除。要删除视图，只需要在【定义视图】页面的列表框中选择要删除的视图，然后单击【删除视图】按钮即可。

12.2.2　分组格式

在【项目中心】、【资源中心】、【项目】和【工作分配】视图中对任务和资源信息进行分组时，这些视图内的信息行(或级别)显示的方式可以进行更改。通过更改这些分组的级别外观，可以突出显示特定信息。

【例 12-12】将【时间表】分组格式中级别 2 的单元格颜色改为【灰色】，并更改单元格模式。

(1) 打开【服务器设置】页面，在【外观】区域中单击【分组格式】链接，打开【分组格式】页面。

(2) 选中【时间表】分组格式的级别 2 所对应的【单元格颜色】单元格，在该单元格中将出现按钮▼，单击该按钮，在弹出的列表框中选择【灰色】选项，使用同样的方法更改单元格模式，如图 12-35 所示。

(3) 单击【保存】按钮，打开信息提示框，提示用户已成功更新分组格式，如图 12-36 所示。

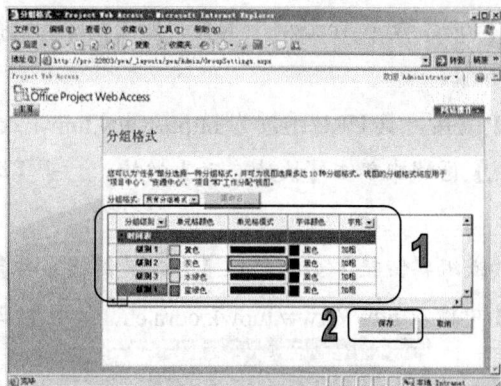

图 12-35　修改视图　　　　　　　　图 12-36　信息提示框

(4) 单击【确定】按钮，完成分组格式的设置。

12.2.3　甘特图格式

在 Project Server 中，可以自定义组或各类别用户的甘特图的颜色、图案、形状及样式。并且所做的修改将影响 Project Web Access 中的甘特图。

【例 12-13】将【个人甘特图(任务)】甘特图中里程碑的条形图颜色设置为红色。

(1) 打开【服务器设置】页面，在【外观】区域中单击【甘特图格式】链接，打开【甘特图格式】页面。

(2) 在【个人甘特图(任务)】列中【里程碑】行对应的【条形图颜色】单元格中选择【红】选项，如图 12-37 所示。

(3) 单击【保存】按钮，打开如图 12-38 所示的信息提示框，然后单击【确定】按钮，就可以完成甘特图格式的设置。

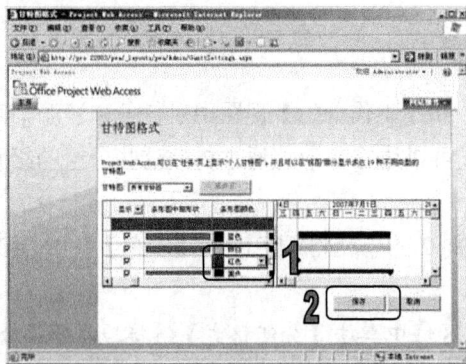

图 12-37 【甘特图格式】页面   图 12-38 信息提示框

(12).2.4 快速启动

【快速启动】包含指向 Microsoft Office Project Web Access 中的页、列表和库的链接。用户可以在其中添加或更改链接，以便更方便地导航。

【例 12-14】在主页中添加【清华文康】链接，其 URL 地址为 http://www.tupwk.com.cn。

(1) 打开【服务器设置】页面，在【外观】区域中单击【快速启动】链接，打开【编辑快速启动】页面，如图 12-39 所示。

(2) 单击【新建链接】链接，打开【添加或编辑链接】页面，在【自定义链接名称】文本框中输入"清华文康"，在【自定义 Web 地址】中输入 http://www.tupwk.com.cn，如图 12-40 所示。

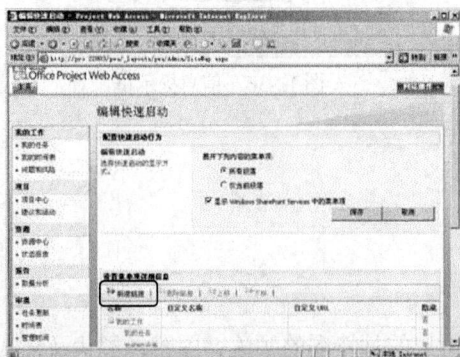

图 12-39 【编辑快速启动】页面   图 12-40 【添加或编辑链接】页面

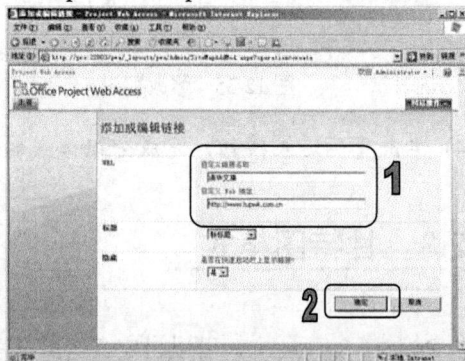

(3) 单击【确定】按钮，保存设置。此时，重新返回主页可看到添加的链接，如图 12-41 所示。

(4) 单击所添加的链接，可打开网页，如图 12-42 所示。

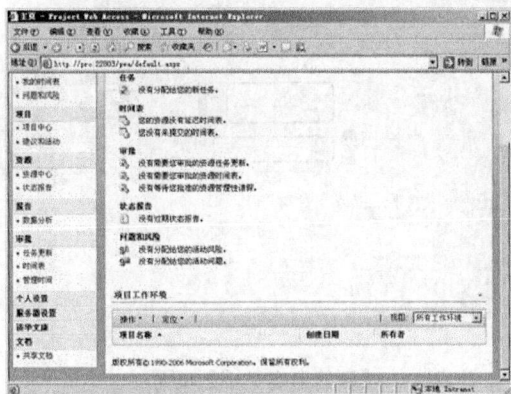

图 12-41　编辑链接

图 12-42　打开链接页面

12.3　管理企业数据

Project Server 提供的企业数据管理功能不仅可以自定义域添加到项目中，还可以设置企业的日历格式，查看企业资源信息等。

12.3.1　企业自定义域

在 Project Web Access 中，可以创建或修改自定义域，并将这些域应用到项目中，以帮助工作组成员查看和使用。

【例 12-15】新建一个资源使用状况域。

(1) 打开【服务器设置】页面，在【企业数据】区域中单击【企业自定义域定义】链接，打开【自定义域和查阅表格】页面，如图 12-43 所示。

(2) 单击【新建域】链接，打开【新建自定义域】页面，在【名称】文本框中输入"使用状况"，在【实体】下拉列表框中选择【资源】选项，如图 12-44 所示。

(3) 单击【保存】按钮，就可以保存自定义域。

知识点

在企业自定义域列表框中选择某个域，单击【复制域】或【删除域】链接，可以复制或删除所选择的域。

图 12-43 【自定义域和查阅表格】页面

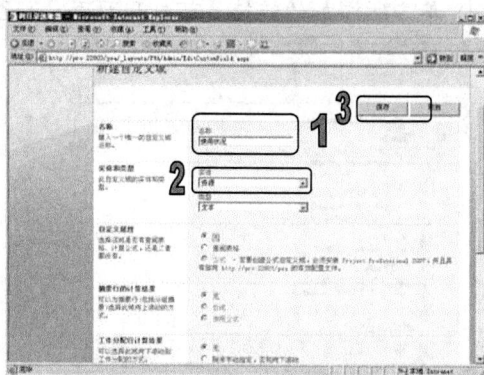
图 12-44 【新建自定义域】页面

12.3.2 资源中心

在 Project Web Access 中，可以很方便地查看所有的资源，并且可以对资源进行编辑，查看其工作分配和可用性。

【例 12-16】编辑资源【理赔人】，并且查看其工作分配和可用性。

(1) 打开【服务器设置】页面，在【企业数据】区域中单击【资源中心】链接，打开【资源中心】页面，如图 12-45 所示。

(2) 在列表中选择资源【理赔人】，单击【编辑详细信息】链接，打开【编辑资源：理赔人】页面，如图 12-46 所示，其操作与修改用户的操作基本类似，用户可以根据需要进行编辑。

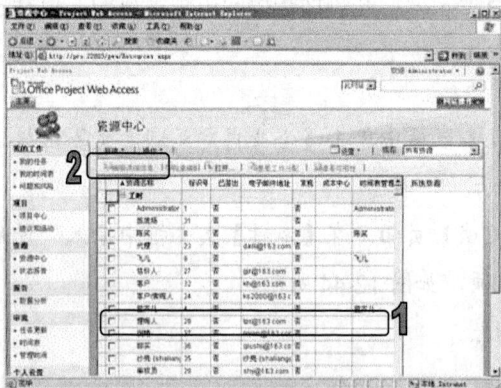
图 12-45 【资源中心】页面

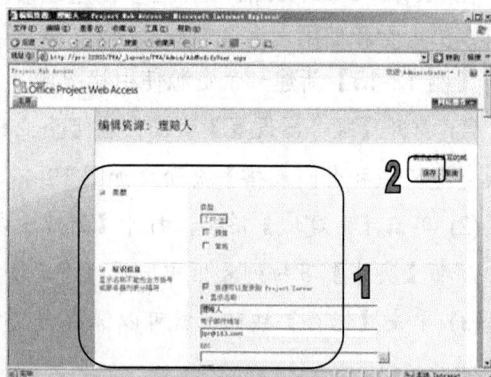
图 12-46 【新建自定义域】页面

(3) 修改完成后，单击【保存】按钮，保存所修改的数据，返回到【资源中心】页面，单击【查看工作分配】链接，打开【资源分配】页面，可以查看该资源的工作分配情况，如图 12-47 所示。

(4) 单击【返回资源中心】链接，返回到【资源中心】页面，单击【查看可用性】链接，打开【资源可用性】页面，可以查看该资源的工作分配情况，如图 12-48 所示。

提示

在【资源中心】页面，单击【新建】按钮，从弹出的菜单中选择【资源】命令，可以新建企业资源，其方法与新建用户类似。

图 12-47　【资源分配】页面

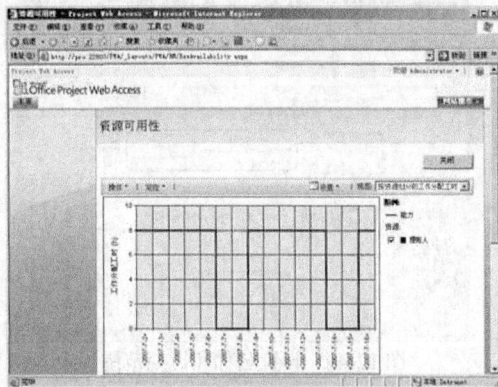

图 12-48　【资源可用性】页面

提示

在【服务器设置】页面的【企业数据】区域中单击【关于 Project Server】链接，打开【关于 Project Server】页面，可以查看当前 Project Server 活动用户账户数。

12.4　管理多维数据库

项目组合分析器联机分析处理(OLAP)多维数据集是 Project Web Access 中一个强大的报告和分析功能，通过该功能可以对项目数据进行复杂的分析。Project Server 提供大量预先配置好的可用于浏览资源和任务信息的 OLAP 多维数据集，用户也可以自定义域添加到每个多维数据集中，以扩展 Project Server OLAP 多维数据集，例如，通过为资源多维数据集添加语言维度的方式。

12.4.1　多维数据集生成设置

通过资源可用性多维数据集在指定的日期范围内查看所有企业资源的详细信息，通过 OLAP 多维数据集使用【项目组合分析器】视图显示数据。

【例 12-17】创建一个名为 cxx 的 OLAP 多维数据集，设置其日期范围为项目最早开始时间和最晚完成时间，检索今后四周日期范围内的资源可用性信息。

(1) 打开【服务器设置】页面，在【多维数据集】区域中单击【生成设置】链接，打开【多维数据集生成设置】页面。

(2) 在【Analysis Services 服务器】文本框中输入 pro，在【要创建的 Analysis Services 数据库】文本框中输入 cxx，选中【使用项目最早开始日期和项目最晚完成日期】单选按钮，如图 12-49 所示。

(3) 按照图 12-50 所示设置资源可用性的日期范围和更新频率。

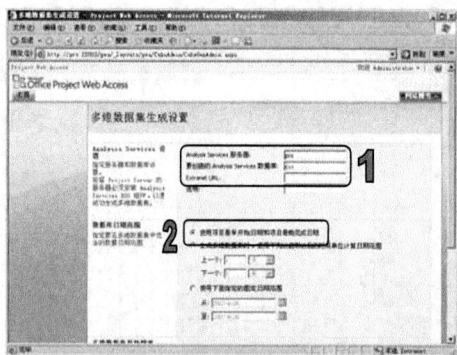

图 12-49 设置名称和日期范围

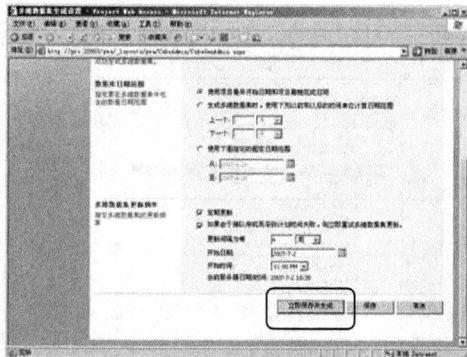

图 12-50 设置资源可性的日期和更新频率

(4) 单击【立即保存并生成】按钮，开始生成 OLAP 多维数据集。

知识点

如果要查看 OLAP 多维数据集的生成状态，在【服务器设置】页面上单击【生成状态】链接，在打开的页面中就可以查看。

12.4.2 配置多维数据集

用户可以将组织的自定义域应用于预定义的 OLAP 多维数据集，以便其显示工作组成员进一步分析数据所需的信息。

在【服务器设置】页面的【多维数据集】区域中单击【配置】链接，打开【多维数据集配置】页面，可以将自定义域作为维度或度量值添加到与所选实体相关的多维数据集，也可通过添加计算度量值来自定义，如图 12-51 所示。

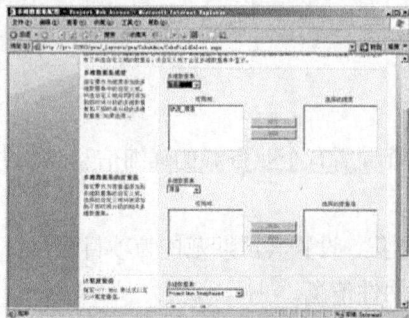

图 12-51 设置名称和日期范围

提示

在【计算度量值】区域中单击【插入】按钮，在【MDX 表达式】下输入定义成员的 MDX 脚本，可以进一步自定义多维数据集的域。

12.5　数据库管理

保存在 Project Server 中的数据其实都保存在 Project Server 数据库中，为了能更好地利用数据库，需要定期整理，例如删除过期的数据，备份日程安排等重要数据。

12.5.1　删除企业对象

随着时间的推移，在 Project Server 数据库中将产生大量的过期数据，例如，过期的任务分配、任务更新和项目等。用户需要将它们从数据库中删除，节省空间。

【例 12-18】删除 Project Server 中的素材项目【房屋保险索赔处理】。

(1) 打开【服务器设置】页面，在【数据库管理】区域中单击【删除企业对象】链接，打开【删除企业对象】页面。

(2) 选中项目【房屋保险索赔处理】前的复选框，其他设置保持默认，如图 12-52 所示。

(3) 单击【删除】按钮，打开信息提示框，询问用户是否确定要删除选择的内容，如图 12-53 所示。单击【确定】按钮即可。

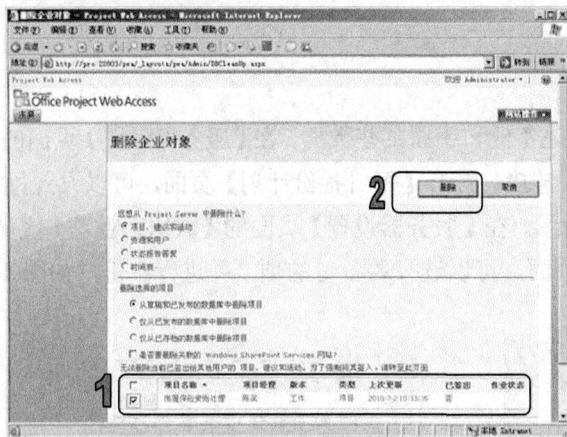

图 12-52　【删除企业对象】页面

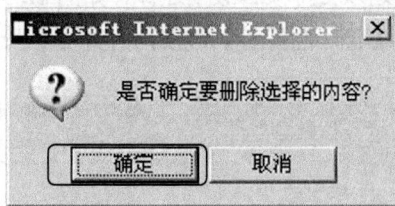

图 12-53　信息提示框

12.5.2　强制签入企业对象

签入企业对象是指其他用户以读写方式打开保存在 Project Server 中的项目、企业资源库或自定义域等。如果系统管理员现在需要使用该项目，则需要先将企业项目签入，再使用 Project Professional 2007 签出项目。

【例 12-19】将已签出的【学校图书馆改造招标】素材企业项目签入。

(1) 打开【服务器设置】页面，在【数据库管理】区域中单击【强制签入企业对象】链接，打开【强制签入企业对象】页面，如图 12-54 所示。

(2) 在列表框中选择【学校图书馆改造招标】素材项目，单击【签入】按钮，打开信息提示框，询问用户是否需要签入项目，如图 12-55 所示。

(3) 单击【确定】按钮，完成企业项目的签入。

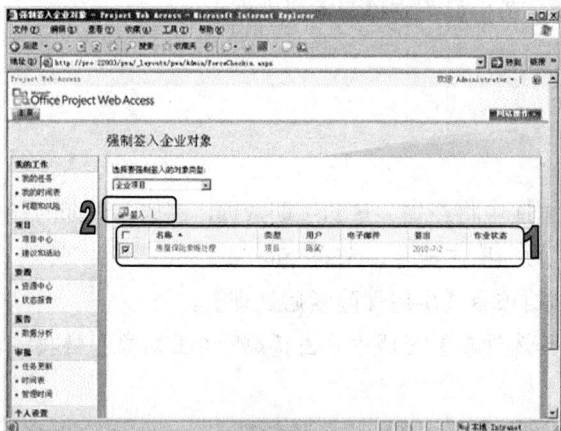

图 12-54 【强制签入企业对象】页面

图 12-55 信息提示框

12.5.3 备份和还原

在 Project Web Access 中，可以很方便地备份和还原某些数据。在【服务器设置】页面的【数据库管理】区域中，单击【日程安排备份】链接，打开【每日备份计划】页面，可以设置每日备份计划以支持项目级别还原，如图 12-56 所示。在【服务器设置】页面的【数据库管理】区域中，单击【管理性备份】链接，打开【备份】页面，可以选择要备份的项，并进行备份，如图 12-57 所示。

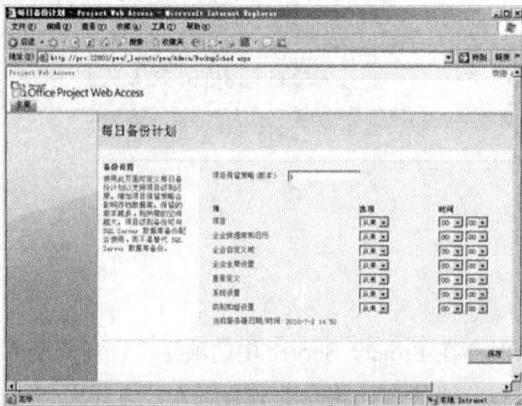

图 12-56 【每日备份计划】页面

提示

增加项目保留策略会影响存档数据库。保留的版本越多，则所需的空间越大。项目级别备份可与 SQL Server 数据库备份配合使用，而不是替代 SQL Server 数据库备份。

在【服务器设置】页面的【数据库管理】区域中，单击【管理性还原】链接，打开【还原】页面，可以还原以前所删除的数据，如图 12-58 所示。

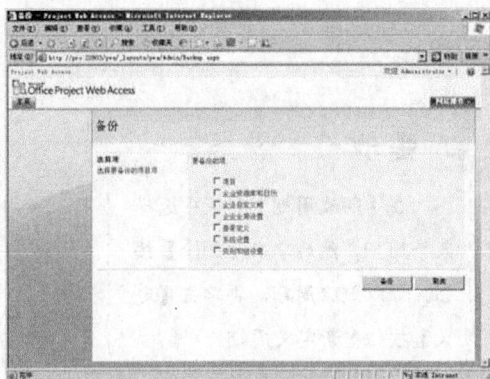

图 12-57　【备份】页面　　　　　　　　　　图 12-58　【还原】页面

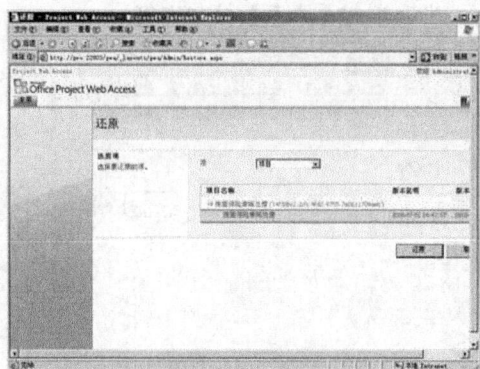

12.6　时间和任务管理

　　工作组成员要记录时间表工时或任务状态，首先必须设置时间表或任务状态。时间表记录在任务、项目和其他项目上花费的实际工时，这对于跟踪利用、计费时间等而言很重要。工作组成员可以使用【任务中心】来输入任务状态，以精确跟踪项目任务完成的状态或进度。

12.6.1　创建财务周期

　　项目成本与会计财务有着紧密的联系，因此在 Project Server 中设置财务周期可以方便记帐。

　　【例 12-20】创建财务周期，定义开始日期为 2010 年 6 月 20 日。

　　(1) 打开【服务器设置】页面，在【时间和任务管理】区域中单击【财务周期】链接，打开【财政周期】页面，如图 12-59 所示。

　　(2) 单击【定义】按钮，打开【定义财政年度参数】页面，单击按钮█，选择财政年度开始的日期，选择【标准日历年】单选按钮，如图 12-60 所示。

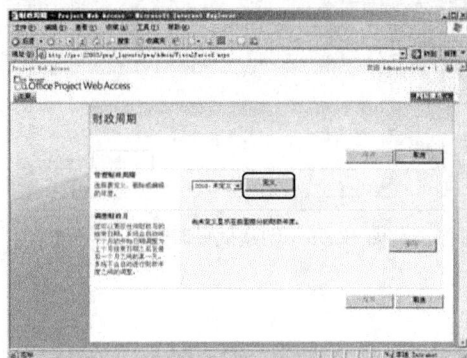

图 12-59　【财务周期】页面　　　　　图 12-60　【定义财政年度参数】页面

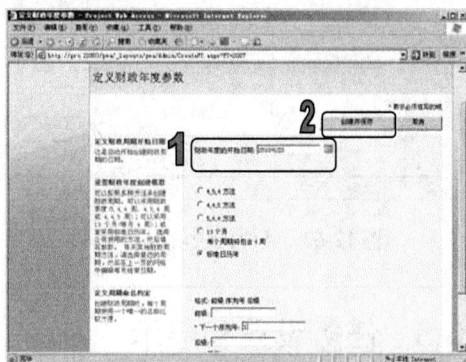

　　(3) 单击【创建并保存】按钮，返回【财政周期】页面，显示所创建的财政周期，如图 12-61

所示。然后单击【保存】按钮即可。

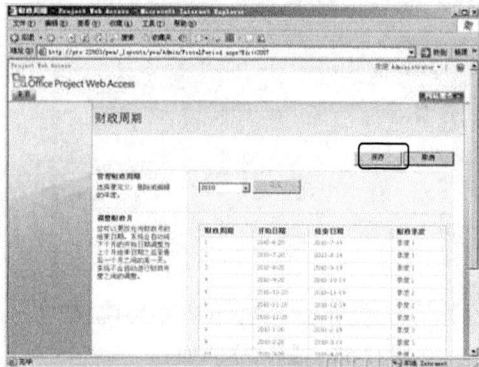

图 12-61 创建的财政周期

提示

在【财政周期】列表中选择某个周期，然后单击【删除】按钮，可以删除周期，再单击【定义】按钮重新定义周期。

12.6.2 创建时间表阶段

通过创建时间表阶段，可以设置工作组成员选择和报告时间所依据的阶段。

【例 12-21】创建时间表阶段，定义开始日期为 2010 年 6 月 22 日，时间段长度为 7 天。

(1) 打开【服务器设置】页面，在【时间和任务管理】区域中单击【时间表阶段】链接，打开【时间表阶段】页面。

(2) 单击 ▦ 按钮，选择第一个时间段的开始的日期，在【键入标准时间段长度(天)】文本框中输入 7，如图 12-62 所示。

(3) 单击【批量创建】按钮，就可以批量创建时间表阶段，如图 12-63 所示。然后单击【保存】按钮，保存创建的时间表阶段。

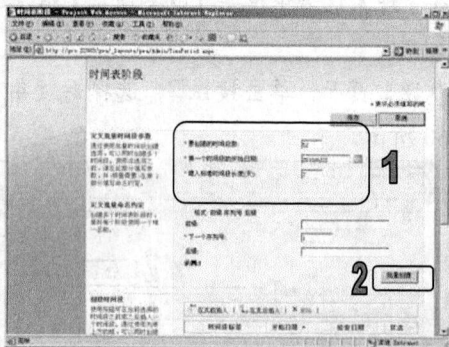

图 12-62 【时间表阶段】页面

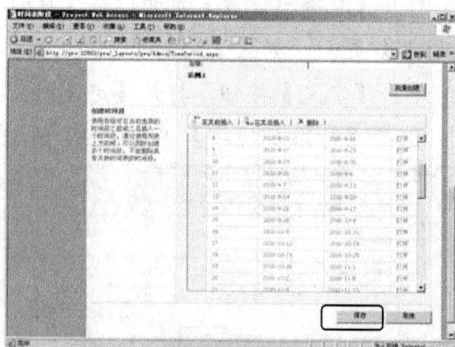

图 12-63 创建批量时间表阶段

12.6.3 任务设置和显示

在 Project Web Access 中，通过设置跟踪、报告显示和保护用户更新等可以指定报告任务进度的默认方法、设置查看其当前任务的日期范围等。在【服务器设置】页面的【时间和任务管理】区域中单击【任务设置和显示】链接，打开【任务设置和显示】页面，就可以根据需要进行设置，如图 12-64 所示。

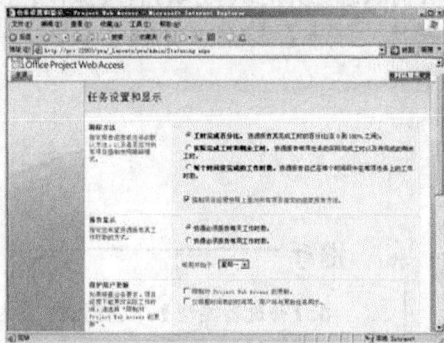

图 12-64　【任务设置和显示】页面

知识点

如果要确保用户始终报告与任务进度相同的时间表时数，可以选中【仅根据时间表的时间项】复选框。然后，用户必须从时间表导入以更新任务进度，然后提交。

12.7　管理队列

当项目和时间表信息发布到 Project Server 2007 时，该信息由 Project Server 队列进行处理。用户可以更改计划排队作业(或事件)的方式、查看队列中的作业以及重新开始队列中的特定作业。

12.7.1　队列设置

队列设置是针对 Project Web Access 和每种队列类型的，并且无须重新启动队列 NT 服务即可生效。如果有多个队列 NT 服务在为此 Project Web Access 网站提供服务(在负载平衡的环境下)，则所有队列服务都将刷新对应的设置。

在【服务器设置】页面的【队列】区域中单击【队列设置】链接，打开【队列设置】页面，就可以进行队列设置，例如设置队列类型、最大线程数和轮询间隔等参数，如图 12-65 所示。

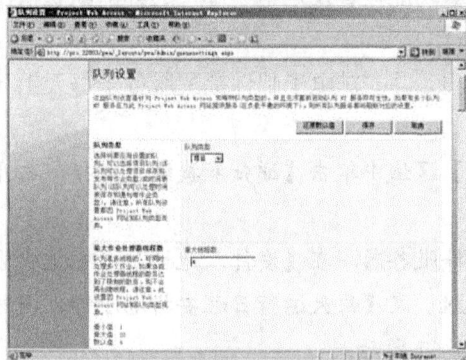

图 12-65　【队列设置】页面

知识点

项目队列用于保存、发布、报告和多维数据集生成相关的项目消息；时间表队列用于与保存和提交时间表相关的时间表消息。

⑫.7.2 管理队列

在 Project Web Access 中可以查看队列作业的当前状态，并对队列执行管理操作。在【服务器设置】页面的【队列】区域中单击【管理队列】链接，打开【管理队列作业】页面，就可以对队列进行管理操作，如图 12-66 所示。

图 12-66 【管理队列作业】页面

提示

在【筛选器类型】下拉列表框中选择一种类型，就可以在【作业网格】中显示相关的作业队列。

⑫.8 操作策略

在 Project Server 中，可以设置操作策略，例如设置通知和提醒、设置其他服务器、服务器端事件处理程序配置、Active Directory 资源库同步、项目工作环境等，使其满足用户的不同习惯和需要。

⑫.8.1 通知和提醒

在 Project Server 中，可以使用【通知和提醒】功能设置发送电子邮件通知的默认值，并指定一天中发送提醒消息的时间。

【例 12-22】设置公司电子邮件地址和邮件消息，并安排电子邮件提醒服务于每天 1：00PM 运行。

(1) 打开【服务器设置】页面，在【操作策略】区域中单击【通知和提醒】链接，打开【通知和提醒】页面。

(2) 在【SMTP 邮件服务器】文本框中输入邮件服务器，在【发件人地址】文本框中输入发件人地址，在【公司域】文本框中输入公司邮件地址，在【每天运行日程安排电子邮件提醒服务的时间】下拉列表框中选择 1:00PM 选项，如图 12-67 所示。

(3) 单击【保存】按钮，打开如图 12-68 所示的信息提示框。然后单击【确定】按钮，就可以完成设置。

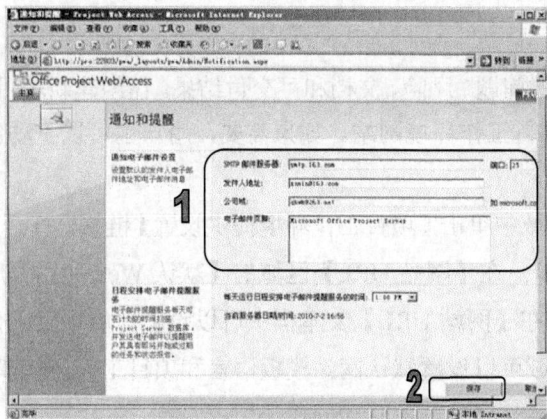

图 12-67　【通知和提醒】页面

图 12-68　信息提示框

12.8.2　项目工作环境

在 Project Server 中可以为项目提供新网站、删除网站以及同步用户对网站的访问，还可以导航到运行 Windows SharePoint Services 的 Web 服务器上的网站管理页面。

在【服务器设置】页面的【操作策略】区域中单击【项目工作环境】链接，打开【项目工作环境】页面，如图 12-69 所示。

在列表框中单击 URL 可打开项目对应的网页；在列表框中选择没有 SharePoint 网站的项目，单击【创建网站】按钮，可以为项目创建 SharePoint 网站；在列表框中选择已有的 SharePoint 网站的项目，单击【编辑网站地址】按钮，可以打开【编辑工作环境地址】对话框，用于修改网站的地址，如图 12-70 所示；在列表框中选择已有的 SharePoint 网站的项目，单击【删除网站】按钮，可以删除项目的 SharePoint 网站。

图 12-69　【项目工作环境】页面

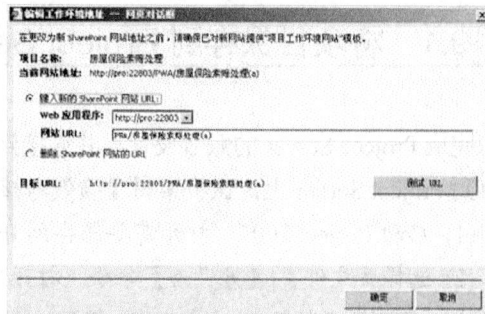

图 12-70　【编辑工作环境地址】对话框

12.8.3 项目工作环境设置

项目工作环境网站包含与企业项目关联的问题、风险、文档和可交付结果。在创建新项目时，Project Web Access 就会自动设置相关联的项目工作环境网站。如果需要，用户也可以手动创建项目工作环境。

在【服务器设置】页面的【操作策略】区域中单击【项目工作环境提供设置】链接，打开【项目工作环境提供设置】页面，如图 12-71 所示。在【网站 URL】区域的【默认 Web 应用程序】下拉列表框中可以选择默认 Web 应用程序；在【网站 URL】文本框中可以设置提供项目工作环境的默认网站集；在【默认工作环境属性】区域可以设置默认网站模板语言和项目工作环境模板；在【自动提供】区域中可以设置提供模式，手动创建还是自动创建。

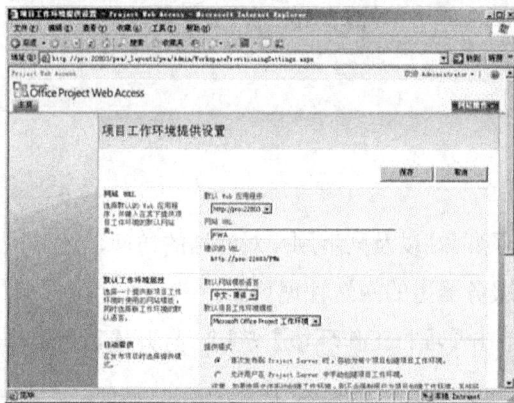

图 12-71 【项目工作环境提供设置】页面

知识点

如果选择允许在没有工作环境网站的情况下发布项目，并且允许手动创建工作环境网站，那么在创建网站之前，用户将无法查看每个项目的文档、问题、风险或可交付结果。

12.9 上机练习

本章的上机练习主要通过管理企业项目来练习将项目保存到 Project Server、打开企业项目文件、删除企业项目文件等操作。

12.9.1 将项目保存到 Project Server

完成 Project Server 的账号设置，并连接到 Project Server 后，就可以将本地计算机中的项目保存到 Project Server 上，试将素材【绩效考核】项目文档保存到 Project Server 上。

(1) 启动 Project 2007，打开需要保存到 Project Server 上的文档，如图 12-72 所示。

(2) 选择【文件】|【另存为】命令，打开【保存到 Project Server】对话框，在【名称】文本框中输入"绩效考核"，如图 12-73 所示。

(3) 单击【保存】按钮，就可以将项目文档保存到 Project Server 上，此时在状态中将显示已成功完成保存作业，如图 12-74 所示。

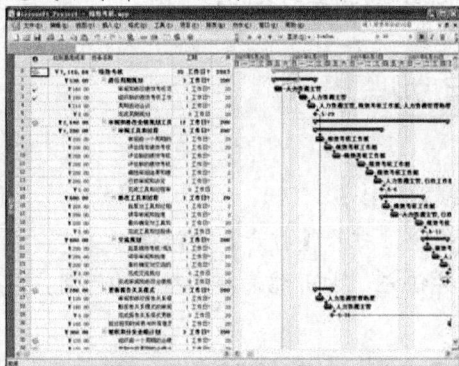
图 12-72　打开项目文档

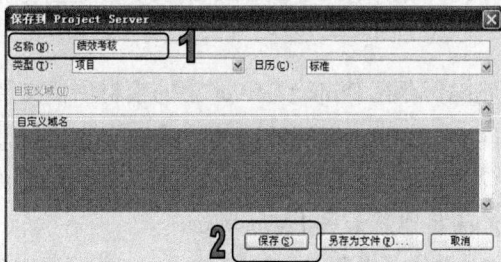
图 12-73　【保存到 Project Server】对话框

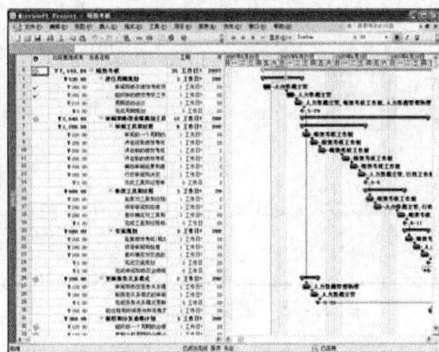
图 12-74　保存到 Project Server

提示

　　当连接到 Project Server 后，Project 2007 将自动下载 Project Server 上的企业模板，用户可以通过企业模板创建企业项目。

12.9.2　打开 Project Server 上的项目文档

在本地计算机中打开保存到 Project Server 上的素材项目文档【绩效考核】。

(1) 启动 Project 2007，打开【登录】对话框，在【密码】文本框中输入密码，如图 12-75 所示。

(2) 单击【确定】按钮，打开 Project 2007 工作界面，选择【文件】|【打开】命令，打开【打开】对话框，在列表框中选择【绩效考核】项目文档，如图 12-76 所示。

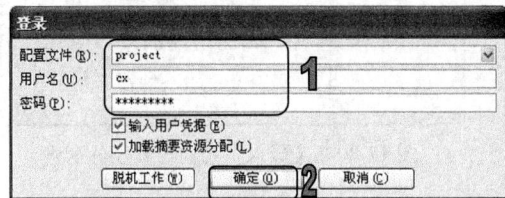
图 12-75　【登录】对话框

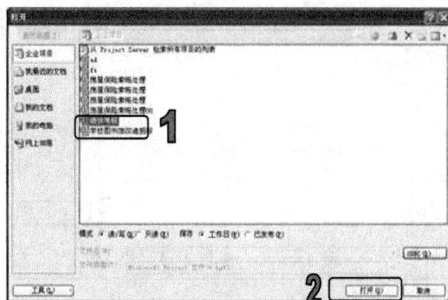
图 12-76　【打开】对话框

(3) 单击【打开】按钮，就可以打开保存到 Project Server 上的文档。

12.9.3 删除 Project Server 上的项目文档

删除保存在 Project Server 上的素材项目文档【绩效考核】。

(1) 启动 Project 2007，选择【文件】|【打开】命令，打开【打开】对话框。

(2) 选择【绩效考核】选项，然后单击【删除】按钮 ✕，打开信息提示框，询问用户是否要进行删除操作，如图 12-77 所示。

(3) 单击【是】按钮，从 Project Sever 中删除项目文档，如图 12-78 所示。

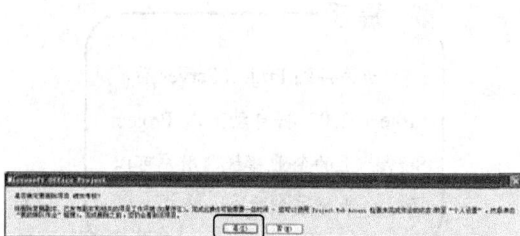

图 12-77　信息提示框

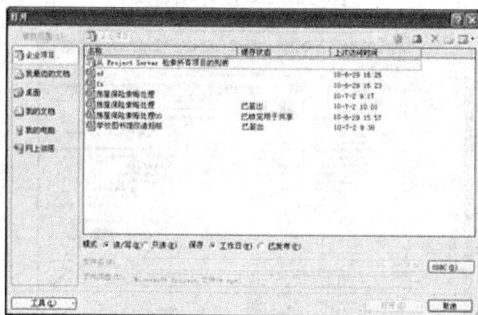

图 12-78　删除项目文档

12.9.4 导入本地资源到 Project Server

将素材【绩效考核】项目文档中的资源导入到 Project Server 上。

(1) 启动 Project 2007，选择【工具】|【企业选项】|【导入资源到企业】命令，打开【打开】对话框，选择【绩效考核】项目文档，如图 12-79 所示。

(2) 单击【打开】按钮，打开【导入资源向导】任务窗格，如图 12-80 所示。

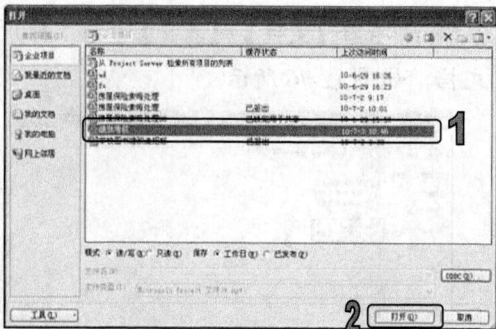

图 12-79　【打开】对话框

图 12-80　【导入资源向导】任务窗格

(3) 单击【继续执行第 2 步】按钮，打开【确认资源】任务窗格，如图 12-81 所示。

(4) 单击【保存并完成】按钮，就可以将本地资源导入 Project Server 中。

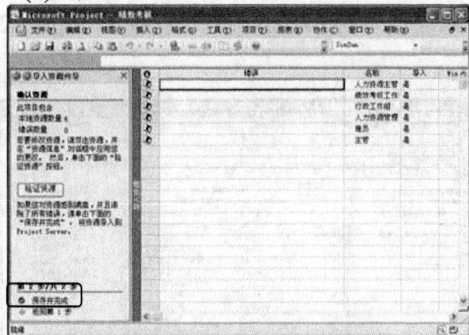
图 12-81　【确认资源】任务窗格

> **提示**
>
> 　　在本地计算机中也可以输入资源到 Project Server 上，在 Project 中，选择【工具】|【企业选项】|【打开企业资源库】命令，打开【签出的企业资源】窗口，输入资源信息即可。

12.9.5　导入本地项目

将本地素材项目【绩效考核】导入到 Project Server 上。

(1) 启动 Project 2007，选择【工具】|【企业选项】|【导入项目到企业】命令，打开【打开】对话框，选择要导入的素材项目，如图 12-82 所示。

(2) 单击【打开】按钮，打开【导入项目向导】任务窗格，如图 12-83 所示。

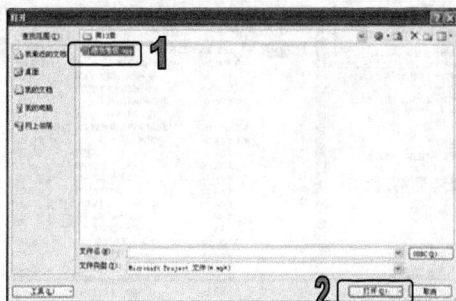
图 12-82　【打开】对话框

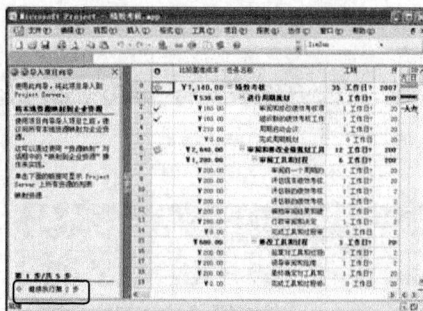
图 12-83　【导入项目向导】任务窗格

(3) 单击【继续执行第 2 步】按钮，打开【确认资源】任务窗格，如图 12-84 所示。

(4) 单击【继续执行第 3 步】按钮，打开【任务域映射器】任务窗格，如图 12-85 所示。

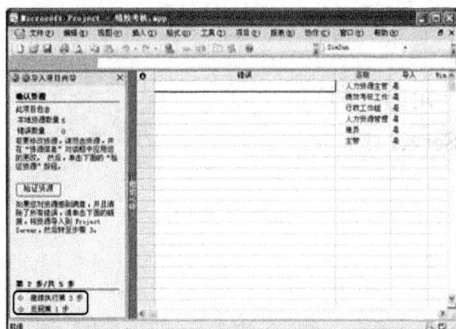
图 12-84　【确认资源】任务窗格

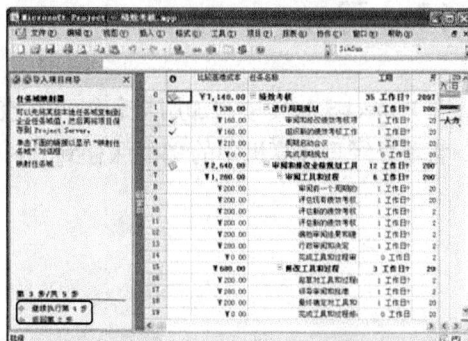
图 12-85　【任务域映射器】任务窗格

(5) 单击【继续执行第 4 步】按钮，打开【确认任务】对话框，如图 12-86 所示。

(6) 单击【继续执行第 5 步】按钮，打开【将项目保存到 Project Server】任务窗格，如图 12-87 所示。

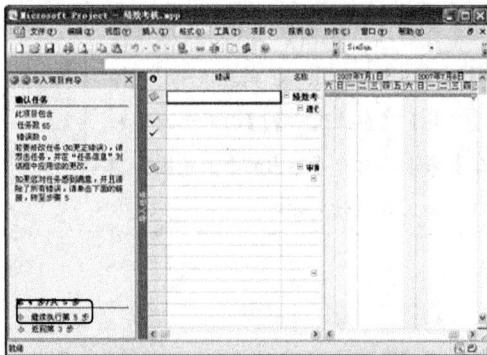

图 12-86　【确认任务】任务窗格

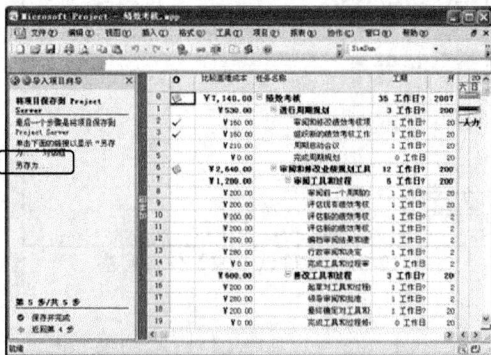

图 12-87　【将项目保存到 Project Server】任务窗格

(7) 单击【另存为】链接，打开【保存到 Project Server】对话框，输入名称，如图 12-88 所示。

(8) 单击【保存】按钮，完成本地项目的导入，如图 12-89 所示，单击【保存并完成】链接即可。

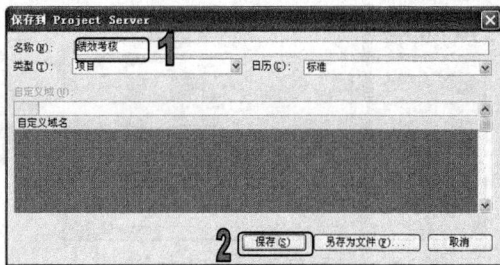

图 12-88　【导入资源】对话框

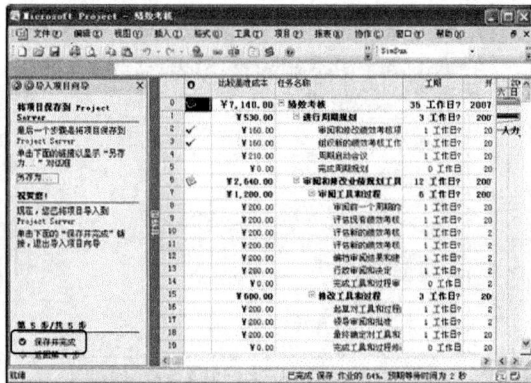

图 12-89　完成本地项目的导入

⑫.10　习题

1. 在 Project Server 中添加用户和组，并授予一定的权利。
2. 将项目经理计算机中的文档保存到 Project Server 中。

第13章

项目沟通协作管理

学习目标

对于项目来说，要科学地组织、指挥、协调和控制项目的实施过程，就必须进行项目沟通和协作。没有良好的项目沟通和协作，就会影响项目的发展和人际关系的改善。

本章重点

- ◉ 发布项目信息
- ◉ 查看和响应任务
- ◉ 管理企业项目

13.1 发布项目信息

在项目实施过程中，常常需要共享项目的有关信息，例如项目计划、项目范围、项目目标和工作纪律等文档，为了能更方便、更及时地共享信息，可以将这些文档通过电子邮件和公用文件夹，发布为图片或网页，上传到内部网站中。

13.1.1 通过电子邮件发布信息

随着 Internet 的发展，电子邮件已成为人们交流信息的重要工具。在 Project 2007 中，可以将整个项目文档作为附件发送，也可以将选定的若干任务和资源信息作为附件发送。

1. 将整个项目文档作为附件发送

在 Project 2007 中，可以将整个项目文档作为附件发送。打开需要发送的项目文档，选择【文件】|【发送】|【邮件收件人(以附件形式)】命令，打开邮件窗口，在【收件人】文本框中输入收

件人地址，在【主题】文本框中输入邮件标题，在【正文】文本框中输入邮件正文，最后在【常用】工具栏中单击【发送】按钮，就可以将文档以附件的形式发送出去。

【例 13-1】将【房屋保险索赔处理】项目文档作为附件发送。

(1) 启动 Project 2007，打开项目文档【房屋保险索赔处理】。

(2) 选择【文件】|【发送】|【邮件收件人(以附件形式)】命令，打开邮件窗口，此时可以看到项目文档【房屋保险索赔处理】添加到【附加】文本框，在【收件人】文本框中输入收件人的邮件地址，并且输入邮件正文，如图 13-1 所示。

(3) 单击【发送】按钮，就可以将邮件发送出去。

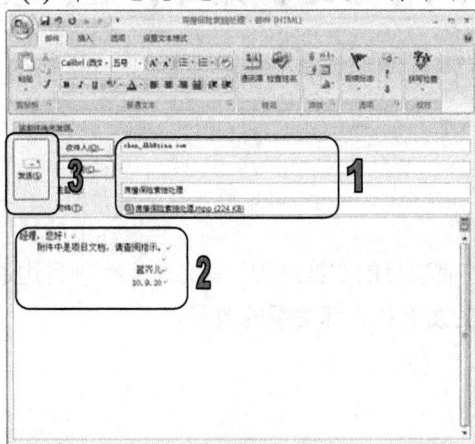

图 13-1　邮件窗口

> **提示**
>
> 启动 Outlook 2007，单击【新建】按钮，在打开的邮件窗口中输入收件人地址、主题和正文，单击【插入文件】按钮，插入要发送的文件，也可以将文件以附件的形式发送。

2. 发送项目文档中的部分任务和资源

使用 Project 2007 提供的【发送日程备注】功能，可以在任务视图中将选定的任务和资源作为图片发送给项目中的资源和其他联系人。

要发送部分任务和资源，首先需要打开项目文档，选择要发送的任务和资源信息，选择【文件】|【发送】|【邮件收件人(以日程备注形式)】命令，打开【发送日程备注】对话框，进行相关设置，系统就会自动调用 Outlook 生成新邮件发送出去。

【例 13-2】将【房屋保险索赔处理】项目文档中的【进行维修(由客户支付费用)】任务作为附件发送给执行该任务的成员。

(1) 启动 Project 2007，打开项目文档【房屋保险索赔处理】，选择【明确招标过程中职责划分】任务，如图 13-2 所示。

(2) 选择【文件】|【发送】|【邮件收件人(以日程备注形式)】命令，打开【发送日程备注】对话框，在【发送消息给】选项区域中选中【资源】复选框，选中【选定任务】单选按钮，在【附加】选项区域中选中【选定任务的图片】复选框，如图 13-3 所示。

> **知识点**
>
> 在【发送日程备注】对话框中选中【资源】复选框，资源的邮件地址必须先在【资源工作表】或【资源信息】对话框中输入。

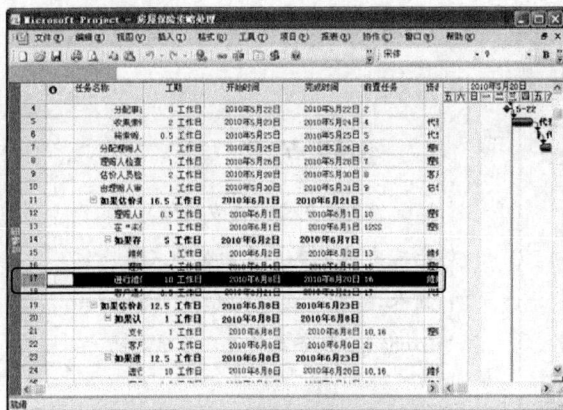

图 13-2　选择要发送的任务

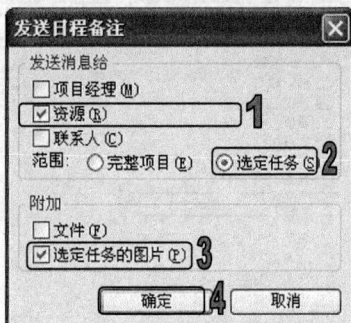

图 13-3　【发送日程备注】对话框

(3) 单击【确定】按钮，系统打开信息提示框，选中【允许访问】复选框，如图 13-4 所示。

(4) 单击【允许】按钮，打开邮件窗口，输入邮件主题和正文，如图 13-5 所示。

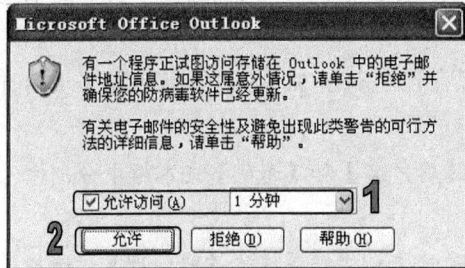

图 13-4　系统提示框

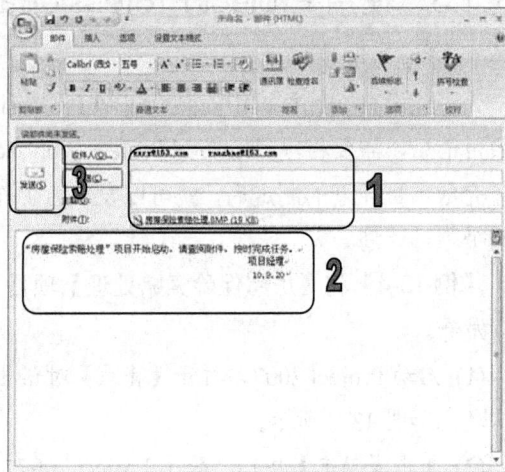

图 13-5　邮件发送窗口

(5) 单击【发送】按钮，就可以将邮件发送出去。

13.1.2　使用 Exchange 公用文件夹发送信息

如果企业局域网中安装了 Microsoft Exchange 服务器，项目文档就可以保存到 Exchange 公用文件夹中，供所有项目成员查阅。

【例 13-3】将【房屋保险索赔处理】项目文档保存到【个人文件夹】下的【任务】文件夹中。

(1) 启动 Project 2007，打开项目文档【房屋保险索赔处理】。

(2) 选择【文件】|【发送】|【Exchange 文件夹】命令，打开【发送到 Exchange 文件夹】对话框，在列表框中选择【任务】公用文件夹名，如图 13-6 所示。

(3) 单击【确定】按钮，就可以将项目文档保存到 Exchange 公用文件夹中。

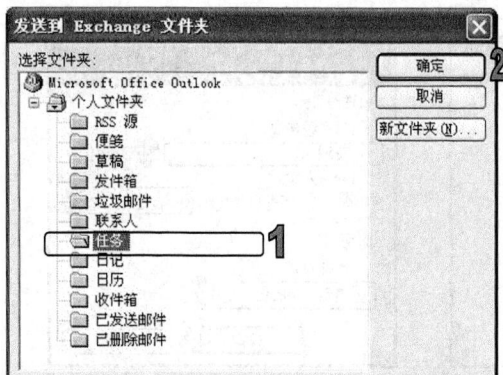

图 13-6　【发送到 Exchange 文件夹】对话框

⑬.1.3　使用 Project Professional 发布信息

为了让没有在计算机中安装 Project Professional 2007 的工作组成员查看关于自己的工作任务或项目信息，需要将项目发布到 Project Web Access 中才可查看。

完成项目计划的制定后，就可以发布给工作组成员，提醒他们开始准备工作，此时就需要发布整个项目计划。

【例 13-4】将【房屋保险索赔处理】项目文档保存到 Project Server 中，再将整个项目计划进行发布。

(1) 启动 Project 2007，打开【登录】对话框，在【用户名】和【密码】文本框中分别输入相关信息，如图 13-7 所示。

(2) 单击【确定】按钮，登录 Project 2007。打开项目文档【房屋保险索赔处理】，选择【文件】|【另存为】命令，打开【保存到 Project Server】对话框，在【名称】文本框中输入"房屋保险索赔处理"，如图 13-8 所示。

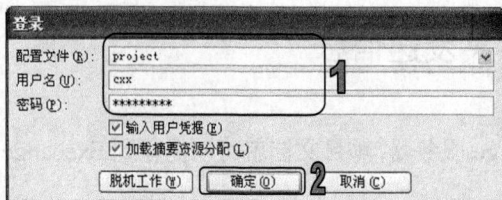

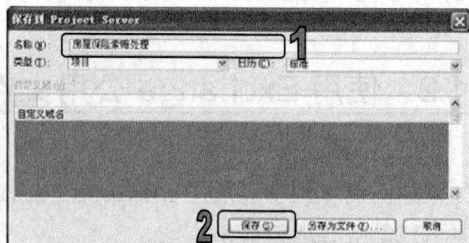

图 13-7　【登录】对话框　　　　图 13-8　【保存到 Project Server】对话框

(3) 单击【保存】按钮，将文件保存到 Project Server 中。

(4) 选择【文件】|【发布】命令，打开【发布项目】对话框，保持默认设置不变，如图 13-9 所示。

(5) 单击【发布】按钮，完成项目计划的发布。

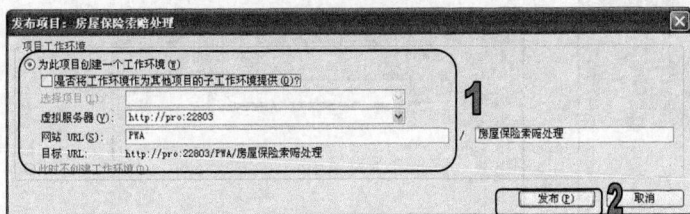

图 13-9　【发布项目】对话框

提示

如果项目计划未保存到 Project Server 上，【文件】|【发布】命令为灰色，不可用。

知识点

Microsoft Office Project Professional 2007 中的发布过程已更改，以便可以一次发布所有域发送到所有资源。因此，无法再仅发布项目中的新工作分配或已更改的工作分配。

13.1.4　发布项目中的文档

项目中的文档为项目计划提供了更多的信息，例如各项规章制度、质量评审标准等，为了让工作组成员更加清楚地认识计划目标和相关规章制度等，可以发布项目文档。项目文档可以随项目计划作为附近发送，也可以保存到 Exchange 公用文件夹中，也可以发布到 Project Web Access。

【例 13-5】将【房屋保险索赔处理】项目文档中的文档【个人简历】发布到 Project Web Access。

(1) 使用系统管理员的身份登录到 Project Web Access，单击快速启动栏中的【项目中心】链接，打开【项目中心】页面，如图 13-10 所示。

(2) 单击【定位】按钮，从弹出的菜单中选择【文档】命令，打开【所有网站内容】页面，如图 13-11 所示。

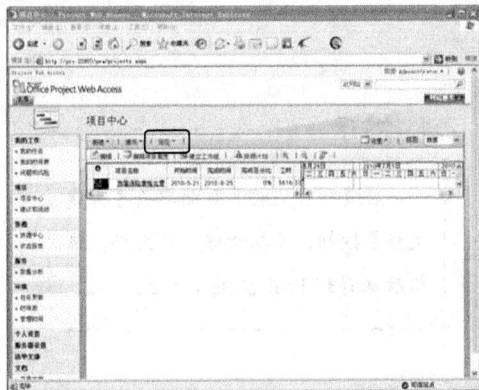

图 13-10　【查看或上载所有项目中的文档】页面

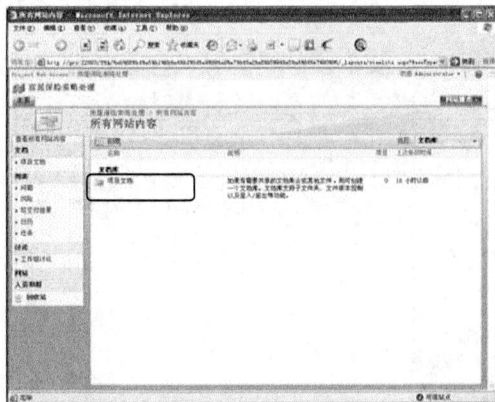

图 13-11　【所有网站内容】页面

(3) 单击【项目文档】链接，打开【项目文档】页面，如图 13-12 所示。

(4) 单击【上载】按钮，从弹出的菜单中选择【上载单个文档】命令，打开【上载文档】页面，单击【浏览】按钮，打开【选择文件】对话框，选择要上载的文档，如图 13-13 所示。

图 13-12 【项目文档】页面　　　　　　　　图 13-13 【选择文件】对话框

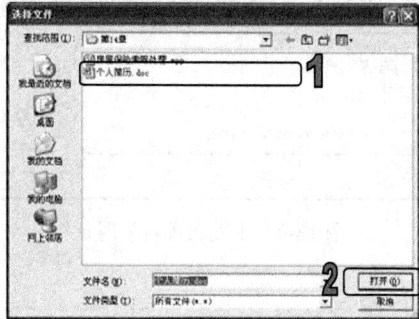

(5) 单击【打开】按钮，返回【上载文档】页面，显示要上载的文档，如图 13-14 所示。

(6) 单击【确定】按钮，打开【项目文档：个人简历】页面，显示上传文档的属性，如图 13-15 所示。

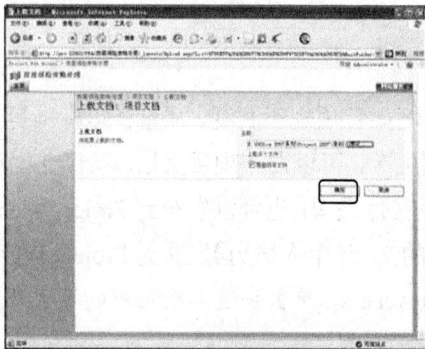

图 13-14 【上载文档】页面　　　　　　　　图 13-15 【项目文档：个人简历】页面

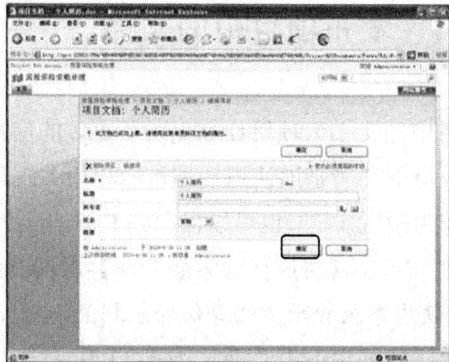

(7) 单击【确定】按钮，返回到【项目文档】页面，显示上载的文档及相关信息，如图 13-16 所示。

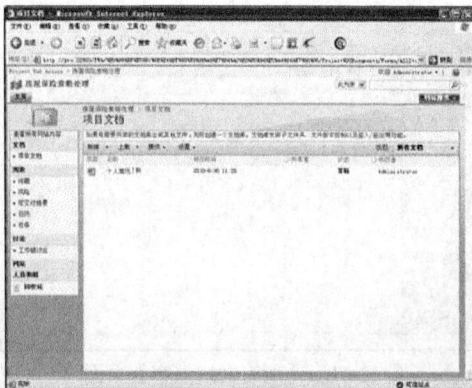

图 13-16 上载文档

> **提示**
>
> 在【项目文档】页面单击【新建文档】按钮，可以新建一篇文档，编辑后保存到 Project Server 上。

13.2　查看和响应任务

发布项目计划后，工作组成员不仅可以查看自己的任务，而且还可以对项目经理分配的任务做出响应。

13.2.1　查看任务

发布项目计划后，工作组成员需要查看自己的任务以及任务时间等。安装了 Project Professional 2007 的成员可以直接查看作为附件发送的项目计划，或保存到公用文件夹中的项目计划。而没有 Project Professional 2007 的成员则无法直接打开查看，需要通过 Project Web Access 来查看。

工作组成员通过 Project Web Access 只能查看自己的任务，不能查看其他成员的任务。

【例 13-6】资源【陈霞霞】登录 Project Web Access 查看分配的任务。

(1) 启动浏览器，在地址栏中输入 http://pro/projectserver，然后按 Enter 键，在登录页面输入资源【张立】的账户和密码。

(2) 单击【登录】按钮，以资源【陈霞霞】的身份登录到 Project Web Access 页面，如图 13-17 所示。

(3) 单击【5 个新任务】链接，打开【我的任务】页面，可以看到自己的任务，如图 13-18 所示。

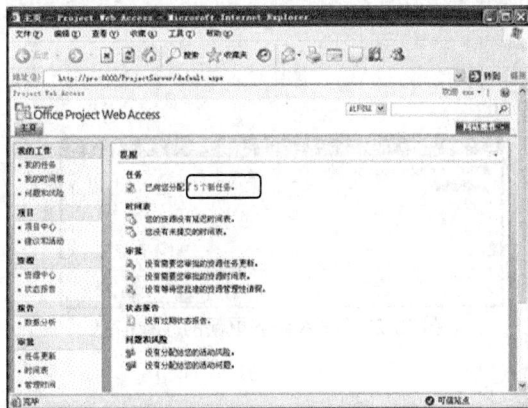

图 13-17　登录 Project Web Access

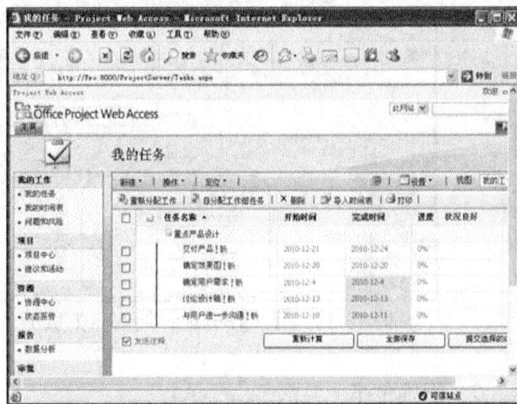

图 13-18　【我的任务】页面

> **知识点**
>
> 在任务名称前有一条绿色的直线，表示任务正常进行。若没有出现绿色的直线标识，则表示任务逾期未执行。

13.2.2 响应任务

工作组成员查看了自己的任务后，可以根据自己的情况来响应任务，例如，更新任务、拒绝任务、创建新任务和创建待办事项等。

1. 更新任务

工作组成员在执行任务后，需要向项目经理汇报自己的工作情况，更新目前任务的状态。Project Server 默认情况下不会自动更新系统，需要用户进行手动更新。

【例 13-7】资源【陈霞霞】登录 Project Web Access，输入执行【确定用户需求】任务已经完成，进行任务更新。

(1) 启动浏览器，在地址栏中输入 http://pro/projectserver，然后按 Enter 键，在登录页面输入资源【陈霞霞】的账户和密码。

(2) 单击【登录】按钮，以资源【陈霞霞】的身份登录到 Project Web Access 页面，在导航栏中单击【我的任务】按钮，打开【我的任务】页面。

(3) 单击【确定用户需求】任务链接，打开【工作分配详细信息】页面，在该页面的【任务进度】和【任务属性】两个选项区域中，设置当前任务的完成进展情况，如图 13-19 所示。

(4) 单击【保存】按钮，打开一个网页对话框，用户可以在这个对话框中输入一些注释性的文字，以便向项目经理解释当前任务的更新情况，如图 13-20 所示。单击【确定】按钮后，即可完成任务的更新。

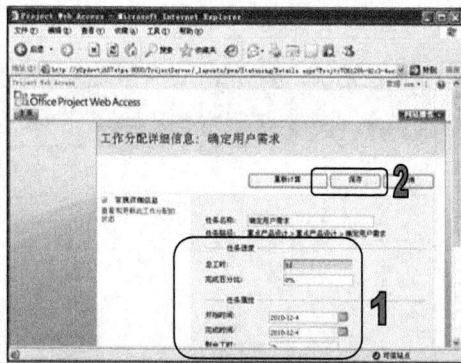

图 13-19　【工作分配详细信息】页面　　　　图 13-20　输入任务更新的注释信息

2. 拒绝任务

如果资源过度分配，或者其他原因而无法完成分配的某个任务，可拒绝该任务。

【例 13-8】使用资源【陈霞霞】的用户账户登录到 Project Web Access，拒绝执行【与用户进一步沟通】任务。

(1) 启动浏览器，在地址栏中输入 http://pro/projectserver，然后按 Enter 键，在登录页面输入资源【陈霞霞】的账户和密码。

(2) 单击【登录】按钮，以资源【陈霞霞】的身份登录到 Project Web Access 页面，在导航栏中单击【我的任务】按钮，打开【我的任务】页面，选择【与用户进一步沟通】任务。

(3) 在该任务对应的【状态良好】窗格中单击鼠标，将弹出如图 13-21 所示的选择提示框，如果要拒绝该任务，可以在列表中选中【已阻止】单选按钮。

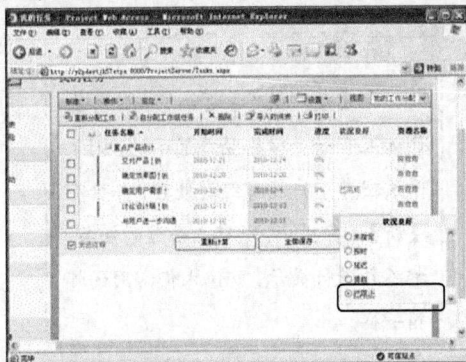

图 13-21　阻止任务

> **提示**
>
> 工作组成员阻止任务后，不会立即从【我的任务】列表删除，这时项目经理会得到一个系统通知，如果项目经理同意拒绝该任务后，才能在列表中被删除。

3. 创建新任务

如果项目组成员认为为了更好地完成某个任务，还需要添加其他任务，可以创建新任务到自己的任务中，并向项目经理发送请求，批准自己安排的新任务。

【例 13-9】使用资源【陈霞霞】的用户账户登录到 Project Web Access，为自己创建一个名为【重新预约客户】任务。

(1) 启动浏览器，在地址栏中输入 http://pro/projectserver，然后按 Enter 键，在登录页面输入资源【陈霞霞】的账户和密码。

(2) 单击【登录】按钮，以资源【陈霞霞】的身份登录到 Project Web Access 页面，在导航栏中单击【我的任务】链接，打开【我的任务】页面，如图 13-22 所示。

(3) 在页面中选择【新建】|【任务】命令，打开【新任务】页面，在【任务位置】区域的【项目】下拉列表框中选择【重点产品设计】选项，在【名称】选项区域的【新建任务】文本框中输入新任务名称"重新预约客户"，分别在【开始日期】和【完成】文本框中指定任务的时间，如图 13-23 所示。

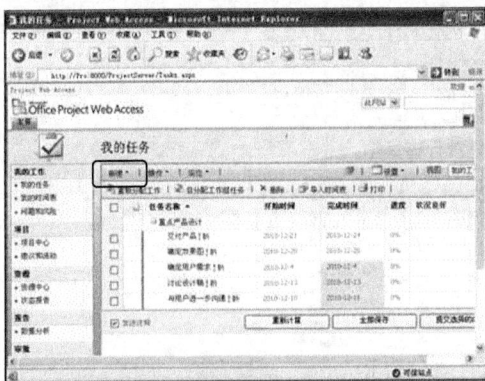

图 13-22　【我的任务】页面

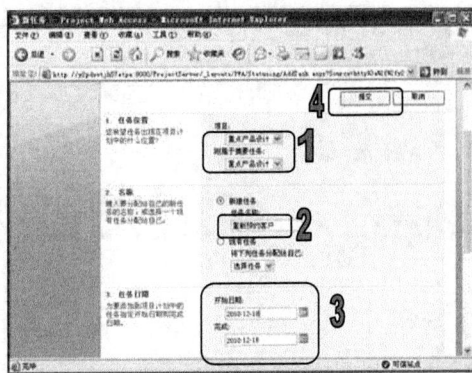

图 13-23　【新建任务】页面

(4) 单击【提交】按钮，返回到【我的任务】页面，可以看到新创建的任务，如图 13-24 所示。

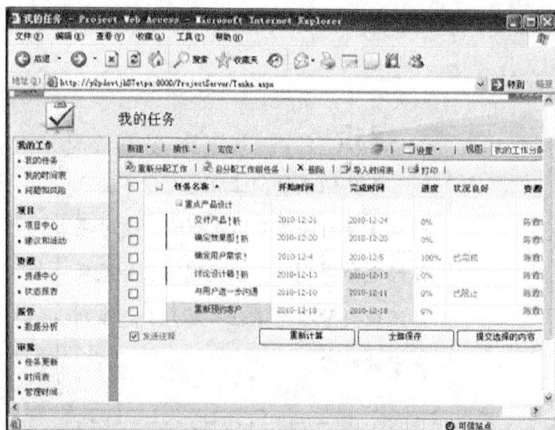

图 13-24 查看新创建的任务

4. 委派任务

在一个大型项目中，项目经理不可能将所有的任务分配给每一个工作组成员，常常将任务分配给工作组组长，由工作组组长再分配给各个成员，工作组组长将项目经理分配给他的任务分配给其他成员，称之为委派任务。

【例13-10】通过资源【陈霞霞】将【讨论设计稿】任务委派给资源【张浩浩】。

(1) 以资源【陈霞霞】的项目经理组身份登录到 Project Web Access 页面，在导航栏中单击【我的任务】按钮，打开【我的任务】页面。

(2) 单击【重新分配工作】按钮，打开【任务重新分配】页面，在任务【讨论设计稿】所对应的【选择资源】项上单击，打开下拉列表框，并从中选择资源【张浩浩】，在【开始时间】文本框中重新指派任务的开始时间，如图 13-25 所示。

(3) 单击【提交】按钮，返回到【我的任务】页面，可以看到，在页面中重新分配的任务已经以删除线的方式显示出来，如图 13-26 所示。

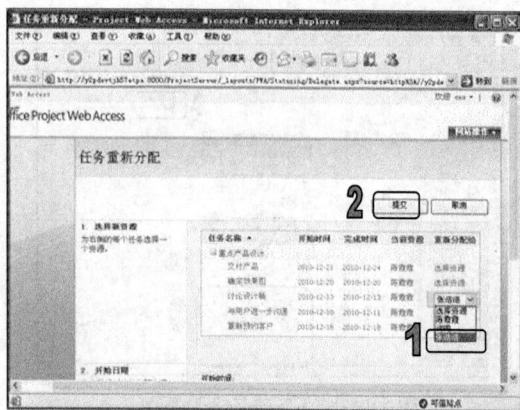

图 13-25 【任务重新分配】页面

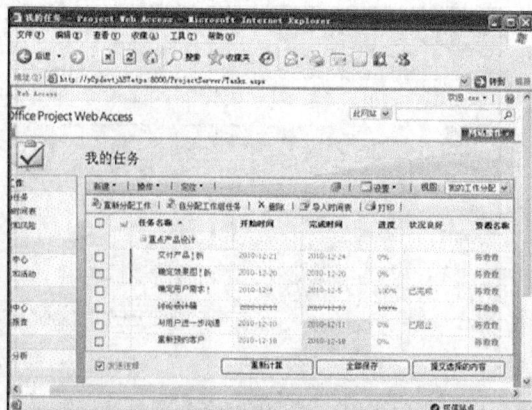

图 13-26 将任务分配给其他人员

5. 提出问题

在完成项目任务时，如果遇到问题，需要及时向项目经理反映，其他有权限的用户看到该问题可以提出解决方案，提高工作效率。

【例 13-11】将【重新预约客户】任务中遇到的问题发布到 Project Web Access 上，供项目经理查看。

(1) 使用工作组成员【陈霞霞】的身份登录到 Project Web Access，打开【我的任务】页面，单击任务列表中的【重新预约客户】，打开【工作分配详细信息 重新预约客户】窗口，展开下方的【附件】项，如图 13-27 所示。

(2) 选中【问题】单选按钮，并单击下方的【问题】链接，打开如图 13-28 所示的信息提示框。

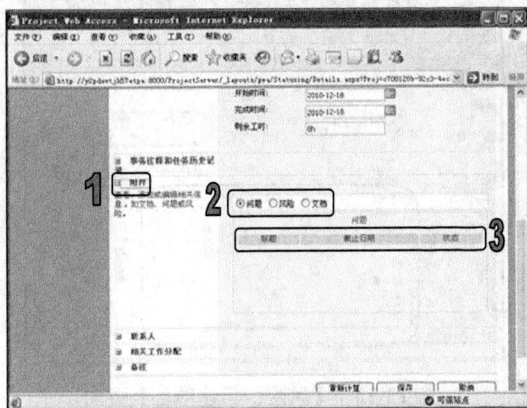

图 13-27　展开【附件】区域

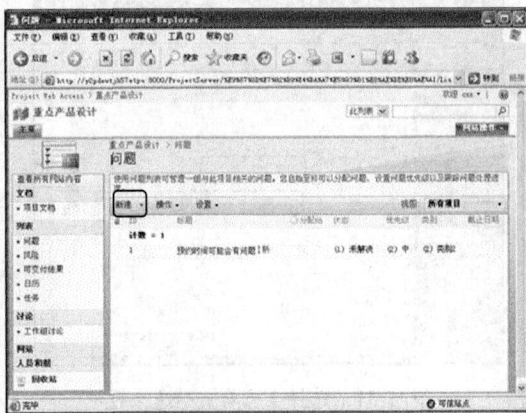

图 13-28　【问题】页面

(3) 在导航栏中选择【新建】|【新建项目】命令，进入【问题：新建项目】页面，如图 13-29 所示。在对话框中可以输入问题的标题、所有者、分配给、解决方案等各种信息。

(4) 单击【确定】按钮，返回【问题】页面，可以看到在该页面的列表中，列出了用户所有提出的问题，单击列表中的链接，可以查看所有问题的详细情况，如图 13-30 所示。

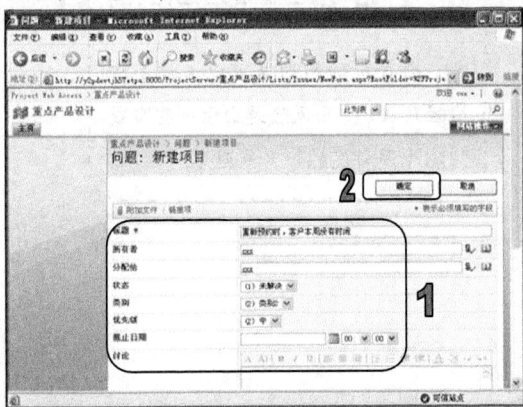

图 13-29　【问题：新建项目】页面

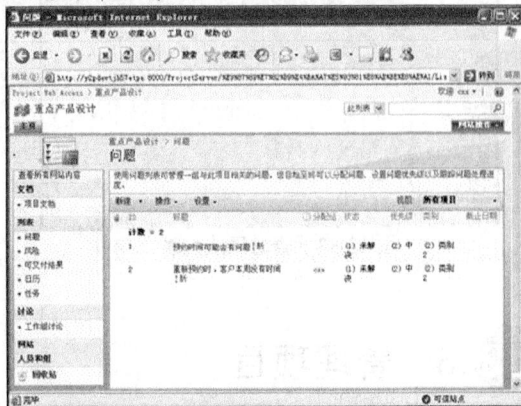

图 13-30　列表中显示的新问题

6. 提出风险

任何项目在实施的过程中都存在着一定的风险，工作组成员、项目经理可以提出存在的风险，并进行分析，将不良后果降到最低限度。

【例13-12】资源【陈霞霞】为项目新建一个名为【客户不满意程度】的风险。

(1) 使用工作组成员【陈霞霞】的身份登录到 Project Web Access，打开【我的任务】页面，单击任务列表中的【重新预约客户】，打开【工作分配详细信息 重新预约客户】窗口，展开下方的【附件】项，选中【风险】单选按钮，如图13-31所示。

(2) 单击【风险】链接，打开如图13-32所示的信息提示框。在窗口中可以输入风险的标题、所有者、分配给、风险产生的概率、风险造成的影响等内容。还可以为当前风险添加相关的注释信息，以及风险的缓解计划等内容。

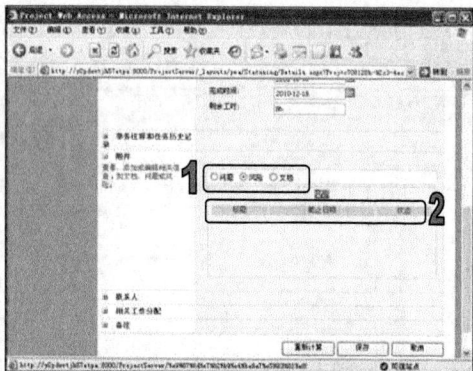

图13-31 选择【风险】单选按钮

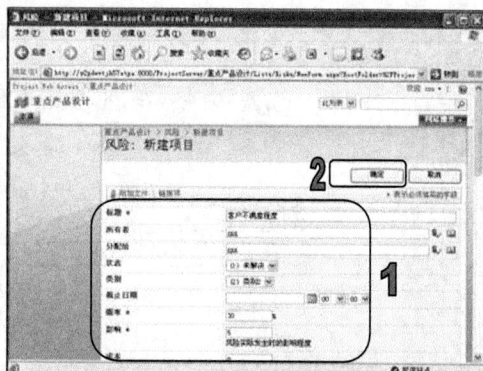

图13-32 【风险：新建项目】页面

(3) 单击【确定】按钮，返回【风险】页面，可以看到在该页面的列表中，列出了用户所有提出的风险，单击列表中的链接，可以查看风险的详细情况，如图13-33所示。

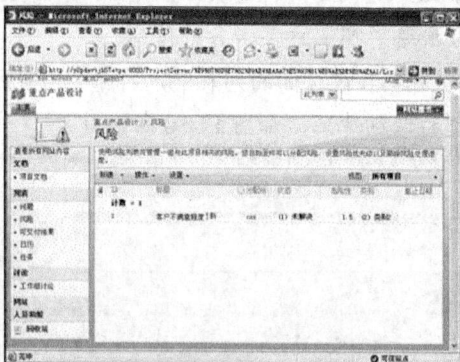

图13-33 查看风险列表

知识点

项目中的问题是可以通过某种途径解决的，而风险是由于一些事或特殊原因引发的，只能避免。

13.3 管理项目

工作组成员响应项目经理所分配的任务后，将任务的更新、出现的问题和风险都反映给项目经理。项目经理需要对工作组成员的任务更新进行核实，提出解决问题的方法，并对项目进行管理。

13.3.1　将任务更新到项目计划

默认状态下，工作组成员对项目任务更新后，不会保存到 Project 中，也不会直接更新到项目，而需要项目经理进行审批，只有经过项目经理核实后，批准任务更新才会将这些信息保存到项目中。当然，工作组成员认为这些信息不需要经过核实，也可以设置为自动更新。

默认状态下，项目经理需要手动更新工作组成员发出的更新任务、拒绝任务等信息。这样，项目管理员才有更充足的时间去管理好项目进度。

【例 13-13】项目经理接受工作组成员所有任务的更新。

(1) 使用项目经理的身份登录到 Project Web Access。

(2) 单击左侧导航栏中【审批】栏中的【任务更新】链接，打开【任务更新】页面，如图 13-34 所示。

(3) 在右侧任务列表中，可以看到所有工作组成员对当前项目所做的更新。单击项目链接，将打开如图 13-35 所示的【任务详细信息】窗口，其中显示了当前任务的详细信息，以及工作组成员所给出的各种注释信息。

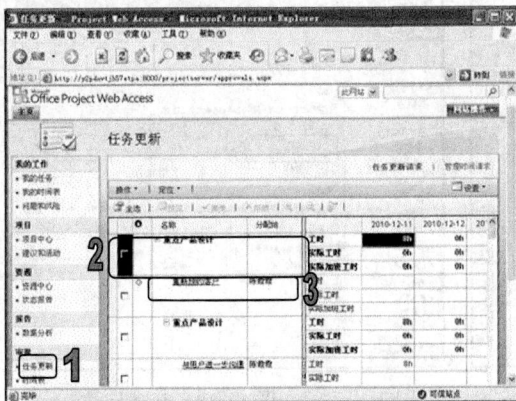

图 13-34　【任务更新】页面

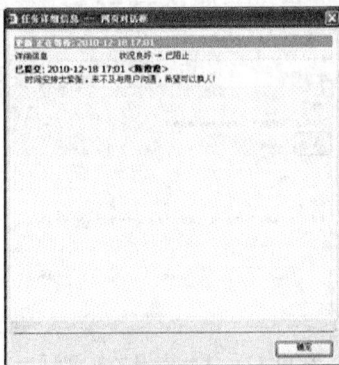

图 13-35　显示信息的详细信息

(4) 在任务更新列表中，选中某一项任务前的复选框，并选择【操作】|【接受】命令，可以接受任务的更新操作，这时系统将弹出如图 13-36 所示的提示窗口，提示项目经理是否输入相关注释内容。

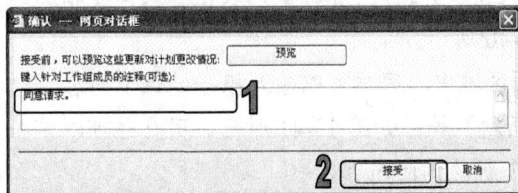

图 13-36　提示输入注释内容

(5) 单击【接受】按钮后，当前任务所做的更新将在列表中消失，表明项目经理已经同意此次更新。

⑬.3.2　创建与发送状态报告

到了一定的时间,项目经理就会要求项目工作组成员填写状态报告,汇报项目任务完成情况。通过收集报告，可以了解现阶段的工作成果、出现的问题等。

1. 创建新的状态报告

项目经理定义的报告为请求状态报告，它是请求工作组成员填写的报告，包括定义状态报告的格式，要填写人员以及提交的时间等。

【例 13-14】创建一个名为【工作新进展】的请求状态报告，从 2010 年 12 月 18 日起每周三发送，状态报告格式为默认值。

(1) 使用项目经理的身份登录到 Project Web Access，在导航栏中单击【状态报告】按钮，打开【状态报告】页面，如图 13-37 所示。

(2) 在页面上方的【请求】选项区域中，选择【新建】|【新建请求】命令，如图 13-38 所示。

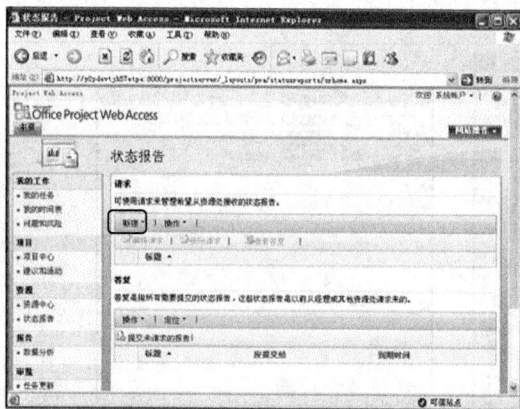

图 13-37　【状态报告】页面

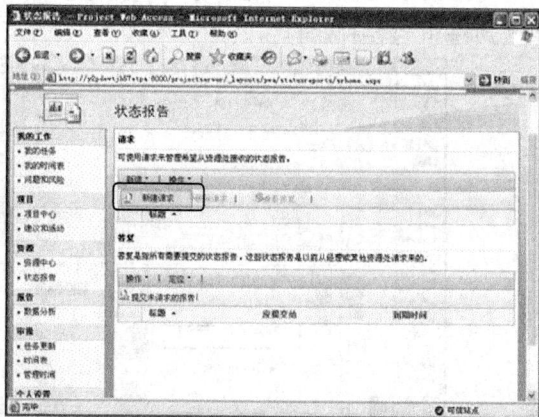

图 13-38　新建请求

(3) 这时系统将打开【状态报告请求】页面，在【标题】文本框中报告的名称，在【重复频率】选项区域中选中【按周】单选按钮，并在下方选中【星期三】复选框，在【开始日期】文本框中输入 "2010-12-18"，如图 13-39 所示。

(4) 在【资源】选项区域的【可用资源】列表框中选择要添加的资源，然后单击【添加】按钮，添加资源，如图 13-40 所示。

(5) 在【段落】选项区域中，用户可以输入报告的细节内容，包括【重要成果】、【下一时间段的目标】、【热点问题】等，如图 13-41 所示。用户也可以单击【插入段落】按钮，重新输入新的段落，以创建一个新的询问内容。

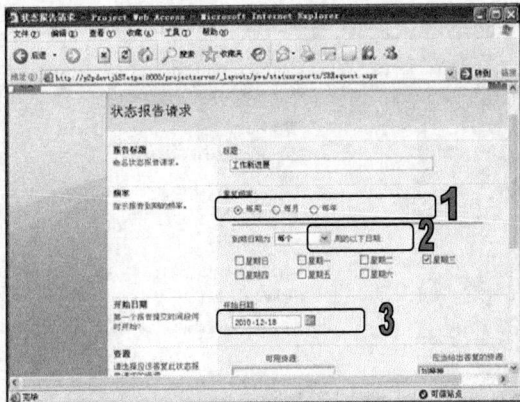

图 13-39　设置报告的内容

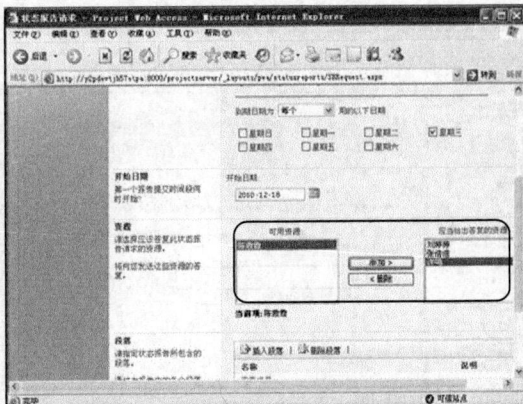

图 13-40　指定报告的资源

(6) 单击【发送】按钮，返回到【状态报告】页面，可以看到，在该页面中，显示出了用户刚创建的报告，标题为【工作新进展】，如图 13-42 所示。

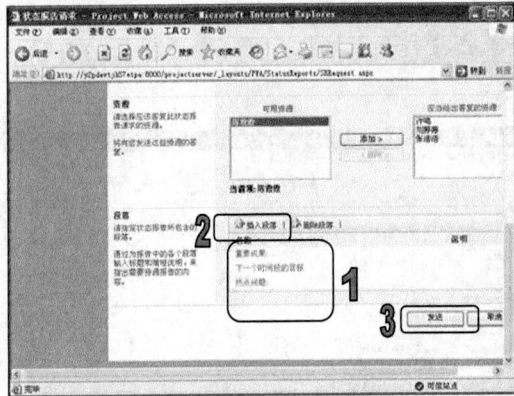

图 13-41　指定报告的段落内容

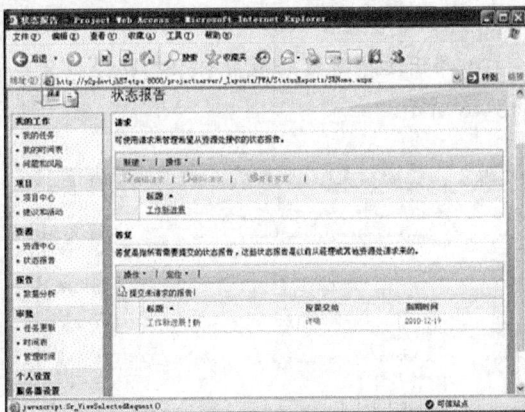

图 13-42　已经创建的状态报告

2. 回复状态报告

工作组成员在收到请求状态报告后，应在指定的时间填写完状态报告，并发送给项目经理查看。

【例 13-15】许皓填写状态报告，并发送给项目经理。

(1) 使用工作组其他成员身份登录到 Project Web Access。

(2) 单击【状态报告】栏中的【答复】区域中，显示了项目经理发送给当前成员的项目报告请求，如图 13-43 所示。

(3) 单击报告链接，将打开【状态报告答复】页面，工作组成员可以在项目经理要求的内容中填写目前的项目信息。如图 13-44 所示。

(4) 填写完成后，单击【发送】按钮，完成状态报告的发送。

计算机基础与实训教材系列

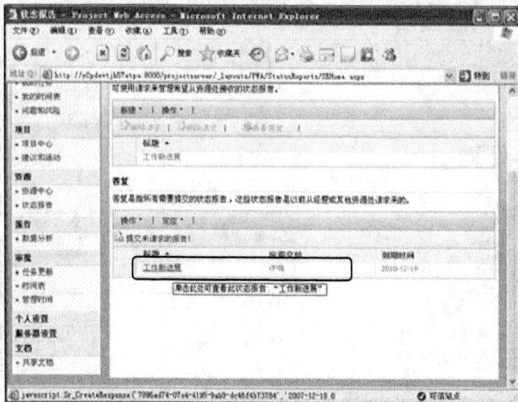

图 13-43 查看项目经理的询问报告

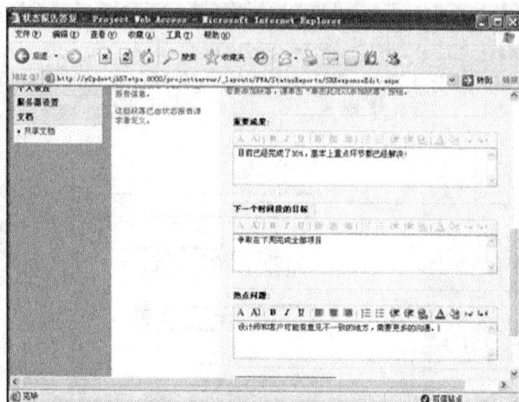

图 13-44 回复询问报告中的内容

(5) 当项目经理登录到 Project Web Access 并打开【状态报告】页面后，可以在【请求】选项区域中，单击所发出的项目报告标题，这时将打开如图 13-45 所示的页面，可以看到在该页面中显示了所有回复过该报告的用户。

(6) 单击选中工作组成员对应的状态报告，并单击【打开】按钮，即可查看报告的内容。如图 13-46 所示。

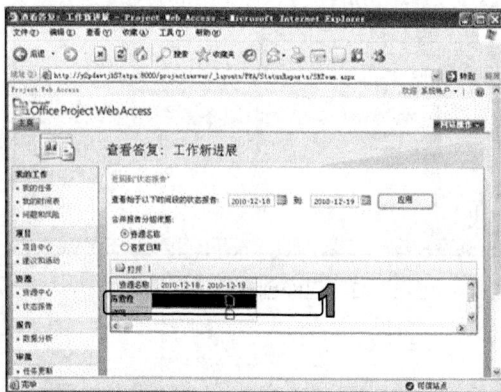

图 13-45 已经回复的报告

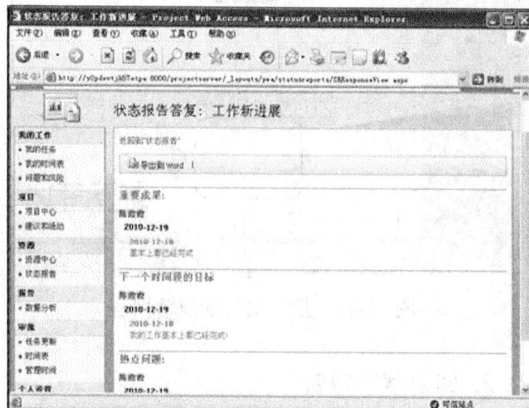

图 13-46 查看回复的内容

⑬.4 上机练习

假设用户已经创建了【办公室搬迁】和【住宅建设】两个项目文档，本章上机实验主要通过发布【办公室搬迁】和【住宅建设】，练习使用 Project Professional 发布项目计划和项目文档等操作。

(1) 双击【办公室搬迁】项目文档，打开【登录】对话框，在【密码】文本框中输入登录密码，如图 13-47 所示。

(2) 单击【确定】按钮，打开【办公室搬迁】项目文档，然后选择【文件】|【另存为】命令，打开【保存到 Project Server】对话框，在【名称】文本框中输入"办公室搬迁"，如图 13-48 所示。

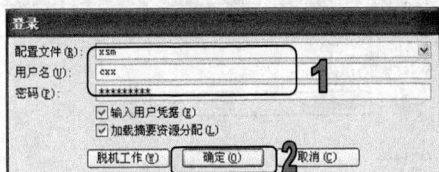

图 13-47　【登录】对话框

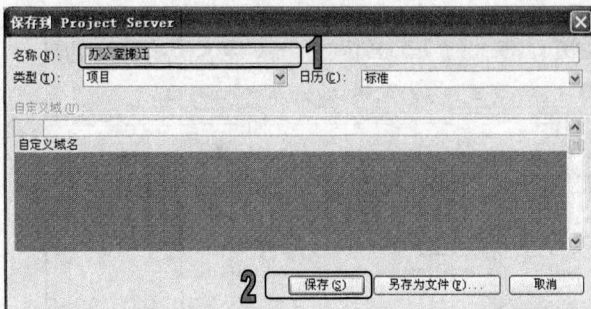

图 13-48　【保存到 Project Server】对话框

(3) 单击【保存】按钮，将文件保存到 Project Server 中。

(4) 选择【文件】|【发布】命令，打开【发布项目：办公室搬迁】对话框，取消选中【是否将工作环境作为其他项目的子工作环境提供】复选框，如图 13-49 所示。

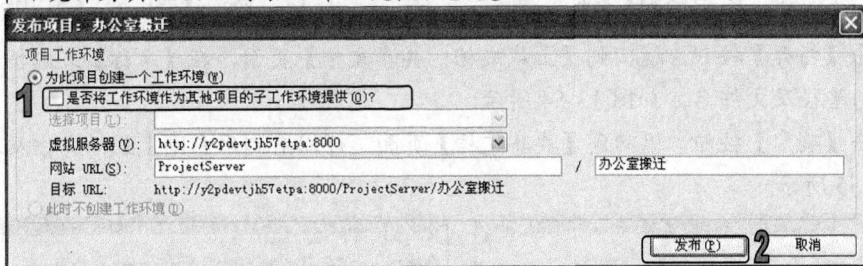

图 13-49　【发布项目：办公室搬迁】对话框

(5) 单击【发布】按钮，完成项目计划的发布。

(6) 使用系统管理员的身份登录到 Project Web Access，单击导航栏中的【项目】|【项目中心】链接，打开【项目中心】页面，如图 13-50 所示，可以看到用户所发布的项目已经上传到 Project Server 中。

(7) 单击【办公室搬迁】链接，即可打开此项目的详细信息页面，如图 13-51 所示。

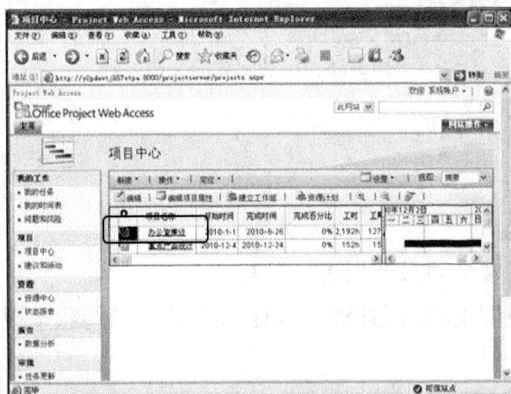

图 13-50　【项目中心】中的文档

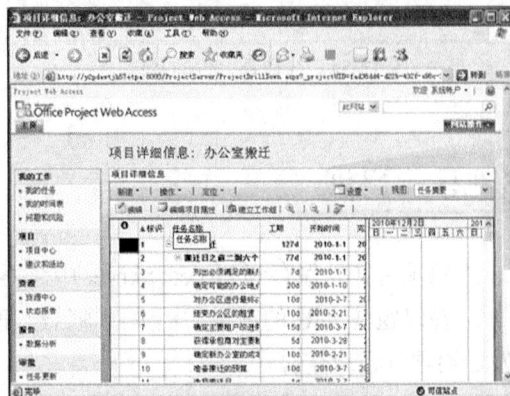

图 13-51　查看项目的详细信息

(8) 单击【共享文档】链接，打开【共享文档】页面，如图 13-52 所示。

(9) 在上方的导航栏中选择【上载】|【上载单个文档】命令，打开【共享文档：上载文档】页面，然后单击【浏览】按钮，打开【选择文件】对话框，选择要上载的文件后，如图 13-53 所示。

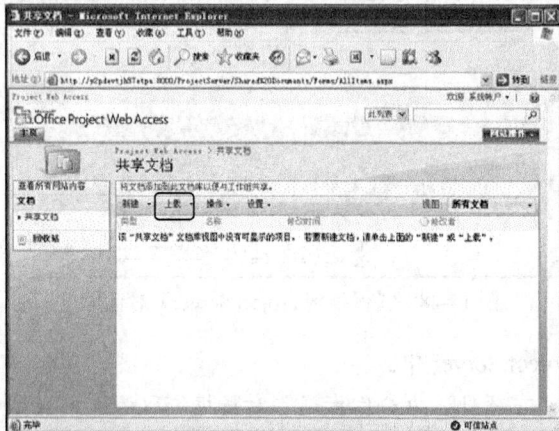

图 13-52　【共享文档】页面

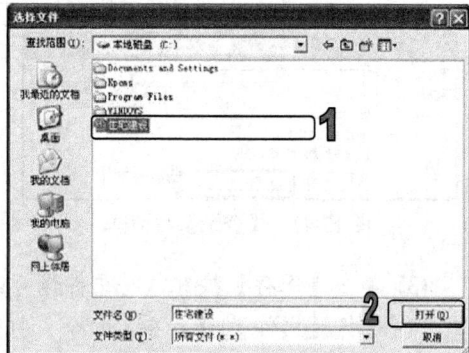

图 13-53　【选择文件】对话框

(10) 单击【打开】按钮，返回到【上载文档：共享文档】页面，在【名称】文本框中显示要上载文件的路径及文件名，如图 13-54 所示。

(11) 单击【确定】按钮，返回到【共享文档】页面，可以看到用户刚上载的文档及相关信息，如图 13-55 所示。

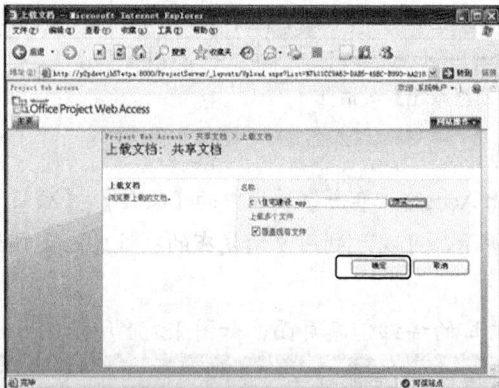

图 13-54　选择要上传的文档

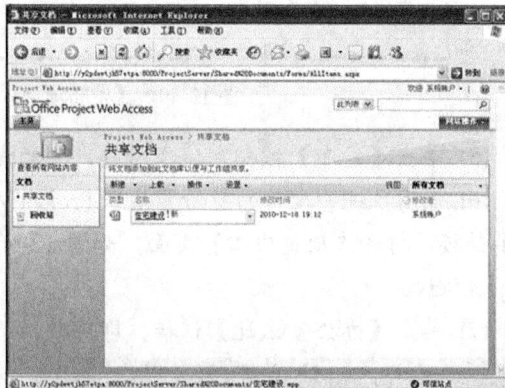

图 13-55　已经上载的文档列表

13.5　习题

1. 将项目文档保存到 Project Server 中，再将整个项目计划进行发布。

2. 在习题 1 创建的项目文档中，项目经理设置请求状态报告，项目工作成员填写状态报告并发送给项目经理查看。